Inhalt

W0196201

Jabboq

– Editorial –

Eine neue theologische Buchreihe im Gütersloher Verlagshaus/Chr. Kaiser: Jabboq – das ist ein ungewöhnlicher Name. Die Herausgeberin und die Herausgeber wollen in diesem Editorial des ersten Bandes das Projekt und seinen Namen vorstellen.

Jabboq ist der Name eines Flusses, eines Nebenflusses des Jordans. In der Bibel verbindet sich der Name Jabboq vor allem mit *einer* Geschichte, mit der Erzählung in Gen 32, die von Jakobs Überschreiten des Jabboq handelt, von seinem nächtlichen Ringkampf mit einem »Mann«, dessen Identität verborgen bleibt. Ist es ein dämonischer Wächter der Furt oder ein Engel, ist es Gott selbst oder erscheint in diesem »Mann« Jakobs Bruder Esau? Womöglich sind in dieser Frage allein die Alternativen falsch. Jakob besteht diesen Kampf, er *erringt* sich buchstäblich einen Segen und seinen neuen Namen »Israel«. Doch Jakob=Israel geht aus diesem Kampf nicht unbeschädigt hervor: Fortan hinkt er. Im Lichte und zugleich im bleibenden Dunklen dieser Erzählung wachsen dem Namen Jabboq viele Bezüge, Querverweise und Assoziationen zu.

Wenn eine Buchreihe einen Flussnamen zum Titel hat, könnte man das als Hinweis darauf lesen, dass alles im Fluss sei. Aber dem Wortsinn nach bedeutet Jabboq so etwas wie »Spaltfluss«. Der Fluss hat eine tiefe Kerbe ins Tal geschnitten, er trennt scharf zwischen zwei Seiten. Es geht nicht darum, sich von ihm und seinem Fließen mitnehmen zu lassen, sondern ihn zu überschreiten, zu passieren. Diese Passage ist nicht ungefährlich. »Drüben« – das ist für Jakob nicht das ominöse »Jenseits« von Theologen, die »im Drüben fischen«, sondern es ist Raum der Hoffnung auf neue Begegnung mit dem feindlich gewordenen Bruder. Jenseits des Jabboq liegt Hoffnung auf Versöhnung. Aber bevor Begegnung und Versöhnung möglich werden, muss Jakob zuerst den »Spaltfluss« passieren und sich auf der anderen Seite die Möglichkeit zur Begegnung erringen. Jakob kämpft um sein Leben und gewinnt es. Dieser geheimnisvolle Kampf erinnert an Rahel, die von ihren Gotteskämpfen erzählt, in denen sie sich ihr Recht vor Gott und ihren Mitmenschen erringt (vgl. Gen 30,8).

Jabboq – das ist die Schwelle. Hier im Ausblick auf eine verändernde Zukunft holt Jakob die Vergangenheit ein, und er wird sich selbst zur Frage. Wo alles im Fluss ist, bedarf es des Stehens auf der Schwelle und dann auch des mutigen Überschreitens der Schwelle. Man ist jenseits der Schwelle nicht mehr der- oder dieselbe. Jakob ringt am Jabboq mit Gott und Menschen (die Namen und Worte *Ja'aqob, Jabboq* und *'abaq* – ringen – sind in der biblischen Erzählung miteinander verschlungen wie die Kämpfenden selbst), und Jakob hat an diesem Ort Gott gesehen. Jakob erringt sich den Segen, und er hinkt fortan. Ist das der Preis des Segens? Jakob kann nur hinkend den aufrechten Gang üben.

* * *

Die biblische Erzählung, aus der wir uns den Namen Jabboq entliehen haben, enthält noch viele Aspekte, denen nachzudenken und nachzuspüren lohnt. Wir haben daher vor, in einer Reihe folgender Jabboq-Bände jeweils *eine* Auslegung von Gen 32,23-33 von verschiedenen Autorinnen und Autoren (beginnend mit den HerausgeberInnen) zur Diskussion zu stellen. So soll der Titel »Jabboq« in je neuen »Passagen« gefüllt werden und nach und nach an Profil gewinnen.

Doch schon jetzt sind die, die Jabboq herausgeben, sich einig: Die Geschichte in Gen 32 enthält vieles von dem, das uns bei diesem Unternehmen vor Augen ist. Mehrere Aspekte der geplanten Reihe lassen sich mit Worten und Assoziationen im Lichte der Jabboq-Erzählung beschreiben, auch wenn es nicht immer gleich um Gotteskämpfe gehen wird. Um Überschreitungen und Passagen soll es gehen, um eine Theologie, die erst so tatsächlich zu ihrer Sache kommen kann. Nur indem Theologinnen und Theologen ständig über sich hinaus drängen, kann die Theologie zu ihrer besonderen Aufgabe finden. Ohne Überschreitung kann es nicht zu den Begegnungen kommen, um die es ihr geht. Eine Theologie, die nur bei sich selber bleibt, wird sich schließlich auch selbst verlieren. Das, was sie zu bedenken hat, ist ohne Überschreitung dessen, was sie bereits von sich aus ist, nicht zu erreichen.

Indem die Theologie auch der Ort ist, wo Menschen nach einem möglichst angemessenen Erfassen dessen fragen, was Wirklichkeit genannt zu werden verdient, kann sie sich auch aus weiteren Gründen nicht einfach auf sich selbst beschränken. Es bedarf weiterer Überschreitungen, indem sie sich angewiesen weiß auf das Gespräch mit anderen Wissenschaften und anderen Wahrnehmungen von Wirklichkeit. Karl Barth bemerkte einmal (übrigens im Zusammenhang einer Reflexion über die Jabboq-Erzählung und das Stichwort »Zweifel«), es gebe »nicht nur eine ungesunde Unterernährung, sondern ... auch eine ebenso ungesunde *Überfütterung*«, nämlich bei einem Menschen, der »vielleicht aus einer Familie und Umgebung« kommt, »von der her ihm die Theologie nicht nur, wie es sich gehört, das A und das Z, sondern auch – und das gehört sich nicht – der *Ersatz* aller anderen Buchstaben seines Alphabetes geworden ist.« (Einführung in die evangelische Theologie, Zürich ³1985, 142f).

Doch es gibt eben auch die andere Gefahr, die der (mit Barths Wort) »Unterernährung« oder – anders zugespitzt – heute die, dass Theologie meinen könnte, sie müsse um des leichteren Gesprächs mit den anderen Wahrnehmungsweisen von Wirklichkeit ihren eigenen Zugang möglichst verbergen. Da kann es dann zugehen wie bei den Ostereiern: Man hat sie so gut versteckt, dass man sie schließlich selbst nicht mehr findet. Wo der eigene Ausgangspunkt und die eigene Perspektive nicht gefunden (und, nicht selten, errungen) wird, mögen Begegnungen mit anderen unkomplizierter und netter vonstatten gehen – vielleicht. Aber warum soll ich überhaupt anderen Menschen und anderen Positionen und Wahrnehmungen begegnen (und *sie* mir), wenn das je besondere Anderssein nicht auch *wahr* genommen wird? Wenn Begegnungen eine verändernde Bedeutung und Lebendigkeit gewinnen sollen, dann ist die eigene Kenntlichkeit dazu ebenso erforderlich wie die Erkennbarkeit der anderen.

Wenn Fremde und einander fremd Gewordene miteinander ins Gespräch kommen wollen, bedarf es des Übersetzens. In der Betonung *Über*setzen begegnet uns abermals die Flussmetapher. Da geht es um »Herme*nautik*«. Es kommt darauf an, auf die andere Seite zu kommen (hinüber und herüber). Solche Passagen verändern die *Über*setzenden und Über*setzenden* selbst. Wer »verblüffungsfest« ist, immunisiert sich gegen Enttäuschungen, aber auch gegen neue Erfahrungen.

* * *

Das Unternehmen »Jabboq« knüpft in mancher Hinsicht an die Reihe »Einwürfe« an, die in insgesamt sechs Folgen in den Jahren 1983-1990 im Chr. Kaiser-Verlag erschienen ist. Da gibt es in vielem Kontinuität – in Personen, die die Bände herausgeben und in ihnen schreiben, in einem Kreis von ständigen Mitarbeiterinnen und Mitarbeitern, die sich für das Unternehmen »Jabboq« zusammen finden werden, aber auch

im Versuch der Verbindung von Position und Offenheit. Zum Stil
von Jabboq wird auch gehören, dass in den Bänden Beiträge ganz unterschiedlicher Länge (vom ausführlichen Aufsatz von fünfzig bis zur
Glosse von zwei oder drei Seiten) und ganz unterschiedlicher Schreib-
art versammelt sein sollen (Abhandlungen, Essays, Thesenreihen,
Pamphlete, Meditationen und vieles andere sind da möglich). Die
Beiträge sollen gut lesbar (und allemal auch unterhaltsam), kurz: sie
sollen interessant sein, und sich als Beiträge zu einem Gespräch verstehen. Dieses Gespräch soll Fächergrenzen überschreiten – in der
Theologie selbst und zwischen Theologie und anderen Fächern.

Jede Folge hat einen thematischen Schwerpunkt, der als Untertitel
erscheint. Mit dem Thema »Theologie und Ökonomie« beginnt Jabboq; ein zweiter Band wird sich mit der Gottesfrage und ein nächster
mit dem Selbstverständnis der Kirche beschäftigen. Für die weiteren
Folgen sind Stichworte wie »Ist Gott lieb?«, »Dialektik«, »Bekennen«,
»Monotheismus« oder »Religion« vorgesehen. Keine flächendeckende
Abhandlung der mit den jeweiligen Stichworten verbundenen Fragen
ist geplant, vielmehr Suchbewegungen, Beobachtungen »gegen den
Strich«, Vertiefungen, Vergegenwärtigungen, Irritationen und Reflexionen in der Begegnung von Theologie und anderen Wissenschaften,
Überlegungen zu geschlechts- bzw. genderspezifischen Wahrnehmun-
gen und Alltagserfahrungen.

Wenn wir uns mit dieser Buchreihe ausdrücklich an Menschen
wenden, die in ihren Berufen mit Theologie und Religion zu tun haben, dann suchen wir das Gespräch mit den Adressaten, denen die
akademische Theologie dienen soll: Menschen, die in Kirche und Reli-
gionsunterricht praktische Verantwortung tragen. Von hier aus beziehen die akademischen Institutionen ihre konfessionelle Legitimation
und ihren kirchlichen Auftrag. Nicht das Lehrinteresse der Theologie
steht dabei im Vordergrund, sondern der konkrete Denkbedarf des
gegenwärtig zu verantwortenden Glaubens. Darüber hinaus haben wir
auch Leserinnen und Leser im Blick, die an der Frage interessiert sind,
was Theologie heute bedeuten könne, jedoch nicht, wie man sagt,
»vom Fach« sind.

Im öffentlichen gesellschaftlichen Diskurs steht die Theologie zunehmend in der Gefahr, auch ihre ohnehin bescheidene Rolle noch
einzubüßen und zu einer Anstrengung zu werden, mit der sich keine
allgemeinen Vorstellungen mehr verbinden. Anspielungen auf biblisches Gedankengut gehen inzwischen weithin ins Leere, was ein ver-
lässlicher Indikator dafür ist, dass die mit ihr verbundenen Orientie-

rungen faktisch nicht mehr vorkommen. Statt über den Verlust der traditionellen Rolle von Kirche und Theologie zu klagen, wird es darum zu tun sein, den Ort von Theologie zu begründen und neu aufzuschließen. Gerade die Nichtselbstverständlichkeit von Theologie in der modernen oder postmodernen Kultur wird zur Aufgabe (des *Übersetzens* und des *Über*setzens) und so auch zur Chance.

Das Verhältnis von ›Theologie‹ und ›Religion‹ wird immer wieder Thema in Jabboq sein. Religions*kritik* ist eine wichtige Aufgabe von Theologie – gerade im Blick auf vieles, was heute irgendwie mit ›Religion‹ in Verbindung gebracht wird; und Religion ist Lebensvollzug, an dessen Interpretation und Gestaltfindung Theologie beteiligt ist. Damit ist ein Feld beschrieben, das unterschiedliche Perspektiven offen lässt und fordert, auch unter den HerausgeberInnen dieser Schriftenreihe. Die Lage der Theologie aber ist von einer grundlegenden Dialektik gekennzeichnet: Von Gott reden müssen, aber nicht von Gott reden können. Es kommt darauf an, sich in diesem Dilemma weder häuslich einzurichten noch es lösen zu wollen, indem man es auflöst. Protestantische Theologie ist im Kern biblische Theologie. In biblisch orientiertem Überschreiten abgesteckter Bezirke und traditionell fixierter Identitäten sehen wir den Weg zu tatsächlich erneuernder Begegnung und Bewegung, die sich zu den Verheißungen zurückrufen lassen, die uns ihrem Wesen nach voraus bleiben. Auf die Bibel hören, die Bibel, die *zu uns* gehört, aber nicht *uns* gehört (uns Christinnen und Christen nicht, uns Deutschen nicht, uns Menschen des 21. Jahrhunderts nicht) – auch diese Dialektik soll unser Unternehmen kennzeichnen. Und schließlich wünschen wir uns Autorinnen und Autoren, Leserinnen und Leser, die dem Wort und der Schrift etwas zutrauen, dem geschriebenen Wort heute und zuerst dem Wort in der »Schrift«, die Grund aller Theologie ist.

* * *

Der vorliegende erste Band der Reihe *Jabboq* versammelt unter einem Zitat aus Goethes Faust »*Leget Anmut in das Geben*« Beiträge, die aus unterschiedlichen Perspektiven das Verhältnis von Theologie und Ökonomie erörtern. Martin Leutzsch untersucht das Thema »Zeit und Geld« in der Sicht des Neuen Testaments. Magdalene L. Frettlöh unternimmt unter dem Titel »Der Charme der gerechten Gabe« den Versuch, die gegenwärtige Diskussion um die Gabe ins Gespräch mit biblischen Motiven einer Theologie und Ethik der Gabe zu bringen. Den Gegensatz zwischen einer Ökonomie des Gabenaustausches und des kapitalistischen Warentausches betrachtet Hans-Martin Gutmann in seinem Beitrag »Das Heilige und das Geld«. Er zielt dabei vor allem kritisch auf die aktuellen Vorstellungen, die Kirche Jesu Christi als marktabhängiges Unternehmen anzusehen und zu gestalten. Anhand vorliegender Strukturpapiere zweier Landeskirchen macht Wolfram Stierle zum gleichen Thema einen Zwischenruf. Dieter Schellong befürchtet einen bedrohlichen Relevanzverlust für die Theologie, wenn sie den ökonomischen Fragen und den mit ihnen verbundenen gesellschaftlichen Veränderungen nicht wieder eine intensivere Aufmerksamkeit widmet. Michael Weinrich weist auf die weitreichenden Konsequenzen hin, die sich aus der allgemeinen Entwicklung ergeben, dass wir uns in der Wahrnehmung unserer Wirklichkeit mehr und mehr von Stimmungen leiten lassen.

Unabhängig vom jeweiligen Schwerpunktthema bietet – wie bereits erwähnt – jeder Band der Reihe eine Auslegung der Geschichte vom Kampf am Jabboq. Jürgen Ebach interpretiert Gen 32 im vorliegenden Band als »Geschichte voller Verdrehungen«.

* * *

Und nun laden wir Sie zu Jabboq-Passagen ein. Auf und über Kritik und Anregungen der Leserinnen und Leser freuen wir uns. Wir schließen dieses Editorial mit einem herzlichen Dank an die Mitarbeiterinnen und Mitarbeiter des Gütersloher Verlagshauses / Chr. Kaiser, die das Erscheinen der Jabboq-Folgen möglich machen und einem besonderen Dank an den Lektor des Verlagshauses, Diedrich Steen, der das Projekt mit uns bedacht und geplant hat.

Jürgen Ebach, Magdalene L. Frettlöh,
Hans-Martin Gutmann, Michael Weinrich

Jürgen Ebach

Der Kampf am Jabboq
Genesis 32, 23-33. Eine Geschichte voller Verdrehungen*

I. Vor dem Jabboq

Jakob dient bei Laban, sieben Jahre vermeintlich um Rahel, im Ergebnis um Lea, dann nach dem Betrug weitere sieben Jahre, nun wirklich um Rahel und dann weitere Jahre, in denen er, betrogen und betrügend, reich wird an Herden. Die Kapitel 29-31 der Genesis erzählen davon.

Im Zweiten Buch der Börne-Denkschrift schreibt Heinrich Heine unter der Orts- und Datumsangabe »*Helgoland*, den 18. Julius« (Sämtliche Schriften, hg. v. K. Briegleb, Bd. 4, 42):

Im alten Testamente habe ich das erste Buch Mosis ganz durchgelesen. Wie lange Karawanenzüge zog die heilige Vorwelt durch meinen Geist. Die Kamele ragten hervor. Auf ihrem hohen Rücken sitzen die verschleierten Rosen von Kanaan. Fromme Viehhirten, Ochsen und Kühe vor sich hintreibend. Das zieht über kahle Berge, heiße Sandflächen, wo nur hie und da eine Palmengruppe zum Vorschein kommt und Kühlung fächert. Die Knechte graben Brunnen. Süßes, stilles, hellsonniges Morgenland! Wie lieblich ruht es sich unter deinen Zelten! O Laban, könnte ich deine Herden weiden! Ich würde dir gerne sieben Jahre dienen um Rahel, und noch andere sieben Jahre für Lea, die

---

* Der hier vorgelegte Essay über die Jabboq-Erzählung verzichtet auf Anmerkungen. Literaturangaben und weitere Hinweise sind in den Text eingefügt. Wie sich zeigen wird, sind entscheidende Aspekte und Dimensionen der Erzählung durch Verbindungslinien zwischen einzelnen ihrer hebräischen Worte bezeichnet. Daher wird die Auslegung mehrfach hebräische Worte selbst wahrnehmen müssen. Sie sind in einer vereinfachten Umschrift wiedergegeben, welche die nötigen Informationen bereit stellt. Kennerinnen und Kennern des Hebräischen wird die Identifikation der hebräischen Worte in ihrem genauen Lautbestand leicht fallen.
Eine letzte Vorbemerkung: Eine umfassende Exegese von Gen 32,23-33 ist in den folgenden Passagen nicht intendiert. Ebenso wenig kann die große Fülle der z.T. bemerkenswerten Arbeiten zu diesem Abschnitt angemessen berücksichtigt werden. Einen guten Überblick über den gegenwärtigen Stand der Exegese dieses Textes und eine ansprechende eigene Deutung bietet der Kommentar von Horst Seebaß, Genesis II/2, Vätergeschichte II, Neukirchen 1999 (mit vielen weiteren Literaturhinweisen).

du mir in den Kauf gibst! Ich höre, wie sie blöken, die Schafe Jakobs, und ich sehe, wie er ihnen die geschälten Stäbe vorhält, wenn sie in der Brunstzeit zur Tränke gehen. Die gesprenkelten gehören jetzt uns.

»Die gesprenkelten gehören jetzt uns«, formuliert Heine, und der das sagt, ist selbst ein »Gesprenkelter«, einer, der die Taufe, das »Entreebillet der Kultur« gelöst hat, und dennoch – mit seinem und gegen seinen und zuletzt ganz mit seinem Willen – Jude blieb. Heines Bibellektüre, *ein* (wenngleich dieser Ausdruck zu einem anderen Autor gehört) *weites Feld*.

An der Stelle spätestens, an der Heine – wie gebrochen, »gesprenkelt« immer – sagt: »... gehören jetzt uns«, wird *uns*, soweit wir Christinnen und Christen, nichtjüdische Menschen aus den »Völkern« sind, womöglich klar, daß nicht wir die ersten Adressatinnen und Adressaten dieses Buches sind, daß uns dieses Buch ebensowenig wie Jakobs Herden *gehört*. Einfühlung ist (auch deshalb) für uns kaum eine Lektüremöglichkeit, Identifikation gewiß nicht. Wir werden unseren Ort in der Geschichte Jakobs vielleicht noch finden. Es braucht Geduld.

Zurück zu Jakobs Jahren bei Laban. In diesen Jahren tobt der Kampf in der wachsenden Familie. Liebe gegen Kinder, elf Söhne von vier Müttern, deren jeder in seinem Namen die Spur dieses Kampfes am Leibe trägt, Sieg um Sieg verkünden triumphalistisch die Namen der Söhne, und fast jeder Sieg entpuppt sich am Ende als eine neue Demütigung – und dann noch die Dina, ohne eine Geschichte zu ihrem Namen, nachgetragen um der Vollständigkeit willen, und weil sie in Kapitel 34 noch eine Rolle spielen wird – wenn man das, was ihr dort widerfährt und wofür sie herhalten muß, eine Rolle und ein Spielen nennen dürfte.

Jakob trennt sich von Laban, der letzte Betrug in den Jakob-Laban-Geschichten geht auf Rahel. Sie nimmt den Teraphim, einen Hausgott, ihres Vaters mit und entzieht sich durch Verweis auf ihre Menstruation der Leibesvisitation durch den nachjagenden Vater. Noch heute legen orthodoxe jüdische Frauen Wert darauf, daß die Reinheitsvorschriften ihnen nicht nur Zwänge auferlegen, sondern ihnen auch manchen Schutz- und Freiraum gewähren ...

Am Ende Jakobs und Labans Abschied in gegenseitigem Respekt und im Frieden. Das ist, in aller Kürze, die Situation zu Beginn von Genesis 32. Nun schickt Jakob sich an, zurückzukehren und Esau wieder zu begegnen. Er bereitet die Begegnung mit Esau vor; er ist voller Angst – verständlicherweise, denn Esau hatte ihm den Tod angesagt, sobald der Vater Isaak gestorben sei. Doch Jakob will sich mit Esau versöhnen. Er sendet Boten voraus mit Geschenken (denn Jakob besitzt ja inzwischen viel); die Boten überbringen die Gaben:

Und es kehrten zurück die Boten zu Jakob mit diesen Worten: Wir sind zu deinem Bruder gekommen, zu Esau, und er ist auch schon auf dem Wege dir entgegen – und 400 Mann bei ihm. (Gen 32,7)

Jakob fürchtet sich noch mehr. Er versucht, Menschen und Habe auf zwei Lager aufzuteilen. Hier enthält die Erzählung eine beiläufige ätiologische Erklärung des Ortsnamen *Machanaim* (Doppellager). Wenn Esau in feindlicher Absicht auf das eine Lager träfe, sollte wenigstens das andere entrinnen können. Und Jakob betet. Sein Gebet ist Bitte um Hilfe. Jakob fleht Gott an:

Rette mich doch aus der Hand meines Bruders, aus der Hand Esaus, denn ich fürchte ihn, daß er (nur nicht!) käme und mich schlüge, (von der) Mutter bis zu (den) Söhnen! (V.12)

II. Die Jabboq-Passage

Jakobs Gebet bleibt zunächst ohne Antwort. Ob es unerhört bleibt, muß die Fortsetzung weisen. Schauen wir den Abschnitt Gen 32,23-33 genauer an:

Und er machte sich auf in dieser Nacht, und er nahm seine beiden Frauen und seine beiden Mägde und seine elf Kinder ...
(Sind denn etwa seine elf Söhne seine elf Kinder? Was ist mit Dina?)
... und er überschritt die Furt (den Überschritt) des Jabboq. (V.23)

Die Furt überschreiten – *'abar ma'abar*. Gleich doppelt steckt in dieser Wendung das Verb *'abar*, welches vielleicht wurzelverwandt, mindestens klangverwandt ist mit dem Volksnamen *'ibri*, Plural *'ibrim* – Hebräer.
Über den Hebräernamen gibt es eine lange und noch andauernde Debatte. Hängt er zusammen mit dem Wort *chapiru* – einer Bezeichnung von »Outlaws«, einer Art von Freischärlern, erwähnt in den Amarna-Briefen und anderswo? Wäre der Hebräername zuerst eine Art Schimpfwort gewesen, welches dann zum Ehrennamen wurde? Das erwog mein altorientalistischer Lehrer Wolfgang Helck in einer Analogie zum Wort »Guisen« im niederländischen Befreiungskrieg gegen die spanische Herrschaft. Doch nicht nur der Name »Hebräer« ist in der Bedeutung unsicher, die Herkunft und die Identität seiner Trä-

ger sind es in beträchtlichem Maße auch. Ein anderer Aspekt des He-
bräerproblems ist deshalb die Frage, wer die Hebräer als Volk oder
Völker sind. Manche alttestamentlichen Texte sprechen dafür, daß es
sich um einen Volksnamen handelt, der mehr als Israel bezeichnete
und einige südliche und östliche Nachbarvölker einschloß – dabei
auch Edom, das Esau-Volk. Danach wären Jakob *und* Esau Hebräer,
und Jakobs Überschreiten (*'abar*) des Jabboq, des – wie wir noch sehen werden – »Spaltflusses«, wäre ein Schritt eines Hebräers (*'ibri*) hin
zu einem Hebräer (*'ibri*). Auch darauf kommen wir noch zurück.

Schließlich – damit verbunden, doch wieder auf einer anderen Ebene – was bedeutet die Nähe des Volksnamens »Hebräer« (*'ibri*) zum
Verb *'abar* – überschreiten? Im Überschreiten gründet Israels Sein, im
Herausgehen (im Herausgerissen-Werden, wie es am Beginn der
»Zehn Gebote« heißt) aus Ägypten, im Überschreiten der »Mauer«,
der ägyptischen »Fürstenmauer« und der Grenzen der Sklaverei, im
Überschreiten des Jordan (im Josuabuch erzählt), in der Verschlep-
pung ins Babylonische Exil und in den vielen Wanderungen in die
vielen Exile und Ghettos und – viel seltener – zurück. Israels Leben
besteht aus dem Gehen über Grenzen. Israels konkretes »hier und
jetzt« war (und ist) meist ein »drüben«. Auch das ist ein Grund, warum
Israel so spät eine »Jenseitshoffnung« aufgebaut hat – um so mehr und
grundsätzlicher eine »Diesseitserwartung«. Auf welcher Lektüreebene
auch immer: Es ist bemerkenswert, daß in der Erzählung, in der Jakob
den Namen Israel bekommt, gleich zu Beginn (in den beiden ersten
Versen nicht weniger als viermal) das Wort *'abar* fällt, das Wort
»überschreiten«, das »Hebräer-Wort«.

Die Erzählung spielt am Jabboq (heute *Nahr ez-Zerqa*, der blaue
Fluß), einem linken, d.h. östlichen Nebenfluß des Jordan. Der Jabboq
ist etwa 100 km lang; er entspringt beim heutigen Amman und mündet etwa 40 km nördlich des Toten Meeres in der Nähe von Sukkot
[*Deir Alla*] in den Jordan. Der Name Jabboq ist vermutlich abgeleitet
von der Wurzel *baqaq* – spalten. Die Namensbedeutung wäre dann
etwa: *er spaltet.* Der Name des Flusses bezeichnet sinnfällig die von
diesem gebildete Schlucht. Im Altertum konnten Karawanen den Jabboq nur an bestimmter Stelle durch eine Furt überschreiten. Die Orts-
angabe unseres Textes ist also historisch-geographisch plausibel, doch
geht es hier und im Kontext kaum nur um Geographie und Geologie.
Flußname und Furt kennzeichnen (auch) die Situation, in der die Erzählung spielt. Um die Überwindung einer tiefen Spaltung geht es.

Und er nahm sie und ließ sie den Fluß überschreiten und ließ hinübergehen, was sein war. Da blieb Jakob allein übrig; da rang ein Mann mit ihm bis zum Aufgang der Morgenröte. (V.24f)

Jakob bringt die Seinen und die Habe hinüber. Es gibt Diskussionen um die Frage, ob er selbst mit hinüber ging und dann die anderen weiter ziehen ließ, um allein zurück zu bleiben, oder ob er noch einmal über den Fluß zurück ging, um auf jenem Ufer allein zu bleiben. So oder so – der Ort ist die Nähe der Furt, des Übergangs, der »Passage«. Vollzieht Jakob (mit dem Begriff des Ethnologen Arnold van Gennep) eine Art »Passageritus« (Rite de passage)?

Jakob brachte seine beiden Frauen und seine beiden Mägde hinüber und seine elf Kinder. Elf Kinder? Und was war mit Dina? Ist sie einfach vergessen? Auf der Ebene historisch-kritischer Exegese kann man die Nichterwähnung der Dina als zusätzliches Indiz dafür nehmen, daß ihre Erwähnung in Kapitel 30 ohnehin nur ein Nachtrag war. Der Midrasch, die nacherzählende und oft auch ausschmückende rabbinische Auslegung (hier: Breschit rabba, 76), verfällt auf solche Auskunft nicht und fragt auf seine Weise nach dem Grund der Leerstelle. Er erklärt, daß Jakob die Dina in einem Kasten verborgen habe, um sie vor Esau zu schützen. Indem er sie dem Esau vorenthalten wollte, so der Midrasch weiter, habe er auch verhindert, daß Dina den rohen Esau hätte bessern können (wie sie es mit Hiob tat, dessen zweite Frau sie war – in der späteren Überlieferung des »Testaments Hiobs«, nicht im Kanon der hebräischen Bibel selbst). Dadurch aber, daß Jakob die Dina versteckt habe, habe er sie ins Unglück gestürzt, nämlich in die in Kapitel 34 folgende Gewaltgeschichte.

Dina sieht und sie vergewaltigt. Da er sie aber liebt (!?), will er sie zur Frau nehmen. Jakob und seine Söhne geraten in Wut, lassen sich aber besänftigen und willigen in die Verschwägerung ein. Sie bestehen freilich Da wird erzählt, wie Sichem, der Sohn des Chiwwiters Chamor als Brautpreis darauf, daß sich die ganze männliche Bevölkerung der Stadt Sichems beschneiden lasse. Das auf die Beschneidung folgende Wundfieber nutzen zwei der Jakobsöhne, Simeon und Levi, zur furchtbaren Rache, indem sie alles töten, was männlich ist. Folgt man dem Text in Genesis 34, so scheint weniger das Leid, das Dina zugefügt wurde, als die gekränkte Eitelkeit der Brüder der Grund jener Rache zu sein.

Der Midrasch gibt (auch) Jakob die Schuld an Dinas Geschick. Er wollte sie bewahren, indem er sie in einem Kasten verbarg. Aber eben der Versuch des Festhaltens führt zur höchsten Gefährdung. Der Midrasch »(er)findet« zwar eine Einzelheit, nicht aber das Motiv. Denn das Motiv der Gefährdung gerade durchs Sichern-Wollen gehört zu den die Genesis durchziehenden Wiederholungsgeschichten über drei (und mehr) Generationen.

Hat die folgende Attacke auf Jakob zu tun mit dieser Schuld Jakobs an Dina? Der Midrasch deutet in der Abfolge seiner Nacherzählung diese Möglichkeit immerhin an und trifft damit eine wichtige Beobachtung auf der Lektüreebene, kaum die Intention der Erzählung in Genesis 32 selbst. Aber vielleicht sollte ich da nicht so sicher sein. Über die dezidierte Nichterwähnung der Dina in V.23 hinaus gibt der Text keinen Anhalt. Auch an anderen Stellen muß sich (und kann sich) die Auslegung biblischer Texte an die Leerstellen, an das Schweigen halten.

Doch auch bei dieser überraschenden Möglichkeit einer Antwort auf das »warum« bleibt die Frage nach dem »wer« des Überfalls. Der Text selbst läßt uns lange (in gewisser Hinsicht bis zum Ende) im Dunkeln tappen. Das dramatische Geschehen wird lapidar berichtet. Es klingt zunächst, als sei es das Selbstverständlichste von der Welt: Da rang ein Mann mit ihm ...

III. Manche Verdrehung

Wer fällt Jakob an, um mit ihm zu ringen? Ein Mann (*isch*) ist es; es gibt an dieser Stelle keine weitere Charakterisierung. Ja, selbst das »Ringen« ist so eindeutig nicht, denn das Verb *abaq* kommt in der ganzen hebräischen Bibel nur hier und im folgenden Vers vor. *abaq* bedeutet so etwas wie »sich verknoten, umschlingen« (eine Nebenform von *chabaq*, vgl. auch *dabaq*) und klingt an dieser Stelle kaum zufällig wie der Flußname Jabboq. Aber auch der Personenname *ja'aqob* (Jakob) enthält einen großen Teil der Laute von Jabboq, freilich in verdrehter Reihenfolge. In Anknüpfung an und Weiterführung der Beobachtungen von Jan P. Fokkelman (Narrative Art in Genesis, ²1991, besonders 210ff) lassen sich interessante Beobachtungen zur Text- und Wortstruktur machen. Zentrale Worte bisher sind *ja'aqob* (der Name ist in Gen 25,26 verbunden mit dem Wort *'eqäb* – Ferse), *jabboq* (abgeleitet von *baqaq* – spalten) – und *abaq* – ringen. Im folgenden Vers 26 ist davon die Rede, daß sich *Ja'aqobs* Hüftpfanne verrenkt, verdreht – *watteqa'*. Gehäuft begegnen die Laute 'Ajin (') und Qof (*q*), wobei die Folge 'Ajin-Qof im Namen *ja'aqob* im Verb *jaqa'* – verrenken, verdrehen – in die Reihe Qof-'Ajin eben *verdreht* ist, ebenso verdreht wie die Folge *q, b* (Qof-Bet) im Namen *ja'aqob* in die Folge *b, q* (Bet-Qof) im Verb *abaq* (umschlingen) und im Flußnamen Jabboq, in dem das Verb *baqaq* – spalten – steckt.

Eine kleine Auflistung zentraler Namen und Wörter der Geschichte zeigt die Verdrehungen auf der Ebene der Sprache noch einmal im Überblick. Dabei muß man sich klar machen, daß die entscheidenden Elemente hebräischer Worte die Konsonanten sind. Eben die Konsonanten *b* und *q* sowie *q* und '(der konsonantische Anlaut '*Ajin*) sind in diesen Leitworten der Erzählung geradezu programmatisch vertauscht, verdreht:

ja'aqob	–	Jakob
jeabeq	–	er rang / umschlang
jabboq	–	Jabboq (er spaltet)
watteqa'	–	es wurde verdreht / ausgerenkt

Jakob und »der Mann« ringen, umschlingen einander bis zum Aufgang der Morgenröte.

Da sah er ... (aus dem Folgenden ist zu ersehen, daß es sich um jenen »Mann« handelt) ... ja, er konnte ihm nicht (beikommen, ihn nicht überwinden), und da berührte er seine Hüftpfanne ...

Der Mann packt an die Hüftpfanne Jakobs. Spekulationen Hermann Gunkels (Genesis, [3]1910, 361) und anderer, es sei in einer ursprünglichen Fassung einmal umgekehrt gewesen, weist der jüdische Kommentator Benno Jacob (Das Erste Buch der Tora, 1934, 641f) mit guten Gründen scharf, aber auch witzig-überzogen, zurück.

... und es wurde verrenkt / verdreht / es sprang heraus die Hüftpfanne Jakobs bei seinem Ringen mit ihm. (V.26)

Wieder gibt es mehrere Ebenen zu beobachten, zu unterscheiden und zuletzt zusammenzubringen. Da ist die Ebene der Wort- und der Lautfolge. Die Verdrehungen kommen hier ganz dicht zusammen: Es wurde verdreht, verrenkt (*watteqa'*) die Hüftpfanne Jakobs (*ja'aqob*) bei seinem Ringen (*behe'abqo*) mit ihm. Und da ist die überaus schmerzhafte reale Ebene: Jakob erleidet eine Hüftluxation, ihm wird ein Gelenk ausgekugelt, damit verbunden ist eine überaus schmerzhafte Läsion des Ischiasnervs. Jakob läßt den Mann dennoch nicht los:

Und er (nämlich wiederum der Mann) sprach: Laß mich los, die Morgenröte ist ja aufgestiegen. Und er (Jakob) sprach: Ich lasse dich nicht los, es sei denn, du segnest mich (Luther: Ich lasse dich nicht, du segnest mich denn!). (V.27)

Warum besteht jener »Mann«, der mit, mit dem Jakob ringt, darauf, daß der ihn losläßt, weil die Morgenröte aufgestiegen ist? Soll der Tag dem Kampf ein Ende machen? Ist es ein Dämon, der das Licht scheut? Nach der Auslegung des Midrasch ist es ein Engel, der rechtzeitig im himmlischen Chor eintreffen muß (Breschit rabba, 78). Es gibt nach der Überlieferung zwei Engel, die diesem Chor auf Dauer angehören, Myriaden anderer Engel aber, so heißt es (hier und an anderen Stellen der rabbinischen Überlieferung), erschafft Gott an jedem Morgen neu, auf daß sie einen Hymnus singen und danach wieder vergehen, um neuen Engeln Raum zu geben, die am nächsten Morgen (oder – nach anderer Überlieferung – in jedem neuen Augenblick) erschaffen werden, um ihren Hymnus zu singen. Das ist das ewige Lobpreisen im Himmel, und es ist konsequente Aktualität.

Es ist übrigens diese Legende (und in ihr das Zusammenfallen von Ewigkeit und Aktualität), die Walter Benjamin bei seiner Deutung eines Bildes von Paul Klee mit dem Titel »Angelus novus« leitet und die leitend wurde auch bei dem von Benjamin geplanten Zeitschriftenprojekt »Angelus novus«. Am Ende der Projektbeschreibung formuliert Benjamin: »Daß der Zeitschrift solche Aktualität zufalle, die allein wahr ist, möge ihr Name bedeuten.« (Gesammelte Schriften, II/1, 246) Dieses Projekt wurde nicht verwirklicht, aber das Bild vom »neuen« oder »jungen Engel« (Angelus novus) steht an zentraler Stelle der Benjaminschen »Thesen über den Begriff der Geschichte« (These IX, GS I/2, 697f), in der Klees Bild als Allegorie der Geschichte selbst beschrieben wird. Dieser Engel der Geschichte blickt auf die Vergangenheit; sie ist ihm vor Augen. Benjamins Engel ist ein jüdischer Engel. Deshalb muß er sich nicht (wie die meisten Beschreiber der These erklären, weil sie es so erklären zu müssen meinen) erst zur Vergangenheit *umdrehen*. Denn die Vergangenheit ist im Hebräischen vorn, vor Augen – *lifne*, während die Zukunft *achare, acharit* – hinten ist.

Ist der Mann, der mit Jakob ringt und den der Midrasch als einen der Engel des täglich erneuerten himmlischen Chores versteht, in diesem Sinne (auch) ein »Engel der Geschichte«? Ein Engel der Geschichte Jakobs? Hat er Jakobs Vergangenheit *lifne* – vor Augen? Und will er (ich spiele, zitierend aus einem ganz anderen Zusammenhang, eine Passage aus Benjamins »IX. These« in die Szenerie von Genesis 32 ein) »verweilen, die Toten wecken und das Zerschlagene zusammenfügen«? (Benjamin, GS I/2, 697)? Muß er (füge ich versuchsweise, tastend hinzu) eben darum *etwas* ausrenken, um etwas anderes, um *mehr* einzurenken? Das alles sind Spekulationen, die – wenn sie denn für etwas taugen – an dieser Stelle (zu) weit voraus greifen. Bleiben wir deshalb zunächst bei der näherliegenden Frage, die schon schwer genug ist: Wer ist dieser Mann?

Jakob hält ihn weiter umschlungen und besteht auf einem Segen. Schließlich, so läßt wiederum der Midrasch (Breschit rabba, 78) Jakob trotzig-bestimmt sagen, seien auch die Engel, die zu Abraham kamen (Genesis 18), nicht von ihm geschieden, bevor sie ihn gesegnet hätten. Dazu seien *jene* auch geschickt worden, entgegnet der Engel dem Jakob, *er* aber nicht. Doch der Jakob des Midrasch bleibt, so möchte man fast sagen, stur. Fordernd sagt er (wiederholt) zu seinem Gegner: »Werde einmal fertig, ich entlasse dich nicht, du segnest mich denn!«

»Er will den Segen, der den Segen in den Armen hält! – Er hält den, der ihn und alles hält.« Diese Worte zu unserer Erzählung stehen in Bettina von Arnims »Clemens Brentanos Frühlingskranz« (in: B. v. Arnim, Werke und Briefe, Bd.1, 162; die Deutung setzt voraus, daß Jakob mit Gott selbst ringt). Jakob greift, so wäre das zu verstehen (*wäre* – denn diese »Identifizierung« des »Mannes« ist nicht die einzig mögliche), nicht nur nach einem Segen, sondern nach dem Ursprung allen Segens, dem Halt allen Halts; Jakob wollte Gott selbst nicht nur begreifen und erfassen, sondern halten und festhalten.

IV. Segen und Namen

Kann man sich Segen erkämpfen? Das ist vielleicht die allerinteressanteste Frage an die Erzählung. Immerhin: Auch das, was einem zuletzt zufällt, mag errungen sein. Künstler wissen davon. Über den Malerinnen- und Malerort Worpswede notiert Rilke: »Malen hieß mit dem Winde ringen wie Jakob mit dem Engel des Herrn« (R.M. Rilke, Worpswede, Sämtliche Werke, Bd. 5, 51).

Kann man sich Segen erringen? Und dann die weiteren Fragen: Warum heischt einer Segen von einem, der ihn gerade angefallen hat? Und was für ein Segen soll es sein? Ein Segen wie der, den Jakob dem Esau erst abgekauft, dann abgelistet hat? Will, soll, muß, darf Jakob sich redlich erkämpfen, was er zuvor erschlichen hat? Wir werden dieser Spur folgen.

Da sprach er zu ihm (der Mann zu Jakob): Was ist dein Name? Und er sprach: Jakob. (V.28)

Weiß der »Mann« nicht, wie Jakob heißt? Die Antwort hängt mindestens auch daran, was für ein Mann das ist. Benno Jacob sieht in ihm einen Engel und befindet sich dabei in Übereinstimmung mit der Aufnahme der Geschichte in Hos 12,5, mit dem Hauptstrom der jüdischen Auslegung – und auch der christlichen, man denke vor allem an die Bilder (Raffael, Rembrandt, Delacroix, Gauguin u.v.a.), und er verweist zur Erklärung auf Exodus 3. Da fragt Jhwh (Gott) den Mose: »Was ist da in deiner Hand?«, und Mose antwortet: »Ein Stab«. Gott muß nicht fragen, was das sei, weil er es nicht selbst sähe oder wüßte. Die Pointe besteht vielmehr darin, daß das, was Mose als Stab in seiner Hand hält und benennt, unmittelbar darauf kein Stab mehr sein wird. Der Stab verwandelt sich in eine Schlange. So auch hier: »Was ist dein Name?« »Jakob.« – Du wirst sehen, das wird nicht dein Name bleiben ...

Und er sprach: Nicht Jakob wird mehr dein Name gesprochen werden, vielmehr: Israel, du hast ja gekämpft (*sarita*) mit Elohim (Gott/Göttern) und mit Männern; und du hast es vermocht. (V.29)

Jakob, *ja'aqob*, der »Fersenschleicher«, bekommt den Namen Israel, *jisrael*, der »Gotteskämpfer«. Daß die korrekte Etymologie des theophoren Namens Israel vermutlich anders ist, nämlich Gott zum Subjekt hat (Gott kämpft, siegt), steht wieder auf einer besonderen Ebene. Gen 32,29 deutet den Namen mit Jakob als (implizitem) Subjekt.

Für die Erzählung in ihrem Kontext stellt sich freilich eine andere Frage: Bekommt Jakob den neuen Namen jetzt, von diesem Mann, in diesem Moment? In Gen 35,10 bekäme er ihn dann noch einmal, nun von Gott selbst. Eine literarische Dublette? Möglich, aber nicht die einzige Leseweise. Denn man kann die hier in 32,29 stehende passivische Formulierung (»dein Name wird nicht mehr Jakob gesprochen werden [*jeamer*]«) verstehen als Vorverweis auf die später (bald) kommende Neubenennung durch Gott selbst. Der »Mann« gibt Jakob den neuen Namen nicht; er kündigt ihn an.

Und wieder die Frage: Wer ist dieser Mann? Liegt eine Antwort im angekündigten neuen Namen *jisrael* – gedeutet als: gekämpft mit Elohim und Männern? Aber was ist, was bedeutet (man könnte ja auch für *diese* Variante zwischen »ist« und »bedeutet« eine Disputation zwischen Luther und Zwingli imaginieren ...), was *heißt* an dieser Stelle Elohim? Gott oder Götter? Das hebräische Wort läßt beide Verstehensmöglichkeiten zu. Hat Jakob mit Gott selbst gekämpft? Oder sind die Elohim Götterwesen (wie in Psalm 8 oder Hiob 1f)? Sind es Götter eines vormonotheistischen Pantheons? Ist Jakob dann einer wie der griechische Held Diomedes, der im Kampf mit den Trojanern selbst gegen die Göttin Aphrodite anstürmt und sie verwundet?

Wer ist der Mann, mit dem Jakob ringt? Die Frage wird immer drängender. Doch noch haben wir nicht die möglichen Hinweise von Text und Kontext versammelt. Blicken wir deshalb zuerst auf das Ende von V.29:

Du hast es vermocht (*wattukal*) – heißt es am Ende dieses Verses. In V.26 heißt es – mit dem selben Verb – im Blick auf den Mann, der Jakob besiegen wollte: Er vermochte es nicht (*lo jakol*). Jakob also ist der Sieger. Nicht, daß er den anderen überwunden hätte – das wollte er ja auch gar nicht. Doch er hat ihm standgehalten, sich von ihm nicht besiegen lassen. Wer ist dieser Mann, der sich, was das angeht, geschlagen gibt? Das wollen nicht nur wir wissen, das will auch Jakob wissen.

Und es fragte Jakob, und er sprach: Sag mir / erzähl mir doch deinen Namen! Und er sagte: Warum fragst du da nach meinem Namen? Und er segnete ihn dort. (V.30)

Der »Mann« verweigert die Nennung seines Namens – *stattdessen* (so klingt es) segnet er Jakob. Der Segen spielt eine entscheidende Rolle in dieser Erzählung und in anderen des Buches Genesis. Zur theologischen Bedeutung des Segens verweise ich auf das im Gütersloher Verlagshaus erschienene Buch von Magdalene L. Frettlöh, Theologie des Segens, ³1999. Die Erzählung Gen 32,23-33 wird in ihrem Buch nicht ausführlich behandelt, doch stellt Frettlöhs Arbeit im ganzen die entscheidenden Beobachtungen und Überlegungen zum biblischen Segen bereit, die auch für die Auslegung dieser Erzählung zentral werden. Jedenfalls wird man nach der Lektüre dieser »Theologie des Segens« das sichere Urteil über »unsere« Stelle, das Hermann Gunkel [Genesis, ³1910, 361] formulieren kann: »... *das 'segnen' hat hier keinen geistlichen Inhalt*«, nur mit Erstaunen zur Kenntnis nehmen.

Warum nennt der »Mann« seinen Namen nicht? Eine Art »Lohengrin«? Oder – einem Kölner sei die karnevalistische Variante des Lohengrin-Motivs erlaubt: »... nur nach dem Namen frag mich bitte, bitte nicht«? Ein »Rumpelstilzchen-Motiv«? Oder ist der »Mann« einer, dessen Namen man nicht nennen darf, einer wie der »Gott-sei-bei-uns«? Gott oder Teufel, Dämon oder Mensch? Wer ist dieser Mann? Jakob erfährt den Namen nicht, aber – hören wir den nächsten Vers – er *nennt* einen Namen:

Und es rief / es nannte Jakob den Namen des Ortes Pniel (Angesicht Gottes): Ja, ich habe gesehen Gott von Angesicht zu Angesicht, und meine Kehle / mein Leben ist gerettet worden! (V.31)

Jakob nennt den Namen des Ortes (*schem hammaqom*). *hammaqom* ist später ein Name Gottes. Gott ist »*der* Ort«, nämlich in der Perspektive der für jüdische »Theologie« grundlegenden Lehre: Gott hat keinen Ort in der Welt; die Welt hat einen Ort in Gott (u.a. im Midrasch Breschit rabba, 68). Auf dieser Ebene könnte man geradezu verstehen: Jakob rief »*schem hammaqom*«, Jakob rief den Gottesnamen. Aber auch auf der unmittelbaren Textebene ist Gott im Namen des Ortes präsent. Denn Jakob nennt den Ortsnamen Pniel – hier zu verstehen als: Angesicht Gottes. Denn, so ruft Jakob aus, er hat Gott gesehen *panim äl-panim* – von Angesicht zu Angesicht –, und er hat dieses Sehen nicht nur er-, sondern erstaunlicherweise auch überlebt. Der direkte Anblick Gottes tötet, und wenn nicht, so aus besonderer Gnade. Aber woher weiß Jakob, daß er Gott gesehen hat? Hat ihn die Verweigerung des Namens auf die Spur des Namens gebracht?

V. Hinkende Gangart

Die Frage nach der »Identität« jenes »Mannes«, mit dem, der mit Jakob ringt, wird uns noch beschäftigen. Zunächst aber soll eine andere Frage in den Vordergrund treten, die, wie »es« Jakob nach diesem Kampf geht, wie Jakob geht. Jakobs *näfäsch,* seine Kehle, sein Leben, ist gerettet worden (*tinnatsel*). Unzerstört geht Jakob aus dem Kampf hervor, aber nicht unbeschädigt. V.32 beginnt:

Da ging ihm die Sonne auf ...

Gewiß nicht nur im Sinne der Uhrzeit, eher schon darin, daß er weiß, was die Stunde geschlagen hat, und auch – so die Rabbinen – weil ihm nach zwanzig Jahren Dunkel endlich wieder die Sonne schien. Jedenfalls heißt es im Text nicht einfach: Es ging die Sonne auf, sondern: Es ging *ihm* die Sonne auf. Und vielleicht ist dem Jakob zugleich mit der Sonne ja auch ein Licht aufgegangen.

... als er vorüberging / überschritt (wieder das »Hebräerverb« *'abar*) an Pniel ... (*pnuel* – eine Variante des Namens Pniel) ... und er hinkte an seiner Hüfte. (V.32)

Jakob hinkt. Wer Gott sieht (von Angesicht zu Angesicht), geht nicht ohne Blessur hervor aus solcher Begegnung. Aber vielleicht kann man auch hinkend den aufrechten Gang üben.

Jakob hinkt. Das Verb *tsala'* kommt nur noch an zwei (bzw. drei) weiteren Stellen in der hebräischen Bibel vor; in Mi 4,6f (zweimal) und in Zef 3,19. An beiden Stellen sagt Gott den Zerschlagenen und Hinkenden Zions zu, sie zu heilen und zu retten. Im Michabuch findet sich diese Verheißung in der Fortsetzung des berühmten »Schwerter-zu-Pflugscharen-Motivs«, nach dem einst die Völker hinaufziehen werden zum Zion und sich von dort (etwas von der) Weisung holen und ihren Streit schlichten lassen. In Micha 4 heißt es in diesem Zusammenhang ausdrücklich, daß sie ziehen zum Hause *Jakobs*. Die Worte für »die Lahmgeschlagene(n), Hinkende(n)« bei Micha und Zefanja sind Feminina. Im Hebräischen kann das grammatische Femininum auch für ein Neutrum stehen, für kollektive Sachen oder Sachverhalte; aber es spricht viel dafür, daß hier tatsächlich vor allem Frauen als die besonders Leidtragenden von Krieg und Gewalt im Blick sind. (Das stellt Frank Crüsemann heraus in seinem Beitrag »Frieden lernen« über Mi 4,1-7 in der Festschrift für Bertold Klappert, »Hören und Lernen in der Schule des NAMENS«, hg. v. J. Denker u.a., 1999, 13-22.)

Ich möchte die Stellen der hebräischen Bibel, in denen – mit diesem Wort – vom Hinken die Rede ist, in einer Verbindung wahrnehmen und darin einen Hinweis darauf sehen, daß die Erzählung aus Genesis 32 nicht als reine Männergeschichte gelesen werden muß.

Eine der bedeutendsten feministischen Exegetinnen hat in Genesis 32 nicht allein Männergeschichte gesehen. Denn eine bemerkenswerte Passage über Gen 32,23ff findet sich in Phyllis Tribles epochemachender Arbeit über die »Texts of Terror« (deutsche Übersetzung: Ph.T., Warum hast du mich vergessen? Frauenschicksale im Alten Testament, GTB 491, 1987, 19f). Die Autorin beschreibt am Anfang ihres Buches ihr methodisches Vorgehen mit Hilfe dreier Kategorien. Ihre *Methode* beschreibt sie als »literary-criticism«. Das ist in der deutschen Übersetzung sehr irreführend als »Literarkritik« wiedergegeben – was schlicht das Gegenteil ist, denn es geht gerade nicht um die analytische Zergliederung der Texte und die Rekonstruktion möglicher Vorstufen, sondern um die Wahrnehmung des Endtextes als Literatur. Der Feminismus ist ihre *Perspektive*. Gen 32,23ff aber soll auf dem Weg durch die »Texts of Terror«, die Texte, die von der Gewalt handeln, die Frauen angetan wird, als »*Proviant*«, als Wegzehrung dienen.

Im Zusammenhang dieser anregenden Verbindung dreier letztlich vielleicht nur scheinbar auf verschiedenen Ebenen liegender Kategorien (*Methode, Perspektive, Proviant*) erzählt die Autorin in der Einleitung ihres Buches die Jabboq-Geschichte kurz und pointiert nach. Ich zitiere aus dem Schlußabschnitt (19f):

Was Jakob haben möchte, bekommt er nicht zu seinen eigenen Bedingungen. Der Ausgang der Geschichte gibt den verkrüppelnden Sieg und die großartige Niederlage dieser Nacht zu. Jakobs Leben bleibt erhalten, aber er hinkt, als er den Jabbok verläßt.

Als Beispiel für eine Begegnung mit dem Schrecken wird diese Geschichte uns auf der vor uns liegenden Reise Kraft geben. Denn Geschichten des Schreckens zu erzählen und zu hören heißt, des Nachts mit Dämonen zu ringen, ohne einen mitleidsvollen Gott, der uns rettete. Während des Kampfes fragen wir uns, wie die Dämonen denn eigentlich heißen, gleichzeitig aber erkennen wir unsere eigenen Namen auf höchst erschreckende Weise. Der Kampf selbst ist ein einsamer und intensiver. Wir ringen mit aller Kraft – nur um verwundet zu werden. Aber wir halten aus und suchen einen Segen: das Heilen der Wunden und die Wiederherstellung unserer Gesundheit. Wenn der Segen kommt – und wir wagen nicht, das als sicher zu behaupten –, kommt er gewiß nicht zu unseren eigenen Bedingungen. Sondern wenn wir das Land des Schreckens verlassen, werden wir hinken.

Diese Sätze stehen (fast) ganz am Ende der Einleitung in Ph. Tribles Buch. Die Reise, für die die Jakob-Jabboq-Erzählung Wegzehrung sein soll, führt die Autorin und ihre Leserinnen (und Leser) in den folgenden Kapiteln des Buches durch finstere Bezirke, in denen Gewalt herrscht. Von Hagar und Tamar wird die Rede sein, von der namenlosen geschundenen und ermordeten Frau der Erzählung von Richter 19, von Jeftas Tochter. Das Hinken als die Gangart, die dieser Weg fordert, lenkt das Augenmerk auf die beiden neben Genesis 32 anderen Passagen der Hebräischen Bibel, an denen das Wort »hinken« (*tsala'*) vorkommt. Die Zerschlagene und Hinkende wird nach Micha 4 und Zefanja 3 nicht bleiben, wie sie ist. Das Hinken, das Lahmgeschlagen-Sein ist eine Beschädigung, eine Lebensminderung, die nicht das letzte Wort behalten soll. Wenn ich im folgenden versuche, Jakobs Hinken nicht nur als eine Beschädigung, Minderung wahrzunehmen, will ich (vollends mit den Worten und Texten bei Phyllis Trible im Ohr und Herzen) die Beschädigung nicht flott in einen Vorzug ummünzen.

Es bleibt eine schwierige Aufgabe, beschädigtes, geschundenes, behindertes Leben nicht als minderwertiges zu denunzieren und gleich-

wohl am Gut eines heilen Lebens festzuhalten. Lieblos bis brutal ist
das zum Slogan gewordene »Hauptsache gesund«. Im Grußwortschatz
gehört es zu den dümmlichen »Kommunikations«-Formeln: »Wie
geht's?« – »Und selbst?« – »Muß ja«. »Hauptsache gesund« – das ist
aber auch die heute üblich gewordene Antwort auf die Frage, ob »es«
denn ein Junge oder ein Mädchen werden solle. »Egal, Hauptsache
gesund!« Man mag diese Antwort ja als einen Fortschritt gegenüber
den Zeiten ansehen, in denen Väter getröstet wurden, wenn es »nur«
ein Mädchen wurde, aber was heißt das »Hauptsache gesund!« für die,
die nicht gesund sind? Und doch ist der Wunsch von Eltern, ihr Kind
möge gesund zur Welt kommen, nicht nur verständlich, sondern auch
recht. Denn so wenig beschädigtes Leben als minderwertiges denun-
ziert werden darf, so wichtig bleibt doch die Hoffnung auf ein Leben
ohne Beschädigung, ohne Tränen, Mühsal und Geschrei.

Ich möchte das Motiv des Hinkenden noch in eine andere Richtung verfolgen. Wer hinkt in Mythen und Märchen? Zuerst fällt einem
ein: Der Teufel mit seinem Bocksfuß. Aber man kann auch an Hephaistos denken, den griechischen Götterschmied, dessen Hinken
beim Auftischen bei der Göttertafel das sprichwörtlich gewordene
»homerische Gelächter« erzeugt. Und bekanntlich hinkt jeder Vergleich. Letzteres ist gar nicht so entfernt von der Jakobthematik. Daß
ein Gleichnis hinke, beruht, so hat es Goethe einmal formuliert, darauf, »daß es nicht identisch mit dem Verglichenen zusammenfällt«
(Berliner Ausgabe, Bd. 21, 202). Hinzugefügt sei eine Passage bei Georg Forster. In den Fußnoten zu »Parisische Umrisse« (Werke, Bd. 3)
notiert er: »Daß die Gleichnisse hinken, hätte man nie bemerkt, wenn
man nicht versucht hätte, sie *gehen* zu machen; das heißt, wenn man sie
nicht aus ihrer natürlichen Lage gerissen und durch fortgesetztes Alle-
gorisiren ihre wahre Bestimmung, als bloß erläuternde Bilder zu dienen, vereitelt hätte. Kein Mensch hat das Recht, mit einem Gleichnisse so widersinnig umzugehen ...« Man mag fragen, ob Forster in der
berechtigten Kritik an einer *Über*bestimmung von Gleichnissen sie
seinerseits nicht *unter*bestimmt. Denn Gleichnisse (allemale die biblischen) dienen nicht allein »als bloß erläuternde Bilder«. Und doch muß
beides – das Bild und das Erläutern – betont werden, um der Identifizierung, der In-eins-Setzung des Gleichnisses mit dem ins Gleichnis
Gebrachten zu wehren. Um ein Identitätsproblem also geht es bei *diesem* Hinken. Eine Frage der Identität – auch bei Jakob?

Der Bochumer Philosoph Bernhard Waldenfels sprach in seiner Ab-
schiedsvorlesung im Februar 1999 vom Hinken als der Philosophen-

und Dichtergangart. Darin ist das Hinken dem Stottern nahe, und darin ist, wenn man biblisches Hinken und Stottern hinzudenkt, Jakob dem Mose nahe. Zum Denken gehört das nicht glatte Gehen und Reden, das Schwanken, das (auch das ist ein alter Sprachgebrauch von »Hinken«, wie das Grimmsche Wörterbuch ausweist) Zu-spät-Kommen. Auch die Gestalt des Epimetheus gehört zu diesen »Hinkenden«. Die Bochumer Universität zeigt in ihrem Siegel beide Brüder, Prometheus, den Vorausdenkenden, und Epimetheus, den Hinterherdenkenden, Reflektierenden. Beide und beide Formen von Wissenschaft und Forschung haben in einer Universität einen Ort. Freilich fließen im gegenwärtigen Zeitgeist, den zunehmend Wirtschaftsinteressen bestimmen (wer konnte ahnen, daß das noch *zunehmen* konnte?), ganz überwiegend ersterem die Mittel und die Anerkennung zu.

Das Hinken und Stottern gehört (gegen die Alleinherrschaft des ungehinderten »Fortschritts«) zu den Formen des Zauderns, ohne das Denken und Schreiben Schaden nähmen. In der sogenannten Wirklichkeit freilich wirkt beides (das Hinken und das Stottern) ungelenk und lächerlich. Einen weiteren, beiläufigen Hinweis des Philosophen Waldenfels aufnehmend möchte ich ein Baudelaire-Gedicht in »unseren« Zusammenhang einspielen.

Der Albatros

Oft kommt es vor, dass, um sich zu vergnügen,
Das Schiffsvolk einen Albatros ergreift,
Den grossen Vogel, der in lässigen Flügen
Dem Schiffe folgt, das durch die Wogen streift.

Doch, – kaum gefangen in des Fahrzeugs Engen
Der stolze König in der Lüfte Reich,
Lässt traurig seine mächtigen Flügel hängen,
Die, ungeschickten, langen Rudern gleich,

Nun matt und jämmerlich am Boden schleifen.
Wie ist der stolze Vogel nun so zahm!
Sie necken ihn mit ihren Tabakspfeifen,
Verspotten seinen Gang, der schwach und lahm.

Der Dichter gleicht dem Wolkenfürsten droben,
Er lacht des Schützen hoch im Sturmeswehn;
Doch unten in des Volkes frechem Toben
Verhindern mächt'ge Flügel ihn am Gehn.

Charles Baudelaire, Die Blumen des Bösen, GS 6, hg. v.
Fr. Blei, übers. v. Th. Robinson, Neuausgabe 1981, 5

Wie erscheint der Ringer Jakob nach dem Kampf am Jabboq im
Lichte all dieser Hinkenden? Vielleicht ist sein Gang nun schwach und
lahm wie der des Baudelaireschen Albatros. Vielleicht hinkt er lächerlich wie Hephaistos. Aber wenn in Genesis 33 Jakob hinkend vor
Esau tritt, gibt es bei Esau keinen Spott und kein »homerisches Gelächter«, vielmehr weinen *beide*. Und das ist, dünkt mich, ein Weinen,
das die Spannung und Spaltung löst, ein Weinen, in dem die Tränen
der Versöhnung eine Bahn bereiten. So wäre also auch das eine Geschichte, die eine(n) zweifeln läßt, ob es denn so schön wäre, wenn
(mit Offenbarung 21) am Ende *alle* Tränen abgewischt würden ...

Jakob=Israel hinkt. Vielleicht gehört auch das folgende Zitat zum
Thema. (Gewiß gehört es zu dem Thema, das ich am Ende des
Durchgangs durch die Erzählung mit der Auslegung von Samson Ra-
phael Hirsch ansprechen will.) Es stammt aus Franz Grillparzers
Schauspiel »Die Jüdin von Toledo«. Dort sagt der König über die
schöne Jüdin:

> Ich selber lieb es nicht, dies Volk, doch weiß ich,
> Was sie verunziert, es ist unser Werk.
> Wir lähmen sie und grollen, wenn sie hinken.

Sämtliche Werke, Bd. 2, 467

Vielleicht haben wir uns von Genesis 32 zu weit entfernt; vielleicht
aber auch gerade nicht. Kommen wir nach diesem Blick auf das Gehen – und in entsprechender »Gangart« – auf die uns begleitende
Hauptfrage des Abschnitts zurück: Wer war der Mann, mit dem, der
mit Jakob rang, dem er den Segen und den neuen Namen Israel
entrang? Wir können diese Frage nicht in raschen Schritten angehen,
sondern – in kleinen Schritten dem Text folgend – eher hinkend,
stotternd. Denn auch der letzte Vers des Kapitels und der Erzählung
gibt auf diese Frage keine Antwort. Der letzte Satz des Kapitels gibt
eine andere Information:

Darum sollen die Israelitinnen und Israeliten nicht die Spannader (*gid-hannaschä*)
essen, die auf Jakobs Hüftpfanne (ist), bis auf den heutigen Tag (*'ad hajjom haz-
zä*), denn angerührt hat er die Hüftpfanne Jakobs an der Spannader. (V.33)

Bis auf den heutigen Tag – das heißt: bis auf den Tag der jeweiligen
Erzähl- und Lesezeit. Die Erzählung mündet ein in ein Speisetabu, der
Brauch aber beruht auf der Erinnerung an den Kampf, in dem Israel
seinen Namen, seine Identität bekam, verheißen bekam. Mit wem hat
Jakob gerungen? Was erzählt der Text, was bedeutet diese Geschichte?

VI. Warum wird das alles erzählt?

Viele Erzählungen (nicht nur) der Genesis sind »ätiologische« Sagen; sie liefern eine Begründung (griechisch *aitia*) für einen Orts- oder Personennamen, einen Tatbestand oder ein besonderes Merkmal, einen Brauch. Trifft etwas davon für die Jabboq-Erzählung zu? Ja, und zwar gleich alles. Die Erzählung schließt mit nicht weniger als vier Ätiologien:

1. Sie begründet einen Ortsnamen: Jakob nennt den Ort Pniel, denn dort hat er *pni-el* – das Angesicht Gottes –, dort hat er Elohim von Angesicht zu Angesicht gesehen.

2. Sie begründet einen Personennamen: Jakob wird der neue Name Israel angekündigt, dessen Deutung mit eben dieser Geschichte verbunden wird und bleibt.

3. Sie begründet aber auch ein besonderes Merkmal: Jakob hinkt.

4. Schließlich stellt auch der letzte Vers eine geradezu klassische Ätiologie dar, indem die Erzählung den Grund für eine bestimmte – wie der Text ausdrücklich betont: *gegenwärtige* – Vorschrift liefert.

Zur letztgenannten Ätiologie, der Vorschrift über die Spannader – *gid-hannaschä*, finden sich wichtige Hinweise im Pentateuch-Kommentar von Samson Raphael Hirsch (1867-78 verfaßt, in Bd. 1 der 1994 erschienenen Neuausgabe, 419f). Es handelt sich bei der Vorschrift über die Spannader um eine der insgesamt vier »göttliche(n) Institutionen« in der Genesis. Es sind der *Sabbat*, der *Bogen* (Gottes in den Wolken), die *Beschneidung* und eben die *gid-hannaschä*, die *Spannader*, eigentlich eine *Sehne* in der Nähe des Ischiasnervs. Hirsch übersetzt – mit Konsequenzen für seine Deutung –: »Sehne der Schwäche«. Bei der Fleischzubereitung wirft man diese Sehne weg. Es geht dabei nicht um eine der Kaschrut-Vorschriften, wie sie im 3. Buch Mose (Leviticus) oder an anderer Stelle aufgelistet sind, nicht um die Frage von *koscherem* bzw. nicht *koscherem* Essen. Begründung ist allein die in Genesis 32 erzählte Geschichte. Der Brauch dient der Erinnerung an das Geschick des Vaters Jakob, dessen Beschädigung mit dem Namen Israel verbunden bleibt. Im Einhalten der Vorschrift wird Jakobs Geschichte wieder geholt und dem Leben der kommenden Generationen eingeschrieben. Diese Erinnerung dient keinem außerhalb ihrer selbst liegenden Zweck, gerade deshalb ist sie nicht sinnlos.

Zurück zur Frage nach dem ätiologischen Charakter der Erzählung, dem Problem der fast zu vielen Ätiologien. Läßt sich die überladen wirkende Erzählung auf einen originären Bestand reduzieren, in dem möglichst nur eine Begründung den Abschluß bildete, so daß die weiteren Ätiologien als spätere Ergänzungen erkennbar werden? Beim Versuch solcher Textreduktion könnte man gerade die letzte Bemerkung über die Spannader vom Erzählzusammenhang abtrennen, ohne daß er zerstört würde. Man mag also V.33 für einen Nachtrag halten und damit *diese* Ätiologie für eine angefügte. Ähnlich könnte man – einen Schritt weiter gehend – für V.32 urteilen, also auch die Notiz über Jakobs Hinken als Nachtrag verstehen. Aber die Möglichkeit, die Notiz über das Hinken als sekundäre Ätiologie zu verstehen und aus einem möglicherweise ursprünglichen Textbestand auszusondern, kann nicht das Hinken selbst aus der Geschichte entfernen, denn das ergibt sich zwangsläufig aus der Jakob zugefügten Luxation. Wir werden noch sehen, daß es für das Verstehen der Fortsetzung wichtig wird, in welcher »Gangart« Jakob auf seinen Bruder Esau treffen wird. Auf der (spekulativen) Suche nach einer Erstgestalt der Erzählung ließe sich weiter das Motiv des neuen Namens Jakobs als Erweiterung ansehen, vor allem dann, wenn man es als Vorverweis auf Genesis 35 ansieht, wo Jakob den Namen Israel von Gott bekommt. Aber der Name Israel ist in Genesis 32 mit dem erzählten Geschehen verbunden. Allein dadurch wird er zum erkämpften Namen. Für den Gesamtkontext des Jakob-Esau-Konflikts hat das große Bedeutung. Wir werden diesem Motiv auf den *Fersen* bleiben und ihm nach-denken, nach *hinken* ...

In einer bestimmten überlieferungsgeschichtlichen oder literarkritischen Methodik kann man also durchaus, wie gesehen, die Ätiologienvielfalt reduzieren, um bei einem ursprünglichen Motiv zu landen. Das wäre dann die mit einem nächtlichen Kampf mit einem (wie auch immer zu bestimmenden) »Mann« verbundene Ortsbezeichnung Pniel. Vergleichbar wäre der nächtliche Traum und die Ortsbenennung Betel in der früheren Jakobgeschichte von Genesis 28, wobei man für beide Orte einen Status als »heiliger Ort« als Voraussetzung der Erzählung annehmen kann. Die Erzählungen machen aus einem »immer schon« heiligen Ort einen heiligen Ort Jakobs=Israels.

Im Blick auf die Ortsbezeichnung wird man die Variante Pnuel (V.32) bzw. Pniel (V.31) wahrnehmen. Da die Form Pniel stärker mit der erzählenden Deutung verbunden ist, also zur Erzählung gehört, kann man dann in der Form Pnuel die ursprünglichere sehen. In der Form Pnuel kommt der Ort noch mehrfach im Alten Testament vor. Gideon zerstört seine Burg (Ri 8,17), Jerobeam I. baut sie wieder auf (1Kön 12,25). Der (in dieser Perspektive ältere) Name Pnuel aber findet sich in Gen 32,32 in Verbindung mit dem »Hinken« Jakobs. Abermals zeigt sich, daß die verschiedenen ätiologischen Motive in Genesis 32 erzählend verknüpft sind. Der Versuch der Herauspräparierung einer ältesten Form und mehrerer Erweiterungsstufen ist also nicht geeignet, den Erzählzusammenhang und sein Bedeutungspotential zu erfassen.

Das Ungenügen eines exegetischen Verfahrens, mit dem man versucht, das *eine* Ursprungsmotiv dingfest zu machen, zeigt sich in fast komisch wirkenden Versuchen wie den folgenden: Die Erzählung sei die Ätiologie eines kanaanäischen Hinktanzes. Das erklärte allen Ernstes in einem Aufsatz aus dem Jahre 1951 (mit Verweis auf 1Kön 18) Karl Elliger (in: K.E., Kleine Schriften. Theologische Bücherei 32, 1966, 141-173). Dagegen meinte Wilhelm H. Roscher, Ephialtes, 40f (Abhandlungen der Sächsischen Akademie der Wissenschaft XX,2, 1900), das Hinken erkläre sich aus einem Rheumatismus, der seinerseits die Folge des Schlafens in feuchten Flußniederungen sei. Das gehört zu jenen rationalistischen Deutungen biblischer Erzählungen, die insbesondere bei den Wundergeschichten Jesu im 19. Jahrhundert Konjunktur hatten. Das Verfahren besteht darin, die Besonderheiten einer Geschichte zu erklären, indem man sie beseitigt. So wird die »Speisung der 5000« zu einer Frage geschickter Logistik versteckter Vorräte, Jesu »Seewandel« zur Kenntnis flacher Steine im See oder eben Jakobs (Er-)Gehen nach dem Kampf mit dem eigentümlichen Mann zum erzväterlichen Rheuma.

Zum verabsolutierten Rationalismus gehört als Gegenpol meist ein ebenso verabsolutierter Spirit(ual)ismus. Dessen »Lösung« für Jakobs »Hinken«? Es handele sich um ein Traumgesicht, einen Gebetskampf. Freilich wird man sich bei einem Gebetskampf (was immer das sei) kaum die Hüfte verrenken. Gegen diesen Einwand konnte man Rationalisierung und Spiritualisierung verbinden, um mit beiden Deutungen die Geschichte zu zerlegen. Der genannte Roscher erklärt, wie erwähnt, das Hinken als Rheumatismus in der Folge des Schlafens in der feuchten Flußniederung, und den Ringkampf verlegt er in einen Alptraum.

Immerhin können neuere psychologische Interpretationsansätze für sich in Anschlag bringen, daß sich in sehr vielen Fällen von Bandscheibenvorfällen, Ischiasleiden und Rückenschmerzen überhaupt keine klinischen Befunde erheben lassen, vielmehr psychosomatische Ursachen zugrunde liegen. Sollte die Erzählung die innere Zerrissenheit Jakobs darstellen wollen, seine ihn lähmende Angst vor Esau, der ihm den Tod geschworen hatte und der ihn nun mit 400 Mann er-

wartet? Ich will das nicht in Abrede stellen. Allemale auf der gegenwärtigen Lektüreebene ist diese Lesemöglichkeit durchaus geeignet,
auf etwas aufmerksam zu machen. Aber ich möchte (obwohl oder weil
nicht ohne eigene Erfahrungen mit solcher Beschädigung) die Erzählung nicht darauf reduzieren. Denn warum bedürfte sie dann, und
zwar an dieser Stelle, jener seltsamen Figur, des Mannes, der mit Jakob
ringt und dem er den Segen abtrotzt, abkämpft?

Diese Kritik an jedweder Verkürzung der Erzählung bis zur Banali-
sierung trifft auch andere Versuche, das *eine* Ursprungsmotiv der Geschichte herauszupräparieren: Die Erzählung handele ursprünglich
von einem nächtlichen Kampf mit einem Flußdämon, der die Furt
bewacht (so u.a. ein Klassiker der Religionsgeschichte, Sir James George Frazer, in seinem Werk »Folklore in the Old Testament«, 1918).
Andere dachten allgemeiner an einen Nachtdämon, der erst später mit
Gott in Verbindung gebracht worden sei (so u.a. der genannte Hermann Gunkel). Auch das ist, wenn es denn mehr sein soll als eine lose
Vermutung über ein altes Erzählmotiv vor oder hinter der Erzählung,
nämlich eine Deutung des Textes selbst, nur als dessen Reduktion zu
werten. Methodisch in die falsche Richtung zielt deshalb auch eine
von Claus Westermann erhobene Kritik. Westermann kritisiert in seinem großen Genesis-Kommentar (in der Reihe Biblischer Kommentar, Neukirchen-Vluyn, I/2, ²1989, 635) diejenigen theologischen
Auslegungen der Erzählung vom Jabbok-Kampf, die sich an späteren
Zusätzen der Erzählung festmachten. Überliefert ist aber doch die biblische Erzählung in ihrer jetzt vorliegenden Gestalt. Nur in dieser
Gestalt ist die Geschichte eine *biblische* Geschichte.

Eine biblisch-theologische Auslegung kann sich deshalb nicht auf
eine – wie begründet auch immer – *vermutete* frühere Gestalt des Stof-
fes beziehen; sie ist verwiesen auf den Text der Bibel. Das stellt keineswegs in Abrede, daß es für das Verstehen des Textes sehr wohl
wichtig sein kann, möglichst begründete Vermutungen über sein Entstehen zu erheben. Dabei werden auch vermutete Vorstufen des jetzt
vorliegenden Textes eine Rolle spielen. Aber die Rekonstruktion des
Entstehens eines biblischen Textes ist nicht mit seinem Verstehen zu
verwechseln. Eine entsprechende Einschränkung gilt auch für die vielen in den Kommentaren zu findenden Hinweise auf griechische und
weitere Sagen, in denen Helden mit Göttern und Halbgöttern kämpfen, so erhellend die Parallelen im Blick auf Einzelmotive sein mögen.

kops' opiten kolepa tychon, hypelyse de gyia – »stieß ihn von hinten ins
Kniegelenk und lähmte ihm die Glieder«. Das lesen wir (Ilias XXIII,

726) von Odysseus, der im lange unentschieden tobenden Ringkampf mit Ajas die regelgerechte Aushebelung durch den Gegner mit diesem Schlag beantwortet. (Nicht ganz nebenbei: *Jakob und Odysseus* ... – ein durchgeführter Vergleich gäbe viel her.) Da gibt es Helden, die ein göttliches Wesen so lange festhalten, bis es ihnen ihr geheimes Wissen offenbart. So packt Menelaos den Meergreis Proteus, Odyssee IV, 384 (bei Gunkel, Genesis, ³1910, 364 findet sich die irrtümliche Angabe Od X). Da gibt es Helden, die mit Menschen und Göttern kämpfen (wie der bereits erwähnte Diomedes). In den Scholien zu Lykophron liest man, wie Herakles einmal jeden zum Ringkampf herausgefordert habe, der sich ihm stellen wolle, worauf Zeus, als niemand den Kampf wagte, ihn selbst in Menschengestalt aufnahm und mit Herakles so lange unentschieden rang, bis er sich seinem Sohn zu erkennen gab. Auch für das Motiv, daß ein Dämon bei Tagesanbruch die Macht verliert oder / und seinen Namen verbergen muß, finden sich Beispiele in vielen mythischen Erzählungen und Märchen. Das alles (vieles davon findet sich bei Gunkel mit Verweisen auf weiteres) ist nicht ohne Belang und vermag manche Einzelzüge zu erhellen, aber es dient nicht dazu, die in Genesis 32 erzählte Geschichte zu erklären.

Denn um über die zahlreichen Einzelmotive hinaus, für die sich allerlei Parallelen in vielen Literaturen und Kulturen finden, die Erzählung in ihrem biblischen Kontext zu erfassen, bedarf es des Blicks auf eben den Kontext.

VI. Nach der Jabboq-Passage

Der nächtliche Kampf findet statt zwischen der Vorbereitung und der Durchführung der Begegnung mit Esau. Jakob hatte in seiner Furcht vor dieser Begegnung ein Gebet gesprochen. In dessen Zentrum steht die Bitte, gerettet zu werden (*hatsileni*, V.12). Das Gebet blieb (zunächst) ohne Antwort. Nach dem Kampf am Jabboq aber ruft Jakob aus: Ja, ich habe Elohim gesehen von Angesicht zu Angesicht, und meine Kehle / mein Leben (*nafschi*) ist gerettet worden (*tinnatsel*, V.31). Kann man anders lesen, als in der Wiederaufnahme des Verbs *natsal* eben die Antwort auf Jakobs Gebet zu sehen?

Jakob ist gerettet. Und er ist gesegnet. Aber er ist nicht unbeschädigt hervorgegangen aus dem Kampf. Beides – Segen und »Gangart« – bekommen im größeren und im unmittelbaren Kontext Bedeutung. Zuerst der Segen. Um den Segen ging es im Konflikt zwischen den

Brüdern. Mochte Jakob darauf pochen, daß der Bruder ihm den Erstgeburtssegen verbindlich verkauft habe, so erscheint Jakob in Esaus
Augen als der, der den Segen der Erstgeburt betrügerisch erschlichen
hat. Er trage seinen Namen *ja'aqob* zu Recht, »denn er hat mich nun
zum zweiten Male betrogen *(ja'aqbeni)*« (Gen 27,36). Der »Fersenschleicher«, der Verdreher wird nun vor Esau treten – aber wie? Er
kommt: hinkend, verdreht, verrenkt, die Ferse nachschleppend.

Der behende Jakob hatte den Segen erschlichen; der Jakob, der Israel heißen wird, hat sich den Segen erkämpft und seinen Preis ge-
zahlt. Hinkend kann er nun mit aufrechtem Gang vor Esau treten. Die
folgende Begegnung nimmt in Themen und in Worten Themen und
Worte aus 32,23ff auf. Da ist – in überraschender Weise – das Wort
bracha – Segen:

qach-na ät-birkati – nimm doch meinen Segen, sagt Jakob zu Esau
(33,11), und er bezeichnet damit die Gaben, die er dem Bruder als
Versöhnungsgeschenk hatte überbringen lassen. *bracha* – Segen – kann
zuweilen auch »Geschenk« heißen. In den Jakob-Esau-Geschichten
wird es kein Zufall sein, daß das Wort »Segen«, das den Konflikt der
Brüder bestimmt hatte, im Augenblick der Versöhnung aufgenommen
ist. Daß man die Gabe auch anders bezeichnen kann, zeigt sich im
voraufgehenden Vers, wo sie *mincha* genannt ist.

Es hätte zur Bezeichnung des Vorgangs des in dieser Bedeutung
möglichen, aber ungewöhnlichen Wortes *bracha* (Segen) nicht bedurft.
Um so mehr bedarf es dieses Wortes, um den Zusammenhang (und
die Veränderung, die Umdrehung) deutlich werden zu lassen. Jakob,
der nun den Segen mit Recht und unter Zahlung eines hohen Preises
erkämpft hat, kann seinerseits Segen geben, den Bruder segnen. In
dem Vers (33,11), in dem die Gabe Jakobs an Esau an dieser Stelle als
bracha bezeichnet ist, eröffnet sich eine weitere Verstehensmöglichkeit.
Jakob erkennt seinen – durch Tüchtigkeit und auch List erworbenen –
Reichtum als *bracha*, als Segen, als Gabe Gottes.

Nimm doch meinen Segen, der dir überbracht worden ist, ja, Gott hat mir
Wohlwollen / Gnade erwiesen *(channani)*, und so habe ich das alles. Und er
drang in ihn, und er (Esau) nahm es an. (Gen 33,11)

Jakob hatte gehofft, Wohlwollen, Gnade *(chen)* zu finden in den Augen
Esaus, den er an dieser Stelle höflich und sich unterwerfend als »mein
Herr« *(adoni)* anredet. (33,8). Darum hatte er ihm die Gabe übersandt.
Esau lehnt sie zunächst ab. (»Ich besitze viel, mein Bruder, es bleibe
dein, was dein ist.« (Vers 9). Jakob beharrt darauf, daß der Bruder die

Gabe (*mincha*) annehme (Vers 10). Im nächsten Vers nennt er die Gabe dann eine *bracha*, einen Segen, und er nennt Gott als den Geber, als den, auf dessen Wohlwollen, / Gnade die *bracha* zurückgeht. Indem er Esau davon gibt, gibt er nicht nur vom Seinen und nicht nur Esau das Seine, vielmehr bekommen so beide Anteil an Gottes Segen. Nun nimmt Esau den Segen an.

Die Rollen von Gebenden und Empfangenden verschieben sich (wie die Konsonanten in leitenden Worten in der Jabboq-Geschichte). *Ja'aqob* ist durch die Verschlingung, durch den Kampf verändert. Er ist nicht mehr festgelegt darauf, sich das Seine listig-kläglich zu erschleichen. Und so kann er – wenn man an die Weise denkt, wie er sich zuvor zu Esau und zu Isaak, zu Laban und zu den vier (nein, den fünf) Frauen verhalten hatte, vielleicht zum ersten Mal in seinem Leben – in aufrechtem Gang vor Esau treten, *hinkend* im aufrechten Gang. Das ist es, warum Esau Jakobs Gabe akzeptieren und Jakob selbst als seinen Bruder anreden und annehmen kann. In Gen 33,4 lesen wir, wie Esau dem zögernd (von 32,32 her wird man mit-lesen dürfen: hinkend) sich ihm nähernden und siebenmal sich zur Erde werfenden Bruder entgegengeht. Und beide weinen.

Jakob hat sich den Segen erkämpft, errungen. Aber – immer wieder die Frage – von wem? Wer ist der »Mann«, mit dem er rang. Die erste Auskunft (für Jakob und für uns) lautet: Er hat seinen Namen nicht genannt. Aber er hat (stattdessen?) Jakob gesegnet. Daraus (aus beidem?) hat Jakob geschlossen, mit wem er es zu tun hatte. Denn er nennt den Ort Pniel, weil er Elohim gesehen hat – und gerettet wurde, am Leben blieb. Mit Elohim also rang Jakob. Aber ist das schon die ganze Antwort? Denn was oder wer ist Elohim? Gott? Das ist möglich, aber nicht die einzige Möglichkeit. Denn zu den Elohim gehört auch der Satan (Hiob 1 und 2), und es gibt die Elohim in Psalm 8 und die in Psalm 82, und jeder der Texte würde – eingespielt in Genesis 32 – seine eigenen Fragen einbringen.

Der Mensch ist erschaffen um weniges geringer als die »Engel«, als die *bne-elohim*. So steht es in Psalm 8. So kann denn wohl ein Mensch – wie Jakob – einem Elohim standhalten. Und es gibt in rabbinischen Auslegungen von Psalm 8 und Psalm 85 in Verbindung mit dem Plural »Laßt uns Menschen machen!« in Gen 1,27 (in spezifischer Differenz zum dreifach betonten Singular »und *er* erschuf ...« in V.28), sogar ein »mehr« des Menschen gegenüber den Engeln. Es ist gerade ihre Perfektibilität, die den Engeln (in rabbinischer Tradition) von Gott als Mangel vorgehalten werden kann, als Mangel gegenüber dem allemal imperfekten, dem beschädigten, dem von Krankheit und Schuld behafteten Menschen.

Und auch die Elohim von Psalm 82 könnten – erwogen als Kandidaten für die Besetzung der Rolle des »Mannes« im Jabbok-Kampf – etwas zur Amplifikation von Genesis 32 beitragen. Denn diese Elohim sind »sterbliche Götter«, weil und insoweit sie den Armen, den Entrechteten und Geduckten nicht zur Gerechtigkeit verhelfen. Wenn sich Gott als Elohim von *diesen* Elohim unterscheidet, dann weil und indem *er* für diese Gerechtigkeit sorgt. Tut er es? Eine große Frage des Psalms, eine, die auch an die Jakobgeschichten herangebracht werden kann.

Und wenn der »Mann« ein Elohim wäre, wie der Satan aus dem Hiobbuch einer ist? Was könnte das für die Jabboq-Geschichte bedeuten?

Daß Jakob in dem »Mann«, mit dem er, der mit ihm ringt, Elohim sieht, ist mithin Antwort und neue Frage zugleich. Denn Elohim – das kann Gott selbst sein, einer der (anderen) Götter, ein göttliches Wesen und als solcher ein Engel oder ein Teufel. Kann man zu einer Entscheidung kommen? Hilft uns der Kontext weiter?

Der Kontext hilft uns weiter – und wenn es nur das wäre, daß er noch weitere Möglichkeiten aufschließt. Bei der Suche nach einer Antwort auf die Frage, wer jener als Elohim gedeutete »Mann« sei, ist im folgenden Kapitel 33 etwas Verblüffendes zu entdecken. Da gibt es nämlich einen Vers, der dort dem voran geht, in dem von Jakobs Gabe=Jakobs Segen, Jakobs *bracha* für Esau die Rede ist. Jakob spricht mit Esau, bittet ihn, seine Gabe als Huldigungs- und Versöhnungsgeschenk anzunehmen, und sagt:

> Ja, darum daß ich gesehen habe dein Angesicht wie das Sehen des Angesichts Elohims, und du hast mich wohlwollend aufgenommen. (Gen 33,10)

Esaus Angesicht und das Angesicht Elohims (verbunden mit dem hebräischen »*k*«, dem »wie« des – bekanntlich immer hinkenden! – Vergleichs, des Gleichnisses) sind hier aufs engste zusammengebracht. War es also Esau, mit dem Jakob rang? In gewisser Weise wohl – jedenfalls setzt die Fortsetzung in Kapitel 33 die Leserinnen und Leser auf diese Spur. Doch eine glatte Identifikation wäre zu platt und unterschlüge das »wie« (»*k*«). Eben darum – erinnern wir uns an das zitierte Goethewort – *muß* ja das Gleichnis hinken, damit es der platten Identifikation wehrt.

Und doch darf man beides nicht auseinanderreißen. Im Kampf am Jabboq ging es um den Kampf mit Esau, um den endlich erkämpften (*jisrael*) und nicht mehr erschlichenen (*ja'aqob*) Segen. Und deshalb, so

möchte ich Genesis 32 in Verbindung mit Kapitel 33 lesen, steht in
32,29, Jakob habe mit Elohim *und* mit Männern gekämpft (*sarita*) – ein
»und« womöglich, das nicht aufzählt, sondern das eine und das andere
nennt, beides in der Schwebe läßt und so mehr als eine Verstehensmöglichkeit ins Recht setzt.

Der Midrasch (Breschit rabba, 78) erklärt, es sei der Fürst Esaus
gewesen, d.h. das Engelwesen, das im Himmel Esau (und sein Volk)
vertritt. Der habe sich für Esaus Sache eingesetzt und mit Jakob gekämpft. So sind in der legendarischen Midrasch-Überlieferung die
Ebenen von Himmel und Erde, Engel und Mensch zusammengebracht. Benno Jacob, der die Auslegung aufnimmt, vermag sie seinerseits mit einer behutsamen psychologischen Lektüre zu verbinden. Es
sei der Schatten, der Jakob zwanzig Jahre lang verfolgt habe.

Jakob kämpft mit *diesem* Esau, noch bevor er auf die reale Person
Esau trifft. Die Szene am Jabboq hat den Kampf, vor dem Jakob sich
fürchtet, vorweggenommen und ihn – was den »realen« Esau angeht –
überflüssig gemacht. Esau kann Jakob annehmen; Jakob kann Esau
seinen Segen geben. Der Segen ist weder allein Jakobs noch allein
Esaus Segen, er erreicht beide als Gottes Segen.

Und auch das andere ist vorweggenommen: Jakob hatte um Rettung gebetet (*natsal*). Am Morgen nach dem Kampf, d.h. bereits *vor* der
realen Begegnung mit dem Bruder, *ist* er gerettet (*natsal*).

VII.   Esaus Ort in der Geschichte

Zu den hinkenden Gangarten gehört womöglich auch die Gratwanderung. Mit einer solchen bekommen wir es zu tun, wenn wir nach dem
Ort fragen, den nichtjüdische Leserinnen und Leser in der Jabboq-
Geschichte finden können. Dabei empfiehlt sich eine kleine grundsätzliche Überlegung zum Horizont der hebräischen Bibel und ihrer
Lektüre. Die hebräische Bibel enthält eine sie kennzeichnende doppelte Perspektive. Einerseits ist diese Perspektive universal, die hebräische Bibel nimmt (beginnend mit dem Schöpfungsthema an ihrem
Beginn) die Welt in den Blick und mit ihr *den* Menschen. Zugleich
kennzeichnet sie eine partikulare Perspektive, ihr Zentrum ist Israel.
Die Eigentümlichkeit der Beziehung dieser beiden Perspektiven zueinander läßt sich so beschreiben, daß die Universalität der Partikula-
rität eingeschrieben ist. Das Allgemeine (die Menschheitsperspektive)
entfaltet sich vom Besonderen (der Israelperspektive) aus. Diese dop-

pelte Perspektive soll in der Wahrnehmung auch der je einzelnen biblischen Geschichten wahrgenommen werden. Für die Jabboq-Erzählung bedeutet das, daß Jakob mit seinen Erfahrung(en) einerseits als
Träger einer Menschheitserfahrung verstehbar wird. Die Gangart des
Hinkens als aufrechter Gang, der Kampf um den Segen, das Überschreiten des Spaltflusses – all das ist transparent auf die »conditio
humana«, auf das, was Menschen zu Menschen macht. Andererseits
und zugleich ist die andere Perspektive wahrzunehmen (wahr zu nehmen), diejenige, in der Jakob nicht Repräsentant *des* Menschen ist
(abgesehen davon, daß der »Mann Jakob« nicht *der* Mensch sein kann).
Jakob ist Repräsentant Israels, ja wird selbst Träger des Namens Israel.
Ähnlich verwickelt, wenn nicht noch komplexer, stellt sich die Frage
im Blick auf Esau. Er ist einerseits der Bruder Jakobs, wie jener Abrahams Same. Die Jakob-Esau-Geschichten sind Familiengeschichten
von Brüderkonflikten. Andererseits wurde Esau in der jüdischen
Wahrnehmung zur Chiffre der Völker, der Völker, die Israel zu Fein-
den wurden. Eine christlich Lektüre der Erzählungen tritt in beide
»Rollen« Esaus ein. Beide Ebenen (die universale und die partikulare)
setzen einander nicht ins Unrecht, sondern ergänzen einander und
müssen zugleich einander immer wieder ins Wort fallen.

Wenn also deshalb die Lektüreperspektive auf die Jabboq-Erzählung nicht nur eine »allgemein menschliche« sein und die Jabboq-
Passage nicht allein eine Chiffre für das bleiben soll, das Menschen in
Gefährdungen passieren kann, dann bedarf es eines genauen Blicks
auf die in Genesis 32 und 33 handelnden Personen und die Menschen
und Völker, für die sie stehen. Jakob ist, Jakob wird in eben dieser Geschichte Israel. Eine jenseits der universalen Linie der hebräischen Bibel erfolgende spezifisch christliche Vereinnahmung Jakobs und der
Erfahrung Jakobs am Jabboq verbietet sich. Schwieriger verhält es
sich, wie nun zu zeigen ist, mit Esau. Esau ist nicht Jakob, nicht Israel,
vielmehr ist er der Repräsentant eines Brudervolkes, der Edomiter.
Doch mit den realen Erfahrungen, die Israel mit diesem Volk gemacht
hat, schwankt dessen Beurteilung in der Perspektive der biblischen
Texte. Edom ist und bleibt Israels Bruder (Dtn 23,8: »Du sollst den
Edomiter nicht verabscheuen, er ist dein Bruder!«). Andererseits ist
Edom immer wieder in der Geschichte Israel zum Feind geworden.
Diese doppelte Perspektive scheint auch in den Jakob-Esau-Geschichten der Genesis durch. Was bedeutet sie für deren gegenwärtige Lek-
türe? Ich möchte an dieser Stelle keine »christliche« Perspektive ent-
werfen, sondern mir von einer jüdischen Perspektive sagen lassen, wo

mein möglicher Ort in dieser Geschichte sein könnte. Sie folgt *einer* Verstehensmöglichkeit des Gegners Jakobs beim Kampf am Jabboq.

Jakob also hat (an dieser Stelle sage ich bewußt:) *irgendwie* mit Esau gekämpft. Er hat den Gegner nicht besiegt, aber er hat sich auch nicht besiegen lassen. Noch gelähmt hat er ihn festgehalten und ihm den Segen abgerungen. Dieser Gegner war (auch und »irgendwie«) Esau. Das führt auf die angedeutete Perspektive, die ich Samson Raphael Hirschs Kommentar entnehme und die mir als christlichem Leser noch ein besonderes Licht aufsteckt. Sie hat ihren Ausgangspunkt in einer Frage. Was bedeutet es für meine Lektüre von Gen 32,23ff, wenn ich im Anschluß an die alttestamentliche und weiter die rabbinisch-jüdische Tradition in Esau *Edom* und weiter in Edom *Rom* erkenne? Dann nämlich werde ich im folgenden Abschnitt aus Hirschs Auslegung im Namen »Esau« in diesem Sinne Edom, Rom, Völker, Christen *mit* hören und auch im Esau der biblischen Erzählungen all das mithören und mich als christlicher und deutscher Leser erst recht nicht leichtfertig mit Jakob identifizieren. Hirsch knüpft an das Wort *tukal* an (du hast es vermocht); er läßt »den Mann« – d.h. auch: Esau / Edom / Rom – zu Jakob, d.h. auch zu Israel, sprechen (Pentateuch, Bd. 1, 416):

Du hast vollständig erreicht, was du gewollt, nicht ich. Ich wollte dich niederwerfen, das habe ich nicht vermocht. Du wolltest nur nicht niedergeworfen werden, das ist dir gelungen.

Und Hirsch fährt auf anderer Sprach- und Sachebene fort:

Das ist auch für alle Zeit die Stellung Jakobs und Esaus zu einander geblieben. Politisch und religiös spricht Esau: außer mir kein Heil ...

Der Autor spielt in der Bitterkeit jüdischer Erfahrungen an auf den seit dem Kirchenvater Cyprian im 3. Jh. bekannten Satz: »Außerhalb der Kirche ist kein Heil« (*extra ecclesiam nulla salus*):

... und erkennt seine Existenz für beeinträchtigt, so lange noch außer ihm ein Jakob, so lange es außer ihm noch eine Potenz giebt, die es beansprucht, auch zur Gestaltung der Welt in voller Berechtigung zu gehören. ...

Als Samson Raphael Hirsch das vor mehr als einem Jahrhundert schrieb, sah er Jakob=Israel, sah er das deutsche Judentum bedroht von Assimilation (d.h. Angleichung an die bzw. Aufsaugung durch die christliche Mehrheitsgesellschaft). Verachtung und Marginalisierung waren die andere Seite der Bedrohung. Im folgenden Jahrhundert wurde von Deutschen der Versuch unternommen, die *Existenz* Jakobs=Israels auszulöschen. Mir (als Christen, als Deutschem) kommt es in der Lektüre der Kapitel Genesis 32 und 33 vor allem zu, Esaus Rolle wahrzunehmen. Esau bekommt von Jakob seinen Segen (*bracha*). Es ist der beschädigte, aber unbezwungene Jakob, der für Esau zum Geber des Segens wird. Es ist der hinkende Jakob, der (dennoch – nein: deshalb) den aufrechten Gang gehen kann. Jakob hat gekämpft gegen Esau – mit Esau – für Esau. Und Esau – so gelesen als Vertreter der »Völker« – ist gesegnet durch Jakob.

Wie am Beginn der Abrahamgeschichten in Gen 12,1-3 kommt – in dieser möglichen Perspektive – in der Jabboq-Erzählung im Zusammenhang der Jakob-Esau-Geschichten die Frage in den Blick, wie (und ob) die »Völker« Anteil bekommen können am Segen Israels. Gegenüber dem erzählenden Beginn der Abrahamgeschichte in Genesis 12 scheint mir hier ein weiterer Aspekt in den Blick zu kommen. In Genesis 12 geht es (auch) darum, daß Gott selbst sich in seinem Verhalten gegenüber den Völkern daran bindet, wie die Völker ihrerseits sich verhalten zu Abraham und seinen Nachkommen. Diese Relationierung wird in den Kapiteln 32 und 33 nicht aufgehoben, vielmehr bleibt sie – in der anderen Wortbedeutung: *aufgehoben*, sie bleibt bewahrt. Aber sie erfährt eine *erzählte* Ergänzung. In Genesis 33 ist es *Jakob*, der *Esau*, ist es *Israel*, der (und das) den Vertreter der *Völker* segnet, ihm vom Segen abgibt. Die Perspektive von Genesis 33 auf das vorangehende Kapitel eröffnet eine Lesemöglichkeit, in der Jakob=Israel – auch – mit Esau als dem Vertreter der Völker gerungen und ihn nicht losgelassen hat und in der Jakob von Esau den Segen erhalten hat. Doch wie immer Esau jener »Mann« ist, mit dem Jakob rang, es ist nicht nur Esau. Im Namen Jakobs ist aufgehoben, daß er »mit Elohim und mit Männern« gekämpft hat. So ist Jakob von »Elohim und Männern« gesegnet. Und ebenso wird im Verlauf der folgenden Begegnung der Brüder der Segen, den Jakob seinerseits Esau erstattet, als Segen von Gott her begriffen. In beiden Begegnungen ist es darum auch und entscheidend um Gottes Segen zu tun.

Was bedeutet das für die Perspektive auf die Geschichte, auf die Samson Raphael Hirsch mich aufmerksam macht? Diese Frage führt notwendig auf die erwähnte hinkende Gangart der Gratwanderung. Denn möglich, jedoch angesichts der faktischen Geschichte von Christen und Juden fatal geworden wäre eine »christliche« Perspektive, die dergestalt auf eine Identifikation Esaus als des Vertreters der Völker (Edom, Rom, Kirche) führte, daß sie für sie und sich selbst das Erstgeburtsrecht und den Erstgeburtssegen beanspruchte, wie wenn Jakob am Ende das ihm nicht Zustehende zurück gäbe. Vielmehr setzt der Segen, den Jakob am Jabboq erhält, ihn als den Gesegneten ins Recht. Gesegnet von jenem »Mann«, in dem sich Gott selbst zu erkennen gibt, wird Jakob Israel. Esau hat keinen Anspruch darauf, nun seinerseits von Jakob seinen Segen zu erhalten. Aber Jakob gibt ihm seinen Segen, und Esau kann ihn annehmen, indem er als *bracha*, als Segen, als Gabe Gottes begriffen ist. Jakob und Esau, so darf man wohl beide Kapitel verbinden, segnen einander.

In diesem wechselseitigen Segnen ist es an Esau, an den Völkern, Jakob=Israel den Segen wiederum zurückzugeben. Das »Zurückgeben« ist hier weder als Annahmeverweigerung zu verstehen noch im Sinne einer Rückerstattung einer Schuld, mit der man »quitt« wäre, sondern im Sinne einer wechselseitigen, kommunikativen Gabe. Damit sind Israel und die Völker nicht auf eine Stufe gestellt. Israels Gesegnet-Sein steht nicht zur Disposition. Es ist nicht von Israel weg- und stattdessen übergegangen auf andere Völker und auch nicht auf die Kirche. Doch in diesem asymmetrischen Verhältnis bleiben Israel und die Völker im Horizont des Segens verbunden. In Gen 12,2f kommt in den Blick, daß Völker sich segnen lassen können *in* Abraham und seinen Nachkommen. In den Segensraum Abrahams können sie kommen, indem sie auf das hören, was Israel und was in Israel gesagt ist. In diesem Hören auf und mit Israel, im Anteil-Nehmen an Israel, dem biblischen und dem gegenwärtigen Israel, dürfen wir hoffen, daß Gott uns segne, daß wir mitgesegnet seien mit Jakob, in der Formulierung M.L. Frettlöhs: *mitgesegnet mit Israel!*

Für jede (wie zögernd, wie hinkend auch immer versuchte) Beziehung zwischen Jakob und Esau, Israel und den Völkern, soll ein Zug der Erzählung von Genesis 33 nicht unterschlagen werden. Am Ende des Kapitels kann davon die Rede sein, daß Esau Jakobs *bracha*, Jakobs Segen als Gottes Segen annehmen kann. Die Brüder sind sich als Brüder begegnet. Aber dann gehen beide ihrer Wege. Sie trennen sich in versöhnter Verschiedenheit.

VIII.   Über den Jabboq

Die Jabboq-Erzählung ist eine Geschichte voller Drehungen. Worte drehen sich und zeigen so mehr als eine Seite. Figuren der Geschichte verknoten sich und zeigen so die Knotenpunkte ihrer Identitäten. Gaben werden getauscht, und in den Gaben und im Geben kommt der wahre Geber in den Blick. Unbestrittene, unbeschädigte Identität gibt es ebenso wenig wie autarke, sich selbst genügende Existenz. Beides gibt es nur im Geflecht wechselseitiger und allemal nicht konfliktloser Beziehungen und selten zu den eigenen Bedingungen. Versöhnte Trennung kann heilsamer sein als eine dauerhafte Umarmung, die eine Weile »atemberaubend« sein, doch am Ende tödlich werden kann. Doch über den »Spaltfluß« Jabboq kann man womöglich hinweg kommen. Bei der Jabboq-Passage passiert etwas. Der hinkende Gang, den sie zur Folge hat, ist zuweilen der einzig aufrechte.

Martin Leutzsch

Zeit und Geld im Neuen Testament

I. Macht, Geld und Zeit

Das Markusevangelium erzählt, Jesus habe, nachdem er in Nazareth mit seiner Macht, Kranke zu heilen und Umkehr zu wecken, weitgehend gescheitert war (Mk 6,1-6), diese Macht an den Zwölferkreis delegiert. Delegation von Macht ist Jesu Antwort auf die Krise seiner Macht.

Die Mitglieder des Zwölferkreises erhalten die Macht, Dämonen auszutreiben, Umkehr zu predigen, Kranke zu heilen (Mk 6,7-13). Die Ausübung dieser Macht wird an eine bestimmte Form des Auftretens der Zwölf gebunden. Viermal beschreiben die Evangelien, wie diejenigen auftreten sollen, die in den Gemeinden Macht ausüben (Mk 6,7-13; Mt 10,5-15; Lk 9,1-6; 10,1-12; vgl. auch Lk 22,35-38). Die mehrfache Überlieferung weist auf die Bedeutung des Überlieferten: Es geht um die Macht von Bettelarmen.

In diesen vier Überlieferungen werden im einzelnen unterschiedliche Regelungen getroffen. Dürfen die, die an Jesu Macht Anteil bekommen haben, einen Ranzen mitnehmen oder nicht? Dürfen sie nur kein Geld annehmen oder sollen sie nicht einmal einen Geldbeutel dabei haben und damit zeigen, daß sie auch auf die bloße Möglichkeit verzichten, Geld aufzubewahren? Dürfen sie Sandalen tragen oder sollen sie barfuß gehen? Dürfen sie zwei Gewänder tragen oder haben sie sich auf eines zu beschränken? All diese Unterschiede im einzelnen zeigen: Es gibt im Urchristentum für diejenigen, die Macht ausüben, unterschiedliche Stilisierungen ihres Auftretens als Bettelarme. Wichtig ist, daß es sich bei allen Unterschieden stets um Bettelarmut handelt: Im Urchristentum ist Macht gebunden an an eine Bettelexistenz[1].

In den Kirchen heute ist ein Machtkonzept üblich, das verschiedene Dimensionen von Macht auf dieselben Machtträger häuft. Zur Verfügungsgewalt über Information kommt die Macht, Entscheidungen zu fällen, die Möglichkeit, Öffentlichkeit herzustellen, die Macht, so

---

1   Vgl. Leutzsch, Bewährung, 61-63.

schnell und bequem wie möglich von einem Ort zum anderen bewegt zu werden. Je mehr Macht einer in all diesen Hinsichten hat, desto mehr Geld bekommt er auch.

Von diesem in den Kirchen heute üblichen Machtkonzept unterscheidet sich das urchristliche in wichtigen Punkten:

Urchristliche MachtträgerInnen werden nicht einzeln, sondern zu zweit ausgesandt. Sie sind einander Stütze, Trost und Stärkung und vermeiden so die Einsamkeit und Überforderung kirchlichen Einzelkämpfertums.

Urchristliche MachtträgerInnen verzichten ausdrücklich auf hohe Mobilität. Sie bewegen sich so fort wie die große Mehrheit der Bevölkerung, die sich keine schnellen Transportmittel leisten kann. Sie nehmen keine Dienstwagen der Antike – Reittiere oder die kaiserliche Post – in Anspruch.

Urchristliche MachtträgerInnen praktizieren eine strikte Trennung von Macht und Geld. Ihre Macht ist von Geld ausdrücklich unabhängig. Sie machen sich abhängig von der Unterstützung durch die Gemeinden. Die Gemeinden erhalten die MachtträgerInnen am Leben – nicht weniger und nicht mehr.

Gerade die biblische Trennung von Macht und Geld scheint für die heutigen Kirchen hierzulande ein Tabu-Thema zu sein. So ist der an den Zwölferkreis gerichtete Satz des Evangeliums »Umsonst habt ihr empfangen, umsonst gebt!« (Mt 10,8) zusammen mit seinem Kontext (Mt 10,7-15) bei der letzten Revision der Predigttextordnung 1977 aus den Reihen jener Predigttexte, die regulär alle sechs Jahre gepredigt werden, in die Marginalreihe hineinmarginalisiert worden. Und von einem anderen aufregenden Text, dem »Sorget nicht!« der Bergpredigt (Mt 6,25-34), ist bei derselben Revision der Anfangsvers weggeschnippelt worden. Damit ist so gut wie sichergestellt, daß in den Kirchen jene Feststellung Jesu weder verlesen noch gepredigt wird, die besagt: »Niemand kann zwei Herren dienen: entweder er wird den einen hassen und den andern lieben, oder er wird an dem einen hängen und den andern verachten. Ihr könnt nicht Gott dienen und dem Mammon.« (Mt 6,24)

Noch Mitte des dritten Jahrhunderts werden in der römischen Gemeinde die hauptamtlichen kirchlichen MitarbeiterInnen ebenso besoldet, wie die Armen von der Gemeinde unterstützt werden[2]. Ein Pfarrgehalt auf dem Niveau der Sozialhilfe ...

---

2   Cornelius bei Eusebius, h. e. 6,43,11f.

Eine öffentliche Diskussion über das Verhältnis von Macht und Geld in der Kirche heute wäre eine notwendige, zugleich eine nicht ganz leichte Aufgabe – notwendig, sofern heutige kirchliche Praxis auf die biblische Botschaft zu beziehen und von dieser zu kritisieren ist, schwierig, weil mit Macht und Geld gleich zwei Themen angesprochen sind, die in der Kirche weitgehend tabuisiert sind. Der bekannte Satz von Dietrich Bonhoeffer von der Kirche als Kirche für andere wird allenthalben Kopfnicken auslösen. Ob es bei solcher Zustimmung bliebe, wenn die unmittelbare Fortsetzung dieses Satzes hinzugenommen würde? Bonhoeffer schreibt:

»Die Kirche ist nur Kirche, wenn sie für andere da ist. Um einen Anfang zu machen, muß sie alles Eigentum den Notleidenden schenken. Die Pfarrer müssen ausschließlich von den freiwilligen Gaben der Gemeinden leben, evtl. einen weltlichen Beruf ausüben. Sie muß an den weltlichen Aufgaben des menschlichen Gemeinschaftslebens teilnehmen, nicht herrschend, sondern helfend und dienend.«[3]

Wo Macht und Geld voneinander abgekoppelt werden, verändert sich auch in einer anderen Beziehung Entscheidendes: im Verhältnis von Zeit und Geld. Nicht nur, daß der Gebrauch der Zeit vom Akkumulieren von Geld frei, sondern zugleich auch, daß Zeit als Dimension der Gestaltung von Beziehungen[4] auf ein anderes Ziel hin offen wird (Mt 6,33 spricht vom Streben nach der Königsherrschaft Gottes und seiner Gerechtigkeit).

Gegenwärtige Verflechtungen von Zeit und Geld sind in der folgenden Skizze nicht eigens Thema, jedoch als präsent mitzudenken: etwa die Konflikte um Sonntagsarbeit, neue Arbeitszeitgestaltung und Ladenöffnungszeiten; die Persistenz von Massenarbeitslosigkeit mit ihrer Verfestigung des Klassengegensatzes von Arbeit und kaum Zeit auf der einen, erzwungener Ruhe und einem Übermaß an sinnentleerter Zeit auf der anderen Seite; das Herrschaftsinstrument des Prinzips Hoffnungslosigkeit in den Zukunftsperspektiven individueller Schuldverhältnisse wie internationaler Schuldenkrisen; die Einsicht, daß wesentliche Dimensionen der Ökonomie von Erwerb und Lohn abgekoppelt sind (siehe Hausarbeit); die Erinnerung, daß Banken an der versuchten Verewigung massiver Entwürdigungsstrukturen beteiligt waren (etwa der Apartheid) ...

3   Bonhoeffer, Entwurf, 415f.
4   Zu Zeit als Beziehungskonzept vgl. Elias, Zeit; Grimm, »Zeit«.

Gehört zur Signatur des gegenwärtigen Zeitalters das Motto »Zeit ist Geld«, so entstand das Neue Testament im Kontext eines Herrschaftssystems und einer Herrschaftsideologie, die die Wiederkehr des Goldenen Zeitalters proklamierte.

II. Von »Zeit ist Geld« zur Wiederkehr der Goldenen Zeit

»Ökonomie der Zeit, darein löst sich schließlich alle Ökonomie auf.«[5]

1. »Zeit ist Geld« als Motto des neuzeitlichen Kapitalismus

Wir sind Kinder jener Epoche, deren Wahlspruch von Benjamin Franklin (1706-1790)[6] bis Dagobert Duck[7] »Zeit ist Geld« lautet. Mit diesem Motto kennzeichnet die Kultursoziologie das unterscheidend Neue des Frühkapitalismus, verglichen mit früheren Epochen:

»Das Geldkapital, der mobile Besitz, verbindet sich nun naturgemäß – als mit einer artverwandten Macht – mit der Zeit: auch Zeit ist ja, von diesem Standort gesehen, Geld. Sie ist die 'liberale' Großmacht, gegenüber der konservativen Macht des Raumes, des immobilen Grund und Bodens. Im Mittelalter hatte die Macht, wer den Grund und Boden hatte, also der feudale Herr; jetzt spricht L. B. Alberti es aus, wer Geld und Zeit auszunutzen wisse, mache sich zum Herrn aller Dinge: es sind die neuen Machtmittel des Bürgers. Geld und Zeit, beides bedeutet Bewegung. 'Für den absoluten Bewegungscharakter der Welt gibt es kein deutlicheres Symbol als das Geld: ... sobald es ruht, ist es nicht mehr Geld seiner spezifischen Wertbedeutung nach... Es ist nichts als der Träger einer Bewegung' (Simmel). Entsprechend der Zirkulationsfähigkeit des Geldes, verglichen mit der von Grund und Boden, wird nun alles beweglicher. Das Geld, das alles in alles verwandeln kann, bringt eine gewaltige Summe von Unruhe und ständigen Wechsel in die Welt. So steigert sich nun das ganze Lebenstempo.

Jetzt zuerst dringt der moderne Begriff der Zeit durch, der Zeit als eines Wertes, eines brauchbaren Gutes. Und nun erst merkt man, daß die Zeit etwas immer Hinforteilendes, ewig Entrinnendes ist: man versucht sie festzuhalten –

---

5   Marx, Grundrisse, 89.

6   B. Franklin, Advice to a young tradesman written anno 1748. In: ders., Works, 55. Franklins Mahnung bildet das Schlüsselzitat für Max Webers Analyse des »Geistes des Kapitalismus« (Ethik, 31; auch ebd., 167). – In moderner afrikanischer Literatur wird »Zeit ist Geld« als Charakteristikum des weißen Kolonialismus (p'Bitek, Lied, 78) und als Geheimnis der Macht des weißen Mannes (Thiong'o, Blüten, 310; vgl. auch ders., Teufel, 108.118.201; ebd. 68.109 Geld als Gott) verstanden.

7   Vgl. etwa Walt Disneys lustige Taschenbücher Nr. 1: »Der Kolumbusfalter« und andere Abenteuer, Stuttgart 1971, 217.

vom 14. Jh. an schlagen in allen italienischen Städten Uhren die 24 Stunden –, man wird sich bewußt, daß die Zeit knapp und daher kostbar ist, daß man daher keine Zeit verlieren darf, mit ihr haushalten, wirtschaftlich, sparsam mit ihr umgehen muß – wenn man 'sich zum Herren aller Dinge machen' will. Solche Zeitökonomie kannte das Mittelalter noch nicht: es hatte noch Zeit und brauchte sie daher nicht als ein teures Gut zu schätzen; das wurde die Zeit ja erst, als sie knapp wurde.

Und knapp wurde sie erst, als man in der liberalen Kategorie des Individuums und der ihm 'zugemessenen' Zeit zu denken begann.«[8]

2. Wiederkehr der Goldenen Zeit als Motto der römischen Kaiserzeit

> »Cognita Tartarei cum nondum vis foret auri,
> aurea cur aetas illa vocata fuit?«[9]

Läßt sich durch »Zeit ist Geld« der Kapitalismus charakterisieren, so ist das Motto der römischen Kaiserzeit das wiedergekehrte Goldene Zeitalter. Auf römischen Münzen taucht seit der späten Republik die Symbolik des Goldenen Zeitalters auf. Zur Signatur des Goldenen Zeitalters gehört nicht nur der umfassende Frieden unter den Menschen und den Tieren und zwischen ihnen, die Abwesenheit des Privateigentums und der Sklaverei, die Ernährung von den Früchten der unkultivierten Erde, sondern auch die Unkenntnis der in der Erde verborgenen Metalle und damit das Fehlen von Bergbau, Metallverarbeitung, Münzgeld und Handel[10].

Diese Goldene Zeit ist seit der späten römischen Republik nicht mehr nur längst vergangene Urzeit[11]. Beinahe unter jedem neuen Kaiser wird die Wiederkehr des Goldenen Zeitalters ausgerufen und propagiert – durch Dichtung und Panegyrik[12], vor allem aber durch Mün-

---

8   Martin, Soziologie, 37f, ähnlich Wendorff, Zeit, 201-203; differenzierter Hohn, Zerstörung, 83-108.

9   John Owen (1563/4-1622) (»Als die Höllengewalt des Goldes noch nicht bekannt war, / warum ward diese Zeit ‚goldenes Alter' genannt?«).

10 Vgl. Gatz, Weltalter, passim; zur Abwesenheit der Metalle vgl. z. B. Vergil, georg. 1,143, und den größeren Teil der von Gatz, ebd., 229 unter B I 4b gesammelten Belege.

11 Zu den Verschiebungen in der Goldzeitvorstellung bis und unter Augustus vgl. Kubusch, Saecula. Nach Horaz, carm. 4,2,37-40, ist die augusteische Zeit gar besser als das Goldene Zeitalter; die gleiche Behauptung für Domitians Regierungszeit bei Statius, Silve, 1,6,40ff.

12 Vgl. die Übersicht bei Gatz, Weltalter, 135-143. Ergänzend zu den Belegen ebd., 138f vgl. z. B. für Nero die positive Stellungnahme von Luca-

zen und Münzpropaganda. Was diese beschleunigte Perpetuierung der Wiederkehr in der Zeitprogrammatik der römischen Herrschaftsideologie, zu der auch das Konzept der Ewigkeit des Kaisers gehört[13], für das Zeit- und Lebensgefühl der ZeitgenossInnen bedeutete, müßte von althistorischer Seite erst einmal ausgelotet werden[14]. Hier nur ein Gesichtspunkt: Die Wiederkehr der Goldenen Zeit wird hier mit einem Medium gefeiert, das seinerseits zum Repertoire der Goldenen Zeit nicht nur nicht gehört, sondern strikt davon ausgeschlossen ist. Die Münzpropaganda einer angeblich wiedergekehrten metallosen, mithin auch münzlosen Zeit[15] entlarvt die Ideologie, die sie propagiert, selbst. Sind es doch nicht zuletzt Münzen, die in Form von Steuern, Zöllen, Bestechungsgeldern, Sporteln und als Mittel des Euergetismus die Herrschaft derer stützen, die die Wiederkehr einer herrschaftsfreien Zeit propagieren – einer Zeit, die für die überwiegende Mehrzahl der Bewohner des antiken Mittelmeerraums gerade infolge der Propagandisten und Repräsentanten dieser Ideologie alles andere als eine goldene war.

3. Grenzen der Motti als Epochencharakteristika

So scheint es, als seien römische Kaiserzeit und neuzeitlicher Kapitalismus in puncto Zeit und Geld nicht so völlig verschieden, wie es führende historische Entwürfe des 20. Jh.s erscheinen lassen könnten. Hatte Weber die Epochengrenzen noch zwischen dem 17. und 18. Jh. gezogen, so wird die enge Verbindung von Zeit und Ökonomie in der Folgezeit immer weiter zurückverfolgt, von Le Goff bis ins 14. und 15. Jh.[16], von Murray bis ins 12. Jh.[17]. Dem entspricht es, wenn im

nus, bell. civ. 1,33f und die negativen Zeugnisse des späten Seneca (?), Octavia, 391ff, und des carm. Einsidl. 2 (in Seneca, Agamemnon 596, ist die *pax alta* nur noch im Jenseits zu finden). Distanziert gegenüber der Wirklichkeit Tacitus, dial. 12,3f; negativ zu Domitian ders., Agr. 3.

13 Vgl. Instinsky, Kaiser; Price, Rituals, 210f.215f.232.

14 Zur Veränderung des Tempos in unter dem Prinzipat vgl. u. a. auch den Struktur- und Funktionswandel des Konsulats: der Wegfall fast aller Amtsbefugnisse verbindet sich mit der Verkürzung der Amtszeit auf vier, später zwei Monate.

15 Ausnahme: Calpurnius, ecl. 4,117-121, wo das wiedergekehrte Goldene Zeitalter das Auffinden von Schätzen (und den Genuß des Fundes) beinhaltet.

16 Vgl. etwa Le Goff, Zeit; weiterführend Dohrn-van Rossum, Zeit.

Büchmann die Ursprünge des geflügelten Wortes »Time is money« bereits in der Antike gefunden werden, mit Verweis auf einen Ausspruch des Aristoteles-Nachfolgers Theophrastos: »Eine kostbare Gabe sei die Zeit.«[18]

Es handelt sich dabei keineswegs um einen vereinzelten Beleg für das In-Beziehung-Setzen von Zeit und Geld in der Antike. Von sparsamem Umgang mit Zeit reden Plinius (in der Wendung *parsimonia temporis*) und Aelian[19]. Daß die griechischen Begriffe für »Leben«, *bios* und *zoä*, auch »Lebensunterhalt« bedeuten können, ist ebenfalls von Belang. »Zeit ist Geld« verliert damit seine Funktion als epochenspezifisches Charakteristikum und verwandelt sich in ein Spurenelement, das in jeder Klassengesellschaft zu finden ist. In der Tat sind Selbst- und Fremdbestimmung von Zeit und Arbeit, die Ökonomisierung des Denkens und der sozialen Beziehungen und ähnliche Phänomene nicht auf eine bestimmte Epoche beschränkt[20].

4. Berechtigung der Motti als Epochencharakteristika

Das heißt nun aber nicht, daß der Zeit-Geld-Komplex eine universalhistorische Kategorie wäre. Damit würde nur ein Pauschalurteil durch ein anderes ersetzt. Das Wiederfinden eines gegenwärtigen Problems oder Phänomens in jeder beliebigen geschichtlichen Epoche dient ebenso wie die strikte Abgrenzung der eigenen Gegenwart von allem Früheren nur allzuoft der eigenen Selbstbestätigung. Die Strukturierung von Arbeitszeit und Freizeit, Alltag und Feiertag durch öffentliche Uhren etwa hat es nicht immer und überall gegeben[21].

17 Vgl. Murray, Reason, 105-107.
18 Diogenes Laertios 5,40.
19 Vgl. Plinius, ep. 3,5,12; Aelian, v. h. 2,5. Vgl. auch die Charakterisierung der Zeit als Darlehen in Anonymi Aulodia fr. 3,28f p. 121 Young; weiter etwa Seneca, ep. 1,2-5; Dion von Prusa 20,4; ferner Fronto, ad amic. II 7,7.
20 Vgl. auch Bourdieu, Entwurf, 387f; für die Antike ausführlich Love, Antiquity.
21 Vgl. dazu Le Goff, Zeit; Dohrn-van Rossum, Zeit. Auch im Blick auf die öffentliche Uhr gilt, daß es sich bei ihrem Auftreten im 14. Jh. nicht um etwas völlig Neues handelt; neu ist ihre rapide Ausbreitung und ihre immer stärker hervortretende Funktion der Arbeitszeitregelung. Für öffentliche Uhren in Jerusalem und anderen Städten Palästinas in der Antike vgl. die Hinweise bei Krauss, Archäologie II, 422; eine Untersuchung ihrer Verbreitung und Funktionen hätte auch die interessanten, doch über-

Doch sind nicht nur diachrone Differenzierungen nötig; ebenso wichtig sind synchrone Unterschiede. Die gesellschaftliche Wirklichkeit ist zumeist komplizierter, als daß sie auf einen einzigen Begriff, ein einziges Symbol gebracht werden könnte. In jeder auch nur etwas differenzierten Gesellschaft – und das gilt für das europäische Mittelalter und die Mittelmeerwelt der Antike ebensogut wie für die Neuzeit – gibt es verschiedene Lebensbereiche und damit verschiedene Zeit- und Wirtschaftsstrukturen zur gleichen Zeit. Das Nebeneinander, die Überlagerung, der Konflikt dieser Strukturen in ein und derselben Gesellschaft verdienen Aufmerksamkeit.

Ein Beispiel dafür ist die Frage nach dem Umfang von Geldökonomie in der hellenistischen und kaiserzeitlichen Ökonomie. Die wirtschaftsgeschichtliche communis opinio lautet: »...die bäuerliche Subsistenzwirtschaft stand weitgehend außerhalb des Marktes und blieb damit fast völlig von der Geldwirtschaft unberührt.«[22] In Wirklichkeit dürfte das Verhältnis von Natural- und Geldwirtschaft in der antiken Landwirtschaft komplizierter gewesen sein. Stellen aus der Evangelienüberlieferung wie Mk 6,36 oder der in Mt 13,44 erwähnte im Acker vergrabene Schatz scheinen die Rolle des Geldes in ländlichen Regionen für die Kaiserzeit als selbstverständlich vorauszusetzen. Ähnlich »sperrige« Implikationen bieten u. a. auch einige Passagen in Apuleius' »Metamorphosen«[23]. Das *tributum capitis*, das in Geld entrichtet wurde, setzt ebenfalls voraus, daß die steuerpflichtige Landbevölkerung über die nötigen Geldmittel verfügen kann[24].

prüfungsbedürftigen Belege für den Zusammenhang von Uhr und Herrschaft in der Antike bei Stierlin, Astrologie, zu berücksichtigen (zur Sonnenuhr des Augustus vgl. Schwier, Tempel, 206f). Zur öffentlichen und privaten Verbreitung von Uhren in der Römerzeit vgl. Marquardt, Privatleben II, 788-799. Wasseruhren vor Gericht zur Beschränkung der Redezeit gab es bereits im Athen es 5. Jh.s v. Chr.; für das 2. Jh. n. Chr. in Rom vgl. Fronto, ep. graec. 5,1; für das rabbinische Judentum vgl. GenR 49,12. – Die Königinmutter Helena von Adiabene ließ am Tempeltor eine goldene Lampe anbringen, aus der bei Sonnenaufgang Strahlen hervorgingen, um so die Zeit zum Rezitieren des Sch'ma anzuzeigen: mJoma 3,10; bJoma 37b.

22 Schneider, Einleitung, 15 mit Anm. 67. Entsprechend, auf Palästina bezogen, Applebaum, Life, 662.

23 Vgl. dazu Millar, World, 72f.

24 Zur Geldökonomie in Palästina unter den Seleukiden vgl. Bringmann, Reform, 78-80. Für spätere Bedeutung des Geldes in Palästina vgl. z. B. Büchler, Types, 60f; bBM 42a (R. Isaak). Allgemein vgl. ferner Graßl,

III. Die israelitisch-jüdische Zeit-Geld-Ordnung in hellenistischer Zeit

Zwischen israelitisch-jüdischem und nichtjüdischem Umgang mit Zeit und Geld in der Antike sind beträchtliche Unterschiede vorhanden, die in hellenistisch-römischer Zeit auch aus nichtjüdischer Perspektive als kulturelle Differenzen wahrgenommen worden sind. Israelitisch-jüdische Besonderheiten gibt es im Blick auf die Lebenszeit, die Zeit-dimension ökonomischer Ausbeutungs- und Abhängigkeitsverhältnisse und die Strukturierung des Lebensrhythmus.

1. Lebenszeit

Unbeschadet der immer noch andauernden Diskussion um die Lebenserwartung in der antiken Mittelmeerwelt[25] gibt es demographisch mehrere Faktoren, in denen sich die jüdische Bevölkerung von den Nachbarvölkern in hellenistisch-römischer Zeit unterscheidet. Diese Faktoren treten uns in Gestalt von teils biblischen, teils nachbiblischen Normen entgegen. Im einzelnen:

1. Das Gebot der Eheschließung schreibt der Reproduktion einen hohen gesellschaftlichen Stellenwert zu:»Bleibe nicht unverehelicht, damit du nicht ohne Namensträger untergehst.«[26] Das rabbinische Judentum sieht in der Ehelosigkeit eines Mannes, der das zwanzigste Lebensjahr überschritten hat, abweichendes Verhalten[27].

Vorstellungen, 140f mit Anm. 220 (Lit.); Freyberg, Kapitalverkehr, 74-77.93ff; Liebeschütz, Money. – Zur Rolle des Geldes in der römischen Ökonomie vgl. auch Kloft, Wirtschaft; ders., Einführung, 62-71.229ff. 258f; Nicolet, Rendre, 154-168.215f.

25   Zu Lebensdauer und Lebenserwartung in der Antike vgl. kurz Garnsey/Saller, Empire, 138; ferner z. B. Gnilka, Greisenalter, 1001-1003; Hamel, Poverty, 53f nn. 378-380; Patlagean, Pauvreté, 73-112; Treggiari, Marriage, Reg. sv. life expectancy; demography. Wolff, Anthropologie, 177f, sieht für das alte Israel einen Zusammenhang von Lebenserwartung und sozialer Stellung. Seine Ausführungen sind insofern zu modifizieren, als (a) die durchschnittliche Lebensdauer der Könige von Juda keineswegs repräsentativ ist für die mittlere Lebenserwartung eines Israeliten, weil gerade bei Königen die Möglichkeit einer gewaltsamen Lebensverkürzung durch Ermordung überdurchschnittlich hoch war, und b) die tatsächliche Lebensdauer nicht allein von der Säuglingspflege abhängt.

26   PsPhoc 175.

27   Empfohlenes Heiratsalter für Männer zwanzig Jahre 1QSa 1,10f; bJeb 63a; bQid 29b; achtzehn Jahre mAbot 5,21. Weiteres bei Krauss, Ar-

2. Die Funktion der Ehe besteht vor allem in der Kinderzeugung: »Gib auch du der Natur das Deine; zeuge (auch du) wieder Kinder, wie du (selbst einst) im Ehebett empfangen wurdest.«[28] Für Philon wie für das rabbinische Judentum nehmen die Eltern durch die Kinderzeugung am Schöpfungswirken Gottes teil[29]. Eine Ehe ohne (zumindest beabsichtigte) Kinderzeugung gilt als abweichendes Verhalten[30].

3. Immer wieder wird in jüdischen Texten die Abtreibung – ein in den Kulturen des antiken Mittelmeerraums sonst übliches Verfahren der Familienplanung[31] – untersagt: »Eine Frau bringe das ungeborene Kind im Mutterleib nicht um.«[32]

4. Ebenfalls untersagt wird die – wiederum in anderen Gesellschaften des antiken Mittelmeerraums übliche[33] – Säuglingstötung[34].

5. Im Unterschied zu den Gesellschaften der Umwelt[35] gilt im Judentum auch die Säuglingsaussetzung als verpönt: Wenn eine Frau geboren hat, »werfe sie (das Neugeborene) nicht den Hunden und Geiern zum Raube.«[36]

---

chäologie II, 28; Preisker, Christentum, 71f. Kaum repräsentativ ist das von Philon, qu. Gen. IV 154, Männern empfohlene Heiratsalter von 40 Jahren. Zur Heiratsverpflichtung vgl. auch Archer, Price 123-126, und die aus öffentlichen Mitteln bewilligte Mitgift für mittellose Jungfrauen ebd., 167.

28 PsPhoc 176.

29 Vgl. z. B. Philon, decal. 106.119; spec. leg. II 225; bJeb 63b.

30 Vgl. die Zeugnisse bei Preisker, Christentum, 72f.

31 Vgl. allgemein Brunt, Manpower, 147f; Eyben, Planning, 10-12; Patlagean, Pauvreté, Reg. sv avortement; Treggiari, Marriage, Reg. sv abortion.

32 PsPhoc 184 (dazu Horst, Sentences, 232-234). Vgl. weiter Philon, spec. leg. III, 108f.117; hyp. 7,7; Josephus, c. Ap. 2,202; OrSib 2,281; Freund, Ethics.

33 Vgl. Eyben, Planning, 14f, und z.B. Brunt, Manpower, 148-154; Herrmann-Otto, Reproduktion, 95 Anm. 44 (Mädchen benachteiligt). Zu Armut als Ursache von Kindstötung vgl. Pomeroy, Copronyms, 162 n. 37.

34 Vgl. Philon, spec. leg. 3,8f.109-111.117f; virt. 137; OrSib 3,281; Josephus, c. Ap. 2,202; mNidda 5,3; bNidda 44b. Auch Did 2,2; VisEsdrae 52-54.

35 Vgl. Eyben, Planning, 12-19; Gardner, Women, 155-158; Patlagean, Pauvreté, Reg. sv enfants abandonnées; Saller, Slavery, 69-71.83 n. 20 (Lit.); Stegemann, Kinder, 121-123. Kindesaussetzung ist nicht mit Kindestötung identisch, sondern war häufig eine Quelle für die Sklavenbeschaffung.. Im übrigen ist hier und bei Kindestötung wieder geschlechtsspezifisch zu differenzieren; vgl. dazu die Reaktionen auf Engels, Problem, z. B. Garnsey, Famine, 64-68; Golden, Demography; Harris, Possibility.

36 PsPhoc 185; weiter Philon, spec. leg. 3,110 (dazu Heinemann, Bildung, 394-398; vgl. aber auch Philon, rer. div. 247); hyp. 7,7; Josephus, c. Ap. 2,202. In bSanh 63b wird Exposition als heidnische Sitte qualifiziert – Gelegentlich muß Exposition auch in Israel vorgekommen sein; vgl. Ez

6. Als unüblich gilt ebenfalls der Verkauf von Kindern in die Sklaverei.

7. Schon in der Tora wird die Kastration von Kindern verboten; die frühjüdische Literatur bekräftigt diese Weisung: »Verschneide auch nicht das männliche Glied eines Jünglings, mit dem er doch Kinder zeugen soll.«[37] In der Umwelt hingegen war, wie die Existenz zahlreicher Eunuchen zeigt, die Kastration weithin gebräuchlich.

8. Ebenfalls einen Unterschied zur Umwelt stellt die Unüblichkeit der Selbsttötung im Judentum dar[38].

9. Von großer Bedeutung ist das Gebot der Elternehrung[39], das die Versorgung der alten Eltern mit einschließt.

In anderen Gesellschaften des antiken Mittelmeerraums wurde das in diesen Normen Abgelehnte oft wie selbstverständlich praktiziert, und zwar zumeist aus ökonomischen Gründen. Nun können Normen nicht automatisch mit der geschichtlichen Wirklichkeit gleichgesetzt werden. In den eben genannten Fällen bezeugen indes nichtjüdische Quellen die Einhaltung dieser Normen zumindest in einem Umfang, daß hier Besonderheiten jüdischer Alltagspraxis wahrgenommen werden konnten[40]. Zusammengenommen führt die kollektive Einhaltung dieser Normen zu einem im Vergleich mit anderen zeitgenössischen Völkern höheren Bevölkerungswachstum[41] mit einem vermutlich höheren weiblichen Bevölkerungsanteil. Zugleich ergibt sich daraus ein anderer Umgang mit dem Leben, mit Knappheit und mit Leid, als dies in nichtjüdischen Gesellschaften der Fall ist – ein spezifischer Umgang

16,5 (dazu Greenberg, Ezechiel, 275) oder die in mQid 4,1; bQid 73a; GenR 85,13 erwähnten Findlinge. In Apg 7,20-22 und Philon, vit. Mos. I 10 wird Ex 2 als Aussetzung des Mose verstanden.

37 PsPhoc 187. Vgl. schon Dtn 23,2-9 (dazu Sand, Reich, 62-65); auch Philon, hyp. 7,7.

38 Zur Selbsttötung vgl. umfassend van Hooff, Autothanasia (Lit.). Zur Frage der Selbsttötung im Judentum vgl. Philon, mut. nom. 62; Josephus, b. 3,375; DtR 2,24; ThrR 1,16 § 45; Feldman, Jew, 311; ders., Bibliography, 438f.443; Gray, Figures, 45-50; Preuss, Medizin, 603ff.

39 Ex 20,12. Zum frühjüdischen Weiterwirken dieses Gebotes vgl. z. B. Preisker, Christentum, 70.74f.87f.

40 Vgl. Horst, Sentences, 232-234, mit weiteren Angaben. Zum Expositionsverzicht vgl. Strabon, geogr. 17,2,5 (vgl. aber 16,2,37, wo dieses Detail fehlt); Tacitus, hist. V 5,3.

41 Vgl. etwa Tacitus, hist. 5,5,3: Augendae tamen multitudini consulitur. Vorher schon Hekataios bei Diodor 40,3,8 und bei Josephus, c. Ap. 1,60.194; 2,202; OrSib 3,271; Philon, hyp. 7,7 – Nach Philon, qu. Gen. III 48, dient auch die Beschneidung dem Bevölkerungswachstum.

mit Leid, der übrigens Entsprechungen im Gottesbild hat[42] Es wird
darauf verzichtet, durch eigene Eingriffe über menschliches Leben,
seinen Wert und seine Zeit zu verfügen. Signifikant mehr Frauen,
mehr Kinder – auch mehr Behinderte[43] – und alte Menschen beiderlei
Geschlechts bedeuteten aber auch mehr Konsumenten als in der
Umwelt. Der nicht-eliminative Umgang mit dem Leben mußte Auswirkungen auf Produktion und Distribution haben. Die Institution öffentlicher und privater Armenfürsorge im frühen Judentum[44] war als
Folge des Umgangs mit Knappheit Ausdruck praktischer Solidarität
mit den Mittellosen. Durch Naturalien und Geld wurde den Bettelarmen das Überleben ermöglicht. Der Verzicht auf die Sorge um die eigene *hälikia*, zu dem Mt 6,27 rät, wäre ohne ein soziales Netz, das die
Verzichtenden am Leben erhielte und ihnen die Möglichkeit zum vorrangigen Streben nach der göttlichen Königsherrschaft und Gerechtigkeit (Mt 6,33) gäbe, nicht denkbar. Auch der Hinweis auf den Tod
in paränetischen Zusammenhängen dient nicht dazu, die Grenze von
Ökonomie und Lebenszeit zu benennen und auf eine doch nur
scheinbare Gleichheit angesichts des Lebensendes zu vertrösten, sondern soll eine andere Ökonomie der Solidarität und Partizipation ins
Werk setzen[45]. In diesem Zusammenhang ist auch die ebenfalls ein
Spezifikum darstellende, im Judentum des 1. Jh.s noch kontroverse
Auferweckungshoffnung zu nennen. Sie verweist auf eine gesellschaftliche Zukunftsstruktur, die durch den eigenen Tod nicht indivi-
duell oder kollektiv begrenzt wird, sondern den unter einen fremden
Willen gezwungenen rastlos tätigen abhängigen ArbeiterInnen ein En-

42 Grob gesprochen, stehen sich ein eliminativer Umgang mit Leiden in der
    griechischen und römischen Gesellschaft und ein integrativer Umgang
    damit im Judentum gegenüber; dem entspricht in der Intellektuellenreli-
    giosität ein Gottesbild ohne Affekte in Griechenland und Rom und ein
    Gott, der leidet, trauert und weint, im Judentum (vgl. Kuhn, Trauer).

43 Exposition und Kindstötung betrafen nicht zuletzt körperbehinderte
    Säuglinge; vgl. dagegen etwa den Blindgeborenen Joh 9.

44 Zur jüdischen Armenfürsorge vgl. u. a. Berger, 'Diakonie'; Bill. IV/2, Reg.
    sv. Armen, Armenbüchse, Armenopfer, Armenpflege, Armenzehnt; Al-
    mosen, Almosenerheber, Almosengeber, Almosensammlungen; Good-
    man, Class, 65f; Hamel, Poverty, 217-219; Krauss, Archäologie III, 63-74;
    Moore, Judaism II, 162-179; Schürer, History II, 437.577f; Secombe, Cha-
    rity; Pletten, Charity.

45 Vgl. etwa Lk 12,16-21; 16,19-31.

de der Rastlosigkeit wenigstens in Gestalt postmortaler Ruhe in Aussicht stellt.

2. Begrenzung von Zeithierarchien: Zeitliche Begrenzung ökonomischer Abhängigkeit

>>Der siebente Tag, das Halljahr sind Unterbrechungen.<<[46]

Charakteristisch für das Judentum sind auch bestimmte Begrenzungen wirtschaftlicher Aktivitäten und Strukturen, die anderweitig unbegrenzt Zeit zu Geld zu machen erlauben. Ich hebe im Zusammenhang mit Zeit und Geld drei dieser Begrenzungen hervor: das Zinsverbot und die zeitlichen Begrenzungen von Schuldverhältnissen und von Sklaverei.

2.1. Zinsverbot[47]

Das in der Tora dreimal begegnende Verbot der Zinsnahme bei Darlehensvergabe (Ex 22,24; Lev 25,35-38; Dtn 23,20f; vgl. auch 4Makk 2,8) ist in der Antike singulär, zumindest in jenen Klassengesellschaften, über deren Ökonomie wir durch schriftliche Zeugnisse unterrichtet sind. Die dadurch ermöglichte Verringerung von Not für arme und verarmte Bevölkerungsgruppen wurde in tannaitischer und amoräischer Zeit durch eine Humanisierung der Darlehensgewährung noch ausgedehnt, das Zinsverbot dadurch verschärft.

2.2. Begrenzung von Schulden

Unterschiedlicher Umgang mit Schulden im jüdischen und nichtjüdischen Bereich läßt sich gut anhand des Gleichnisses vom unbarmherzigen Sklaven Mt 18,23-35 veranschaulichen[48]. In diesem Gleichnis spiegeln sich wirtschaftliche Verhältnisse, wie sie zur Zeit Jesu im Mittelmeerraum herrschten. Kreditvergabe und Schuldverhältnisse spielen dabei in zwei gesellschaftlichen Sphären eine wichtige Rolle.

Innerhalb der herrschenden Klasse gab es häufig Bedarf an riesigen Geldbeträgen. Sie waren nötig, um politische Karrieren zu ermöglichen und zu fördern. Oft dienten sie auch dazu, ausgedehnte Landgüter zu erwerben oder Luxusvillen zu errichten. Wer zu einem solchen Zweck einen Kredit benötigte, verfügte in der Regel bereits über

---

46 Benjamin, Schriften I/3, 1176.
47 Zum Zinsverbot vgl. ausführlich Leutzsch, Zinsverbot.
48 Ausführlicher Leutzsch, Verschuldung.

einen großen Landbesitz. Anstatt diesen anzutasten, lieh man sich lieber bei befreundeten Standesgenossen – Senatoren, Rittern oder sonstigen Honoratioren. Gläubiger, die aus persönlicher Gefälligkeit, gemeinsamen politischen Interessen oder aus taktischen Erwägungen heraus solche Kredite vergaben, waren leicht zu finden. Den teilweise horrenden Zinssätzen (manchmal bis zu 50 %) stand oft eine laxe Eintreibungspraxis der Schuldsumme gegenüber: Die Gläubiger waren nicht daran interessiert, es mit ihren Schuldnern gleichen Standes zu verderben.

Dieser gesellschaftlichen Sphäre ist die erste Szene des Gleichnisses (V. 23-27) zuzuordnen: Der Sklave – gemeint ist ein hoher königlicher Beamter – schuldet dem König eine märchenhafte Summe: Zehntausend Talente hätten einen tatsächlich lebenden Zeitgenossen zu einem der zehn reichsten Menschen des Mittelmeerraums gemacht[49]. Wie manches Märchenhafte ist auch dies in der geschichtlichen Wirklichkeit nicht völlig undenkbar: Wenigstens *ein* Kredit in Höhe von 10.000 Talenten ist für das 1. Jh. v. Chr. belegt[50].

In einer ganz anderen gesellschaftlichen Sphäre spielt die zweite Szene (V. 28-30). Hundert Denare zu leihen hätte kein Angehöriger der Oberschicht nötig gehabt. Ein Lohnarbeiter hingegen hätte damit samt Familie ein halbes Jahr notdürftig auskommen können. Der Betrag hätte für den Kauf einer mittelmässigen Kuh ausgereicht. Man hätte gut zwei Jahresmieten für ein Häuschen damit bestreiten oder zwei bis drei Personen neu einkleiden können[51]. Es sind solche Größenordnungen, in denen sich die überwiegende Mehrzahl antiker Schuldverhältnisse bewegen. Und ein bedeutender Teil der Bevölkerung war verschuldet[52].

Was sind die Ursachen für diese Verschuldung? Der größte Teil der antiken Bevölkerung war in der Landwirtschaft tätig. Die häufigen

49 Aus der römischen Kaiserzeit sind mindestens neun Privatpersonen bekannt, deren Vermögen umgerechnet mehr als 10.000 Talente betrug. Vgl. die Liste bei Duncan-Jones, Economy, 343f (bei der Umrechnung setze ich 1 Denar = 1 Drachme und 1 Talent = 6.000 Denare).

50 Es handelt sich um Ptolemaios Auletes, der, durch einen Aufstand verjagt, den Römern 10.000 Talente für seine Wiedereinsetzung als König versprochen hatte, die 55 unter Mithilfe des Gabinius erfolgte, dessen Schuldner Ptolemaios daraufhin wurde; vgl. Plutarch, Ant. 3.

51 Zum Existenzminimum und zu Löhnen und Preisen in Palästina vgl. Drexhage, Wirtschaft, 9-14.

52 Zum Schuldenproblem im Judaea des 1. Jh.s vgl. bes. Goodman, Revolt.

Mißernten, die Verwüstung der Felder durch Militär, die Steuern und sonstigen Abgaben beeinträchtigten vor allem die kleinbäuerlichen Betriebe. Verknappung von Saatgut, Lasttieren, Futter- und Lebensmitteln und, für Abgabenzwecke, von Geld und Naturalien führten zur Aufnahme von Krediten. Ziel war dabei nicht die politische oder wirtschaftliche Karriere, sondern das Überleben.

Soweit die benötigten Güter in gewissen Grenzen blieben und kurzfristige Schuldentilgung zu erwarten war, werden Kredite wohl oft als eine Form von Nachbarschaftshilfe vergeben worden sein. Aber diese Grenzen waren knapp bemessen. Nicht selten mußte man sich beim Verwalter des nächsten landwirtschaftlichen Großbetriebs um das erforderliche Darlehen bemühen. Für die Großgrundbesitzer, die oft weit entfernt in den Metropolen lebten, war Nachbarschaftshilfe natürlich kein Motiv. Ihnen war auch nicht an einer termingerechten Begleichung der Schuld gelegen. Sie versprachen sich von der Kreditvergabe an Kleinbauern etwas anderes.

An drei Arten von Gütern konnten diese Großgrundbesitzer interessiert sein.

Da ist zunächst die menschliche Arbeitskraft. Oft stellten insolvente Schuldner sich selbst, häufiger ein Kind, gelegentlich auch den Ehepartner dem Gläubiger als Arbeitskraft zur Verfügung. Wo ein Schuldner in eine solche Schuldknechtschaft nicht selbst einwilligte, konnte der der Gläubiger bei Insolvenz ihn, den Ehepartner oder ein Kind in Schuldhaft nehmen. Dieses Verfahren wendet in der zweiten Szene des Gleichnisses der Gläubiger an (V. 30); in der dritten Szene gerät er seinerseits in Schuldhaft (V. 34). Wie die Schuldknechtschaft konnte auch die Schuldhaft dazu dienen, die Verfügung über eine billige Arbeitskraft zu gewinnen. Der Gläubiger konnte aber auch Verwandte oder Freunde veranlassen wollen, den Schuldgefangenen durch Begleichung der Schuld freizukaufen. Einem solchen Erpressungsversuch konnte man durch Androhung und Anwendung von Folter zusätzlich Nachdruck verleihen.

Insbesondere wo keine persönliche Beziehung bestand, konnten Gläubiger auch finanzielle Interessen zu befriedigen suchen. Was der Gläubiger in der ersten Szene des Gleichnisses zunächst vorhat, war durchaus nicht ungewöhnlich: Der Zwangsverkauf insolventer Schuldner samt Angehörigen in die Sklaverei (V. 25) brachte Geld in die Kassen des Kreditgebers. Solchem Zwangsverkauf suchten manche Schuldner dadurch zuvorzukommen, daß sie sich selbst in die Sklaverei verkauften. So konnte man wenigstens noch selbst bestimmen, wo und bei wem man künftig sein Sklavendasein fristen würde.

Schließlich konnte bei Kreditvergabe an freie Kleinbauern auch das Interesse an deren Grund und Boden eine Rolle spielen. Die herrschende Klasse war ständig bestrebt, ihren Landbesitz zu vergrößern. Unter den zahlreichen gängigen Praktiken, sich das Land wirtschaftlich Schwächerer anzueignen, war das Darlehensgeschäft eine der elegantesten. Nicht selten wurde von vornherein vertraglich vereinbart, daß bei Insolvenz das Land des Schuldners in den Besitz des Gläubigers überging. Dem Schuldner wurde dabei oft zugestanden, als Pächter des Gläubigers weiterhin auf demselben Grund und Boden zu wirtschaften.

Die Auswirkungen der Darlehensnahme auf die Betroffenen liegen auf der Hand. Zunächst einmal mußte man überhaupt froh sein, einen Kreditgeber gefunden zu haben. Doch angesichts der außerhalb des Judentums üblichen Zinssätze von 30 bis 60 % machte die kurzfristige Erleichterung rasch tiefen Befürchtungen Platz. Die Zukunft würde zeitlich begrenzte oder dauernde Abhängigkeit vom Gläubiger bedeuten, sei es als Schuldgefangener, Pächter oder Schuldsklave. Der eigene Grund und Boden und damit die Bedingung einer eigenständigen wirtschaftlichen Existenz würde irreversibel verloren gehen. Zugleich mit dem wirtschaftlichen Abstieg würde das gesellschaftliche Ansehen sinken. Familienbande würden auseinanderbrechen, indem Familienangehörige in die Schuldknechtschaft gegeben werden oder zur Tilgung der Schuld in die Sklaverei verkauft werden müßten. Denselben Effekt würde Selbstverkauf in die Sklaverei haben. Auch Flucht würde, ganz abgesehen von den rechtlichen Folgen, problematisch sein: Mit welchen Mitteln sollte man fern der Heimat eine neue Existenz aufbauen? Im übrigen würde sich ein Gläubiger auch an den Angehörigen eines flüchtigen Schuldners schadlos halten. Bezogen auf die Lebensperspektive eines einzelnen Schuldners, waren Stundung oder gar Erlaß der Schuld durch den Gläubiger, zumal im ländlichen Raum, beinahe ebenso selten, wie es in der Geschichte der Antike die systematische Vernichtung von Schuldurkunden bei Revolutionen oder die kollektive Aufhebung von Schuldknechtschaft bei der Neuordnung politischer Verhältnisse waren.

Eine Ausnahme unter den Gesellschaften der antiken Mittelmeerwelt bildet in dieser Beziehung, soweit wir wissen, allein die israelitisch-jüdische Kultur. Auch in Israel gab es Schuldner und Gläubiger. Auch hier gab es Schuldknechtschaft. Doch die Bedingungen und

Auswirkungen von Schuldverhältnissen waren anders geregelt als bei
den übrigen Mittelmeervölkern. Nicht nur verhinderte die einzige
funktionierende Armenfürsorge der Antike oft, daß durch das Eingehen eines Schuldverhältnisses die persönliche Freiheit verloren ging.
Auch war durch das Verbot der Zinsnahme unter Israeliten die reale
Möglichkeit der Schuldentilgung wesentlich größer als anderswo. Hinzu kommt, daß Praktiken wie die Schuldhaft oder der Verkauf insolventer Schuldner in die Sklaverei illegal waren. Vor allem aber waren
Schuldverhältnisse zeitlich befristet. Zu den gesellschaftlichen Einrichtungen Israels gehörte auch die Institution des Sabbatjahrs, einer
regelmäßigen Unterbrechung struktureller Gewalt. Das alle sieben Jahre stattfindende Sabbatjahr (vgl. Lev 25 und Dtn 15) beinhaltete unter
anderem auch den vollständigen Erlaß von Schulden:

>»Wenn einer seinem Nächsten etwas geborgt hat, der soll's ihm erlassen und
soll's nicht eintreiben von seinem Nächsten oder von seinem Bruder; denn
man hat ein Erlaßjahr ausgerufen für JHWH.« (Dtn 15,2)

Falls der betroffene Mensch selbst es nicht anders wollte, hatte auch
Schuldknechtschaft eine zeitliche Begrenzung:

>»Wenn sich dein Bruder, ein Hebräer oder eine Hebräerin, dir verkauft, so soll
er sechs Jahre dienen; im siebenten Jahr sollst du ihn als frei entlassen. Und
wenn du ihn freigibst, sollst du ihn nicht mit leeren Händen von dir gehen lassen, sondern du sollst ihm aufladen von deinen Schafen, von deiner Tenne,
von deiner Kelter, so daß du gibst von dem, womit dich JHWH, dein Gott,
gesegnet hat, und sollst daran denken, daß du auch Knecht warst in Ägyptenland und JHWH, dein Gott, dich erlöst hat.« (Dtn 15,12-15[53])

Weitergehende Bestimmungen wie die Wiederherstellung der ursprünglichen Grundbesitzverhältnisse durch Rückgabe an die ursprünglichen Besitzer oder deren Nachkommen in jedem fünfzigsten
Jahr (vgl. Lev 25) haben in erster Linie utopische Funktion[54]. Das
Sabbatjahr hingegen wurde bereits mehrere Jahrhunderte vor dem
Auftreten Jesu von Nazareth kollektiv eingehalten[55].

---

53 Sifre Dt § 119 hebt hervor, daß es sich um nichtpekuniäre Ausstattung
    handelt, weil auf dem Geld kein Segen liege.
54 Reale Einhaltung des Jobeljahres während der Zeit des Zweiten Tempels
    hält die Forschung, von Ephraim E. Urbach abgesehen, für unwahrscheinlich. Nach Josephus, a. 3,282, findet Schuldenerlaß nur im Jobeljahr
    statt.
55 Zur kollektiven Einhaltung des Sabbatjahrs vgl. kurz Kippenberg, Religion, 72 mit Anm. 63; Safrai, Land, 205f; 4Makk 2,8; 11QMelch;

In Israel und im Judentum konnte man demnach davon ausgehen, daß Schuldverhältnisse zeitlich und in ihren Auswirkungen begrenzt sein würden. Ein Schuldnerdasein würde durch Erlaß von Schuld oder durch Freilassung aus Schuldknechtschaft ein absehbares Ende finden. Das wird durch eine doppelte religiöse Begründung unterstrichen: durch die utopische Erinnerung an die Befreiung des Gottesvolkes aus der Sklaverei in Ägypten und durch die alle Israeliten verbindende Geschwisterlichkeit. Die erste Begründung knüpft die geschichtliche und kulturelle Identität Israels unauflöslich an die stets gegenwärtige Aufgabe, Gewaltverhältnisse zu begrenzen. Die zweite Begründung, Geschwisterlichkeit, spitzt sich zur konkreten gesellschaftspolitischen Option zu: »Nicht soll einer über seinen Bruder mit Gewalt herrschen.« (Lev 25,46)

3. Aufhebung von Zeithierarchien in einer regelmäßig wiederkehrenden entökonomisierten Zeit: Sabbat

Unter den Halakhot betreffs des Sabbat findet sich folgende Bestimmung:

»Wer am Abend vor Sabbat unterwegs ist während der Dunkelheit, gebe seinen Geldbeutel einem Nichtjuden zu tragen. Wenn aber kein Nichtjude bei ihm ist, lege er ihn auf den Esel; gelangt er zum äußersten Hof, lege er das Gepäck ab, das am Sabbat abzulegen erlaubt ist. Und bei dem, was nicht abzuladen erlaubt ist, löse er die Stricke, so daß die Säcke von selbst herabfallen.«[56]

MidrTanch B Behar § 1; vgl. auch 1QM 2,1-6; Philon, qu. Gen. III 39; spec. leg. 2,96; Josephus, b. 1,60; a. 12,378; 13,234; 14,475; 15,7; Feldman, Jew, 49.345. Zur nichtjüdischen Wahrnehmung des Sabbatjahrs vgl. Tacitus, hist. 5,4,3; tOhal 18,16; MidrEcha Rabbati, Einleitung, 17 und zu 3,14 p. 14 Buber; vielleicht auch Sueton, Tib. 32,2 (dazu Paltiel, Vassals, 90 mit n. 11). Auch die rationale Erklärung des Sabbatjahrs bei Philon, hyp. 7,10 setzt voraus, daß es in erkennbarem Ausmaß praktiziert wurde Erst seit dem 3. Jh. u. Z. wird das Sabbatjahr kollektiv nicht mehr streng eingehalten: bSanh 26a. Zum Sabbatjahr in der Zeit des Zweiten Tempels und der Tannaiten vgl. auch Alon, Jews 245.648.653.731ff; Bar-Kochva, Judas Maccabaeus, Reg. sv sabbatical year; Bringmann, Reform, 20.22.23.58; 59 Anm. 31; 60 Anm. 34; Isaac, Limits, 284-286.298f; Smallwood, Jews, 9 n. 18; 151 n. 35 und Reg. sv sabbatical year; Stemberger, Bedeutung, 327f.330-336.

56 mSchab 24,1.

Wenn nichts anderes, so würde schon diese Regelung, sich vom eigenen Geldbeutel[57] zu trennen, die am Sabbat stattfindende Unterbrechung von Produktion und Erwerb[58] sinnfällig vor Augen führen: Am Sabbat besteht »das Verbot des Nehmens und Gebens oder überhaupt einer alltäglichen Verrichtung, besonders aber des Umgangs mit Geld, für die Juden«, wie Philon in einer an den römischen Kaiser Gaius gerichteten Schrift ausführt[59]. Die Ambivalenz nichtjüdischer Reaktion auf den Sabbat[60] zeigt, wie außergewöhnlich diese rhythmische Unterbrechung des Alltags mitsamt seiner Arbeit und Ausbeutung im antiken Mittelmeerraum war. Der kollektiv vollzogene Rhythmus von Arbeit und Ruhe[61] verhindert, daß aus allem das Letzte herausgeholt wird, und kehrt am Sabbat die Fragwürdigkeit einer Fremdbestimmtheit von Zeit, Arbeit und Geld um durch die Gleichheit aller in einer arbeitsfreien, geldlosen Zeit.

Hervorzuheben ist, daß diese Gleichheit aller vor der arbeitsfreien Zeit des Sabbats auch die Haustiere einschließt und nicht nur die Klassen überschreitet und den Unterschied zwischen Sklaven und Freien aufhebt, sondern auch das Verhältnis der Geschlechter berührt: Der selten überhaupt zu Zeit und Geld in Beziehung gesetzte Bereich der Hausarbeit ruht am Sabbat, und mit ihm die in diesem nicht honorierten Arbeitsbereich tätigen Frauen.

4. Begrenzung von Zeithierarchien: Lohnauszahlung

Begrenzung von Zeithierarchien gibt es auch im Blick auf den Arbeitstag. Die abhängigen LohnarbeiterInnen sollen ihren Lohn noch am Abend des Arbeitstages in Empfang nehmen – eine Norm, die in der Tora ausdrücklich religiös sanktioniert wird:

»Du sollst einen armen und bedürftigen Tagelöhner nicht erpressen, mag er einer deiner Brüder oder einer deiner Fremdlinge sein, die in deinem Land, in einer deiner Ortschaften wohnen. Am selben Tag, ehe die Sonne darüber un-

---

57 Zu den Formen der Geldaufbewahrung auf Reisen vgl. Krauss, Archäologie II, 414f.
58 Vgl. etwa auch die Verbote, am Sabbat Kreditgeschäfte zu tätigen und Arbeitsverträge zu schließen, mSchab 23,1.3.
59 Philon, leg. Gai. 158; auch ders., migr. Abr. 91; weiter Neh 10,32; CD 11,18.
60 Vgl. dazu Goldenberg, Sabbath; auch Synesios, ep. V; weiter Feldman, Jew, 158-167.
61 Vgl. dazu Ebach, Ursprung, 90-110; ders., Reden, 91-107.

tergeht, sollst du ihm seinen Lohn geben, denn er ist arm und darauf ist sein Begehren gerichtet, – daß er nicht über dir zu JHWH rufe und über dich eine Schuld komme.« (Dtn 24,14f)[62]

5. Zusammenfassung

In der Lebenszeit, im Rhythmus der Sabbatjahre und der Sabbate unterscheidet sich das Judentum augenfällig von seiner Umwelt. Wie ist dieser Unterschied genauer zu bestimmen?

Ein in vielen Bereichen des Alltags sich durchhaltender Unterschied zwischen jüdischem und hellenistisch-römischem Zeitverständnis scheint mir der zu sein, daß ersteres sich einer konsequenten Durchökonomisierung der Zeit verschließt oder, anders gesagt, die Ewigkeit einer Geldökonomie durchbricht[63], und zwar nicht zuletzt im Sinn einer solidarischen Ökonomie, in der etwa auch die Ruhe nicht wie das römische otium die Domäne einer Klasse ist, sondern klassenüberschreitend das ganze Volk und darüber hinaus die Fremden und die Haustiere von Zeit zu Zeit voraussehbar einholt[64].

IV. Fremdbestimmung über Zeit und Geld im Zuge der römischen Herrschaft über Palästina

1. Allgemeines

Die Etablierung der römischen Herrschaft über Palästina vollzieht sich in drei Phasen: Von 63-40 v. Chr. herrscht nominell ein hasmonäischer Monarch; faktisch besorgt ein einheimischer Vertrauensmann die fiskalischen, militärischen und politischen Interessen Roms. Von

---

62 Gesetzliche Regelungen und Mahnungen: Lev 19,13; Philon, spec. leg. IV 195f; virt. 88; Josephus, ant. 4,288; Tob 4,14; PsPhoc 19. Rabbinisches bei Bill. I 832; ferner SifreDt § 279; Derek Eretz Rabba II 28. Auch das in Mk 10,19 zitierte Gebot »enthalte nicht vor« dürfte hierher gehören.

63 Das mag mit weiteren fundamentalen Unterschieden zwischen der jüdischen und der römischen Gesellschaft zusammenhängen, etwa der Differenz zwischen Abgrenzung und Vereinnahmung.

64 Die Totalität einer Geldwelt, die keine Zeit ohne Geld kennt, wird in Lk 14,16-24 karikiert und auf den Kopf gestellt: Die Feier droht zu scheitern an denen, die um des Geldes willen keine Zeit haben, und findet doch statt mit denen, die ihre Zeit unfreiwillig ohne Geld verbringen müssen.

40 bzw. 37 v. bis 6 n. Chr. tut der Vertrauensmann dies auch als römischer Klientelkönig. Seit 6 n. Chr. ist Judäa einem Präfekten bzw. Prokurator unterstellt; in den angrenzenden Gebieten herrschen noch einige Zeit Klientelfürsten.

In der zweiten Phase kommt es unter Herodes I. zur weitgehenden Liquidierung und Ersetzung der Wirtschaftselite. Seit 6 n. Chr. wird durch Konfiskation von Krongütern zunehmend Großgrundbesitz in den Besitz des Kaisers überführt[65]. Durch beide Entwicklungen gehen traditionelle Bindungen nachbarschaftlicher Solidarität verloren, was unmittelbar Auswirkungen auf das Kreditwesen hat. Insbesondere der fehlende Rückhalt der Elite beim Volk verhindert den Aufbau und das Funktionieren von Patron-Klient-Verhältnissen[66]. Dadurch und durch die Neueinführung von Tribut- und Steuerpflicht sowie von Zollabgaben verschärfen sich die Klassengegensätze und wird die wirtschaftliche Situation eines Großteils der Bevölkerung zunehmend prekärer.

2. Eingriffe in die Lebenszeit

Die unter III.1. benannten israelitisch-jüdischen Normen im Blick auf die Lebenszeit sind durch die römische Herrschaft, soweit bekannt, keinen direkten Eingriffen ausgesetzt. Doch kommt es faktisch zu erheblichen Eingriffen in die Demographie des jüdischen Volkes. Die militärische Aggression der Römer führt zu einer signifikanten Verminderung der Bevölkerung. Nicht nur an die hohe Zahl der Kriegstoten ist hier zu erinnern, sondern auch an die als Sklaven vor allem nach Rom abtransportierten und weiterverwendeten Kriegsgefangenen und an die wiederholten Massenversklavungen ganzer Städte[67]. Die demographischen und gesellschaftlichen Folgen dieses gewaltsamen Eingriffs in und Zugriffs auf das Leben der jüdischen Bevölkerung können hier nicht weiter dargestellt werden. In unserem Zusammenhang mag der Hinweis genügen, daß für die Römer die Sklaven Zeit brachten, in der sie ohne vertraglich vereinbartes Geld für

---

65 Zum kaiserlichen Großgrundbesitz in Judäa vgl. zuletzt Applebaum, Estates; Schwier, Tempel, 258 mit Anm. 42. Zu Aufständen auf den königlichen Domänen vgl. Applebaum, Judaea, 368.

66 Zur Abwesenheit von Patronage im Judäa des 1. Jh.s vgl. Goodman, Class, 64.67.126-129.

67 Vgl. Philon, leg. Gai. 23; dazu Volkmann, Massenversklavungen, 67. Für weitere Massenversklavungen jüdischer Menschen zwischen 53 und 51 v. Chr. sowie in den Jahren 44 und 4 v. Chr. vgl. ebd., 67-69.110.116f.

ihre Herren zu arbeiten hatten. Umgekehrt bedeutete für die ver-
sklavten Juden und Jüdinnen ihr Los den Verlust jeglicher Zeitsouveränität.

Hinzu kommen bestimmte Eingriffe Roms in jüdische Zeitordnungen. Pompeius schaffte den Brauch der Datierung nach seleukidischer
Ära in Antiochia ab, um das System der pompeianischen Ära einzuführen[68]. Die auch in jüdischen Privaturkunden zur Zeit Neros praktizierte Datierung nach römischen Kaisern[69] wird in Megillat Taanit
7,16 zusammen mit ihrer – zeitlich begrenzten – Abschaffung zu Beginn des ersten jüdischen Aufstandes erwähnt[70]. Ein weiterer Eingriff
in jüdische Zeitordnungen ist die rapide Ein- und Absetzung des an
sich mit einem lebenslänglichen, vererbbaren Amt betrauten Hohen-
priesters: In den etwas mehr als hundert Jahren zwischen dem Beginn
der Herrschaft des römischen Klientelkönigs Herodes I. über Judäa
und der Zerstörung des Zweiten Tempels werden nicht weniger als
achtundzwanzig Personen als Hohepriester, teils auch wiederholt, ein-
und abgesetzt[71]. Lebenslängliches wird hier unter römischer Herrschaft disponierbar.

Möglicherweise verändert sich sogar etwas in der Tageszeiteintei-
lung: Israel kannte die Unterteilung der Nacht in drei Nachtwachen[72],
was sich vielleicht im Palästina des 1. Jh.s noch in bestimmten Bereichen durchhielt[73]. Die Römer hingegen unterteilten die Nacht in vier
Nachtwachen[74]. Für das römisch beherrschte Palästina ist die Eintei-
lung der Nacht in vier Nachtwachen schon im 1. Jh. belegt[75]. Dafür,

---

68 Vgl. dazu Baumann, Rom 15f mit Anm. 49. – Zur neuen Zeitrechnung in
den Provinzen unter dem Prinzipat vgl. auch Price, Rituals, 106. Vgl. auch
die Zeitangaben auf den jüdischen Aufstandsmünzen unter Bar Koseba.

69 Vgl. Mur 18,1; 20,1.15; mGit 8,5.

70 Daß die Übernahme der kaiserlichen Ären als Bedrückung empfunden
wurde, zeigt sich darin, daß sie zu Beginn des ersten jüdischen Aufstands
sogleich abgeschafft wurde; vgl. Megillat Taanit 7,16; Mur 19,1. Entsprechend wurde während des Bar-Koseba-Aufstands verfahren; vgl. z. B.
Mur 25.

71 Vgl. Schürer, History II, 227-236.

72 Vgl. Ex 14,24; Ri 7,19; 1Sam 11,11; Hi 35,10.

73 Vgl. Lk 12,38.

74 Vgl. Plinius, n. h. 10,46; Vegetius 3,8; vgl. auch Josephus, a. 18,356; Diodor 19,26,1; P. Freiburg inv. nr. 76,7 Z. 9f.

75 Vgl. Mk 6,48 par. Mt 14,25; Apg 12,4; auch Josephus, a. 5,223; 18,356; Mk
13,35; vgl. aber die in Josephus, b. 5,510, erwähnten drei Nachtwachen;
dazu Michel/Bauernfeind (Hg.), Josephus II/1, 271 Anm. 202.

daß diese Veränderung der Zeitstruktur durch die Römer bewirkt wurde, spricht nicht zuletzt, daß die Griechen die Nacht wie die Israeliten in drei Nachtwachen unterteilten[76]. Möglicherweise steht die gerade im 1. Jh. v. und n. Chr. bezeugte apokalyptische Erwartung einer Verkürzung der Tage[77] auch in Zusammenhang mit solchen Veränderungen der Zeitstruktur.

3. Erhebung von Steuern und Zöllen

Seit Pompeius werden der jüdischen Bevölkerung von den Römern Abgaben, *tributum* (Geld- und Naturalabgaben) und *annona*, auferlegt[78]. Erst unter Caesar kommt es hier zu gewissen Erleichterungen: Auf die *annona* wird verzichtet, und während des Brachjahres wird Steuerfreiheit gewährt[79]. In der zweiten Phase der Etablierung der römischen Herrschaft über Palästina wird unter Herodes I. weiterhin Tribut an die Römer abgeführt. Eigene Steuererhebung für die Bedürfnisse des Klientelkönigs kommt hinzu. Der Census unter Quirinius 6 n. Chr. verschärft in der dritten Phase die fiskalische Belastung der unterworfenen Bevölkerung. Zu leisten waren die Grundsteuer (hauptsächlich

76 Vgl. Diodor 19,38,3; Polyainos 4,8,4. – Vgl. auch die tannaitische Kontroverse um die Frage, ob es drei oder vier Nachtwachen gebe, in tBer 1,1 (par. jBer 1,2d,11-17; bBer 3a-b). Vgl. auch Bill. I 688-691; Mt 24,43.

77 Vgl. dazu Theißen, Lokalkolorit, 142.

78 Ausführlich zu den Steuern vgl. Neesen, Untersuchungen; Brunt, Themes, 324-346. – Vgl. auch die von den Römern – vermutlich nach ptolemäisch-seleukidischem Vorbild – der Bevölkerung auferlegten Angarien, d. h. nicht oder schlecht bezahlte Zwangstransportleistungen (z. B. Mt 5,41). Eine weitere Zwangsdienstleistung war die Pflicht, römischen Militärs und Beamten kostenlos Quartier und Verpflegung zur Verfügung zu stellen. – Auch der Ausbau der Infrastruktur in Palästina durch die Römer wird von der jüdischen Bevölkerung als Optimierung der Ausbeutung wahrgenommen bAZ 2a-b. – Zur Besteuerung der Juden vgl. u. a. Alon, Jews, Reg. sv. taxes; Hamel, Poverty, 142-163; Herrenbrück, Jesus; Paltiel, Vassals, 59-63.92; Sanders, Law, 43-51 (zum Zehnten und zur Tempelsteuer); ders., Judaism, 146-169.

79 Das bedeutet, daß von 63 v. an bis zu diesem Zeitpunkt auch während des Brachjahres Abgaben entrichtet werden mußten, was die Einhaltung des Brachjahres wesentlich erschwert haben mußte. Zur Tributfreiheit unter Caesar vgl. Josephus, a. 14,202.206. Tributfreiheit im Sabbatjahr wird von Josephus, a. 11,338, bereits auf die Zeit Alexanders zurückprojiziert.

in Geld), die Grundertragssteuer (hauptsächlich in Naturalien; seit Pompeius, unter Caesar auf 1/3 des Ertrags des Saatgutes reduziert) und die Kopfsteuer (belastet wurden auch Sklaven, Frauen, Kinder)[80]. Hinzu kommt die Einrichtung von Zöllen[81].

Durch dieses System von Abgaben und Zöllen greifen die Römer massiv in das Verhältnis von Zeit und Geld in Palästina ein. Der Tribut verschafft ihnen Geld, das ihnen ohne eigene Arbeitszeit zufloß. Für die ohnehin durch das römische Militär reduzierte jüdische Bevölkerung bedeutete das eine erhebliche Einschränkung ihrer Zeitsouveränität durch das Erwirtschaften des Tributs.

Insbesondere die Kopfsteuer belastet die arbeitenden Klassen der Bevölkerung, die ja auch am wenigsten Chancen auf eine Freistellung von der steuerlichen Belastung hatten, besonders[82]. Zu den wirtschaftlichen Folgen der Steuerpflicht gehört die Ausweitung der Geldökonomie in der Landwirtschaft und die Verschärfung der ökonomischen Abhängigkeiten. Es ist nicht auszuschließen, daß die Institution der Armenfürsorge dadurch in eine Krise gerät[83].

4. Beeinträchtigungen der Begrenzung ökonomischer Abhängigkeiten

Die einheimische Priester- und Wirtschaftselite konnte kein Interesse an der Begrenzung von Zeithierarchien im Blick auf das Erlaßjahr und den in ihm stattfindenden Schuldenerlaß und die Freilassung aus Schuldsklaverei haben. Vorher im Judentum nicht bekannte Praktiken wie die Einführung der Schuldhaft und des Verkaufs auch des Ehepartners in die Sklaverei sind in dieser Zeit belegbar (vgl. Mt 18,23-35). Sie sind Indizien für die von Kippenberg beschriebenen Verschiebun-

---

80 In diesem Zusammenhang wird auch das eigene Lebensalter und seine Kenntnis für die Bevölkerung wichtig. In Syrien waren Männer vom 14. bis zum 65., Frauen vom 12. bis zum 65. Lebensjahr kopfsteuerpflichtig.

81 Zu Zoll und Zöllnern vgl. Herrenbrück, Jesus; Brunt, Themes, 354-432.

82 Zur materiellen Steuerbelastung der Juden unter den Römern allgemein vgl. Stenger, Kaiser, 129-133; Stern, Province, 330-332. Wichtig ist Stengers Hinweis, daß zur materiellen Belastung eine ideelle hinzukommt (vgl. ders., ebd., 133-135). – Hoehner, Antipas, 79, schätzt die Steuerbelastung eines loyalen und korrekten Juden im Galiläa des Herodes Antipas auf 30-40 % des Einkommens. Hier wird allerdings sozial stark zu differenzieren sein.

83 Vgl. weiter die Eingriffe in die Tempelökonomie durch Crassus und später durch Pilatus.

gen im Kreditwesen, für den Trend vom Pfand zum Eigentumszuschlag und vom Patrimonium zum Privateigentum[84].

Auf das Brachjahr nimmt das fiskalische Interesse der Römer, wie erwähnt, erst seit Caesar Rücksicht[85]. Daß das Sabbatjahr indes auf den von den Kaisern konfiszierten Krongütern eingehalten wurde, ist m. E. wenig wahrscheinlich. Wieweit das Verbot der Zinsnahme in dieser Zeit faktisch eingehalten wurde, entzieht sich unserer Kenntnis. An Indizien für die Übertretung dieser Norm fehlt es jedenfalls nicht[86].

5. Das Problem des Sabbats[87]

Die wahrscheinlich im Juli oder August des Jahres 63 v. Chr. stattfindende Eroberung des Jerusalemer Tempelbergs und anschließende Entweihung des Tempels durch Pompeius markiert den Beginn der römischen Herrschaft über die Juden Palästinas. Sinnfälliger Ausdruck der damit einsetzenden Fremdbestimmung über die Zeit der jüdischen Bevölkerung ist der Umstand, daß die Eroberung des Tempelbergs dadurch enorm begünstigt wurde, daß die Belagerten am Sabbat gemäß den Normen ihrer eigenen Zeitstruktur nur Abwehrhandlungen ausführten[88].

In der jüdischen Diaspora dieser Zeit gibt es – und zwar besonders für den Sabbat – Zeitkonflikte[89]. Zugeständnisse der Römer finden

---

84   Vgl. Kippenberg, Religion, 106-155.

85   Josephus, a. 14,202. Vgl. noch Josephus, a. 16,164. Aufhebung der steuerlichen Exemtion im Sabbatjahr durch Quirinius scheint nicht belegbar zu sein (vgl. Paltiel, Vassals, 59 n. 10). Eine wunschgeleitete Rückprojektion dürfte die Befreiung der Juden von Abgaben durch Alexander den Großen bei Josephus, a. 11,338 (vgl. 343), sein.

86   Vgl. nur Mt 25,14-30; für die ptolemäische Zeit vgl. auch CPJ I p. 162ff (IIIv), weiter Sevenster, Roots, 83.

87   Einen massiven Versuch, die jüdische Zeitordnung zu zerstören, hatte vor den Römern Antiochos IV. Epiphanes unternommen, als er die Entweihung des Sabbats und der Feste gebot 1Makk 1,45. Die Folge war etwa eine Interpretation der Sabbatobservanz als Unterstellung unter die Königsherrschaft Gottes Jub 50,9. Demetrios I. sicherte nach Josephus, a. 13,52, den Juden zu, am Sabbat und den Festen nicht belästigt zu werden.

88   Zum Problem der Kriegführung am Sabbat vgl. Bar-Kochva, Judas Maccabaeus, 474-493.

89   Zur Bedeutung des Sabbats für die jüdische Diaspora vgl. den Überblick von Delling, Bewältigung, 23-25; Sevenster, Roots, 124-132.

sich an folgenden Punkten: »Die Schwierigkeiten, die sich bei der Einstellung von Juden in das Heer ergaben, führten in römischer Zeit dazu, daß diese vom Waffendienst befreit wurden. Jüdische Soldaten, so
wird in Jos ant 14,226f bemerkt, können am Sabbat nicht Waffen tragen und marschieren; sie können sich ferner schwer die ihnen vorge-
schriebenen Nahrungsmittel beschaffen (zur Befreiung vom Militär-
dienst s. weiterhin 228-234.237.240). Im Sektor der Zivilverwaltung ist
man in Rom so entgegenkommend, daß man die Geldspenden an das
Volk der Juden nicht am Sabbat auszahlte (Anordnung des Augustus;
Philo Gai 158). Daß man sie allgemein am Sabbat nicht vor Behörden
zitiert, z. B. vor Gericht, gehört zu ihren Grundrechten (Jos ant
16,45).«[90] Andererseits wird uns gerade aus der Diaspora mehrfach
berichtet, wie römische Funktionäre und Militärs die Diasporajuden-
heit zur Übertretung der Sabbatruhe zwingen oder zu zwingen versuchen[91].

Der imperialistische Eingriff der Römer in Palästina wie in der
Diaspora drohte somit, solche Zeitstrukturen, wirtschaftliche Normen
und Gegebenheiten zu vereinnahmen, die trotz der hellenistischen
Überfremdung der jüdischen Bevölkerung durch die Ptolemäer- und
Seleukidenherrschaft durch ihre Unterschiedenheit von der übrigen
Mittelmeerwelt der Antike entscheidend zur religiösen und kulturellen
Identität des jüdischen Volkes beigetragen hatten. Die dabei etwa im
Blick auf den Sabbat zu beobachtende ambivalente römische Haltung
zur Zeitordnung eines unterworfenen Volkes ist typisch für das Ver-
halten eines Volkes, das im Bewußtsein lebt, daß ihm in Raum und
Zeit keine Grenze gesetzt ist und seine Herrschaft ohne Ende sein
wird[92].

---

90 Delling, ebd., 50. Zum Sabbat in der römischen Gesetzgebung vgl. auch
    Sevenster, ebd., 152-156.
91 Vgl. Delling, ebd., 24; Sevenster, ebd., 165 bei n. 110; Josephus, b. 7,52f.;
    sowie für die Seleukiden schon 1Makk 2,43; auch Josephus, a. 16,27.47.
92 Vgl. Vergil, Aeneis 1,278f: his (den Römern) ego (Iuppiter) nec metas rer-
    um nec tempora pono, imperium sine fine dedi. Es ist vielleicht kein Zu-
    fall, daß sich gerade bei Lk im Blick auf Jesus die ebenfalls himmlische
    Ankündigung findet, seiner Königsherrschaft werde kein Ende sein (Lk
    1,33). Freilich handelt es sich um einen Topos (vgl. z. B. Da 7,14; OrSib
    3,49f) doch schließt das aktuelle Bezüge nicht aus. – Zur Ewigkeit Roms
    vgl. u. a. Livius 1,55,4f; Tacitus, hist. I 84,4; Schwier, Tempel, 224-
    226.228f; zu flavischen Aeternitas-Münzen ebd., 291f.

6. Ausgezahlter Lohn für Arbeit: Die zunehmende Unwirksamkeit
   einer Sanktion

Unter den beschriebenen wirtschaftlichen Bedingungen nimmt der
Anteil der in abhängiger Arbeit Beschäftigten und der Erwerbslosen
zu. Sozialpsychologisch zeigt sich die Veränderung darin, daß die Ruhe oft nicht mehr als Gegenstand diesseitiger Erfahrung gilt, sondern
erst für das postmortale Jenseits erhofft wird. Die Arbeit selbst wird
als Plage, Mühsal, Bedrückung empfunden[93]. Die Einheit von Saat
und Ernte bricht auseinander: Einige ernten, was sie nicht gesät haben, während viele säen und die Erntearbeiten durchführen, ohne sich
der Ernte selbst erfreuen zu können.

Für die Mieter von LohnarbeiterInnen ergeben sich daraus zunehmend
Möglichkeiten der Reduktion und Einbehaltung von Lohn. So wird etwa
in Jak 5,4 den Reichen vorgeworfen:»Siehe, der Lohn der Arbeiter, die eure Felder abgemäht haben, der von euch vorenthalten wurde, schreit, und
die Schreie der Erntearbeiter haben in die Ohren des Herrn Zebaoth Ein-
gang gefunden!«[94] Angesichts solcher alles andere als einmaliger Vor-
kommnisse[95] muß die Weisung der Tora, den Lohn nicht vorzuenthalten,
wiederholt eingeschärft werden. Wie wenig Möglichkeiten zur Gegenwehr
die um ihren Lohn Geprellten hatten, zeigt sich in der häufigen Ankündi-
gung von Jenseitsstrafen für diejenigen, die Lohn vorenthalten[96]: Im Dies-
seits waren Sanktionen anscheinend nicht durchsetzbar. Den vereinbarten
Lohn am selben Abend korrekt auszuzahlen, ist für die Bibel und die
frühjüdische Tradition Kennzeichen des Gerechten[97].

7. Zusammenfassung

Im Zuge der Etablierung der römischen Herrschaft über Palästina
nimmt der ökonomische Druck auf die unterworfene Bevölkerung zu

---

93 Vgl. etwa äthHen 103,9-15 und dazu Wengst, Demut, 51-59.

94 Vgl. dazu auch Wengst, Demut, 79-83. Zum Schreien der Armen zu Gott
    vgl. auch Lukian, sat. 36 (dazu Graßl, Vorstellungen, 211).

95 Ähnliche Vorfälle: Jer 22,13-17 (vgl. dazu Schottroff, Arbeit, 134f); Syll. 3.
    Aufl. 1109,5; Diodor IV 33,1. Vgl. auch Philon, vit. Mos. I 141f; ferner
    Kloft, Arbeit 208f; Madden, Macedonius, 154 mit n. 5.

96 Vgl. Mal 3,5; VisEsdrae 50a; MidrKonen (Wünsche, Lehrhallen III, 184).
    Vgl. auch Sir 34,22.

97 Vgl. TestHi 12,4 (dazu Berger, 'Diakonie', 94-98, bes. 95); auch A. P. IX
    649,5f und dazu Madden, Macedonius, 154f.

und führt bei zunehmender Ökonomisierung des Lebens zu einer zunehmend desolidarisierten Ökonomie[98].

V. Zeit-Geld-Konflikte im römischen Palästina des ersten Jahrhunderts

1. Allgemeines

Nicht daß das antike Judentum im Blick auf seine Zeitordnungen eine gänzlich einheitliche Größe gewesen wäre. Wie für das europäische Mittelalter ließe sich auch für die Judenheit Palästinas im ersten Jahrhundert zwischen der Zeit der Religion und der Zeit des Handels unterscheiden[99]. Auch innerhalb der religiösen Sphäre gab es kontroverse Positionen: Die von der Mehrheit abweichende Kalenderpraxis der Qumranessener etwa führte diese zu der Folgerung, daß alle im Jerusalemer Tempel dargebrachten Opfer am falschen Tag stattgefunden hätten[100]. Diese konkurrierenden Zeitordnungen scheinen aber, soweit bekannt, nicht zu Konflikten geführt zu haben[101], die größere Teile der Bevölkerung tangiert hätten[102].

---

98 Zur Transformation von Zeitverständnissen und Zeitverhältnissen durch Imperialismus und Kolonialismus vgl. für das 19. und 20. Jh. Koyama, Handle, 19.

99 Josephus, a. 1,81, zeigt, daß zwischen dem Jahresbeginn der Religion (Nisan) und dem Jahresbeginn der Wirtschaft (Urkundendatierung usw.; Tischri) unterschieden wurde; vgl. dazu auch Philon, qu. Ex. I 1; Mekhilta Bo 1. Die mit Tischri beginnende Jahreszählung Agrippas I. wurde als pagane Praxis betrachtet (vgl. Schwartz, Agrippa, 133 mit n. 109). Vgl. auch den Tagesbeginn: nach kultischer Berechnung am Abend, nach profaner (einschließlich Qumran) am Morgen. Vgl. auch mBer 1,1 (Abend – Morgen) mit mBer 1,4 (Morgen – Abend). – Die Formulierung »Nacht und Tag« (z. B. Josephus, a. 8,108; 16,260) ist im übrigen nicht unterscheidend jüdisch; vgl. Semonides fr. 7,47 Diehl usw.

100 Vgl. 1QpHab 11,7; dazu Sanders, Law, 84f.103f.241 mit n. 8; umfassender Talmon, Kalender.

101 Unterschiedliches Zeitgefühl setzt die zwischen Hilleliten und Schammaiten geführte Kontroverse um die Sabbathalakha voraus, vgl. Tomson, Paul, 246f. Zu Kalenderstreitigkeiten im rabbinischen Judentum nach 70 vgl. Becker, Kathedra, 60.

102 Zur Aufrechterhaltung der jüdischen Zeitordnung in der Diaspora in Synchronisation mit dem Land Israel durch Gesandtschaften und Briefe vgl. Tomson, Paul, 46.

Zu solchen Konflikten kommt es indes durch massive Eingriffe in die Zeit-Geld-Struktur. Wie eben beschrieben, beinhaltet die römische Herrschaft solche Eingriffe[103]. Diese beziehen sich vor allem auf die Lebenszeit[104] und die ununterbrochene Kontinuität der Steuern und Abgaben; gelegentlich zieht Rom auch den Sabbat ins machtpolitische

103 Auf das Imperium Romanum insgesamt bezogen, ergeben sich insbesondere durch die Kaiser Einbrüche in traditionelle Zeitordnungen; vgl. Halfmann, Itinera, 112: »Einige Gemeinden Italiens verlegten nach Sueton (Aug. 59) den Jahresbeginn auf den Tag der erstmaligen Ankunft des Augustus in ihren Mauern. Andere Städte ließen mit dem Besuch des Kaisers eine neue Ära beginnen; am bekanntesten und am besten bezeugt ist die neue Jahreszählung in Athen und anderen griechischen Städten, gerechnet ab dem ersten Besuch Hadrians in Griechenland, die sich wohl bis in die Zeit des Commodus gehalten hat. Außerhalb Griechenlands ist eine entsprechende Jahreszählung, soweit ich sehe, bisher nur in Gaza (ab 130) nachweisbar.« Neros Griechenlandbesuch hatte eine massive Veränderung des Zeitrhythmus der griechischen Spiele zur Folge, vgl. Sueton, Nero 23,1, und dazu Halfmann, Itinera, 174-177. Für die mit traditionellen Zeitrhythmen konfligierende Einrichtung einer Marktordnung durch Rom in Nordafrika vgl. Kehoe, Economics, 216 mit n. 70. Für die späte Republik belegt Cicero, In Verrem II 2,129f, die Kalendermanipulation eines Statthalters in der Provinz. – Zur Interpretation der Kalenderneuordnung Caesars als Herrschaft über die Sterne vgl. Plutarch, Caesar, 54.
104 Vgl. in dieser Hinsicht auch die gewaltsame Beendigung der Lebenszeit eines bedeutenden Teils vor allem der männlichen Bevölkerung durch militärische Interventionen; dazu und zu den Auswirkungen auf die Familienstruktur vgl. meine Auslegung zur Anrede des Vaterunsers. Im Blick auf die Lebenszeit kommt es m. W. indes nicht zu gesamtgesellschaftlichen Konflikten; familiäre und individuelle Konflikte sind hingegen sehr wohl vorstellbar. Hinzuweisen ist auch auf die an das Lebensalter gekoppelte Beanspruchung zur Entrichtung von Steuern und zu öffentlichen Zwangsdienstleistungen, was u. a. zur Folge hat, daß die Kenntnis, Beglaubigung oder Fälschung des eigenen Lebensalters für die betroffene Bevölkerung wichtig wird. Für solche jüdische Menschen, die das römische Bürgerrecht besitzen, gilt die durch die augusteische Ehegesetzgebung festgelegte Pflicht zur Eheschließung – ein Gesichtspunkt, der bei der Beurteilung der Stellung des Apostels Paulus – ob er nun römischer Bürger war oder nicht (die Gegenargumente hat zuletzt Stegemann, Apostel, in eindrucksvoller, bislang nicht widerlegter Weise vorgetragen) – zum römischen Staat eine Rolle zu spielen hätte: Weder die ehelose Existenz des Apostels selbst noch seine Favorisierung der Ehelosigkeit für ChristInnen in 1Kor 7 sind leuchtende Beispiele für das, was Augustus mit seiner Ehegesetzgebung vorgeschwebt hatte.

Kalkül[105]. Hinzu kommen die Verschärfung der Klassengegensätze und der Strukturwandel der Klassenbeziehungen im hellenistisch-römischen Judäa, die Kippenberg unter den Stichworten »Progression einer traditionsfreien Herrschaft in Judäa« beschrieben und als deren wirtschaftliche Charakteristika er die Trends »vom Pfand zum Eigentumszuschlag« und »vom Patrimonium zum Privateigentum« benannt hatte. Gläubiger, die zu den Schuldnern keine persönliche Beziehung hatten, mußten ein Interesse haben, die in der Tradition fest verankerten Begrenzungen der Ausbeutungs- und Schuldverhältnisse zu überwinden. So sind Zeit-Geld-Konflikte gewissermaßen von zwei Seiten vorprogrammiert. Ich skizziere die beiden m. E. wichtigsten: den Konflikt um die Steuer und den um das Kreditwesen und gehe dann auf Debatten um den Sabbat und auf gesamtgesellschaftliche Krisenphänomene ein[106].

2. Konflikt um die Steuern

Die von Galiläa ausgehende Steuerrevolte gegen den römischen Census unter Quirinius 6 und 7 n. Chr. macht deutlich, daß gegen die Steuerzahlung an die Römer erheblicher Widerstand in der einheimischen Bevölkerung zu mobilisieren war[107]. Auch nach der blutigen Niederschlagung der Revolte war genügend Protestpotential vorhanden, wie die in der rabbinischen Literatur erhaltenen Klagen gegen die römische Steuereintreibung zeigen[108]. Es wurde sehr wohl wahrgenommen, daß die Verbesserung der Infrastruktur des Landes durch die Römer der Verbesserung militärischer Kontrolle und ökonomischer Ausbeutung diente. Protest und der Versuch, die Ausbeutung zu verringern, stehen auch hinter den gelegentlichen jüdischen Gesandt-

---

105 Die Mischna reflektiert das Problem der Rücksichtnahme auf nichtjüdische Zeitordnungen (samt deren Bezügen zu Götzen- und Kaiserkult) durch Juden; vgl. etwa mAZ 1,3; mScheb 4,3 (dazu Tomson, Paul, 158 mit n. 54 bzw. 163).

106 Daneben wäre etwa auf die Konflikte um die Angarien und andere öffentliche Zwangsdienstleistungen hinzuweisen.

107 Vgl. Schürer, History I, 381f.399-427; Hengel, Zeloten, 132-145; Stern, Province, 372-374; Smallwood, Jews, 150-155; ferner Braunert, Provinzialzensus. – Zu Steuerrevolten unter den Römern in anderen Provinzen vgl. Dyson, Revolt Patterns; MacMullen, Relations, 35f.

108 Vgl. Stemberger, Herrschaft, 107f.116f.120.

schaften in Steuerangelegenheiten nach Rom[109]. Je länger, je mehr begann der Steuerdruck die traditionelle Halakha im Blick auf das Sabbatjahr zu unterminieren[110].

Auch innerhalb der jüdischen Bevölkerung blieb die Frage: Steuerzahlung – ja oder nein? virulent (vgl. Mk 12,14). Mißliebige Gegner konnten bei den Repräsentanten der römischen Herrschaft dadurch ins Abseits gedrängt werden, daß man sie der Anstiftung zur Steuerverweigerung beschuldigte (vgl. Lk 23,2)[111].

Daß sich die politische Spitze der Gebiete Palästinas der Tragweite der Münz- und Steuerpolitik bewußt war, zeigt sich darin, daß sie lange auf das Schlagen von Münzen mit Herrscherbildern verzichtete.

Zu Kontroversen kommt es auch um die Tempelsteuer. In Palästina selbst wird diskutiert, ob die Tempelsteuer – wie üblich – jährlich abgeliefert werden muß oder ob sie – so die Qumranessener – nur einmal im Leben zu leisten ist[112]. In der Diaspora, in der die Tempelsteuer einen hohen positiven Identifikationswert hat, kommt es hingegen wiederholt zu Konfiskationen der Tempelsteuer durch römische Provinzbeamten oder städtische Beamten.

So richtet sich der Protest der Bevölkerung teils gegen die Römer, teils – in puncto Tempelsteuer – gegen die mit ihnen kollaborierende Oberschicht.

3. Konflikt um die Schulden

Im Blick auf Kreditwesen und Schuldrecht gibt es im ersten Jahrhundert in Palästina eine wichtige Neuerung: die Einführung des sog. Prozbol. Der Prozbol erlaubte Kreditgeschäfte, die durch das Sabbatjahr und den in ihm erfolgenden Schuldenerlaß nicht ungültig gemacht wurden[113]. Wie Martin Goodman dargelegt hat[114], handelt es sich dabei im wesentlichen um Kreditgeschäfte zwischen solchen Reichen und Armen, die nicht durch bereits bestehende soziale Beziehungen aneinandergebunden waren. Die Priester- und Wirtschaftsaristokratie

109 Vgl. Tacitus, ann. 2,42.
110 Vgl. Isaac, Limits, 284-286 mit n. 108.
111 Vgl. dazu Wengst, Pax, 122f.
112 Vgl. dazu Stenger, Kaiser, 171-184; zu den Qumranessenern ebd., 180.
113 Zur *prosbolá* vgl. u. a. Schürer, History II, 54; 185 n. 3; 366f; Kippenberg, Religion, 79.138-141.152; Correns, Schebiit, 155f; Sanders, Judaism, 426-428.470.
114 Vgl. Goodman, Revolt, 421-425.

in Jerusalem benötigte Investitionsmöglichkeiten für die Gelder, die ihr zuflossen. In ihrem Interesse mußten sichere Kreditgeschäfte liegen, die in jedem Fall keinen Verlust, in vielen Fällen zusätzlichen Gewinn durch verspätete Rückzahlung eines erhöhten Betrags, durch eventuell vorhandenes Land oder Schuldsklaven einbrachte. Daß der Prozbol sich nicht überall sogleich durchsetzte, zeigt nicht nur für die Diaspora Philon, der für das Gebot des Schuldenerlasses keine Ausnahme kennt[115], sondern auch die gelegentlichen Nachrichten der rabbinischen Quellen über die Nichtigkeitserklärung von Schuldurkunden oder die Einhaltung des Erlaßjahres[116].

4. Debatten um den Sabbat

Von Sabbatkonflikten zu reden, wäre – abgesehen von dem unter IV.5. Zusammengestellten – unangemessen, zumal im Blick auf gesamtgesellschaftliche Dimensionen. Gleichwohl gibt es eine ganze Reihe von Debatten, etwa um die Kriegführung am Sabbat und durchaus unterschiedliche Halakhot[117]. Letztere sind aber eher ein Indiz für die fortgesetzte Arbeit an den Sabbatnormen[118].

5. Gesamtgesellschaftliche Krisenphänomene

Wie Theißen gezeigt hat, gibt es im Palästina des 1. Jh.s ein erhebliches Maß an sozialer Entwurzelung in ihren verschiedenen Erscheinungsformen[119]. Die sich unter der römischen Herrschaft verschärfenden Klassengegensätze führen zu Emigration und Neusiedlung (teils motiviert durch steuerliche Vergünstigungen[120]), Sektenbildung (Qumran), sozialem Banditentum und Widerstandsgruppen, zu Erwerbslosigkeit oder ungenügendem Erwerb, Bettel, Vagabundentum

---

115 Vgl. Philon, spec. leg. 2,71 ff.
116 Vgl. die Zusammenstellung von Correns, Schebiit, 16.
117 Römische Soldaten, am Sabbat unterwegs, schränken die Sabbatobservanz ein: mErubin 3,5 (dazu Isaac, Limits, 115). Zum Einfluß der annona auf die Sabbatobservanz vgl. yBeza 1,60c (dazu Isaac, ebd., 290). Vgl. auch Schwier, Tempel, 147 mit Anm. 12.
118 Vgl. etwa auch die Regelung des Verkaufs von Tieren an Heiden in mAZ 1,6, das in den Talmudim in Verbindung mit dem auf Tiere ausgedehnten Sabbatgebot diskutiert wird.
119 Vgl. Theißen, »Wir«.
120 Vgl. etwa Stenger, Kaiser, 127.

und prophetischen Erneuerungsbewegungen. In einer solchermaßen desolidarisierten Gesellschaft gewinnt das Zeitgefühl apokalyptisch-prophetischer messianischer Bewegungen zunehmend an Plausibilität und Attraktivität: Wo durch Aufenthalte am Jordan oder Züge in die Wüste zu einem neuen Exodus aufgerufen wird, ist die Gegenwart als ägyptischer Frondienst erfahren worden[121]. Für ein Exodusbedürfnis könnte auch die Namengebung sprechen: In der Jesusüberlieferung begegnen viele Frauen mit Namen Mirjam. (Mose allerdings ist als Name abwesend.)

VI. Optionen und Perspektiven der Jesusüberlieferung

1. Lebenszeit

Im Blick auf die Lebenszeit treffen wir in der Jesusüberlieferung zunächst auf Äußerungen, mit denen Jesus der Produktion neuen Lebens zumindest skeptisch gegenübersteht (Mt 19,12) und seinen NachfolgerInnen Familienlosigkeit empfiehlt[122]. Daß damit nicht eine generelle gesamtgesellschaftliche und zeitlos negative Wertung des Lebens überhaupt verbunden ist, zeigt sich indes etwa in den, zumindest implizit, positiven Stellungnahmen zur Ehe (Mt 5,27-30; Mk 10,1-12) oder in der positiven Beziehung zu Kindern (Mk 10,13-16), deren Aufnahme seinen AnhängerInnen empfohlen wird[123]. Auch wird der in der Antike verbreitete Topos vom Vorzug des Nichtgeborenseins in der Jesusüberlieferung nicht wie in der griechisch-hellenistischen Tradition im Sinne einer grundsätzlich pessimistischen Einstellung zum menschlichen Leben verwendet, sondern wie in israelitisch-jüdischer Tradition im Sinne einer auf eine bestimmte, nichtverallgemeinerbare Extremsituation bezogenen Aussage (Mk 14,21). Ähnlich bezieht sich die Seligpreisung der Unfruchtbaren, die nicht geboren haben Lk 23,29, auf eine bestimmte Zeit und Situation der Bedrängnis und ist damit ebenfalls nicht verallgemeinerbar.

Im Blick auf Lebensperspektiven begegnet in der Jesusüberlieferung mehrfach die Wahrnehmung und Kritik einer totalen Ökonomi-

---

121 Vgl. dazu den Überblick in Leutzsch, Prophetie.
122 Die Familienlosigkeit bezieht in Mk 10,29f par. Mt 19,29 den Ehepartner nicht ein, anders in Lk 18,29. Derselbe Unterschied findet sich in Mt 10,37 diff. Lk 14,26.
123 Vgl. dazu Stegemann, Kinder.

sierung des Lebens (Lk 12,16-21 [Produktion und Distribution]; 16,19-31 [Konsumtion]; Mk 8,36 par. Mt 16,26 par. Lk 9,25), die nicht einmal Zeit zur Unterbrechung des Alltags im Fest läßt (Lk 14,16-24, bes. V. 18f). Soweit sich diese Kritik der totalen Ökonomisierung des Lebens auf Wohlhabende bezieht, zielt sie nicht auf eine Begrenzung der Habgier, sondern auf eine Solidarisierung des Vermögens (Mk 10,21). Totale Ökonomisierung des Lebens scheint nun allerdings nicht nur an denen wahrgenommen zu werden, die davon profitieren und in ihrem Profitstreben keine Grenzen kennen[124]. Mt 6,25-34 par. zeigt, daß – nicht zuletzt infolge dieses Gewinnstrebens der Reichen – bei den Bettelarmen ebenfalls eine totale Ökonomisierung des Lebens festzustellen ist, hier in der Form der alles bestimmenden Sorge um das Subsistenzminimum, um Nahrung und Kleidung.

In Mt 6,25-34 wird dazu aufgefordert, die Sorge um Nahrung und Kleidung zu unterlassen. Mit der Negation »Sorget nicht« V. 25 wird ein Lebensentwurf eingeleitet, der über vorfindliche gesellschaftliche Wirklichkeit hinausweist und insofern auch gegen sie gerichtet ist. Das Sich-Sorgen, dessen Unterlassung gefordert wird, bezieht sich auf elementare materielle Sicherung des Lebens.

Die Aufforderung, auf diese Sicherung der Existenz zu verzichten, greift tief in den Alltag ein. Die Sicherung von Nahrung und Kleidung absorbierte bei den meisten Menschen des antiken Mittelmeerraumes tagtäglich die meiste Energie.

Ein Kirchenvater schildert das so: »Der Arme eilt den ganzen Tag umher, um sich den täglichen Lebensunterhalt zusammenzubetteln. Wenn der Tag sich dem Ende zuneigt, und er noch nicht genügend Geld zusammengebracht hat, um sich für diesen Tag zu ernähren, klagt und jammert der Arme und versucht mit allen Mitteln, das Notwendige doch noch zu bekommen. Am meisten fürchtet er, daß schon alle Bewohner in ihre Häuser zurückgekehrt sind, er niemanden mehr angehen kann und in der Stadt wie in einer Wüste umherirrt.«[125] Die brasilianischen TagelöhnerInnen etwa können heute ein ähnliches Klagelied singen.

---

124 Zur Sozialgeschichte der Habgier in der Antike vgl. Schottroff, Befreiung. In diesem Horizont wäre auch das Phänomen der Unersättlichkeit (etwa Mk 12,40) zu stellen, dessen neuzeitliche Erscheinungsformen Kleinspehn, Warum, in den Blick genommen hat.
125 Puzicha, Christus, 32f (Paraphrase von Johannes Chrysostomos, GnS 5,3 = PG 54,603).

Die Negation dieser Existenzsicherung setzt zugleich die an diese Existenzsicherung gebundenen Energien frei und entwirft damit Möglichkeiten eines anderen Alltags. Welchen Horizont hätte dieser andere Alltag? Mt 6,33 spricht von Gottes Handeln, wenn es heißt, dem Streben nach Gottes Königsherrschaft und Gerechtigkeit werde »dieses alles« – Nahrung und Kleidung, die Gewährleistung der Grundbedürfnisse – hinzugefügt werden. Schon die Königsherrschaft Gottes und die Gerechtigkeit Gottes sind also als Gaben zu verstehen. Das »Streben« und das »Hinzugefügtwerden« stehen dabei im Verhältnis von Tat und Tatfolge. Nahrung und Kleidung, die Sicherung der Grundbedürfnisse, sind dann nicht etwas der Königsherrschaft und Gerechtigkeit Gottes Äußerliches, sondern ein wesentlicher Bestandteil derselben.

Mit der Betonung der Priorität des Suchens der Königsherrschaft und Gerechtigkeit Gottes vor der Befriedigung der materiellen Grundbedürfnisse hält Mt 6,33 zugleich die Nicht-Identität, die Differenz fest. Gottes Königsherrschaft und Gerechtigkeit gehen nicht auf in der Sicherung der Grundbedürfnisse, so wenig sie davon zu trennen sind. Die Sorge um Nahrung und Kleidung führt nämlich nicht notwendig aus bloß individueller Praxis, Konkurrenz- und Ausbeutungsverhalten heraus. Ebenso ist eine individuelle oder strukturelle Befriedigung der materiellen Grundbedürfnisse vorstellbar, die sich unter Aufrechterhaltung menschlicher Herrschaft über Menschen vollzieht, etwa in Form öffentlicher Alimentation oder im Rahmen von Sklave-Herr- oder Klient-Patron-Beziehungen. Nicht zuletzt die Identifikation solcher Unrechtsstrukturen mit dem Befolgen des Willens Gottes soll verhindert werden. Deshalb legt Mt 6,33 den Ton auf die Königsherrschaft Gottes, die das Ende jeder Herrschaft von Menschen über Menschen einschließt, und auf die Gerechtigkeit Gottes, die die Befriedigung der allen gemeinsamen Grundbedürfnisse für alle einschließt. Diese Priorität ist auch der Grund, weshalb in Mt 5,6 diejenigen selig gepriesen werden, die nach der Gerechtigkeit hungern und dürsten. Diese Priorität ist der Grund, weshalb im Vaterunser die Bitte um das Kommen der Königsherrschaft Gottes der Bitte um das tägliche Brot vorgeordnet ist.

Hinter dem warnenden Beispiel des reichen Kornbauern und der Aufforderung zum Verzicht auf die Sorge um das Existenzminimum steht mithin gleichermaßen die Absage an eine totale Ökonomisierung der eigenen Lebenszeit. Als Alternative dazu wird nicht eine Begrenzung oder Unterbrechung dieser Ökonomisierung vorgestellt, sondern zumindest für den Kreis der WandercharismatikerInnen die Perspektive eines Lebens ohne Geld und ohne eigene Bemühung um Sicherung der Subsistenz, mithin ein radikaler Abbruch jeglicher Ökonomisierung der eigenen Lebenszeit (Mt 6,24). In dieser lebenslangen symbolischen Handlung ist zumindest für einige der WandercharismatikerInnen die Einübung der Solidarität mit den Geld- und Mittellosen eingeschlossen (vgl. Mk 10,21). Als Reaktion auf eine massive, militärisch und ökonomisch bewirkte Krise der jüdischen Zeitordnung liegt hier eine gelebte, symbolkräftige Systemkritik vor. Die Alternative zu einer abstrakten, totalen Ökonomisierung der eigenen Lebenszeit ist die inhaltliche Bestimmtheit des Lebens als eines Lebens für andere (vgl. Mk 10,45 in Verbindung mit V. 41-44)[126]. Durch Gewähr von (seitens der Reichen) und Beharren auf (seitens der Armen) solidarischer Ökonomie bleibt das Ziel, die Königsherrschaft und Gerechtigkeit Gottes, erfahrbar.

2. Steuern und Angarien

2.1. Steuern

Auch wenn die Beschuldigung Jesu durch Vertreter des Hohen Rates vor Pilatus, zur Steuerverweigerung aufgerufen zu haben (Lk 23,2), nach Lk unberechtigt ist[127], wurden anscheinend gerade im ersten Jahrhundert in christlichen Gruppen mehrere Debatten darum geführt, ob die Verpflichtung zur Steuerabgabe mit dem Bekenntnis zum Gott Jesu verträglich sei oder nicht. Von diesen Debatten sind uns in den urchristlichen Texten einige wenige Spuren erhalten. Durchgesetzt hat sich das offenbar immer neu nötige Votum, der Steuerpflicht nachzukommen.

Steuerzahlung oder -verweigerung ist das Thema von Mk 12,13-17 parr.; Röm 13,7; vgl. Justin, apol. I 17[128]. Auch in Mt 17,24-27 spiegelt

126 Vgl. in diesem Zusammenhang auch das nachösterliche Jerusalemer Experiment der Gütergemeinschaft (Apg 2,42-47; 4,32-35); dazu Leutzsch, Erinnerung.

127 Lk hat überhaupt ein Interesse, die Christen als loyale Untertanen zu präsentieren. Vgl. im Blick auf die Steuerfrage schon Lk 2,1-7, wonach die Eltern Jesu – Menschen aus Galiläa! – sich loyal den Prozeduren des Provinzialcensus fügen, ganz anders als etwa ihr in Apg 5,37 erwähnter Landsmann Judas; dazu Leutzsch, Weihnachtsgeschichte.

128 Vgl. zum Thema zuletzt Bünker, Kaiser; Wengst, Pax, 76-80.

sich eine für die Adressaten des Mt aktuelle Problematik: Die jüdische Tempelsteuer, mit der Zerstörung des Jerusalemer Tempels hinfällig geworden, war von den Römern kurzerhand umgewidmet worden und floß nach 70 nicht nach Jerusalem, sondern nach Rom.

Das Problem, ob in Jesu Antwort auf die Zinsgroschenfrage Mk 12,17 der Gesichtspunkt einer generellen Münzverweigerung mitspielt[129], ist m. E. nicht eindeutig zu entscheiden. Verlockend wäre es schon, die von Jesus in Mt 6,24 aufgerichtete Alternative Gott oder Mammon mit der Fremdherrschaft der Römer in Verbindung zu bringen, jenes Volkes, zu dessen Göttinnen auch Pecunia, das Geld, gehörte[130]. Man wird die Möglichkeit eines generellen Münzboykotts umso weniger außer Betracht lassen können, als derartiges sowohl im hellenistisch-römischen Palästina als auch sonst in der Antike immer wieder von Randgruppen praktiziert wurde[131]. Vielleicht aber liegen die Dinge hier etwas komplizierter; gibt es doch auch einige Anzeichen für Münzbesitz bei Jesus und seinen AnhängerInnen[132]. Es könnte sich indes um eine spezielle Münzverweigerung handeln, um den Boykott der Silber- und Goldmünzen mit Herrscherbildern[133]. Die Opponenten Jesu in Mk 12,13-17 wären dann durch ihren Besitz einer Münze mit Kaiserbild (V. 16) auf eine Außenseiterposition festgelegt; selbst Herodes I. und seine unmittelbaren Nachfolger hatten, wie gesagt, im Bereich ihrer Herrschaft über Juden auf das Schlagen von Münzen mit Herrscherbildern verzichtet.

2.2. Angarien

Durch das römische Angarieninstitut, das wahrscheinlich ptolemäische und seleukidische Praxis fortführt, werden Juden und Jüdinnen dazu gezwungen, kostenlos für römisches Militär oder römische Beamten Transportleistungen zu vollbringen oder in ihrem Besitz befindliche Transportmittel dafür zur Verfügung zu stellen. Derartige Zwangsdienstleistungen wurden von den durch die Römer unterworfenen Völkern in der Regel als harte Bedrückung empfunden, mußte

---

129 Vgl. die Erwägungen von Wengst, Pax, 79f; ferner Bünker, Kaiser, 171f.
130 Vgl. Horaz, ep. 1,6,37; Iuvenal 1,112f; weiteres bei Ramsay MacMullen, Relations, 201 n. 99; Bogaert, Geld, 839.
131 Belege bei Leutzsch, Bewährung, 64.
132 Vgl. Mk 6,37; Lk 8,3; Joh 13,29; auch Mk 10,21 und Apg 4,34f.36f zeigen, daß bei der Unterstützung der Bettelarmen auch Geldmittel zum Einsatz kamen.
133 Vgl. die Analogien bei Krauss, Archäologie II, 410.

man sich doch – wie ein Sklave – einem fremden Willen kostenlos für eine gewisse Zeit unterordnen. Auch abgesehen von möglichen materiellen Einbußen und der willkürlichen Inanspruchnahme durch zu Angarien nicht Berechtigte war das Beste an einer solchen kostenlosen, zeitraubenden Zwangstransportleistung, wenn sie vorbeigegangen war.

Wenn Jesus in Mt 5,41 die freiwillige Verdoppelung der Wegstrecke dieser Zwangsdienstleistung nahelegt, so antwortet er in einer bestimmten Weise auf die von der jüdischen Bevölkerung erfahrene Ohnmacht angesichts struktureller Gewalt. Unter den wenigen Handlungsalternativen – sich fügen, mit Gegengewalt reagieren, sich der Gewalt durch Flucht entziehen – empfiehlt er die wohl überraschendste: das Aufbrechen der verkrusteten Gewaltstrukturen gewissermaßen von unten und innen her. Die Gewaltsubjekte sollen von der Illegitimität ihres Handelns überzeugt werden. Durch die übertreibende Verdoppelung der kostenlos zur Verfügung gestellten Zeit und Kraft wird in einem symbolischen Akt Herrschaft als Herrschaft zum Vorschein gebracht und das Ungenügen und die Nichtakzeptanz dieser Herrschaft durch den Beherrschten demaskiert. Das jeweilige Gewaltsubjekt soll in einen Kommunikationsprozeß verwickelt werden. Der vergewaltigte Mensch schenkt dem Gewaltsubjekt Zeit, um ihm dadurch die Absurdität seines Handelns erfahrbar zu machen und es in die Lage zu versetzen, sich seinerseits in die Lage seines ohnmächtigen Gegenübers zu versetzen[134].

3. Begrenzung ökonomischer Abhängigkeiten

Im Blick auf die Begrenzung ökonomischer Abhängigkeiten fehlen in der Jesusüberlieferung ausdrückliche Bemerkungen zum Sabbatjahr und, mit einer Ausnahme (Lk 4,18f), Bezüge zum Jobeljahr[135].

Der Gesichtspunkt des Erlassens von Schuld im monetären wie im religiösen Sinn spielt in der Jesusüberlieferung allerdings eine Rolle, etwa in den Voten bezüglich der unbedingten Kreditgewährung, wobei letztere im Kontext der sich immer stärker durchsetzenden Prozbolregelung zu sehen ist (vgl. auch Mt 18,27; Lk 7,41). In diesem Kontext dürfte eine Weisung Jesu wie die folgende ihre Tiefenschärfe gewinnen: »Wer von dir leihen will, von dem wende dich nicht ab.«

---

134 Eine analoge Strategie verfolgt Jesus mit Mt 5,39f.
135 Vgl. aber Strobel, Ausrufung.

(Mt 5,42b) Jesus scheint mit dieser Forderung bedingungslosen Leihens im Gegensatz zur Prozbolregelung zu stehen. Auch in der fünften Bitte des Vaterunsers: »Und erlaß uns unsere Schulden, wie wir unseren Schuldnern erlassen haben« (Mt 6,12) könnte implizit eine Stellungnahme gegen den Prozbol vorliegen[136].

Der Gesichtspunkt der Sklavenbefreiung spielt hingegen anscheinend nur an einer – freilich zentralen – Stelle eine Rolle, die indes wohl kaum direkt auf den historischen Jesus zurückzuführen ist. Immerhin liest der lukanische Jesus bei seiner Antrittspredigt in Nazareth (Lk 4,14-30) aus Jesaja auch von der Freilassung der Gefangenen vor (V. 18f), was Kippenberg mit starken Argumenten auf die Entlassung aus Schuldknechtschaft gedeutet hat[137]. Ein Bezug auf den Aspekt des Brachjahres fehlt völlig, was damit zusammenhängen mag, daß es zu einem großen Prozentsatz nicht das Land der Bevölkerungsmehrheit ist, das brachliegen könnte, sondern das einer kleinen Schicht von Großgrundbesitzern, sofern es nicht durch Konfiskation und Erbschaft in den Besitz des Kaisers übergegangen ist, von dessen Respektierung oder Ignorieren des Sabbatjahrs im Blick auf seine in Palästina befindlichen Landgüter wir nichts wissen[138].

4. Sabbat

Im Blick auf den Sabbat in der Jesusüberlieferung fließen die Quellen reichlicher. Das grundsätzlichste Statement findet sich in Mk 2,27f: »Der Sabbat ist wegen des Menschen geworden und nicht der Mensch wegen des Sabbat. Denn Herr ist der Sohn des Menschen auch über den Sabbat.« Inhaltlich handelt es sich beim ersten Satz, V. 27, um eine besondere Form jener im antiken Judentum (und darüber hinaus) verbreiteten Aussage, daß die Welt um des Volkes Gottes oder um des Menschen willen geschaffen worden sei.

Formal fällt die zweite Hälfte, die Negation der ersten, auf. Doch gibt es hierzu eine nahe formale und inhaltliche Parallele, die Jonathan

---

136 Vgl. Lachs, Matthew VI.12; auch Fensham, Background. – Falls gegen den Prozbol gerichtet, zielen diese Regelungen wohl auf eine Ökonomie ohne Mitwirkung der Oberschicht ab. – Vgl. auch die frühchristlichen Weisungen, Schuldner nicht zu bedrücken (z. B. Hermas, mand VIII 10).

137 Vgl. Kippenberg, Religion, 178f.

138 Vgl. aber vielleicht Mt 5,5 – eine Seligpreisung, die nur dann mehr ist als eine Selbstverständlichkeit, wenn sie an Landlose oder von Landlosigkeit Bedrohte gerichtet ist.

ben Joseph (2. Jh.) zugeschrieben wird: »Er (sc. der Sabbat) ist in eure Gewalt gegeben, ihr aber seid nicht in seiner Gewalt.«[139] V. 28 begründet diese sachliche Priorität des Menschen vor dem Sabbat. Wie auch andernorts ist die Aussage von der Schöpfung um des Menschen willen verbunden mit der Aussage von der Herrschaft des Menschen über die Schöpfung[140]. Doch wie verhält sich die hier behauptete Herrschaft des Menschen über den Sabbat zur Tora? Bricht Jesus hier mit der Tora, um »die ursprüngliche Forderung Gottes nach echtem menschlichen Verhalten«[141] dagegenzustellen? Oder kommt hier vielleicht das Konzept der messianischen Tora zum Zuge[142]? Solche Annahmen scheinen mir etwas vorschnell Halakha und Homiletik zu verwechseln. Schöpfungsaussagen wie die von V. 27 begegnen nicht selten in paränetischen Zusammenhängen, die zur Realisierung des Lebens entsprechend der hohen Stellung des Menschen aufrufen[143]. In die richtige Richtung scheint mir die Interpretation von Erich Spier zu gehen: »Jesus stellt sich exemplarisch vor als der Mensch, dem der Schöpfungssabbat zum Bewahren und Gestalten anvertraut ist.«[144] Angesichts der Bedrohungen des Sabbat ließe sich vielleicht am ehesten von einer Wiederaneignung des Sabbat reden, die hier intendiert ist.

So wenig dieses grundsätzliche Statement die Grenzen des Judentums überschreitet, so wenig geschieht dies auch in den Sabbatheilungen Jesu[145]. In der Heilung des Menschen mit der verdorrten Hand (Mk 3,1-6), der gekrümmten Frau (Lk 13,10-17) und des wassersüchtigen Menschen (Lk 14,2-6) gilt die Zuwendung Jesu solchen, die aus der Ökonomie des Alltags herausgefallen gewesen sein dürften, für die

---

139 bJoma 85b. Parallele: MekhEx 103b zu 31,13f (dort Schimeon ben Menaschja, Ende 2. Jh., zugeschrieben). Vgl. Klausner, Jesus, 161.380.

140 Vgl. Hermas mand XII 4,2f.

141 So Hengel, Revolutionär, 24. Nach Urbach, Sages 836 n. 92, ist Jesu Lehre in Mk 2,25-28 u. a. Stellen »in part a radicalization of views held by several of Israel's Sages«; konkret stellt er Jesus in die Nähe Hillels und seiner Schule (ebd. 341). Vgl. auch ebd., 835f n. 92.

142 So Murmelstein, Gang, 120.

143 Vgl. nur Hermas, mand XII 4.

144 Spier, Sabbat, 26.

145 Nur am Rande sei darauf hingewiesen, daß zwei am Sabbat stattfindende Begebenheiten nach der Evangelienüberlieferung nicht zu Konflikten führten: der Exorzismus in Mk 1,21-28 und die Heilung der fieberkranken Schwiegermutter des Simon Mk 1,29-31.

also der mit dem Sabbat gesetzte Rhythmus von Arbeit und Ruhe nicht gilt. Indem Jesus sie an dem Tag heilt, der die Ökonomie des Alltags unterbricht, wirft er die Frage nach dem Sinn der entökonomisierten Zeit des Sabbats (Mk 3,4; Lk 13,15f; 14,5) auf. Weit davon entfernt, den Sabbat zu verwerfen[146], verwirft er eine abstrakte Entökonomisierung des Sabbat zugunsten konkreter Lebensrettung, zu der nicht erst bei unmittelbarer Lebensgefahr Anlaß und Nötigung besteht.

5. Grundbedürfnisse

5.1. Allgemeines

Daß die griechischen Begriffe für »Leben«, *bios* und *zoä*, auch »Lebensunterhalt« bedeuten können, ist der Profangräzität und dem Bibelgriechisch gemeinsam. Daß *zoä* der einem notleidenden Menschen gewährte oder versagte Lebensunterhalt ist, also zu einer Ethik der Mitmenschlichkeit gehört, scheint eine jüdische und christliche Besonderheit zu sein[147]. Wenn die bettelarme Witwe von Mk 12,41-44 einen Quadrans in den Opferstock des Tempels legt, so gibt sie damit *holon ton bion autäs* (V. 44) – ihr ganzes Leben, ihren ganzen Lebensunterhalt. Im Urteil Jesu ist sie mit dieser solidarischen Tat, dem Einsatz ihres ganzen Lebens zugunsten anderer, den Reichen, die zwar weit mehr, aber nur das von ihnen für überflüssig Erachtete geben, allemal überlegen. Nur bei ihr kommen Zeit und Geld, für die Lebensmöglichkeiten anderer verwendet, zur Deckung[148].

5.2. Mattäus 20,1-16

Daß Gerechtigkeit sich nicht an der geleisteten Arbeit, nicht an der Arbeitszeit orientiert, sondern an den Grundbedürfnissen derer, die auf abhängige, fremdbestimmte Arbeit angewiesen sind, dafür ist das Gleichnis von den ArbeiterInnen im Weinberg (Mt 20,1-15) ein Zeug-

---

146 Dagegen spricht nicht zuletzt alles, was die Evangelienüberlieferung über Jesu Verhalten am Sabbat berichtet; vgl. den knappen Überblick von Spier, Sabbat, 24.
147 Vgl. Sir 4,1 LXX; Hermas, sim. IX 26,2.
148 Eine andere Erzählung, in der eine (weibliche) Ökonomie der Verausgabung die (männlichen) Erwartungen durchbricht, ist Mk 14,3-9.

nis[149]. In diesem Gleichnis, das in erster Linie ein Lehrstück in puncto Gerechtigkeit ist, begegnet das Stichwort »gerecht« ausdrücklich in V. 4, wo der Gutsherr den am Vormittag gemieteten ArbeiterInnen einen gerechten Lohn zusagt[150]. Für die HörerInnen des Gleichnisses stellt sich damit die Frage, in welchem Verhältnis dieser gerechte Lohn zu dem einen Denar steht, auf den sich der Gutsherr mit den zuerst gemieteten Arbeitern geeinigt hatte (V. 2). Dieser eine Denar pro Person und Tag war ein durchaus üblicher Mietpreis.

Daß der Gutsherr im Verlauf des Tages mehrmals ArbeiterInnen mietet, ist nicht von vornherein auffällig. Landwirtschaftliche Arbeiten fanden damals wie heute unter Zeitdruck statt, so daß sich je nach dem Vorankommen und der Witterung im Lauf eines Tages der Bedarf an zusätzlichen Arbeitskräften einstellen kann. Auffällig ist jedoch, daß der Gutsherr auch noch eine Stunde vor Sonnenuntergang Arbeitskräfte mietet (V. 7) – ungewöhnlich in der Realität und deshalb umso wichtiger für das, was uns dieses Lehrstück in puncto Gerechtigkeit lehren will. Ich komme darauf zurück.

Ein unscheinbares, aber wichtiges Merkmal von Gerechtigkeit begegnet in V. 8: Der Gutsbesitzer weist seinen Verwalter an, den Lohn auszuzahlen. Sieht man die Klagen über vorenthaltenen Lohn an, von denen nicht nur die Bibel voll ist, so ist dieses Verhalten des Gutsbesitzers keine Selbstverständlichkeit. Er verhält sich unter gewandelten sozioökonomischen Bedingungen so, wie die Tora es gewiesen hat, und erweist sich gerade dadurch als ein Gerechter.

Der Gutsbesitzer weist also den Verwalter an, den Lohn auszuzahlen. Ungewöhnlich ist der Schluß dieser Anweisung: »beginnend bei den Letzten bis hin zu den Ersten«. In einem gesellschaftlichen Kontext, in dem Reihenfolge und Rangfolge so gut wie identisch sind und durch die Reihenfolge eine Rangfolge hergestellt wird, Zeit also Hierarchie strukturiert, ist eine derartige Anweisung zumindest skandalös. Hervorgerufen werden können bei einer antiken Hörerschaft Vorstellungen von der Umkehrung der Verhältnisse – Wünsche der kleinen Leute, der ewig Benachteiligten, der Ausgebeuteten und Betroge-

149 Zu Mt 20,1-16 vgl. u. a. Fiedler, Jesus, 173-184; Schottroff, Güte. Neuerdings wird dem Gleichnis auch von WirtschaftshistorikerInnen Aufmerksamkeit entgegengebracht; vgl. u. a. Kloft, Arbeit, 200-202; Mrozek, Lohnarbeit, 107f.110.
150 Zur antiken Diskussion um den »gerechten Preis« vgl. Drexhage, Handel II; Graßl, Vorstellungen, 128f.

nen. Hier bezieht sich diese Umkehrung der Reihenfolge allerdings auf
kleinere Gruppierungen innerhalb einer gesellschaftlichen Gruppe, die
als ganze zu den »Letzten«, nicht zu den »Ersten« gehört.

Die zuletzt gemieteten Arbeiter empfangen je einen Denar (V. 9) –
dieselbe Summe, wie sie zwischen dem Gutsherrn und den zuerst
Gemieteten vereinbart worden war. Mit diesem Verdienst können sie
samt ihrer Familie ein bis zwei Tage ihr Leben fristen[151]. Diese Implikation ist wichtig. Die Gerechtigkeit, von der unser Gleichnis ein
Lehrstück ist, hat mit der Gewährleistung des Existenzminimums, mit
der Sicherung der Subsistenz zu tun. Konkret geht es darum, daß
denjenigen, die zur Sicherung ihrer Subsistenz der Gnade anderer auf
Gedeih und Verderb ausgeliefert sind[152], das Lebensnotwendige gewährt wird. Die Ausbeutung der Arbeitskraft der Tagelöhner durch
den Gutsherrn wird nicht nur dadurch begrenzt, daß er den Lohn auszahlt, sondern auch dadurch, daß er Rücksicht auf die Grundbedürfnisse derer nimmt, deren Arbeitskraft er gemietet hat. Gemessen an
den Maßstäben einer Ökonomie, deren höchstes Ziel die betriebliche
Gewinnmaximierung ist, verhält sich der Gutsherr irrational, erstens,
weil er den Lohn überhaupt auszahlt, zweitens, weil er nicht geschlechtsspezifisch differenziert, sondern gleichen Lohn für alle zahlt,
drittens, weil er den Lohn so hoch bemißt. Nach den Maßstäben unseres Gleichnisses geht es um eine andere ökonomische Rationalität –
jenseits des Prinzips der Gewinnmaximierung.

151 Ausgehend von einer durchschnittlichen Beschäftigung von etwa 200 Tagen im Jahr, entspricht ein jährlicher Erwerb von 200 Denaren dem in der
rabbinischen Literatur angesetzten Existenzminimum. Dieses setzt sich
zusammen aus Ausgaben für Nahrung, Kleidung, Mieten und Hausrat;
vgl. die ausführliche Erörterung von Drexhage, Wirtschaft, 9-15. Die
durchschnittliche Beschäftigung von 200 Tagen scheint mir allerdings
frag-würdig zu sein; vergleichende Daten wichtig. Die Landarbeiter im
Süden Brasiliens mußten 1978 mit etwa 100 Arbeitstagen auskommen;
vgl. Urban und Urban Furtado, Bóias-frias, 22.
152 Diese Formulierung aus der Perspektive der TagelöhnerInnen soll nicht
dazu dienen, die objektive Struktur der Beziehung zwischen Vermieter
und Mieter der Arbeitskraft zu verwischen. Zu Recht schreibt Friedrich
Engels im Vorwort zur 3. Aufl. von Karl Marx' »Das Kapital«: »Es konnte
mir nicht in den Sinn kommen, in das 'Kapital' den landläufigen Jargon
einzuführen, in welchem deutsche Ökonomen sich auszudrücken pflegen,
jenes Kauderwelsch, worin z. B. derjenige, der sich für bare Zahlung von
andern ihre Arbeit geben läßt, der Arbeitgeber heißt, und Arbeitnehmer
derjenige, dessen Arbeit ihm für Lohn abgenommen wird.« (MEW 23, 34)

Die zuerst gemieteten Arbeiter erwarten, ihrer Leistung entsprechend, nun eine höhere Entlohnung (V. 10a)[153]. Sie gehen vermutlich von einem Konzept von proportionaler Gleichheit aus, wie es philosophisch etwa von Aristoteles vertreten worden war. Danach »gilt es, materielle u. immaterielle Güter gleich, d. h. unter Berücksichtigung der Aufgaben u. Leistungen des Einzelnen, nach seiner *axia* [Würdigkeit], auf die Glieder der Gesellschaft zu verteilen«[154]. Daß sie ebenfalls nur einen Denar empfangen, empfinden sie deshalb als Brüskierung[155]. Die gleiche Entlohnung ist für sie Gleichmacherei (V. 12).

153 Zur Illustration vgl. MidrTeh Ps 37 § 3: »Mit wem war David zu vergleichen? Mit einem Arbeiter, welcher alle seine Tage bei dem König arbeitete, ohne dass er von ihm seinen Lohn erhielt, und er grämte sich darüber und dachte: Vielleicht trage ich nichts davon. Darauf dingte der König einen anderen Arbeiter, als dieser nur einen Tag bei ihm gearbeitet hatte, so reichte ihm der König Speise und Trank und gab ihm seinen vollen Lohn. Da dachte der Arbeiter, der alle seine Tage bei ihm gearbeitet hatte: Wenn schon dieser, der nur einen Tag bei ihm gearbeitet hat, so bedacht wird, um wie viel mehr ich, der ich alle Tage meines Lebens bei ihm gearbeitet habe! Jener Arbeiter ging hinweg, der aber, der alle Tage bei ihm gearbeitet, fing an in seinem Herzen sich zu freuen.« (Übersetzung von August Wünsche)

154 Dihle, Gerechtigkeit, 260f. Zur proportionalen im Unterschied von der numerischen Gleichheit vgl. ebd., 261.268; Thraede, Gleichheit, 128f.130.134.136.138; Graßl, Vorstellungen, 183-185. – Historisch besteht ein Zusammenhang zwischen der philosophischen Forderung arithmetischer Gleichheit (»allen das Gleiche«) und der Etablierung einer Demokratie in Athen, an der alle männlichen Bürger (und nur diese) partizipieren konnten, im 5. Jh. v. Chr.; ebenso gibt es Verbindungslinien zwischen der philosophischen Befürwortung geometrischer Gleichheit (»jedem das Seine« – nämlich nach Verdienst und Würdigkeit) und der Krise der athenischen Demokratie im 4. Jh. v. Chr. – Die lateinische Rechtsregel *suum cuique* hat im übrigen eine blutige Wirkungsgeschichte: »Jedem das Seine« stand am Lagertor des Konzentrationslagers Buchenwald; »Suum cuique« lautet die Aufschrift auf einem torähnlichen Metallbogen, der sich über die Straße von Windhoek nach Katutura (dorthin wurden 1959 die in Windhoek lebenden schwarzen Namibier zwangsumgesiedelt) spannt.

155 Es besteht kein Anlaß, das Verhalten des Gutsherrn in Kategorien proportionaler Gleichheit zu interpretieren, etwa in dem Sinne, daß die Arbeitsleistung der zuletzt Gemieteten der der Ersten entspräche (oder sie überträfe, wie in dem rabbinischen Gleichnis jBer 2,5c,15). Dann wäre die vertragsgemäße Auszahlung des Denars an die Ersten eher Güte als Korrektheit. Vgl. MidrTeh Ps 3 § 3: »Gewöhnlich, wenn ein Arbeiter mit dem Hausherrn in Redlichkeit arbeitet und dieser ihm seinen Lohn gibt, ist er

Der Gutsherr hat mit dem gleichen Lohn für alle das Prinzip arithmetischer Gleichheit walten lassen. Es stehen damit zwei Gleichheits-
und zwei Gerechtigkeitskonzepte – und in Zusammenhang damit
auch zwei Zeitkonzepte – einander gegenüber. Für beide hätte sich die
antike These in Anspruch nehmen lassen, daß Gleichheit die Mutter
der Gerechtigkeit sei[156]. Der Einwand gegen das Verhalten des Gutsherrn, daß gleiche Behandlung Ungleicher Ungleichheit erzeuge, war
seit Platon bekannt[157]. Unser vorliegendes Lehrstück in puncto Gerechtigkeit läßt diesen Einwand nicht gelten. Mit dem Hinweis auf die
Einhaltung der Vertragsbedingungen weist der Gutsherr den Vorwurf
der Ungerechtigkeit zurück (V. 13). Gerechtigkeit bemißt sich hier
nicht nach der Leistung, dem Verdienst, sondern besteht darin, die
Befriedigung der Grundbedürfnisse unterschiedslos allen zu ermöglichen. Mit anderen Worten: Es soll nicht erst eine Gleichheit im Tod
oder nach dem Tod geben, sondern schon eine Gleichheit im Leben –
zumindest insofern, als die akute Bedrohung durch den Hungertod für
alle beseitigt wird.

Wie manches Märchenhafte ist auch das Vorgehen des Gutsbesitzers nicht völlig wirklichkeitsfern. Eine reale Parallele ist mir bekannt,
und es ist vielleicht nicht zufällig, daß sie im zeitgenössischen Judentum zu finden ist. Wie Josephus berichtet, erhielten von den 18.000
am Tempelbau beschäftigten Arbeitern auch diejenigen einen ganzen
Tageslohn, die nur eine einzige Stunde gearbeitet hatten[158].

ihm dafür verpflichtet? Wann ist er ihm dafür verpflichtet? Wenn er nicht
mit ihm in Redlichkeit arbeitet und dieser ihm trotzdem seinen Lohn
nicht zurückhält.« (Übersetzung von Wünsche; Parallele: MidrTeh Ps 105
§ 13) Oder, aus der Perspektive des Mieters: »So sprach auch Salomo vor
dem Heiligen, geb. sei er: Herr der Welt! wenn ein König gute Arbeiter
dingt, die ihre Arbeit gut machen, und er ihnen ihren Lohn giebt, was ist
da rühmlich für den König? Wann allein verdient er Ruhm? Wenn er trä-
ge Arbeiter dingt und er ihnen ihren vollen Lohn giebt.« (MidrTeh Ps 26 §
3 zu V. 3-6; Übersetzung von Wünsche)

156 Zu dieser These vgl. z. B. Philo, spec. leg. IV 231; leg. Gai. 85; rer. div.
163; plant. 122; Chairemon fr. 17D van der Horst; auch Heinemann, Bildung, 346f; Thraede, Gleichheit, 141. Zum Zusammenhang von Gerechtigkeit und Gleichheit vgl. ebd., 125.127.129f.141; Dihle, Gerechtigkeit,
242f.249.252f.262f.
157 Belege bei Thraede, ebd., 128.
158 Josephus, a. 20,219-223, hier 220. Vgl. dazu Hahn, Arbeitsorganisation,
440f; Goodman, Class, 64; Mrozek, Lohnarbeit, 59.

5.3. Lukas 16,1-8

Auch der ungerechte Verwalter in Lk 16,1-8 verhält sich, gemessen an den Regeln einer an Gewinnmaximierung orientierten Ökonomie, unwirtschaftlich. »Als er von seinem Herrn zur Rechenschaftslegung aufgefordert wurde, da verändert er die Schuldscheine der Schuldner des Herren (*chreopheiletai tou kyriou*). Den, der 100 Bat Öl (das sind 36,5 Hektoliter oder der Ertrag von ca. 146 Ölbäumen) schuldet, läßt er 50 Bat auf den Schuldschein schreiben (ta grammata). Auf dieselbe Weise setzte er eine Schuld von 100 Kor Weizen (das ist der Ertrag von 42 Hektar) auf 80 (Lk 16,1-9). Hier wird in Größenordnungen ganzer Dörfer gedacht und man würde sich nicht weiter wundern, wenn diese Schuldner Pächter ganzer Dörfer (komomisthotai) genannt würden.«[159] Die Zukunftsängste des Verwalters, vermutlich eines Sklaven[160], sind typisch: Degradierung zum Landarbeiter[161] oder Flucht (bzw. Davongejagtwerden) und Überleben durch Bettel[162]. Indem er

---

159 Kippenberg, Agrarverhältnisse, 177. Die Präsentation des Reichen – er ist im Kreditgeschäft tätig – ist typisch für diese Zeit; vgl. MacMullen, Relations, 51. Solche Gläubiger aber »waren nicht an Arbeitskraft interessiert..., sondern an Geld oder Land. Das Schuldverhältnis hatte sich von der Darlehenssicherung auf die Haftung des Schuldners für den Vertragsinhalt verschoben.« (Kippenberg, Religion, 143).

160 So mit Kippenberg, Religion, 149. Anders Kreißig, Zusammenhänge, 34: »Der *oikonomos*, den ein reicher Herr sich halten kann, ist häufig judäischer Sklave, nicht jedoch der in Lc 16,1 genannte, trotz SB II 217, da er fürchtet, abgesetzt zu werden und betteln gehen zu müssen.« Dagegen spricht schon das für Rangkämpfe im Haushalt unter der Sklavenschaft nicht untypische *diaballein* (V. 1; vgl. Spranger, Untersuchungen, 128 zu 34; Aufseher zu werden, war ein verbreiteter Sklavenwunsch, vgl. Artemidor, oneir. 2,15; 3,14; ferner 2,30.47.68), ferner die Degradierungsangst (laut Artemidor, oneir. 1,35; 2,9.49, verbreitet unter Sklaven in Führungspositionen; vgl. auch Petronius, sat. 53,10) und überhaupt die Zukunftsperspektive (zum Rangstreit unter Sklaven vgl. auch Dion von Prusa 34,51).

161 Zur Geringschätzung des »Grabens« vgl. PsPhoc 158f; auch PsDaniel, oneir. 106. Erhofft wurde ein Posten mit weniger anstrengender Arbeit (A,rtemidor, oneir. 1,50). Zur Drohung, Sklaven aufs Land zu schicken, vgl. Horaz, sat. 2,7,118; Iuvenal 8,179f; auch Plautus, Bacch. 365; Asin. 341f.

162 Zur Bettelei als einer Möglichkeit, als geflohener Sklave weiterzuexistieren, vgl. (allerdings erst für das 4. Jh. n. Chr.) Bellen, Studien, 15.

Schulden nächläßt, orientiert er sich an der erhofften Solidarität der Schuldner mit ihm.

5.4. Frühchristliche Rollen ohne Geld

Mit bestimmten frühchristlichen Rollen ist nach den Quellen das Problem verbunden, ob damit eine Existenz mit oder ohne Geld gekoppelt ist und wie die Rollenträger ihren Unterhalt bekommen. In den verschiedenen Quellen sind, wie Schmeller gezeigt hat, verschiedene Typen von Wanderaposteln und -propheten vorausgesetzt, die sich gerade auch im Blick auf die Regelung des Unterhalts unterscheiden[163].

Die Bestimmungen der Did bezüglich wandernder Apostel und Propheten setzen grundsätzlich voraus, daß die genannten Rollenträger von der Gemeinde aufzunehmen und zu unterstützen sind. Indes ist die Aufnahme der Apostel auf einen, in Ausnahmefällen zwei Tage begrenzt (Did 11,5), während sonst Christen auf der Durchreise zwei bis drei Tage Unterstützung genießen (12,2). Als Wegzehrung erhält ein weiterreisender Apostel nichts als eine Tagesration Brot (11,6). Die Inanspruchnahme eines dritten Tages Gastfreundschaft oder die Annahme von Geld (*argyrion*) würden den Apostel zum Lügenpropheten abstempeln (11,6).

Für Propheten gilt, daß sie nur dann als wahre Propheten identifiziert werden können, wenn sie von einer Mahlzeit, die sie anordnen, nicht selbst essen (11,9), und bei der Anordnung finanzieller oder sonstiger materieller Unterstützung an andere, nicht an sich selbst als Adressaten denken (11,12).

Während wandernde Apostel und Propheten im Umkreis der Did nach den Vorstellungen der Did ein Leben ohne Geld führen sollen – daß nicht alle dies faktisch getan haben, wird durch die detaillierten Regelungen und den Einsatz des Stigmas »Lügenprophet« nahegelegt –, gilt für niederlassungswillige Propheten und für Lehrer, daß sie durch die Gemeinde unterhalten werden sollen (13,1.2). Dies geschieht durch die Erstlinge von landwirtschaftlichen Produkten (Getreide und Wein, Rinder und Schafe; Brot, Wein, Öl; 13,3-6). Wenn daneben auch die Erstlinge von Geld (*argyrion*), Kleidung und sonstigem Besitz aufgezählt werden (13,7), heißt das, daß nicht um jeden Preis ein ansässiger Prophet ohne Geld leben sollte; hingegen

---

163 Vgl. Schmeller, Brechungen, bes. 76-103.

sollte möglichst jeder an der Unterstützung der Propheten beteiligt werden.

Während wir uns von den in der Apg erwähnten »hellenistischen« Wandercharismatikern insgesamt nur ein ungefähres Bild machen können[164] und über ihren Lebensunterhalt keine Nachrichten haben[165] – Entsprechendes gilt für die Wanderpropheten der Apk –, wissen wir über den Wandercharismatiker Paulus und seinen Lebensunterhalt besser Bescheid, nicht zuletzt infolge der Konflikte, die es damit gab. Mehrfach betont Paulus seine finanzielle Unabhängigkeit von den von ihm gegründeten Gemeinden dank seiner eigenen Arbeit (1Thess 2,9; 1Kor 4,12; 9,1-18; auch Apg 18,3). Auch wenn Paulus nicht grundsätzlich und in jeder Beziehung auf materielle Unterstützung durch Gemeinden (Phil 4,10-20; 2Kor 11,9) oder Einzelne (Röm 16,1f) verzichtet hat, haftet ihm noch in der antipaulinischen Pseudepigraphie des 2Thess[166] das Image dessen an, der nicht umsonst Brot bei jemandem gegessen, sondern in Schufterei und Anstrengung Nacht und Tag gearbeitet habe, um niemandem zur Last zu fallen (3,8)[167].

Paulus selbst hatte die für ihn und für andere gültige Norm in 1Kor 9,14 benannt. Danach »hat der Herr festgesetzt für die EvangeliumsverkünderInnen, aus dem Evangelium zu leben«, d. h. die Unterstützung durch die Gemeinden in Anspruch zu nehmen. Das Miteinander von Wandercharismatikern und Gemeinden kann sich nur in einem Netz gegenseitiger Erwartungen und des Verlasses auf diese Erwartungen entfalten. Wenn Paulus seinerseits auf die Unterstützung durch die KorintherInnen verzichtet, so tut er das im Bewußtsein des Abweichens von dieser Norm. Genau dieses Abweichen von der Norm stürzt seine Beziehung zur korinthischen Gemeinde in eine Krise[168], zumal gerade in puncto Unterhalt in Korinth auftretende konkurrierende Wandercharismatiker sich normkonform verhielten[169]. Paulus sieht sich veranlaßt, seine abweichende Praxis verständlich zu machen.

---

164 Vgl. Apg 8,4.5-13.26-40; 11,19f; 21,8f.

165 Erwägungen bei Schmeller, Brechungen, 87. Immerhin geht aus Apg 21,8 hervor, daß Philippus und seine vier Töchter in einem Haus wohnen – im Sinne der Apg vermutlich einem Eigenheim.

166 Vgl. Ebach, Apokalypse, 40.

167 Zum Unterhaltsverzicht des Paulus vgl. auch Pratscher, Verzicht.

168 Vgl. dazu besonders Marshall, Enmity, 165-258 und passim.

169 Zu diesem Konflikt vgl. zuletzt Schmeller, Brechungen, 90-92.

Er interpretiert die unentgeltliche Evangeliumsverkündigung in 2Kor 11,7-9 als einen Akt der Selbsterniedrigung zugunsten der Erhöhung der Korinther[170].

Für Wandercharismatiker im Umkreis des Mk dürfte verbindlich gewesen sein, was in der Aussendung der Zwölf Mk 6,7-11 angeordnet wird. Diese sollen weder Brot noch Geld (*chalkos*) bei ihren Wanderungen mitnehmen (V. 8). Sie sind daher ganz auf die Unterstützung des Hauses angewiesen, in dem sie Aufnahme finden[171].

Im Umkreis des Mt auftretenden Wanderpropheten gilt die Regelung, daß sie Gold-, Silber und Kupfergeld nicht erwerben und dementsprechend auch nicht mit sich führen dürfen (Mt 10,9)[172]. Wie in Did 13,1f wird davon gesprochen, daß der Arbeiter (*ergatäs*) seiner Nahrung (*trophä*) wert ist (10,10)[173]. Eingeleitet wird dieser Abschnitt der Instruktion durch die heute nicht mehr als Predigttext vorgesehenen Worte »Umsonst habt ihr erhalten, umsonst gebt!« (10,8)[174].

In der Aussendung der Zwölf bei Lk wird wie bei Mk und anders als bei Mt ausdrücklich das Mitführen von Brot untersagt (Lk 9,3), ebenso das von Geld (*argyrion*). Den Siebzig bzw. Zweiundsiebzig wird bei ihrer Aussendung auch das Mitnehmen von Geld- und Nahrungsmittelbehältern untersagt (Lk 10,4) – eine Anweisung, die in Lk 22,35f zurückgenommen wird. Bei Lk ist der Arbeiter nicht seiner Nahrung, sondern seines Lohnes (*misthos*) wert (10,7)[175].

Von den wandernden Christen des 3Joh, die nicht eindeutig als Wandercharismatiker zu klassifizieren sind, wird nur soviel gesagt, daß sie von den Heiden nichts erhalten oder nichts annehmen – der Ausdruck (*lambanontes*) ist doppeldeutig – und deshalb von den Gemeinden unterstützt werden müssen (3Joh 7f).

---

170 Vgl. dazu Wengst, Demut, 86f.
171 Im Blick auf das Brot sind diese Bestimmungen radikaler als etwa die in Did 11,3. Ob ein Unterschied zwischen *argyrion* (so etwa Did) und *chalkos* besteht (im strengen Sinn bedeutet ersteres Silber-, letzteres Kupfergeld), bleibt zu prüfen; vgl. immerhin die betonte Nebeneinanderstellung von Gold, Silber und Kupfer in Mt 10,9.
172 Gegenüber Mk 6,8 fehlt das Verbot, Brot mit sich zu führen.
173 Falls in Q statt *trophä* das in Lk 10,7 belegte *misthos* gestanden hätte, läge hier eine matthäische Einschränkung des Unterhaltsrechts vor (so Schmeller, Brechungen, 99).
174 Vgl. zum Thema »umsonst« außer den genannten Stellen Mt 10,8; 2Kor 11,7; 2Thess 3,8 auch Apk 21,6; 22,17; Röm 3,24.
175 Von *misthos* spricht auch Paulus in 1Kor 9,17f.

Insgesamt zeigt sich, daß das Thema Geld und Unterstützung im Blick auf wandernde Rollenträger im frühen Christentum ständig neu geregelt werden mußte. Nicht nur, daß es unterschiedliche Erscheinungsbilder wandernder Propheten und Apostel gab, wobei der Umgang mit Geld und Verpflegung nur ein Aspekt des Images war – grundsätzliche Fragen traten immer wieder auf: Sollen diese Wandercharismatiker überhaupt mit Geld in Berührung kommen? Oder sind ihnen nur bestimmte Münzsorten oder -typen – etwa mit Herrscherbildern – verboten? Sollen ihnen überhaupt Nahrungsmittel mitgegeben werden, wenn sie weiterwandern, oder sollen sie von selbst darauf verzichten? Wie, in welchen Hinsichten und wie lange sollen sie unterstützt werden, wenn sie zeitweilig aufgenommen werden? Wie ist mit ihnen zu verfahren, wenn sie ansässig werden? Und wie sind tätige Propheten und Apostel von solchen zu unterscheiden, die nur bequem unterhalten werden wollen, ohne etwas für die Gemeinde Relevantes zu leisten? Peregrinus Proteus dürfte kein Einzelfall gewesen sein[176].

In jedem Fall liegt in solchen Entwürfen frühchristlicher Wanderexistenz – es handelt sich um konkurrierende Stilisierungen von Bettelarmut – die Entwicklung eines Machtkonzepts vor, das Macht von Geld strikt trennt. Dies hat eine Entsprechung im israelitisch-jüdischen Gottesbild: Auch Gottes Macht ist unabhängig vom Geld[177].

VII. Apokalyptik oder Goldenes Zeitalter

Zur Signatur des Goldenen Zeitalters gehört unter anderem auch die Vorstellung von der Abwesenheit der Seefahrt, des Handels und deren

---

176 Vgl. Lukian, Peregr. 16. – Bei einer ausführlichen Untersuchung der Thematik wären zwei Problemkomplexe einer tiefergehenden Analyse wert: (a) Prophetie und Geld und (b) Lehre und Geld. Beides galt im Christentum wie in nichtchristlichen Lehren als nicht oder schwer vereinbar; vgl. Lumpe, Honorar.

177 Vgl. Brettler, God, 56f. – Von diesem Zusammenhang her dürfte auch ein Licht auf die Tempelreinigung Mk 11,15-19 fallen. Vgl. das Verbot, beim Tempelbesuch eine Geldtasche bei sich zu tragen mBer 9,5b; vgl. dazu Hamel, Poverty, 69. Zu Restriktionen des Geldverkehrs im Tempel vgl. weiter Stegemann, Tempelreinigung, 508 mit Anm. 24; 509f. – Zur Unabhängigkeit Gottes vom Geld vgl. Seneca, cons. Helv. 11,5.

Motiv, der Habgier. Darin scheint sich die Vorstellung vom Goldenen Zeitalter, die, wie eingangs erwähnt, in der römischen Kaiserzeit fröhliche Urständ feiert, mit einem bestimmten Zug der Johannesapokalypse zu berühren. In der visionären Schilderung des neuen Himmels und der neuen Erde findet sich die Aussage, daß das Meer dann nicht mehr ist (Apk 21,1). Wo aber ein Meer nicht mehr ist, kann es auch keine Seefahrt geben.

Fragt man nach dem Sinn dieser Aussage, so lassen die Auskünfte der neueren Kommentatoren – um nur zwei zu zitieren – manche Frage offen. Das Meer, schreibt Roloff, »war der unheimliche Grenzbereich zur Unterwelt, der dämonischen, die Erde bedrohenden Mächten Unterschlupf bot (vgl. 13,1; Sib. 8,236f). Die neue Welt wird dem Bösen keinen Raum mehr geben – sie wird ganz und gar Welt Gottes sein.«[178] Müller zufolge symbolisiert das Meer »die alte Welt, so daß es als Behausung widergöttlicher Mächte verschwinden muß (vgl. TLevi 4,1; AssMos 10,6; OrSib 5,158ff u. ö.), zumal ihm das Tier entstiegen ist (13,1). Den Verfasser interessiert allerdings nicht die Idee der Neuschöpfung als solche, als kosmologische Aussage, die eine spekulative Phantasie befriedigt. Vers 1 schafft vielmehr die universale Voraussetzung für das, was zentrale Aussage werden soll (sc. Vers 2ff).«[179]

Inwiefern symbolisiert das Meer die alte Welt? Weshalb muß es verschwinden, wenn es mit dem Bösen doch nicht einfach zu identifizieren ist? Welches Gewicht legt der Verfasser auf die Aussage vom Verschwinden des Meeres – im Kontext von Apk 21, im Kontext des ganzen Werkes und im Verhältnis zu anderen apokalyptischen Traditionen? Weiter hilft eine dezidiert politische Hermeneutik. Dabei wird eine Politik, deren utopischer Charakter auch in dem zunächst unscheinbaren und merkwürdigen Zug deutlich wird, daß in ihr das Meer keinen Platz haben soll, daraufhin befragt, was durch dieses, dem ungefährdeten Lesen als Adynaton erscheinendes Motiv denn nun eigentlich unmöglich gemacht werden soll.

Nach Wengst ist das Meer »das chaotische Element, aus dem Himmel und Erde nach Gen 1 hervorgegangen sind. Für Johannes ist es aber vor allem auch das Element, aus dem das schreckliche Tier heraufgestiegen ist, das das römische Imperium symbolisiert. Übers Meer kamen und kommen die römischen Legionen, die den Sieg erkämpf-

---

178 Roloff, Offenbarung, 198.
179 Müller, Offenbarung, 345.

ten und behaupten; übers Meer fahren die Frachtschiffe, die die Früchte der Arbeit in den Provinzen an die Sieger abliefern. Das zum nostrum mare, nämlich zum Meer der Römer gewordene Mittelmeer ist Provinzialen wie Johannes so entfremdet, daß der Blick auf es Angst auslöst und der Wunsch entsteht, es möge nicht mehr sein.«[180]

In eine ähnliche Richtung geht die Interpretation Ebachs: »Noch die Momente, in denen die Endzeit die Urzeit überholt, haben ihre politischen Dimensionen. Wenn z. B. über Gen 1 hinaus (und ebenso über Jes 65 hinaus) Apk 21 das Meer nicht mehr existieren läßt, so zeigt sich in der Zuschreibung von Chaosqualität nicht allein gegenüber der 'Urflut' (Gen 1,2), sondern noch gegenüber dem Meer als nach Gen 1 domestiziertem, nämlich zu einem Element der im ganzen 'sehr guten' Schöpfung von Gen 1 umgestalteten Rest jener chaotischen Urflut ein Mißtrauen, das das Meer noch in seiner vorfindlichen Gestalt aus der 'neuen Welt' ausschließen will. Dieses Mißtrauen speist sich aus den Erfahrungen mit dem Meer, das als 'mare nostrum' der Römer eben das der anderen war.«[181]

Die Differenz zwischen dieser apokalyptischen Erwartung vom Verschwinden des Meeres und dem Topos von der seefahrtlosen Goldenen Zeit liegt darin, daß letztere von einer Abwesenheit ausgeht, die evolutionär, durch kulturelle Errungenschaften, in ein Vorhandensein überführt wird und in ein Überhandnehmen der betreffenden Errungenschaft übergehen kann: Ausbeutung ist im Goldenen Zeitälter via negationis angelegt. Die Apokalypse hingegen hegt die Hoffnung auf eine Zeit, in der die Bedingung der Möglichkeit von Ausbeutung überhaupt nicht existiert: Wo kein Meer, da kein Kolonialismus. Apk 17f hatte den Zusammenbruch der zunehmend auf Rom fixierten Wirtschaft und Politik der Ausplünderung der Provinzen visionär vorweggenommen. Der neue Himmel und die neue Erde wird eine Übermacht der Kriegs- und Handelsflotten gar nicht mehr erlauben. Das Leben und die zu seiner Reproduktion nötigen elementarsten Dinge werden durch eine andere, die göttliche Ökonomie des »Umsonst« (Apk 21,6; 22,17) gewährleistet.

---

180 Wengst, Pax, 160f.
181 Ebach, Ursprung, 18 Anm. 27 (Hervorhebung Ebach).

Literatur

Alon, Gedaliah: The Jews in their Land in the Talmudic Age (70-640 C.E.). Cambridge, Mass./London 1989

Applebaum, Shimon: Economic Life in Palestine. In: JPFC II, 631-700

ders.: Judaea as a Roman Province: the Countryside as a Political and Economical Factor. In: ANRW II.8 (1977), 355-396

ders.: Royal and Imperial Estates in the Sharon and Samaria. In: ders., Judaea in Hellenistic and Roman Times. Historical and Archaeological Essays. Leiden usw. 1989, 97-110

Archer, Léonie J.: Her Price is Beyond Rubies. The Jewish Woman in Graeco-Roman Palestine. Sheffield 1990

Bar-Kochva, Bezalel: Judas Maccabaeus. The Jewish struggle against the Seleucids. Cambridge/New York/New Rochelle/Melbourne/Sydney 1989

Baumann, Uwe: Rom und die Juden. Die römisch-jüdischen Beziehungen von Pompeius bis zum Tode des Herodes (63 v. Chr.- 4 v. Chr.). Frankfurt/-Bern/New York 2. Aufl. 1986

Becker, Hans-Jürgen: Auf der Kathedra des Mose. Rabbinisch-theologisches Denken und antirabbinische Polemik in Matthäus 23,1-12. Berlin 1990

Bellen, Heinz: Studien zur Sklavenflucht im römischen Kaiserreich. Wiesbaden 1971

Benjamin, Walter: Gesammelte Schriften I/3. Frankfurt/M. 1980

Berger, Klaus: 'Diakonie' im Frühjudentum. Die Armenfürsorge in der jüdischen Diasporagemeinde zur Zeit Jesu. In: Schäfer/Strohm (Hg.), Diakonie 94-105

p'Bitek, Okot: Lawinos Lied. Frankfurt/Berlin/Wien 1982

Bogaert, Raymond: Geld (Geldwirtschaft). In: RAC 9, 797-907

Bonhoeffer, Dietrich: Entwurf einer Arbeit. In: ders., Widerstand und Ergebung. Briefe und Aufzeichnungen aus der Haft. Neuausgabe. München ²1977, 413-416

Bourdieu, Pierre: Entwurf einer Theorie der Praxis auf der ethnologischen Grundlage der kabylischen Gesellschaft. Frankfurt/M. 1979

Braunert, Horst: Der römische Provinzialzensus und der Schätzungsbericht des Lukas-Evangeliums. In: Historia 6 (1957), 192-214

Brettler, Marc Zvi: God is King. Understanding an Israelite Metaphor. Sheffield 1989

Bringmann, Klaus: Hellenistische Reform und Religionsverfolgung in Judäa. Eine Untersuchung zur jüdisch-hellenistischen Geschichte (175-163 v. Chr.). Göttingen 1983

Brunt, P. A.: Italian Manpower 225 B.C.-A.D. 14. Oxford ²1987

ders.: Roman Imperial Themes. Oxford 1990

Büchler, Adolph: Types of Jewish-Palestinian Piety from 70 B.C.E. to 70 C.E. The Ancient Pious Men. New York ND 1968

Bünker, Michael: »Gebt dem Kaiser, was des Kaisers ist!« – aber: was ist des Kaisers? Überlegungen zur Perikope von der Kaisersteuer. In: Schottroff/Schottroff (Hg.), Gott, 153-172

Correns, Dietrich: Schebiit (Vom Sabbatjahr). Berlin 1960

Delling, Gerhard: Die Bewältigung der Diasporasituation durch das hellenistische Judentum. Göttingen 1987

Dihle, Albrecht: Gerechtigkeit. In: RAC 10, 233-360

Dohrn-van Rossum, Gerhard: Zeit der Kirche – Zeit der Händler – Zeit der Städte. In: Zoll (Hg.), Zerstörung, 89-119

Drexhage, Hans-Joachim: Wirtschaft und Handel in den frühen christlichen Gemeinden (1.-3. Jh. n. Chr.). In: RQ 76 (1981), 1-72

ders.: Handel II (ethisch). In: RAC 13, 561-574

Duncan-Jones, Richard: The Economy of the Roman Empire. Quantitative Studies. Cambridge/London/New York/New Rochelle/Melbourne/Sydney ²1982

Dyson, S. L.: Native Revolt Patterns in the Roman Empire. In: ANRW II.3 (1974), 138-175

Ebach, Jürgen: Apokalypse. Zum Ursprung einer Stimmung. In: Einwürfe 2. München 1985, 5-61

ders.: Ursprung und Ziel. Erinnerte Zukunft und erhoffte Vergangenheit. Biblische Exegesen, Reflexionen, Geschichten. Neukirchen-Vluyn 1986

ders.: Theologische Reden mit denen man keinen Staat machen kann. Bochum 1989

Elias, Norbert: Über die Zeit. Arbeiten zur Wissenssoziologie II. Frankfurt/M. 1988

Engels, Donald: The Problem of Female Infanticide in the Greco-Roman World. In: ClPh 75 (1980), 112-120

Eyben, Emiel: Family Planning in Graeco-Roman Antiquity. In: AncSoc 11/12 (1980/81), 5-81

Feldman, Louis H.: A Selective Critical Bibliography of Josephus. In: ders./Hata (Hg.), Bible, 330-448

ders.: Jew and Gentile in the Ancient World. Attitudes and Interactions from Alexander to Justinian. Princeton 1993

ders./Hata, Gohei (Hg.): Josephus, Judaism, and Christianity. Leiden 1987

ders./Hata, Gohei (Hg.): Josephus, the Bible, and History. Leiden 1989

Fensham, F. Charles: The Legal Bachground of Mt. vi.12. In: NT 4 (1960) 1f

Fiedler, Peter: Jesus und die Sünder. Frankfurt/Bern 1976

Franklin, Benjamin: Works II. London 1793

Freund, Richard: The Ethics of Abortion in Hellenistic Judaism. In: Helios 10/2 (1983), 125-137

Freyberg, Hans Ulrich von: Kapitalverkehr und Handel im römischen Kaiserreich (27 v. Chr. – 235 n. Chr.). Freiburg 1989

Gardner, Jane F.: Women in Roman Law and Society. London/Sydney 1986

Garland, Robert: The Greek Way of Death. Ithaca, N. Y. 1985

Garnsey, Peter: Famine and Food Supply in the Graeco-Roman World. Responses to Risk and Crisis. Cambridge 1988

ders./Saller, Richard: The Roman Empire. Economy, Society and Culture. London 1987

Gatz, Bodo: Weltalter, goldene Zeit und verwandte Vorstellungen. Hildesheim 1967

Gnilka, Christian: Art. Greisenalter. In: RAC 12, 995-1094

Golden, Mark: Demography and the Exposure of Girls at Athens. In: Phoenix 35 (1981), 316-331

Goldenberg, Robert: The Jewish Sabbath in the Roman World up to the Time of Constantine the Great. In: ANRW II.19.1 (1979), 414-447

Goodman, Martin: The First Jewish Revolt: Social Conflict and the Problem of Debt. In: JJS 33 (1982), 417-427

ders.: The Ruling Class of Judaea. The Origins of the Jewish Revolt against Rome A.D. 66-70. Cambridge/New York/New Rochelle/Melbourne/Sydney 1987

Graßl, Herbert: Sozialökonomische Vorstellungen in der kaiserzeitlichen griechischen Literatur (1.-3. Jh. n. Chr.). Wiesbaden 1982

Gray, Rebecca: Prophetic Figures in Late Second Temple Jewish Palestine. The Evidence from Josephus. New York/Oxford 1993

Greenberg, Moshe: Ezekiel 1-20. A New Translation with Introduction and Commentary. New York/London/Toronto/Sydney/Auckland 1983

Grimm, Hans-Ulrich: »Zeit« als »Beziehungssymbol«: Die soziale Genese des bürgerlichen Zeitbewußtseins im Mittelalter. In: GWU 37 (1986), 199-221

Hahn, Istvan: Arbeitsorganisation und Arbeitsintensität im klassischen Altertum. In: Joachim Herrmann/Irmgard Sellnow (Hg.), Produktivkräfte und Gesellschaftsformationen in vorkapitalistischer Zeit. Berlin 1982, 435-450

Halfmann, Helmut: Itinera principum. Geschichte und Typologie der Kaiserreisen im Römischen Reich. Stuttgart 1986

Halperin, David M./Winkler, John J./Zeitlin, Froma I. (Hg.): Before Sexuality. The Construction of Erotic Experience in the Ancient Greek World. Princeton 1990

Hamel, Gildas: Poverty and Charity in Roman Palestine, First Three Centuries C.E. Berkeley/Los Angeles/Oxford 1990

Harris, William V.: The Theoretical Possibility of Extensive Infanticide in the Graeco-Roman World. In: CQ 32 (1982), 114-116

ders.: Ancient Literacy. Cambridge, Mass./London 1989

Heinemann, Isaak: Philons griechische und jüdische Bildung. Kulturvergleichende Untersuchungen zu Philons Darstellung der jüdischen Gesetze. Darmstadt ND 1962

Hengel, Martin: Die Zeloten. Untersuchungen zur jüdischen Freiheitsbewegung in der Zeit von Herodes I. bis 70 n. Chr. Leiden/Köln ²1976

ders.: Nachfolge und Charisma. Eine exegetisch-religionsgeschichtliche Studie zu Mt 8,21f und Jesu Ruf in die Nachfolge. Berlin 1968

ders.: War Jesus Revolutionär? Stuttgart 1970

Herrenbrück, Fritz: Jesus und die Zöllner. Historische und neutestamentlich-exegetische Untersuchungen. Tübingen 1990

Herrmann-Otto, Elisabeth: Die Reproduktion der Sklaverei auf dem Wege der natürlichen Aufzucht im römischen Kaiserreich. In: Otto Kraus (Hg.), Regulation, Manipulation und Explosion der Bevölkerungsdichte. Göttingen 1986, 88-107

Hoehner, Harold W.: Herod Antipas. Cambridge 1972

Hohn, Hans-Willy: Die Zerstörung der Zeit. Wie aus einem göttlichen Gut eine Handelsware wurde. Frankfurt/M. ³1984

Hooff, Anton J. L. van: From Autothanasia to Suicide. Self-Killing in Classical Antiquity. London/New York 1990

Horst, Pieter W. van der: The Sentences of Pseudo-Phocylides. With Introduction and Commentary. Leiden 1978

Instinsky, Hans Ulrich: Kaiser und Ewigkeit. Nach: Hans Kloft (Hg.), Ideologie und Herrschaft in der Antike. Darmstadt 1979, 416-472

Isaac, Benjamin: The Limits of Empire. The Roman Army in the East. Oxford 1990

Kehoe, Dennis P.: The Economics of Agriculture on Roman Imperial Estates in North Africa. Göttingen 1988

Kippenberg, Hans G.: Religion und Klassenbildung im antiken Judäa. Eine religionssoziologische Studie zum Verhältnis von Tradition und gesellschaftlicher Entwicklung. Göttingen ²1982

ders., Agrarverhältnisse im antiken Vorderasien und die mit ihnen verbundenen politischen Mentalitäten. In: Wolfgang Schluchter (Hg.), Max Webers Sicht des antiken Christentums. Interpretation und Kritik. Frankfurt/M. 1985, 151-204

Klausner, Joseph: Jesus von Nazareth. Seine Zeit, sein Leben und seine Lehre. Jerusalem ³1952

Kleinspehn, Thomas: Warum sind wir so unersättlich? Über den Bedeutungswandel des Essens. Frankfurt/M. 1987

Kloft, Hans: Arbeit und Arbeitsverträge in der griechisch-römischen Welt. In: Saeculum 35 (1984), 200-221

ders.: Wirtschaft und Geld in der römischen Kaiserzeit. In: GWU 41 (1990), 418-432

ders.: Die Wirtschaft der griechisch-römischen Antike. Eine Einführung. Darmstadt 1992

ders. (Hg.): Sozialmaßnahmen und Fürsorge. Zur Eigenart antiker Sozialpolitik. Graz 1988

Koyama, Kosuke: No Handle on the Cross. An Asian Meditation on the Crucified Mind. London 1976

Krauss, Samuel: Talmudische Archäologie II. Leipzig 1911

ders.: Talmudische Archäologie III. Leipzig 1912

Kreißig, Heinz: Die sozialen Zusammenhänge des judäischen Krieges. Klassen und Klassenkampf im Palästina des 1. Jh.s v. u. Z. Berlin 1970

Kubusch, Klaus: Aurea Saecula: Mythos und Geschichte. Untersuchung eines Motivs in der antiken Literatur bis Ovid. Frankfurt/Bern/New York 1986

Kuhn, Peter: Gottes Trauer und Klage in der rabbinischen Literatur (Talmud und Midrasch). Leiden 1978

Lachs, Samuel Tobias: On Matthew VI.12. In: NT 17 (1975), 6-8

Lane Fox, Robin: Pagans and Christians. London 1988

Le Goff, Jacques: Zeit der Kirche und Zeit des Händlers im Mittelalter. Nach: Claudia Honegger (Hg.), Schrift und Materie der Geschichte. Vorschläge zur systematischen Aneignung historischer Prozesse. Frankfurt/M. 1977, 393-414

Leutzsch, Martin: Verschuldung und Überschuldung, Schuldenerlaß und Sündenvergebung. Zum Verständnis des Gleichnisses Mt 18,23-35. In: Marlene Crüsemann/Willy Schottroff (Hg.), Schuld und Schulden. Biblische Traditionen in gegenwärtigen Konflikten. München 1992, 104-131

ders.: Erinnerung an die Gütergemeinschaft. Über Sozialismus und Bibel (zu Apostelgeschichte 2,42-47 und 4,32-37). In: Richard Faber (Hg.), Sozialismus in Geschichte und Gegenwart. Würzburg 1994, 77-93

ders.: Die Bewährung der Wahrheit. Der dritte Johannesbrief als Dokument urchristlichen Alltags. Trier 1994

ders.: Prophetie und Politik im Urchristentum. In: Richard Faber (Hg.), Politische Religion – religiöse Politik. Würzburg 1997, 93-106

ders.: Die Weihnachtsgeschichte des Lukasevangeliums. In: Richard Faber/Esther Gajek (Hg.), Politische Weihnacht in Antike und Moderne. Zur ideologischen Durchdringung des Fests der Feste. Würzburg 1997, 41-57

ders.: Das biblische Zinsverbot. In: Rainer Kessler/Eva Loos (Hg.), Eigentum: Freiheit und Fluch. Ökonomische und biblische Entwürfte. Gütersloh 2000, 107-144

Liebeschütz, Wolfgang: Money Economy and Taxation in Kind in Syria in the Fourth Century A.D. In: RhM 104 (1961), 242-256

Love, John R.: Antiquity and Capitalism. Max Weber and the sociological foundations of Roman civilization. London/New York 1991

Lumpe, Adolf: Honorar. In: RAC 16, 473-490

MacMullen, Ramsay: Markttage im römischen Imperium. Nach: Schneider (Hg.), Wirtschaftsgeschichte, 280-292

Madden, John A.: Macedonius Consul and Christianity. In: Mnemosyne IV 30 (1977), 153-159

Marquardt, Joachim: Das Privatleben der Römer. Leipzig ²1886

Marshall, Peter: Enmity in Korinth: Social Conventions in Paul's Relations with the Corinthians. Tübingen 1987

Martin, Alfred von: Soziologie der Renaissance. München ³1974

Marx, Karl: Grundrisse der Kritik der politischen Ökonomie (Rohentwurf) 1857-1858. Berlin 1974

Michel, Otto/Bauernfeind, Otto (Hg.): Flavius Josephus: De Bello Judaico/Der jüdische Krieg. Griechisch und Deutsch, Bd. II/1: Buch IV-V. Darmstadt 1963

Millar, Fergus: The World of the Golden Ass. In: JRS 71 (1981), 63-75

Moore, George Foot: Judaism in the First Centuries of the Christian Era. The Age of the Tannaim. Vol. II. Cambridge, Mass. ⁹1962

Mrozek, Stanislaw: Lohnarbeit im klassischen Altertum. Ein Beitrag zur Sozial- und Wirtschaftsgeschichte. Bonn 1989

Müller, Ulrich B.: Die Offenbarung des Johannes. Gütersloh/Würzburg 1984

Murmelstein, Benjamin: Jesu Gang durch die Saatfelder. In: Angelos 3 (1930), 111-120

Murray, Alexander: Reason and Society in the Middle Ages. Oxford 1978

Neesen, Lutz: Untersuchungen zu den direkten Staatsabgaben der römischen Kaiserzeit (27 v. Chr. – 284 n. Chr.). Bonn 1980

Nicolet, Claude: Rendre à César. Economie et société dans la Rome antique. Paris 1988

Paltiel, Eliezer: Vassals and Rebels in the Roman Empire. Julio-Claudian Policies in Judaea and the Kingdoms of the East. Bruxelles 1991

Patlagean, Evelyne: Pauvreté économique et pauvreté sociale à Bysance, 4e – 7e siècles. Paris/La Haye 1977

Peisl, Anton/Mohler, Armin (Hg.): Die Zeit. München/Wien 1983

Pomeroy, Sarah P.: Copronyms and the Exposure of Infants in Egypt. In: Roger S. Bagnall/William V. Harris (Hg.): Studies in Roman Law in Memory of A. Arthur Schiller. Leiden 1986, 147-162

Pratscher, Wilhelm: Der Verzicht des Paulus auf finanziellen Unterhalt durch seine Gemeinden: ein Aspekt seiner Missionsweise. In: NTS 25 (1978/79), 284-298

Preisker, Herbert: Christentum und Ehe in den ersten drei Jahrhunderten. Eine Studie zur Kulturgeschichte der alten Welt. Berlin 1927

Preuss, Julius: Biblisch-talmudische Medizin. Berlin 1911

Price, S. R. F.: Rituals and Power. The Roman Imperial Cult in Asia Minor. Cambridge/London/New York/New Rochelle/Melbourne/Sydney 1984

Puzicha, Michaela: Christus peregrinus. Die Fremdenaufnahme (Mt 25,35) als Werk der privaten Wohltätigkeit im Urteil der Alten Kirche. Münster 1980

Roloff, Jürgen: Die Offenbarung des Johannes. Zürich 1984

Rosenzweig, Franz: Der Stern der Erlösung. Frankfurt/M. ²1988

Safrai, Shmuel: The Land of Israel in Tannaitic Halacha. In: Georg Strecker (Hg.), Das Land Israel in biblischer Zeit. Jerusalem-Symposium 1981 der Hebräischen Universität und der Georg-August-Universität. Göttingen 1983, 201-215

Saller, Richard: Slavery and the Roman Family. In: Moses I. Finley (Hg.), Classical Slavery. London 1987, 65-87

Sand, Alexander: Reich Gottes und Eheverzicht im Evangelium nach Matthäus. Stuttgart 1983

Sanders, E. P.: Jewish Law from Jesus to the Mishnah. Five Studies. London/Philadelphia 1990

ders.: Judaism: Practice and Belief. 63 BCE-66 CE. London/Philadelphia 1992

Schäfer, Gerhard K./Strohm, Theodor (Hg.): Diakonie – biblische Grundlagen und Orientierungen. Ein Arbeitsbuch zur theologischen Verständigung über den diakonischen Auftrag. Heidelberg 1990

Schmeller, Thomas: Brechungen. Urchristliche Wandercharismatiker im Prisma soziologisch orientierter Exegese. Stuttgart 1989

Schneider, Helmuth: Einleitung. In: ders. (Hg.), Wirtschaftsgeschichte, 1-28

ders. (Hg.): Sozial- und Wirtschaftsgeschichte der römischen Kaiserzeit. Darmstadt 1981

Schottroff, Luise: Die Güte Gottes und die Solidarität von Menschen. Das Gleichnis von den Arbeitern im Weinberg. In: Willy Schottroff/Wolfgang Stegemann (Hg.), Der Gott der kleinen Leute. Sozialgeschichtliche Bibelauslegungen 2: Neues Testament. München/Gelnhausen/Berlin/Stein 1979, 71-93

dies.: Die Befreiung vom Götzendienst der Habgier. In: dies./W. Schottroff (Hg.), Gott, 137-152

dies./Schottroff, Willy (Hg.): Mitarbeiter der Schöpfung. Bibel und Arbeitswelt. München 1983

dies./Schottroff, Willy (Hg.): Wer ist unser Gott? Beiträge zu einer Befreiungstheologie im Kontext der »ersten« Welt. München 1986

Schottroff, Willy: Arbeit und sozialer Konflikt im nachexilischen Juda. In: Schottroff/Schottroff (Hg.), Mitarbeiter, 104-148

Schürer, Emil: The History of the Jewish People in the Age of Jesus Christ (175 B.C.-A.D. 135), Vol. I. Revised and edited by Geza Vermes and Fergus Millar. Edinburgh 1973

ders.: The History of the Jewish People in the Age of Jesus Christ (175 B.C.-A.D. 135), Vol. II. Revised and edited by Geza Vermes and Fergus Millar. Edinburgh 1979

Schwartz, Daniel R.: Agrippa I. The Last King of Judaea. Tübingen 1990

Schwier, Helmut: Tempel und Tempelzerstörung. Untersuchungen zu den theologischen und ideologischen Faktoren im ersten jüdisch-römischen Krieg (66-74 n.Chr.). Freiburg/Göttingen 1989

Secombe, David: Was there Organised Charity in Jerusalem before the Christians? In: JThSt 29 (1978), 140-143

Sevenster, J. N.: The Roots of Pagan Anti-Semitism in the Ancient World. Leiden 1975

Smallwood, E. Mary: The Jews under Roman Rule. From Pompey to Diocletian. Leiden 1981

Spier, Erich: Der Sabbat. Berlin 1989

Spranger, Peter P.: Historische Untersuchungen zu den Sklavenfiguren des Plautus und Terenz. Stuttgart ²1984

Stegemann, Ekkehard: Zur Tempelreinigung im Johannesevangelium. In: Erhard Blum/Christian Macholz/Ekkehard W. Stegemann (Hg.), Die Hebräische Bibel und ihre zweifache Nachgeschichte. Festschrift für Rolf Rendtorff zum 65. Geburtstag. Neukirchen-Vluyn 1990, 503-516

Stegemann, Wolfgang: Lasset die Kinder zu mir kommen. Sozialgeschichtliche Aspekte des Kinderevangeliums. In: Willy Schottroff/Wolfgang Stegemann (Hg.), Traditionen der Befreiung. Sozialgeschichtliche Bibelauslegungen 1: Methodische Zugänge. München/Gelnhausen/Berlin/Stein 1980, 114-144

Stemberger, Günter: Die römische Herrschaft im Urteil der Juden.Darmstadt 1983

ders.: Die Bedeutung des »Landes Israel« in der rabbinischen Tradition. Nach: ders., Studien zum rabbinischen Judentum. Stuttgart 1990, 321-356

Stenger, Werner: »Gebt dem Kaiser, was des Kaisers ist...!« Eine sozialgeschichtliche Untersuchung zur Besteuerung Palästinas in neutestamentlicher Zeit. Frankfurt/M. 1988

Stern, Menahem: The Province of Judaea. In: JPFC I, 308-376

Stierlin, Helm: Astrologie und Herrschaft. Von Platon bis Newton. Frankfurt/M. 1988

Strobel, August: Die Ausrufung des Jobeljahrs in der Nazarethpredigt Jesu. Zur apokalyptischen Tradition Lc 4,16-30. In: Erich Gräßer/August Strobel/Robert C. Tannehill/Walther Eltester, Jesus in Nazareth. Berlin/New York 1972, 38-50

Talmon, Shemaryahu: Kalender und Kalenderstreit in der Gemeinde von Qumran. Nach: ders., Gesellschaft und Literatur in der Hebräischen Bibel. Gesammelte Aufsätze 1. Neukirchen-Vluyn 1988, 152-189

Theißen, Gerd: »Wir haben alles verlassen« (Mc. X,28). Nachfolge und soziale Entwurzelung in der jüdisch-palästinischen Gesellschaft des 1. Jhs n. Ch. Nach: ders., Studien zur Soziologie des Urchristentums. Tübingen ²1983, 106-141

ders.: Lokalkolorit und Zeitgeschichte in den Evangelien. Ein Beitrag zur Geschichte der synoptischen Tradition. Freiburg/Göttingen 1989

Thiong'o, Ngugi wa: Der gekreuzigte Teufel. Frankfurt/M. 1988

ders.: Verbrannte Blüten. Wuppertal ²1988

Thraede, Klaus: Gleichheit. In: RAC 11, 122-164

Tomson, Peter J.: Paul and the Jewish Law: Halakha in the Letters of the Apostle to the Gentiles. Assen/Maastricht/Minneapolis 1990

Treggiari, Susan M.: Roman Marriage: Iusti Coniuges from the Time of Cicero to the Time of Ulpian. Oxford 1991

Urbach, Ephraim E.: The Sages. Their Concepts and Beliefs. Cambridge, Mass./ London 1987

Urban, Joâo/Urban Furtado, Teresa: Bóias-frias. Tagelöhner im Süden Brasiliens. St. Gallen/Wuppertal 1984

Veyne, Paul: Brot und Spiele. Gesellschaftliche Macht und politische Herrschaft in der Antike. Frankfurt/New York/Paris 1988

Vidal-Naquet, Pierre: Zeit der Götter, Zeit der Menschen. In: ders., Der Schwarze Jäger. Denkformen und Gesellschaftsformen in der griechischen Antike. Frankfurt/New York/Paris 1989, 52-68

Volkmann, Hans: Die Massenversklavungen der Einwohner eroberter Städte in hellenistisch-römischer Zeit. Stuttgart ²1990

Weber, Max: Die protestantische Ethik und der Geist des Kapitalismus. Nach:
    ders., Gesammelte Aufsätze zur Religionssoziologie I. Tübingen ⁹1988, 17-
    206

Wendorff, Rudolf: Zeit und Kultur. Geschichte des Zeitbewußtseins in Euro-
    pa. Opladen ³1985

Wengst, Klaus: Pax Romana. Anspruch und Wirklichkeit. Erfahrungen und
    Wahrnehmungen des Friedens bei Jesus und im Urchristentum. München
    1986

ders.: Demut – Solidarität der Gedemütigten. Wandlungen eines Begriffes und
    seines sozialen Bezugs in griechisch-römischer, alttestamentlich-jüdischer
    und urchristlicher Tradition. München 1987

Wolff, Hans Walter: Anthropologie des Alten Testaments. München 1974

Magdalene L. Frettlöh

Der Charme der gerechten Gabe

Motive einer Theologie und Ethik der Gabe am Beispiel
der paulinischen Kollekte für Jerusalem

I. Angabe: Die Rückkehr der milden Gabe

»Die milde Gabe ist wieder da«, konstatiert der französische Kultur-
anthropologe und Ethnologe Maurice Godelier.[1] Sie ist zurückgekehrt,
weil der Staat immer weniger in der Lage (oder willig) ist, für soziale
Gerechtigkeit zu sorgen, weil es ihm nicht gelingen will, die wachsende Zahl derer, die das kapitalistische System der »freien« Marktwirtschaft ausgeschlossen (euphemistisch: »freigesetzt«) hat, in den Ar-
beitsmarkt oder auch nur in das Sozialgefüge der Gesellschaft zu
reintegrieren (wer den Arbeitsplatz verliert, verliert immer mehr als
diesen). Der Rückzug des Staates nicht nur aus der Wirtschaft, sondern zunehmend auch aus Bereichen des sozialen und öffentlichen
Lebens, führt dazu, dass die Gesellschaft übernehmen muss, wofür
der Staat seine Zuständigkeit aufkündigt: den Opfern dieses Wirt-
schaftssystems, die auch durch das immer grobmaschigere Netz des
Sozialstaates fallen, das Lebensnotwendige zukommen zu lassen. Je
sichtbarer die Armut in der Öffentlichkeit wird, desto mehr steigt der
Druck zur karitativen Gabe – freilich nicht (mehr) als individuelle Ge-
ste der *christlichen* Kardinaltugend der *Mildtätigkeit*, sondern in ihrer sä-
kularisierten Gestalt einer *humanitären Solidarität*, also einer in Spenden-
und Hilfsorganisationen institutionalisierten und in den Medien propagierten Wohltätigkeit, die nicht nur auf die Spendenbereitschaft
breiter Gesellschaftsschichten, sondern auch auf die Großzügigkeit
und Freigebigkeit der Vermögenden setzt.

Das Geben von Gaben, das Schenken überschreitet also den privaten und persönlichen Bereich verwandtschaftlicher und freund-

---

1 Das Rätsel der Gabe, aus dem Französischen übers. v. M. Pfeifer, Mün-
chen 1998, 11 (frz. Original: L' énigme du don, 1996); die Seitenzahlen im
Text beziehen sich auf die deutsche Ausg. Vgl. zu verschiedenen Arbeiten
M. Godeliers auch den Beitrag von *H.-M. Gutmann* in diesem Band.

schaftlicher Beziehungen, in dem es vor allem zu Hause ist. Im Medium der karitativen Gabe ist es nicht nur gesellschaftsfähig geworden, sondern soll zur Lösung der gesellschaftlichen Probleme wesentlich beitragen. Jenseits der berechnenden, profitorientierten Logik des Marktes und der Orientierung des Staates an Leistung und Gegenleistung angesiedelt, soll die milde Gabe der Entsolidarisierung entgegenwirken und die zerrissene Gesellschaft einen, soll die Schere zwischen Armen und Reichen, Erwerbstätigen und Erwerbslosen, Marginalisierten und öffentlichen Personen schließen helfen.

»Die Gabe bringt nicht«, so muß auch M. Godelier am Ende seiner Untersuchung in einem gewissen ironisch-melancholischen Unterton zugeben, »das gelobte Land. Sie kann beim Warten helfen, aber man kann von ihr nicht alles erwarten, denn allein die Götter geben alles oder haben alles gegeben, dies aber gerade deshalb, weil sie keine Menschen waren« (294). Godelier warnt damit vor einer erneuten *Verzauberung der Gabe*; er zeigt die Grenzen der Wohltätigkeit auf. Zu dieser Verzauberung gehört für ihn auch, dass die Gabe »zur Trägerin von Utopie« (292) wird: »Indem sich die Gabe 'ohne Berechnung' idealisiert, fungiert sie im Imaginären als letzte Zuflucht einer Solidarität, einer Großzügigkeit beim Teilen, welche andere Epochen der Entwicklung der Menschheit angeblich charakterisiert hat« (ebd.). Eine gesellschaftlich und individuell organisierte Wohltätigkeit darf die Wirtschaft und den Staat nicht aus der Verantwortung für die Folgen ihrer Politik entlassen und von der Verpflichtung zu ökonomischer und sozialer Gerechtigkeit entlasten. Als Kitt, der angesichts der gesellschaftlichen Zerreißproben die Menschen zusammenhält, und als Trostpflaster auf die Wunden, die das »Wund-er« des Wirtschaftsliberalismus geschlagen hat, taugt die milde Gabe auf Dauer nicht. Sie genügt nicht, um das zu richten, was die Wirtschaft angerichtet hat, um die aufzurichten, die zugrunde gerichtet wurden.

Godelier weist die (milde) Gabe in ihre Grenzen. Eigene Feldforschungen bei den Baruya in Neuguinea (156-241) und Studien der Ethnologin Annette Weiner auf den Trobriand-Inseln (51ff), die dem paradoxen Phänomen nachgehen, dass man Dinge gleichzeitig geben und behalten kann[2], haben sein Interesse auf jene Objekte gelenkt, die unveräußerlich sind, die man nicht verausgaben, weder verkaufen noch tauschen darf, die aber, gerade indem man sie zurückhält und anzureichern sucht, den übrigen Tausch von Gütern, Dienstleistungen

---

2   *A. Weiner,* Inalienable Possessions, Berkeley/California 1992.

etc. allererst ermöglichen: »Es kann keine Gesellschaft geben, es kann keine Identität geben, welche die Zeit überdauert und den Individuen wie den Gruppen, die eine Gesellschaft bilden, als Sockel dient, wenn nicht Fixpunkte existieren, Realien, die dem Gabentausch oder dem Warentausch [...] entzogen sind« (18). Gemeint sind die *sacra*, die heiligen Dinge: Erzählungen, Mythen, kostbare Gegenstände wie Talismane, Namen, Gesetze und Riten, die eine Gesellschaft an ihren Ursprung zurückbinden, mit dem Grund ihrer Ordnung konfrontieren. Diese Verankerungspunkte werden als Gaben der Götter vorgestellt, die zur Nutzung, nicht zum Besitz an die nächste Generation weitergegeben werden. Sie stiften und bestärken die kollektive und die individuelle Identität, fixieren sie im Wandel der Zeiten und verleihen ihr so Kontinuität. Neben dem Tausch und dem Vertrag stellen sie das zweite Fundament des sozialen Lebens dar.

Die ethnologische Beschäftigung mit den Gründungsmythen der Baruya, das Bemühen, die Herkunft und Funktion ihrer heiligen Dinge zu klären, ist bei Godelier von aktuellen kulturwissenschaftlichen und sozialpolitischen Interessen geleitet: Wo alles veräußerlich und (ver)- käuflich zu sein scheint und erbarmungslos in den Sog der Geldzirkulation gezogen wird, läßt das, was dem Austausch entzogen ist, nach dem fragen, »was in einer Marktwirtschaft jenseits des Marktes steht« (288-291), was auch in unseren Gesellschaften unveräußerlich ist und behalten werden muß. Der (religions-)kritischen Funktion der Sozialwissenschaften verpflichtet (279f), hat Godelier längst die Imagination, bei den »heiligen Dingen« handele es sich um Gaben der Götter, entmythologisiert. Diese entlarvt er als Doppelgänger der Menschen, die selbst am Ursprung der Produktion der unveräußerlichen Gaben stehen. Außerhalb der Sphäre des Warentauschs stehen für Godelier das Individuum als Person, das zwar Teile seiner selbst, seine Arbeitskraft, seine Zeit, seine Kreativität, seinen Körper, sein Blut ..., aber nicht sich selbst verkaufen kann, und die demokratische Verfassung als kollektives, öffentliches, unveräußerliches Eigentum. Beides gilt es zu behalten, damit überhaupt gegeben werden kann.

»Die Gabe wird helfen, aber beim Warten worauf?« (294) – M. Godelier scheint seine LeserInnen am Ende ihrer Lektüre in einer gewissen Ratlosigkeit zurückzulassen. Wie soll man's nun mit der milden Gabe halten?

Bei aller Begeisterung über das glänzende Werk ist auch seinen Rezensentinnen eine gewisse Enttäuschung abzuspüren:

»Den Reichen das Schenken, *fast* zwingend, zu erleichtern, das wäre schon mal
was. Die weniger Reichen daran zu erinnern, dass kostbar ist, was sich dem
Markt und den Gesetzen des Tauschwerts entzieht, zum Beispiel die unveräußerlichen Restbestände an Individualität und Gemeinsinn – auch das wäre
nicht wenig. Dass nicht nur Gaben von Wert sind, um die keiner gebeten hat,
sondern auch solche, die sich der Solidarität wegen von selbst verständen. [...]
Godeliers Buch belebt auch die Fantasie für all das, was, jenseits des Käufli-
chen, ein Geschenk ist« – so sieht Elisabeth von Thadden[3] einige der Konsequenzen, die sich aus Godeliers Studie ergeben. Karin Priester vermutet die
Antwort Godeliers in einer »Mischung aus verantwortungsbewusstem Sozial-
staat und neuen Formen gesellschaftlicher Solidarität, jenseits einer Praxis blo-
ßer Almosen und Armenfürsorge«[4]. Für Ulrike Brunotte gehört Godeliers
»Rätsel der Gabe« in eine Reihe mit den Büchern, die den religiösen Ursprün-
gen des Kapitalismus auf der Spur sind. Darüber hinaus sieht sie in ihm »ein
spannendes und lesenswertes Beispiel« dafür, dass »die vom Gang der Geschichte scheinbar überholten Gegenmodelle [... wie] die 'Ethik der edlen Verschwendung' wieder ins Blickfeld der Kulturwissenschaften«[5] treten.

Wie bescheiden auch die praktischen Konsequenzen aus den großarti-
gen Forschungen von Maurice Godelier ausfallen mögen, mit der milden Gabe deutet sich, so sehr sie selbst von der Waren- und Geldökonomie stigmatisiert ist, dennoch eine Alternative zur »gnadenlosen«
kapitalistischen Marktgesellschaft an (immer häufiger ist in der Werbung die Rede von »gnadenlos billigen Preisen«, mit denen die Konkurrenz ausgestochen werden soll). Zumindest wird ihr mit der Rückkehr der milden Gabe, mit der Ausweitung der individuellen und persönlichen Praxis des Schenkens ihre *Totalität* bestritten. M. Godeliers
Werk gehört damit zu jenen Anthropologien, Ethiken und Phäno-
menologien der Gabe, die sich in Würdigung und Kritik, Ergänzung und
Fortschreibung mit dem Vermächtnis auseinandersetzen, das Marcel
Mauss mit seinem bahnbrechenden Essay »Die Gabe. Form und
Funktion des Austauschs in archaischen Gesellschaften« (1925) hinterlassen hat[6]. Godeliers »Rätsel der Gabe« nimmt sich geradezu wie

---

3   *E. v. Thadden*, 1 Schwein macht 2 Muscheln, in: DIE ZEIT, Nr. 52 (22.
    Dezember 1999), 49f, Zitat: 50.

4   *K. Priester*, Milde Gaben reichen nicht, in. EK 33 (2000), 53.

5   *U. Brunotte*, Das Schenken des Unveräußerlichen, in: Frankfurter Rund-
    schau v. 29. Januar 2000, ZB 4.

6   In: *ders.*, Soziologie und Anthropologie 2: Gabentausch. Soziologie und
    Psychologie. Todesvorstellungen. Körpertechniken. Begriff der Person.
    Aus dem Französischen v. E. Moldenhauer, H. Ritter und A. Schmalfuß
    (FW 7432), Frankfurt/M. 1989, 9-144; das französische Original *Essai sur*

eine *Gegengabe* zu Mauss' epochaler Studie aus.[7] Explizit oder implizit sind alle Mauss-Relektüren vom Interesse an einer gegenwärtigen Gabe- und Geschenkkultur geleitet; sie verknüpfen mit dem Phänomen der Gabe (die Hoffnung auf) Alternativen zu den vorherrschenden Warenbeziehungen in den kapitalistischen Gesellschaften. Es geht in ihnen nicht zuletzt um die öffentliche Moral.

Dieser jeweils aktuelle Bezug der Mauss-Lektüren liegt gleichsam in der Natur der Sache, hat doch Mauss selbst schon aus seiner Entdeckung des Gabentauschs als einer »totalen« sozialen Tatsache der archaischen Gesellschaften soziologische und moralische, sozial- und nationalökonomische Schlußfolgerungen für seine eigene Gegenwart gezogen. Nach dem Ende des Ersten Weltkriegs optiert der Sozialist Mauss zwar für die Marktwirtschaft, fordert aber ebenso entschlossene Kontrollen und beherzte Interventionen des Staates zugunsten einer gerechte(re)n Gesellschaft; gedacht ist dabei vor allem an Gewerkschaften und Genossenschaften, Sozial-, Kranken- und Arbeitslosenversicherungen. Zugleich mahnt er – nicht ohne eine kräftige Prise Sozialromantik – die Reichen dazu, sich die verschwenderische Großzügigkeit der Stammeshäuptlinge archaischer Gesellschaften zum Vorbild zu nehmen, um die Gesellschaft »nicht der kalten Berechnung des Kaufmanns, Bankiers oder Kapitalisten«[8] zu überlassen.

Während M. Mauss' Werk bis heute offenbar nichts von seiner ursprünglichen Faszination[9] eingebüßt hat und weiter nachhaltigen Ein-

   le don erschien 1925 in L' Année Sociologique (N.S.) 1 (1923/24), 30-186. Der Essay ist auch in einer Einzelausgabe als stw 743 erhältlich – mit einem Vorwort v. E.E. Evans-Pritchard. Übersetzt v. E. Moldenhauer. Anhang: H. Ritter, Die ethnologische Wende, Frankfurt/M. ³1996. Nach dieser Ausgabe wird hier zitiert.

7   Dies gilt vor allem für die ausführliche Einschätzung des Mauss'schen Vermächtnisses im ersten Teil der Studie (20-153).

8   *M. Mauss*, Gabe, 172.

9   »Kaum einer hat *Die Gabe* lesen können, ohne die ganze Skala der Empfindungen zu durchlaufen, die Malebranche in Erinnerung an seine erste Descartes-Lektüre so gut beschrieben hat: Unter Herzklopfen, bei brausendem Kopf erfaßt den Geist eine noch undefinierbare, aber unabweisbare Gewißheit, bei einem für die Entwicklung der Wissenschaft entscheidenden Ereignis zugegen zu sein« (*Claude Lévi-Strauss*, Einleitung in das Werk von Marcel Mauss, in: M. Mauss, Soziologie und Anthropologie 1: Theorie der Magie. Soziale Morphologie. Aus dem Französischen v. H. Ritter (FW 7431), Frankfurt/M. 1989, 7-41, Zitat: 26. Und *H. Ritter* bemüht Walter Benjamins Begriff der »wissenschaftlichen Prophetie« zur Charakterisierung der Bedeutung des *Gabe*-Essays (Die ethnologische Wende, in: M. Mauss, Gabe, 188-208, Zitat: 191).

fluß auf ethnologische, soziologische, philosophische, anthropologische, kultur-, literatur- und religionswissenschaftliche Studien ausübt, hat die Theologie bisher kaum Notiz von seinem Gabe-Essay genommen.[10] Dies muß um so mehr erstaunen, als die Gabe und das Geben zentrale *Theo*logumena der (jüdischen und) christlichen Tradition darstellen:

Schöpfungstheologisch wird der Unterhalt allen Lebens in der Freigebigkeit Gottes begründet. Vom beschreibenden Lob der Psalmen: »*Es warten alle auf dich, dass du ihnen Speise gebest zu rechten Zeit. Wenn du ihnen gibst, so sammeln sie; wenn du deine Hand auftust, so werden sie mit Gutem gesättigt.*« (Ps 104,27f) über die Brotbitte des Vaterunsers: »*Unser tägliches Brot gib uns heute!*« und einschlägige Tischgebete: »*Alle guten Gaben, alles, was wir haben, kommt, o Gott, von dir: Dank sei dir dafür.*« (eg 463) bis in zahlreiche Kirchenlieder hinein: »*O Gott, du frommer Gott, du Brunnquell guter Gaben ...*« (eg 495) gilt Gott als der Geber »*jeder guten und vollkommenen Gabe*« (Jak 1,17). Christologisch-soteriologisch wird die Großzügigkeit des Schöpfers in der göttlichen Selbsthingabe an die Welt bedacht: »*Er, der doch seinen eigenen Sohn nicht geschont, sondern ihn für uns alle preisgegeben hat, wie sollte er uns zusammen mit ihm nicht alles schenken?*« (Röm 8,32). Dass Gott sich in Jesus von Nazareth seiner Schöpfung selbst geschenkt hat, wird zum hinreichenden Grund, alles von ihm zu erwarten. Den Bittenden ist darum verheißen: »*Bittet, und es wird euch gegeben!*« (Mt 7,7). Die Pneumatologie reflektiert auf den Geist als *die* Gabe Gottes (Ez 36,26f; Act 2,38; 10,45), die ihrerseits alle anderen Gaben vermittelt, was Anlaß zur Rede von den »Gaben des Geistes« gibt (Jes 11,2; 1Kor 12,1-11). Correggios Zeichnung »Eva reicht den Apfel«, wohl eines der bezwingendsten Gabe-Bilder der Kunstgeschichte[11], läßt keinen Zweifel daran, dass auch hamartiologisch das Gabemotiv höchst prominent ist: »*... da nahm sie von seiner Frucht und aß und gab auch ihrem Mann ...*« (Gen 3,6). Eine Ethik der Gabe hat auszugehen von der göttlichen Vorgabe des Lebens und aller

---

10   Zu den wenigen Ausnahmen zählen vor allem Studien von *H.-M. Gutmann* zur Unterscheidung von (kapitalistischer) Waren- und Geldökonomie und (evangelischer) Gabenökonomie sowie zum Verständnis des Opfers als Gabe (etwa »Das Opfer im Film«, in: *ders.*, Das Geschenk, das die Gewalt verschlingt, Wuppertal 2001, 31-48, sowie seinen Beitrag in diesem Band).

11   Vgl. dazu die Auslegung von *J. Starobinski*, Gute Gaben, schlimme Gaben, aus dem Französischen von H. Günther, Frankfurt/M. 1994 (frz. Original: Largesse, Paris 1994), 8-11.

seiner Güter, die in den Dienst der Mitmenschen gestellt werden soll: »*Dient einander, eine jede entsprechend der Gabe, die sie empfangen hat, als die guten Haushalter der vielfältigen Gnadengabe (charis) Gottes*« (1Petr 4,10). Für so von Gott Begabte wird selbst ein vorbehaltloses Geben möglich: »*Der, die dich bittet, gib!*« (Mt 5,42). – »*Was ich aber habe, das gebe ich dir*« (Act 3,6).

Oswald Bayer nennt mit Verweis auf Röm 6,23 und Joh 3,16 Gabe »ein Urwort der Theol[ogie]«, um zugleich ebenso kritisch wie einladend anzufügen: »was von dieser aber erst noch zu entdecken und bis in die Ontologie hinein zu ermessen ist«[12]. Die folgenden Überlegungen wollen sich an dieser Entdeckung beteiligen. Sie sind ein erster, noch ganz vorläufiger Versuch, von der gegenwärtigen Diskussion um M. Mauss' »Gabe«-Essay für eine biblisch begründete Theologie und Ethik der Gabe zu lernen[13], denn »als Urwort der Theol[ogie] erschließt sich G[abe] konkret im Bezug zur religionswiss[enschaftlichen] Erkenntnis der kulturanthropologisch fundamentalen Bedeutung der G[abe]«[14].

Gerade eine *Theologie* der Gabe hat sich der von M. Godelier diagnostizierten Rückkehr der milden Gabe zu stellen, gehört doch die Mildtätigkeit bis heute konstitutiv zur kirchlichen Diakonie. Auch in Zeiten hochprofessionalisierter gesellschaftlicher Spendenkampagnen gibt es kirchliche Kollekten in jedem Gottesdienst. Die Notwendigkeit einer Theologie (und Ethik) der Gabe liegt hier buchstäblich auf der Hand oder im Portemonnaie, im Klingelbeutel oder Opferstock. Aber nicht nur aus diesem Grund wähle ich als Fallbeispiel das paulinische Projekt der Jerusalemer Kollekte. Die rhetorisch brillanten Werbemaßnahmen, die Paulus in 2Kor 8-9 für dieses Unternehmen ergreift, bergen mit ihren innerbiblischen Referenzen und Reverenzen eine Fülle von theologischen Gabe-Motiven, die über den konkreten Anlaß hinaus von grundsätzlicher Bedeutung für eine theologisch reflektierte und verantwortliche Praxis der (milden) Gabe sind. Der gabentheologischen Auslegung dieses biblischen Textes (Kapitel III) geht eine kleine, theologisch anschlußfähige Phänomenologie der Gabe voraus

---

12 O. *Bayer*, Art. »Gabe«. II. Systematisch-theologisch, in: RGG⁴ 3, Tübingen 2000, 445f (Zitat: 445).

13 Unter dem Titel »Geben, was man nicht hat« wird das hier nur Skizzierte zu einer biblischen und dogmatischen Theologie und Ethik der Gabe fortgeschrieben werden.

14 O. *Bayer*, Gabe, 446.

(II). Dabei gilt mein Interesse insbesondere der *Ambivalenz* der Gabe
und ihrer Infragestellung als *Tausch*phänomen. Diese Motive finden
sich vor allem in der philosophischen Mauss-Rezeption bei J.
Derrida und B. Waldenfels, die darum als gegenwärtige Interpreten des
Mauss'schen Gabe-Essay nach einem kurzen Blick auf diesen selbst
und Beobachtungen zur aktuellen Spendenpraxis ausführlicher zu
Wort kommen sollen. Eine knappe Schlußbetrachtung (IV) verbindet
den mehrfach überlieferten Ausdruck *»geben, was man nicht hat«* mit der
im Sprechakt des Gebets gewonnenen und praktizierten Einsicht:
»Wir geben dir aus deiner Hand« (1Chr 29,14), als deren innerbiblische
Explikation das paulinische Kollektenschreiben verstanden werden
kann.

II. Eingabe: Eine kleine Phänomenologie der Gabe

1. Der Geist (in) der Gabe und die freiwillige Verpflichtung zum
    Geben, Nehmen und Erwidern –
    Marcel Mauss' Lösung des Rätsels der Gabe

»Die Gabe leistet für segmentäre, was der Staat für moderne Gesellschaften leistet: sie schafft und garantiert Frieden.«[15] M. Mauss' Gabe-
Essay beschreibt den Gabentausch als ein »System totaler Leistungen«[16], das *die* Vergesellschaftungsform archaischer Kulturen darstellt.
Die »Totalität«[17] des Tauschs besteht darin, dass er sich auf alle gesellschaftlichen Institutionen erstreckt: auf religiöse und rechtliche, familiäre und politische, ökonomische, kulturelle und moralische, und dass
nichts von diesem Tausch ausgenommen ist. Alles kann zur Gabe
werden: »Nahrungsmittel, Frauen, Kinder, Güter, Talismane, Grund
und Boden, Arbeit, Dienstleistungen, Priesterämter und Ränge« (39).
An den teilweise komplexen Tauschstrukturen, in denen die Gaben
nicht nur zwischen gebenden und empfangenden Gruppen hin und
hergehen, sondern in einem weitläufigen, über längere Zeiträume sich
erstreckenden Ringtausch schließlich zu ihrem Ursprung zurückkehren, nehmen nicht nur Familien, Sippen und auch weit voneinander

15 *H Berking*, Schenken, Berlin/New York 1996, 67.
16 *M. Mauss*, Gabe, 22 u.ö. Die Seitenzahlen im Text beziehen sich auf die-
    sen Band.
17 E.E. Evans-Pritchard hält »total« für das Schlüsselwort des Gabe-Essay
    (M. Mauss, Gabe, 10).

entfernt lebende Stämme teil, der Austausch erfolgt zudem mit den Toten (Ahnen), mit den Geistern und Göttern und mit der Natur. Indem alle in ein andauerndes, vielfältiges und – wie sich noch zeigen wird – nicht selten (tod)ernstes Spiel von Geben und Nehmen verstrickt sind, erweist sich die Gabe als *das* beziehungsstiftende, Sozialität konstituierende Band zwischen Kollektiven.

Bei diesem allgegenwärtigen Gabentausch beobachtet M. Mauss ein auf den ersten Blick widersprüchliches Phänomen: Einerseits erwecken die großzügigen Gaben den Eindruck, freiwillige, selbstlos und spontan dargebotene Geschenke zu sein, andererseits scheinen sie sich eigennützigen Interessen und einer immanenten Verpflichtung zu verdanken, und ihr Austausch erfolgt strikt ritualisiert. Was aber ruft in einer Gesellschaft, die weder Waren- und Geldökonomie noch Vertragsordnungen kennt, diesen eigentümlich bezwingenden Austausch von Gaben hervor? »Was liegt in der gegebenen Sache für eine Kraft, die bewirkt, daß der Empfänger sie erwidert?« (18). Eine Antwort auf diese Frage findet Mauss in der Maori-Vorstellung vom magischen Eigentum: im *hau*, dem Geist, der die Sachen beseelt und zur Erwiderung der Gaben zwingt: »Das, was in dem empfangenen oder ausgetauschten Geschenk verpflichtet, kommt daher, daß die empfangene Sache nicht leblos ist. Selbst wenn der Geber sie abgetreten hat, ist sie noch ein Stück von ihm« (33). Im Gabentausch gibt es keine frei verfügbaren Güter, sie sind an ihren Besitzer gebunden. Mittels des *hau* bleibt der ursprüngliche Geber gleichsam Eigentümer der Sache, übt Macht über den Empfänger aus und zwingt ihn so, die erhaltene Gabe nicht zu behalten, sondern sie erneut dem Tausch zu übergeben, damit sie letztlich wieder zu dem zurückkehren kann, der sie besessen und zuerst gegeben hat. Wer die Weitergabe der empfangenen Gabe verweigert, muß damit rechnen, von ihrem Geist geschädigt zu werden. In einem Kontext, wo es keine trennscharfe Unterscheidung von Personen und Dingen gibt, wo Dinge eine Seele haben und Personen wie Sachen behandelt werden können, bewirkt das *hau* einen unaufhörlichen Tauschprozeß und schafft religiöse und magische, juridische und moralische Bindungen, Abhängigkeiten zwischen Schenkenden und Beschenkten. Letztlich ist es die Furcht vor magischer Vergeltung, die zur Rückgabe der Geschenke bewegt.

An keinem Motiv des Gabe-Essay hat sich die Kritik so sehr entzündet wie am *hau* der gegebenen Sache. Hier habe M. Mauss die kritische Arbeit der vergleichenden Ethnologie verlassen und sich vom Eingeborenenglauben der Maori zum Narren halten lassen, er habe Glaubensvorstellungen für wissenschaftliche Erkenntnisse genommen.[18] Die schier »unendliche[.] Geschichte ethnographischer Kontroversen«[19] hat aber die Überzeugung, dass in den Gaben selbst etwas liegen muß, was zu ihrem Tausch veranlaßt, keineswegs zunichte gemacht. Im Blick auf die mit der Gabe gegebene *Zeit*, nämlich die *Frist*, in der die Weiter- oder Rückgabe erfolgen muß, wenn die Beschenkten keine Sanktionen riskieren wollen, hat H.-D. Gondek zu bedenken gegeben, dass sie »sich der Berechenbarkeit entzieht und [... ihr] Verpflichtungscharakter kein rechtlicher oder ökonomisch-funktionaler, ja im eigentlichen Sinne noch nicht einmal ein ethischer ist. Weswegen es sich in der Tat empfiehlt, um solche Festschreibungen zu vermeiden, sie [sc. die Frist zur Erwiderung der Gabe, M.F.] *der Sache selbst* anzudichten.«[20] Dass die Macht, die die Gabe – oder was auch immer in ihr – auf die Beschenkten ausübt, nicht in einer ethischen Verpflichtung aufgeht, wird in einer Theologie der Gabe ebenso zu berücksichtigen sein wie M. Mauss' Ausführungen zur Bindung der Gabe an ihren (ersten) Besitzer.

Im System der totalen Leistungen des Gabentauschs besteht aber nicht nur die Verpflichtung zur Gegen- oder Rückgabe. Mauss nennt zunächst drei Obligationen, nämlich die zum Geben, zum Nehmen und zum Erwidern der Geschenke. Auch wer sich der Pflicht zum Geben und Annehmen verweigert, riskiert, sein Gesicht zu verlieren und aus der Gesellschaft, die sich im Gabentausch (symbolisch) reproduziert, ausgestoßen zu werden. Als eine vierte Verpflichtung nimmt Mauss das *Opfer* wahr, also die Gaben an die Toten und an die Götter (und an die Natur) als die »wahren Eigentümer der Dinge und Güter der Welt« (43). Die Zerstörung der Gaben im Opfer soll in der »do-ut-des-Logik« eine um so größere Gegengabe bewirken und den Frieden der Totengeister und Götter erkaufen.[21]

Im Gabentausch lassen sich grundsätzlich zwei Formen unterscheiden: der agonistische und der nichtagonistische. Letzterer zielt auf Bündnisse, vor allem zwischen Familien und Clans, die durch Komplementarität und Äquivalenz ausgezeichnet sind. Im ersteren,

---

18 Einen instruktiven Überblick über die Kritik, allen voran von C. Lévi-Strauss, bietet M. Godelier, Rätsel der Gabe, 28ff.

19 *H. Berking*, Schenken, 65.

20 *H.-D. Gondek*, Zeit und Gabe, in: Einsätze des Denkens. Zur Philosophie von Jacques Derrida, hg. v. H.-D. Gondek u. B. Waldenfels (stw 1336), Frankfurt/M. 1997, 183-225, Zitat: 196 (Hervorhebung M.F.).

21 Nach M. Godelier bleibt bei M. Mauss diese Dimension des Gabentauschs unterbestimmt (Rätsel der Gabe, 46-49), obwohl Mauss selbst den Austausch mit den Geistern der Ahnen und mit den Göttern als den notwendigsten erachtet (Gabe, 43).

den Mauss in der Institution des *Potlatsch* (23ff) unter den Kwakiutl-Indianern an der Nordwestküste Nordamerikas und im *kula* (54ff) im Nordosten Neuguineas findet, herrschen dagegen Rivalität und Konkurrenz: Die Beteiligten versuchen, einander mit ihren Gaben »auszustechen«: Gaben werden mit immer größeren Gegengaben beantwortet, um die Verschuldung der anderen auf die Spitze zu treiben und es unmöglich zu machen, dass sie sich angemessen »revanchieren« können. Nur wer immer noch mehr geben kann, als er empfangen hat, behauptet seine Überlegenheit, gewinnt an Prestige und Macht. Der Potlatsch kann in der demonstrativen Zerstörung der kostbarsten Gaben eskalieren und zu einem Vernichtungswettbewerb ausarten. So sehr er die Ambivalenz der Gabe und die gewaltsame Seite des Gabentauschs offenbart, so deutlich macht er zugleich, dass unter den drei bzw. vier Obligationen dem Geben und nicht dem Nehmen mit dem Ziel einer Akkumulation der Gaben der Vorrang zukommt – unabhängig davon, aus welchen Motiven, ob selbstlosen oder eigennützigen, friedlichen oder kämpferischen, gegeben wird und ob die Gabe freiwillig oder erzwungen erfolgt. Das größte Ansehen hat, wer am meisten geben kann.

Das starke Interesse, das M. Mauss dem Potlatsch entgegengebracht hat[22], sollte nicht darüber hinwegtäuschen, dass er den Gabentausch in den archaischen Gesellschaften trotz aller agonistischer Elemente primär als »Bündnis- und Friedenspolitik«[23] sieht und die dort entdeckte großzügige Freigebigkeit in seine eigene Gegenwart »retten« will, sieht er doch in dieser totalen Leistung den »Felsen« (19), auf dem auch die modernen Gesellschaften ruhen.

So häufig auch in M. Mauss' Essay vom Gaben*tausch* die Rede ist – und hieran wird sich vor allem die Kritik von J. Derrida entzünden[24] – die von ihm beschriebenen Formen des Gebens, Nehmens und Erwiderns von Geschenken gehen nicht in einem Tausch auf. Es gibt Einbrüche in die Tauschordnung: den vor allem im Potlatsch offenkundigen Vorrang des Gebens, die Frist zwischen Geschenk und Gegengeschenk, die immer das Risiko in sich birgt, dass die Gabe nicht oder nicht angemessen erwidert wird, den langen Weg, den die Gabe zuweilen nimmt, bis sie zu ihrem Besitzer zurückkehrt. Was Mauss vor

---

22 Mauss' Faszination von *Potlatsch* und *kula* wird ausführlich und kritisch bei M. Godelier, Rätsel der Gabe, 81ff, diskutiert.
23 *H. Berking*, Schenken, 73.
24 Vgl. unten Abschnitt II.3.

allem beschreibt, ist eine *Reziprozität* in der Gabenzirkulation, in der das Geben – bei aller Berechnung, die mit im Spiel sein mag – auf lebensförderliche Beziehungen zielt, sie initiiert, institutionalisiert, bestätigt und bewährt: »... man gibt, weil man weiß, es wird wieder gegeben. Aber der Sinn des Gebens ist nicht, etwas zu bekommen, was man nicht hat, der Sinn liegt in der Beziehung, die durch die Gabe hergestellt ist.«[25] Hier deutet sich unübersehbar an, dass das Geben mehr ist als die Gabe, die *es gibt.*

2.   Die Ambivalenz der (milden) Gabe.
     Zur gegenwärtigen Spendenpraxis

Nicht zufällig hat M. Mauss die politisch-moralischen Schlußfolgerungen aus seinen ethnologischen und soziologischen Untersuchungen mit der Wahrnehmung eröffnet: »Milde Gaben verletzen den, der sie empfängt, und all unsere moralischen Bemühungen zielen darauf ab, die unbewußte schimpfliche Gönnerhaftigkeit des reichen 'Almosengebers' zu vermeiden«[26] Theodor W. Adorno, der beobachtet, daß an die Stelle des wirklichen Schenkens, das »sein Glück in der Imagination des Glücks des Beschenkten« hat, die »charity« getreten ist, »verwaltete Wohltätigkeit, die sichtbare Wundstellen der Gesellschaft planmäßig zuklebt«, sieht die institutionalisierte Spendenpraxis »mit Demütigung durch [...] die Behandlung des Beschenkten als Objekt notwendig verbunden«.[27] Die milde Gabe ist wieder da und in ihrem

25   M. *Waltz*, Ordnung der Namen (FW 11920), Frankfurt/M. 1993, 92. Ähnlich verweist H. *Berking*, Schenken, 72, darauf, »daß das Geben der Gabe primär auf Reziprozität und nicht auf Tausch, auf soziale Beziehungen und nicht auf Gütererwerb und Eigentumsübertragung gerichtet ist«.
26   M. *Mauss*, Gabe, 157.
27   *Th.W. Adorno*, Minima Moralia (1951), Frankfurt/M. 1997/Darmstadt 1998, 46f. Der 21. Aphorismus über das Verlern(thab)en des Schenkens trägt den Titel »Umtausch nicht gestattet« und ist heute mehr denn je von provokativer Aktualität, fehlt doch bei fast keinem Einkauf von Geschenken der freundlich gemeinte, allemal geschäftstüchtige Hinweis: »Sie/er kann es natürlich umtauschen.« Können Schenkende (und Beschenkte) das wirklich wollen!? Auch die zunehmende Praxis, Gutscheine zu verschenken, die das Schenkrisiko radikal zu mindern sucht (die Notwendigkeit des Umtauschs bei Nichtgefallen fällt weg, weil die Beschenkten innerhalb eines bestimmten Angebots ihr »Geschenk« selbst auswählen), wäre im Licht von Adornos Aphorismus neu zu bedenken. (Wann) ist ein Gutschein ein Geschenk?

Gefolge die *Scham*, die sie nicht selten auslöst – bei den EmpfängerInnen als Beschämung und bei den Gebenden als Verschämtheit.

Milde Gaben können die, denen sie zugedacht werden, beleidigen, kränken, erniedrigen – diese Einsicht ist wohl ebenso alt wie die Gabe selbst; nicht zuletzt damit mag die im Allgemeinen positive Konnotierung des Gebens zusammenhängen, die Überzeugung, dass es sich bei der Gabe um ein *Gut* handele, sowie eine weitverbreitete moralische Höherbewertung des Gebens gegenüber dem Nehmen, wie sie die *Nikomachische Ethik* des Aristoteles lehrt[28] und für die sich Theologie und Kirche gern auf die antike Wohltätermaxime »*Geben ist seliger denn nehmen.*« berufen – ein Sprichwort, das in Apg 20,35 sogar mit der Autorität Jesu und des Paulus versehen wird[29]. Plutarch überliefert in seinen Moralischen Schriften als Überzeugung und Beobachtung Epikurs: »Gutes zu tun ist nicht nur schöner, sondern auch angenehmer, als Gutes zu empfangen. [...] Häufiger schämen sich die Menschen, Gutes zu empfangen, aber immer freuen sie sich, Gutes zu tun.«[30]

Was als Wohltat gemeint sein mag, kann mehr Schaden als Nutzen anrichten. Aus Angst vor der Demütigung, zum Almosenempfänger zu werden, will man sich lieber nichts schenken lassen, möchte sich wenigstens die Würde erhalten, das Lebensnotwendige durch eigene Leistung selbst zu verdienen. Das führt nicht selten dazu, aus Scham nicht einmal das in Anspruch zu nehmen, was einem von Rechts wegen zusteht. Die eigene Not und Bedürftigkeit wird – so gut es geht – vor anderen verschwiegen und versteckt, um nicht zum Objekt ihrer »Wohltätigkeit« zu werden.

Aber auch für die Gebenden ist die milde Gabe nicht ohne Scham. Denn in den Augen der anderen und vor sich selbst will man nicht in

---

28 In der Beschreibung der aristokratischen Tugend der Freigebigkeit erklärt Aristoteles, dass es »mehr zur Tugend [gehört], daß sie in der rechten Weise handelt, als daß sie in der rechten Weise leidet, und es ist ihr eigentümlicher, das Gute zu tun, als das Schlechte zu meiden. Nun gehört aber offenbar das Geben auf die Seite des richtigen Handelns und der Vollbringung des Guten, das Nehmen und Empfangen dagegen auf die Seite der rechten Art des Leidens und der Vermeidung des Schlechten« (Eth nic IV,1,1120a; zit. n. *Aristoteles*, Nikomachische Ethik, hg. von G. Bien, Philosophische Bibliothek Bd. 5, Hamburg ⁴1985, 74,12-16).

29 Vgl. 1Clem 2,1; Did 4,5; Barn 19,9; dazu *G. Theißen*, »Geben ist seliger als nehmen« (Apg 20,35), in: Kirche, Recht, Wissenschaft. FS f. Albert Stein, hg. v. A. Boluminski, Neuwied 1995,195-215.

30 Plut. Mor 778C-D (zit. n. G. Theißen, Geben, 202).

den Verdacht kommen, gönnerhaft »von oben herab« zu handeln.
Nicht jedem liegt die Mentalität eines Wohltäters, der *vertikale Solidarität* praktiziert. Doch auch ihre Verweigerung führt nicht aus dem Dilemma heraus: Ob man nun die Spende überwiesen oder das Überweisungsformular in den Papierkorb geworfen, ob man einige Münzen hervorgekramt hat oder mit einem stummen Kopfschütteln davongeeilt ist – das zwiespältige Empfinden bleibt. Schon die lapidare Bitte »Hast'e mal 'ne Mark?!« ruft die Sorge um den Mißbrauch der eigenen Gabe auf den Plan. Und auch der das Zurückhalten der Gabe sekundär rationalisierende Gedanke, dass die eigene Spende nur ein Tropfen auf den heißen Stein gewesen wäre und so das wahre Elend womöglich noch verlängert hätte, statt seine Ursachen zu bekämpfen, kann nicht beruhigen.

Um die Scham der Gebenden und der Nehmenden zu überwinden oder wenigstens zu mindern, haben sich mehr oder weniger wirksame *Bewältigungsstrategien*, auch gegenläufige, auf beiden Seiten ausgebildet:

Die Einwerbung, Verwaltung und Verteilung von Spenden durch entsprechende Organisationen ermöglicht die persönliche Anonymität der Spendenden für die Empfangenden und/oder der Empfangenden für die Spendenden. Durch die institutionelle Vermittlung braucht es keinen unmittelbaren Kontakt zwischen ihnen zu geben. Eine möglicherweise beschämende Begegnung von Angesicht zu Angesicht bleibt beiden Seiten erspart. Spender und Empfänger werden auch dann auf Distanz zueinander gehalten, wenn medienwirksame Spendenaufrufe das Elend der ganzen Welt an einem Einzelschicksal illustrieren, um so am konkreten Fall Mitleid zu erregen und ein größeres Spendenaufkommen zu bewirken, oder wenn die Namen der SpenderInnen publik gemacht werden. Gebende und Nehmende kennen einander nicht mehr persönlich. Die Bitte um dringende Hilfe wie der Dank für gewährte Hilfe werden nicht direkt adressiert, sondern durch Dritte übermittelt. Die zwischen Wohltäterin und Empfängerin tretende Spendenorganisation macht die milde Gabe in mancher Hinsicht *scham-los*.

Den SpenderInnen kann es entgegenkommen, wenn die Spende Teil eines (dafür erhöhten) Kaufpreises ist, der für eine Ware bezahlt wird, die sie auch sonst erworben hätten, etwa beim Kauf von Wohlfahrtsbriefmarken, von Artikeln aus dem Sortiment gemeinnütziger Organisationen wie zum Beispiel Grußkarten von Unicef oder von Eintrittskarten für ein Benefizkonzert ihrer Lieblingskünstler zugunsten von Katastrophenopfern. Für einen guten Zweck, so heißt es dann, gibt man gern etwas mehr aus. Die milde Gabe verschwindet im Kaufpreis; der den Briefmarken oder Gruß- und Eintrittskarten eingeschriebene gemeinnützige Zweck mindert das Gefühl der besonnenen guten Tat und des Vergnügens nicht – im Gegenteil.

Die Entlastung für die Gebenden nimmt ab, je weniger freiwillig der käufliche Erwerb von Waren ist, mit dem sich eine Spende verbindet. Dass zum Beispiel Selbsthilfeorganisationen eigene Produkte verkaufen, soll und mag ihren Mitgliedern das Gefühl geben, für ihren Lebensunterhalt (zumindest teilweise) selbst aufzukommen und nicht (nur) auf Almosen angewiesen zu sein. Für die Spendenden allerdings sind die erworbenen Produkte oft überflüssig oder nutzlos. Sie erwerben sie meist nicht aus eigenem Bedarf oder wirklichem Interesse an den Menschen, die sie hergestellt haben, sondern fühlen sich eher moralisch zum Kauf genötigt. Ein ungutes Gefühl bleibt, wenn man freiwillig-unfreiwillig die monatliche Zeitung der lokalen Arbeitsloseninitiative kauft, sie aber doch nicht liest, wenn man die von behinderten Menschen gemalten Karten und Kalender, die einem unaufgefordert in regelmäßigen Abständen zugesandt werden, nicht zurückschickt, sondern der beigefügten Zahlungsaufforderung nachkommt, um dann den Kalender doch nicht aufzuhängen und die Karten nicht zu verwenden. Auch die unter den Kaufpreis gemischte Spende verliert ihre Probleme nicht.

Der Beschämung der GabenempfängerInnen scheint man in jüngster Zeit zunehmend dadurch vorbeugen zu wollen, dass die milde Gabe selbst schon den Status einer *Gegengabe* erhält: den Spendenaufrufen sind als kleine Geschenke nicht selten Adreßaufkleber oder -karten beigefügt. Eine praktische Idee, mag man sich denken, denn wer kann diese nicht gebrauchen (falls Name und Anschrift korrekt geschrieben sind). Die kleine Vor-gabe gibt sich meistens ausdrücklich bescheiden aus gegenüber der zu erwartenden Spende. Sie wird bewußt heruntergespielt und hat doch eine deutliche Botschaft: Dem potentiellen Spender wird sein Name in vielfacher Ausfertigung geschenkt, was ihm signalisieren soll, dass er sich (s)einen Namen machen kann mit seiner Gabe: je größer die Spende, desto größer sein Name. Einen ähnlichen Zweck mögen aus gemeinsamer Initiative verschiedener Medien entstandene Spektakel haben, die aus Anlaß von (inter)nationalen Katastrophen ein Forum zur Austragung eines Spendenwettkampfs bieten. Hier wird die Spende zur Gegengabe für die von vornherein garantierte öffentliche Aufmerksamkeit und Anerkennung, für den Prestigegewinn der SpenderInnen.

Solche Veranstaltungen muten an wie eine säkularisierte Variante früherer Verheißungen vielfachen himmlischen Lohns für irdische Wohltätigkeit, die nicht nur zur Freigebigkeit motivieren sollten, sondern auch die EmpfängerInnen milder Gaben davon entlasten konnten, sich ihren WohltäterInnen gegenüber schuldig zu fühlen – eine Funktion, die längst schon das Finanzamt, das steuerliche Begünstigung für Spenden an als gemeinnützig anerkannte Einrichtungen garantiert, und Fernsehlotterien, die für kleine Spendenlose große Gewinne in Aussicht stellen, übernommen haben ...

Nun mag man in allen diesen Maßnahmen psychologisch und ökonomisch mehr oder weniger raffinierte Strategien sehen, um Spendenbereitschaft zu wecken und das Spendenaufkommen zu erhöhen. Man kann über sie verächtlich die Nase rümpfen und sich von ihnen distanzieren. Und doch läßt sich nicht leugnen, dass sie mehr sind als Indizien für die *mangelnde Eindeutigkeit* der milden Gabe, die nicht in jedem Fall eine Wohltat ist. Es sind Bemühungen, das Gefälle zwischen Gebenden und Nehmenden nicht zu verschärfen, die Macht der Gewährenden und die Abhängigkeit der Empfangenden nicht zu vergrößern. Ob diese Versuche hilflos oder hilfreich sind, gelingen oder ins Gegenteil umschlagen, ist nicht von vornherein ausgemacht; es steht im *Gabeereignis* selbst auf dem Spiel.

Ungeachtet der je im Einzelfall zu prüfenden Spendenaktion bleibt aber die grundsätzliche Frage, ob solche Maßnahmen sich nicht alle lediglich um eine Therapie der Symptome einer Krankheit bemühen, deren Ursachen dabei erst gar nicht in den Blick geraten. Wie kommt es dazu, dass bei der milden Gabe, die ja so etwas wie den *Ernstfall*, um nicht zu sagen: den *Notfall der Gabe* überhaupt darstellt, Nehmende wie Gebende gleichermaßen Scham empfinden können? Wenn die Scham der AlmosenempfängerInnen damit zu tun hat, dass sie sich nicht in der Lage sehen, die empfangene Gabe angemessen zu erwidern, etwas im entsprechenden oder sogar höheren Wert zurückzugeben, und wenn die SpenderInnen beschämt sind oder sich verschämt abwenden, weil sie als die Besitzenden mit ihrer Gabe die Bedürftigen in die Situation bringen (würden), selbst mit ihrer Dankbarkeit oder Freude die empfangene Gabe nicht aufwiegen oder übertreffen zu können, dann steht dahinter ein Verständnis von *Gabe als Gabentausch*. Denn nur wo die Gabe konstitutiv in den unaufhörlichen Kreislauf von Geben, Nehmen und Erwidern eingebunden ist, werden die Gebenden schuldig an den Empfangenden, weil sie diese zu ihren Schuldnern machen, die zu einer Gegengabe verpflichtet sind. Als

Tauschphänomen verstanden ist die Gabe notwendig mit *Verpflichtung* und *Schuld* verbunden. Dies wird besonders dort augenfällig, wo die Schuld nicht beglichen, die (Vor-)Gabe nicht wie ein zeitlich befristeter Kredit zurückgezahlt werden kann, mehr noch: wo die (angemessene) Erwiderung der Gabe auf seiten der Gebenden von vornherein nicht intendiert ist. Im Almosen, der Gabe des Mitleids und der Barmherzigkeit, wird die Problematik des Gabentausches besonders augenfällig.

Die milde Gabe macht unübersehbar, dass die grundsätzliche Ambivalenz der Gabe nicht so sehr darin besteht, dass es gute und böse Gaben[31] gibt, was schon durch die sprachliche Verwandtschaft von *Gabe* und *Gift*, wie sie im englischen Wort »gift« zum Ausdruck kommt (aber auch in der »Mitgift« noch erhalten ist), angezeigt ist. Was die Gabe vergiftet, ist vielmehr die Schuld, die sich im Kreislauf des Gabentausches an sie heftet. Ihr gegenüber ist die Frage nach der Güte der jeweiligen Gaben zweitrangig.

Es wäre zu fragen, ob nicht die meisten Probleme, die sich mit dem Geben – und insbesondere dem *Schenken* als der emphatischen Gestalt des Gebens von etwas als Gabe – verbinden, ihren Grund in der Vorstellung haben, dass jede Gabe zwangsläufig Teil eines Gaben*tausches* ist. Das Schenken ist mit einer Vielfalt von Mehrdeutigkeiten verbunden, was die Motive der Gebenden, die Gefühle der Nehmenden, die Auswahl wie die Einschätzung der Bedeutung und des Wertes der Gabe, der Anlässe zum Geben u.a.m. angeht.[32]

Ein Geschenk kann anders aufgenommen werden, als es gemeint war. Was erheitern sollte, kann traurige Erinnerungen wecken, was als augenzwinkernde Anspielung gedacht war, kann kränken. Die Gabe, die eine Beziehung vertiefen sollte, kann sie aufs Spiel setzen oder gar zerstören. Und keineswegs jedes Geschenk ist gut gemeint; Geschenke können auch bewußt verletzen, abhängig machen, erniedrigen wollen. Sie können eigennützige Mittel zum Zweck sein, zur Bestechung mißbraucht werden. Man kann sich beim Schenken vergreifen, ein Geschenk kann für den betreffenden Anlaß zu groß oder zu klein, zu wertvoll oder zu billig sein, zu (vielver)sprechend oder zu nichtssagend. Wer gibt, riskiert, dass seine Gabe nicht angenommen oder nicht (angemessen) erwidert wird. Ist die Begeisterung über die Gabe echt oder nur gespielt?

---

31 Vgl. besonders den Gabentisch, den J. Starobinski gedeckt hat: Gute Gaben, schlimme Gaben.

32 Vgl. dazu die »Phänomenologie des Schenkens« v. *H. Berking*, Schenken, bes. 13-59.

Kommt der Dank von Herzen oder ist er nur Ausdruck geschuldeter Dankespflicht?

Dass private und gesellschaftliche Konventionen die mit dem Schenken verbundenen Risiken und Unwägbarkeiten, Enttäuschungen und Mißverständnisse nur bedingt auffangen können, zeigt ebenso wie der obige Blick auf die Spendenaktionen, die die Scham der EmpfängerInnen wie der SpenderInnen vielleicht minimieren, aber nicht beseitigen können, daß mit der Gabe selbst etwas nicht stimmt, solange sie im Zirkel des Gabentausches verortet wird.

So wird es Jacques Derrida bei seiner Relektüre von Marcel Mauss' Essay »Die Gabe« zur Frage, »ob Gaben Gaben bleiben können, wenn sie getauscht werden«[33]. Derrida erinnert daran,

»daß geben zwar spontan als *gut* bewertet wird (es ist *gut* zu geben, und das, was man gibt, Präsent, Geschenk oder *gift*, ist ein Gut), dieses 'Gute' sich aber doch leicht ins Gegenteil verkehren kann: bekanntlich kann es als Gutes zugleich schlecht, böse, giftig sein (*Gift, gift*), und zwar von dem Moment an, wo die Gabe den anderen zum Schuldner macht, so daß geben darauf hinausläuft wehzutun, Böses zu tun [...], ganz abgesehen davon, daß man in einigen Sprachen genausogut sagen kann 'ein Geschenk geben' wie 'eine Ohrfeige geben', 'das Leben geben'[...] wie 'den Tod geben' (23).[34]

Das Geben wird zur Untat, die Gabe zum »Un-Ding«[35], indem sie zur Erwiderung der Gabe als Rückgabe des Empfangenen oder als entsprechende Gegengabe verpflichtet. Derrida radikalisiert die Einsicht in die Ambivalenz der Gabe[36] zur Frage nach ihrer Möglichkeit. Man

---

33 J. *Derrida*, Falschgeld. Zeit geben I, aus dem Französischen v. A. Knop u. M. Wetzel, München 1993, 54 (frz. Original: Donner le temps 1.: La fausse monnaie, Paris 1991). Die Seitenzahlen im Text beziehen sich auf die deutsche Übersetzung.

34 Der Gabe des Todes – vgl. »*donner* la vie« (das Leben geben, gebären) und »*donner* sa vie« (sein Leben hingeben/opfern) mit »*donner* la mort« (töten) und »se *donner* la mort« (sich das Leben nehmen) – hat J. Derrida eine eigene Studie gewidmet: »Den Tod geben«, in: Gewalt und Gerechtigkeit. hg. v. A. Haverkamp, Frankfurt/M. 1994, 331-445 (frz. Original: »Donner la mort«, in: L'éthique du don, hg. v. J.-M. Rabaté u. M. Wetzel, Paris 1992, 11-108).

35 A.a.O., 60.

36 Bei M. Mauss waren es – neben dem Hinweis auf die *semantische* Ambivalenz der Gabe als Gift/gift – besonders die *agonistischen* Formen des Gabentauschs, der Potlatsch und die Kula, in denen sich die Ambivalenz sowohl der Gabe wie des Gebens dokumentierten, sei es im gegenseitigen Überbieten in der Zahl, Größe und Wert der Geschenke bis hin zum

mag seine *Dekonstruktion* der »Gabe-gegen-Gabe« (24) für überzogen halten – sie bleibt das Nadelöhr, durch das auch eine Theologie der Gabe gehen muß, will sie nicht die Geschichte der Schuld, die sich gerade auch mit den Gaben kirchlicher Wohltätigkeit verbindet, bedenkenlos fortschreiben.[37]

3. Die Gabe, die keine ist –
    J. Derridas Dekonstruktion der (getauschten) Gabe

Derrida beobachtet einen Widerspruch zwischen dem semantischen Vorverständnis des Wortes »Gabe« und den traditionellen Anthropologien und Metaphysiken der Gabe. Diese haben »*zu Recht und mit Grund* die Gabe und die Schuld, die Gabe und den Kreislauf der Rückgabe, die Gabe und die Anleihe, die Gabe und den Kredit, die Gabe und die Gegengabe *zusammen* behandelt [...], als ein System« (24). Sie haben damit die Gabe in die »odysseische Struktur« der *Ökonomie* eingezeichnet, in jene Kreisbewegung der Rückkehr nach Hause, zum Ausgangspunkt oder Ursprung, die einer gewissen Nostalgie nicht entbehrt. Der Kreis ist die der Ökonomie eigene Figur und zeigt zugleich ihre Problematik: »zirkulärer Austausch, Zirkulation der Güter, Produkte oder Waren, Geldumlauf, Schuldentilgung und Abschreibung (Amortisation), Ersetzbarkeit der Gebrauchs- und Tauschwerte« (16). Auch im Klassiker unter den Arbeiten zur Gabe, in M. Mauss' »Essai sur le don«, wird – wie wir gesehen haben – die Gabe aus dem Gabentausch verstanden: Wo aber jede Gabe ihre Rück- oder Gegengabe immer schon bei sich hat, weil das Gegebene von einer bezwingenden Kraft, dem »*hau*«, beseelt ist, die dafür sorgt, dass die Gabe (nach einer gewissen Zeit) zu ihrem Ursprung zurückkehrt, da ist – so Derrida – die uns vertraute Logik der Gabe gerade verloren gegangen.

---

förmlichen Zu-Tode-Schenken oder in der demonstrativen Zerstörung selbst der kostbarsten Gegenstände, mit der Macht und Prestige unter Beweis gestellt wurden.

Auch *Bernhard Waldenfels* widmet in seiner Antwort auf die Mauss-Lektüre von Derrida der »Ambivalenz der Gabe« einen eigenen Abschnitt: Das Un-ding der Gabe, in: Einsätze des Denkens, a.a.O., 385-409, hier: 402-407.

37 Zur Rezeption der Gabe-Motive im Werk Derridas vgl. den Sammelband »Ethik der Gabe«, hg. v. M. Wetzel u. J.-M. Rabaté, Berlin 1993, und die Beiträge von H. Rapaport, H.-D. Gondek, U. Dreisholtkamp u. B. Waldenfels in: Einsätze des Denkens, a.a.O., 40-59.183-225.287-307.385-409.

Denn im umgangssprachlichen Gebrauch des Wortes »Gabe« ist das
Gabeereignis durch eine *dreigliedrige Struktur* gekennzeichnet, »daß ir-
gend 'einer' irgend 'etwas' irgend 'einem anderen' gibt« (22)[38]. In der
Semantik des Wortes »Gabe« liege darum weder die Erwartung einer
Gegengabe noch die Verpflichtung auf diese. Im Gegenteil:

> »Gabe gibt es nur, wenn es keine Reziprozität gibt, keine Rückkehr, keinen
> Tausch, weder Gegengabe noch Schuld. [...] Damit es Gabe gibt, ist es *nötig,*
> daß der Gabenempfänger nicht zurückgibt, nicht begleicht, nicht tilgt, nicht
> abträgt, keinen Vertrag schließt und niemals in ein Schuldverhältnis tritt. [...]
> *Die Gabe als Gabe* dürfte *letztlich nicht als Gabe erscheinen: weder dem Gabenempfänger*
> *noch dem Geber.* Gabe als Gabe kann es nur geben, wenn sie nicht als Gabe prä-
> sent ist. Weder dem 'einen' noch dem 'anderen'. Wenn der andere sie wahr-
> nimmt, sie als Gabe gewahrt und bewahrt, wird die Gabe annulliert. Aber auch
> der, der gibt, darf davon nichts merken oder wissen« (22-25).

Das heißt aber, daß die Bedingungen der *Möglichkeit* von Gabe, nämlich die dreigliedrige Struktur des Gabeereignisses, zugleich als die Bedingungen ihrer *Unmöglichkeit* in den Blick kommen. Was die Gabe zur
Gabe macht, zerstört sie auch bereits. Damit überhaupt von Gabe die
Rede sein kann, darf die Gabennatur der Gabe weder von der Geberin
noch von der Empfängerin erkannt werden. Auf Seiten der *Empfänge-*
rin reicht es nicht, dass sie die Gabe ablehnt oder ihr auch nur die Anerkennung als Gabe, etwa in Gestalt von Dankbarkeit, verweigert.
Wenn sie allein schon der Gabenbedeutung der Gabe gewahr geworden ist oder die Erinnerung daran bewahrt, dass ihr jemand etwas als
Gabe geben wollte, gibt es keine Gabe mehr. Die *Geberin* annulliert die
Gabe nicht erst dadurch, dass sie stolz auf ihre Freigebigkeit ist, dass
sie sich ihre Gabe selbst zugute rechnet – diese selbstgefällige Anerkennung käme ja einer symbolischen Gegengabe gleich –, sondern ihre Gabe gibt es bereits dann nicht mehr, wenn sie sich ihrer Absicht

---

38 Wenn B. Waldenfels diese Definition für unzureichend hält, weil Derrida
    faktisch mit einem erweiterten Axiom der Gabe arbeite: »Irgendeiner gibt
    irgend etwas irgendeinem anderen in der Erwartung, dass er etwas
    (Gleichwertiges) zurückbekommt« (Un-ding der Gabe, 389), dann setzt er
    hier das, was Derrida das semantische Vorverständnis der Gabe nennt,
    und die ökonomische Zirkulation der Gaben, wie sie Derrida in den ein-
    schlägigen Diskursen findet, in eins. Derrida will aber beides unterschie-
    den wissen. Die umgangssprachliche Semantik liefert ihm gerade den Ein-
    spruch gegen die Identifikation von Gabe und Gabentausch. Er beharrt
    darauf, dass unser Vorverständnis des Wortes »Gabe« keinen Hinweis auf
    die Kopräsenz der (Verpflichtung zur) Gegengabe enthält.

zu geben bewußt wird. Mit jeder Einsicht in die *Intentionalität* der Gabe und jeder Form der *Interpretation* der Gabe als Gabe verliert die Gabe ihren Gabencharakter. Oder – um das hier ansonsten nicht entfaltete Hauptthema von Derridas »Donner le temps«[39] wenigstens anklingen zu lassen: Das *Präsent* darf nicht als solches *präsent* sein. Eine Gabe kann es nur geben als »Gabe ohne Gegenwart« (49ff)[40]. Zum Ereignis werden kann sie nur in dem Augenblick, der die Zeit anhält, den Kreislauf der Reziprozität unterbricht. »Folglich gibt es keine Gabe, wenn es keine Gabe gibt, aber eine Gabe gibt es auch dann nicht, wenn es eine Gabe gibt, die vom andern als Gabe gewahrt oder bewahrt wird; in jedem Fall existiert und erscheint die Gabe nicht. Wenn sie erscheint, erscheint sie nicht mehr« (26) – lautet darum das paradoxe Fazit. J. Derrida scheint seine Phänomenologie der Gabe bis zur Selbstaufhebung des Phänomens vorangetrieben zu haben. Wie aber kann es Gabe geben, wenn sie durch jede Form ihrer *Präsentation* – wiederum in dem doppelten Sinne ihrer Vergegenwärtigung wie ihrer Wahrnehmung als Geschenk – annulliert wird? Unter welcher Bedingung ist Gabe überhaupt noch möglich?

Wenn sie weder dem Geber noch dem Gabenempfänger bewußt sein darf, müssen beide »sie augenblicklich vergessen« (28); und dieses Vergessen muß so radikal sein, dass es sich selbst vergißt. Es genügt also nicht ein Vergessen, das verdrängt, denn ein solches verschiebt die Erinnerung an die Gabe als Gabe nur und bewahrt sie so gerade an einem anderen Ort auf. Nur ein »absolutes Vergessen« kann die Selbstannullierung der Gabe verhindern – ein Vergessen, »das absolviert, absolut loslöst und entbindet, unendlich mehr folglich als die Entschuldigung, die Vergebung oder die Freisprechung« (28). Das absolute Vergessen befreit aus dem ökonomischen »Teufelskreis« von Gabe und Gegengabe, von Schuld und Wiedergutmachung, von Dank und Pflicht. Es bricht das System von »Gabe-gegen-Gabe« auf. Das sich selbst vergessende Vergessen der Gabe ist aber *nicht nichts.* Es

39 Durch die Vertauschung von Haupt- und Untertitel in der deutschen Übersetzung »Falschgeld. Zeit geben I« gegenüber dem französischen Original »Donner le temps 1.: La fausse monnaie« kann leicht übersehen werden, dass das Buch nicht nur eine Relektüre von Mauss' Essay, sondern mehr noch ein durchgängiges Gespräch mit Martin Heideggers »Sein und Zeit« (1927) darstellt. Allein der Begriff »Datum« verrät schon, wie konstitutiv Zeit und Gabe zusammenhängen.

40 Die französische Formulierung »don sans présent« ist doppeldeutig; sie heißt »Gabe ohne Gegenwart« wie »Gabe ohne Geschenk«.

setzt die zu vergessende Gabe voraus. Ihre Spuren hat es nicht ver-
wischt. Es kann Gabe geben.

Derridas Dekonstruktion der (getauschten) Gabe hat Folgen für eine Wissenschaft von der Gabe wie für die Praxis der Gabe. Wenn mit
der *Präsenz* der Gabe ihr Gabencharakter ausgelöscht wird, dann kann
es keine *Theorie* der Gabe geben. Es liegt in der Logik der Gabe, dass
jeder Gabendiskurs, der die Gabe präsent/zum Präsent macht, seine
Sache zwangsläufig verfehlen muß. Ein Denken der Gabe gibt es nur,
»indem man sich auf es einläßt [...], ihm etwas von sich läßt und zum
Pfand gibt; selbst auf die Gefahr hin, in den zerstörerischen Kreis ein-
zutreten, muß man versprechen, sein Wort geben« (45).

An die Stelle einer Theorie der Gabe tritt bei Derrida der Versuch,
»eine Art transzendentale Illusion der Gabe zu denken« (44). Um eine
transzendentale *Illusion* handelt es sich hier, weil es die Gabe, die es
gibt, nicht gibt, weil es keine reine Gabe, keine Gabe ohne Schuld
gibt, weil man mit jedem Gabeereignis riskiert, in den schuldbehafte-
ten Zirkel von Gabe und Gegengabe hineinzugeraten. Aber gerade
weil man dieser Gefahr nicht entgehen kann, kommt es darauf, die
Gabe zu *denken*, also zu wissen, was man tut, wenn man gibt: »So wisse denn auch noch, was geben sagen will, wisse zu geben, wisse, was
du willst und sagen willst, wenn du gibst, wisse, was du zu geben in-
tendierst, wisse, wie die Gabe sich annulliert, laß dich ein, selbst wenn
dieses Sicheinlassen [...] eine Zerstörung der Gabe durch die Gabe ist,
gib du der Ökonomie ihre Chance« (45). Der Ökonomie – und das
heißt ja: dem Gabentausch – eine Chance geben und darin zugleich,
wenn es denn um eine *transzendentale* Illusion geht, den ökonomischen
Kreislauf von Gabe-gegen-Gabe unterbrechen, ihn aufzubrechen
durch eine Bewegung, die von außen in ihn einbricht. *Es gibt* Gabentausch[41], aber die Gabe bewahrt, wenn es sie gibt, der kreisförmigen
Zirkulationsbewegung gegenüber, mit der die Gabe zu ihrem Ursprung zurückkehrt, etwas Fremdes. Sie fügt sich nicht völlig in den
zirkulären Gabentausch, unterbricht die Rückkehrbewegung des Gegebenen zu seinem Ursprung und eröffnet so einen Ausweg aus der
Schuld, in die das Tauschsystem jeden Gabenempfänger (und Geber)
stürzt.

---

41 »Das *Phänomen* läßt sich so wenig leugnen wie das, was auf der Phäno-
    menebene eben wie ein Tausch von Gaben aussieht, sich so präsentiert.
    Aber der offenkundige und sichtliche semantische Widerspruch zwischen
    der Gabe und dem Tausch muß problematisiert werden« (Falschgeld, 54).

Sich der Anordnung der Gabe, dem Imperativ »Gib!« nicht zu entziehen und doch um die *Unmöglichkeit* der Gabe zu wissen – Derridas Dekonstruktion der Gabe klärt nicht nur darüber auf, was wir im Geben von Gaben tun, sondern versucht, mit der Einsicht in die »Rückkehrlosigkeit der Gabe« (68) die *Totalität* des Gabentausch-Systems aufzusprengen und das *Anökonomische* der Gabe zu bewahren.

4. Vom Geben, das in der Gabe nicht aufgeht –
   B. Waldenfels' Phänomenologie von Geben und Nehmen

Während Maurice Godelier nicht viel mehr als ein verständnisloses Kopfschütteln in Gestalt einer einzigen Anmerkung am Ende seines Buches für die ihn absurd anmutende Dekonstruktion der Gabe durch J. Derrida übrig hat[42], berührt sich Bernhard Waldenfels' Mauss-Lektüre in mancher Hinsicht mit der von Derrida, so dass jener seine Phänomenologie des Gebens und Nehmens[43] in einem zweiten Schritt im Gespräch mit J. Derridas »Falschgeld« fortschreibt[44].

Das Schlüsselwort der Philosophie von B. Waldenfels lautet »Responsivität« bzw. »responsive Rationalität«.[45] Er ergreift damit gegenüber einer philosophischen Tradition, die sich der *Frage* verpflichtet weiß und ihren Einsatz beim Fragen nimmt, Partei für das *Antworten.* Die Radikalität philosophischen Fragens wendet Waldenfels auf den Primat der Frage selbst zurück, gegenüber dem die Antwort bisher nur das Nachsehen hatte: »Es könnte sein, daß die Frage erst dann sie selbst ist, wenn sie von einem anderen her gedacht wird – als Anspruch, der uns in Frage stellt und auf den zu antworten ist« (186). Dann aber steht nicht immer schon fest, was Antworten heißt, dann ist Antworten mehr und anderes als Geben dessen, was man schon hat und weiß. Antworten kommt in den Blick »als die Art und Weise,

---

42 Rätsel der Gabe, 294.
43 Antwortregister, Frankfurt/M. 1994, 586-626.
44 Un-ding der Gabe, 385-409.
45 Zur Entstehung dieser Fokussierung mit einer entsprechenden Retractatio der eigenen dialogphilosophischen Anfänge vgl. das Vorwort in Antwortregister, 13-19.
    Mein Bochumer Kollege *Peter Dabrock* hat das antwortende Denken von B. Waldenfels in seiner Dissertation unter dem Titel »Antwortender Glaube und Vernunft (Forum Systematik 5), Stuttgart u.a. 2000, 179-299, einer ersten eingehenden (systematisch-)theologischen Rezeption unterzogen.

wie wir auf das Fremde eingehen, ohne es durch Aneignung aufzuheben«(14). Die Philosophie der responsiven Rationalität wird zu einer Phänomenologie des Fremden.[46] Im »Antwortregister« unternimmt Waldenfels den Versuch, »das, *worauf* wir antworten, zu umkreisen, ohne es selbst in *etwas* zu verwandeln, das sich beantworten läßt« (15). Damit deutet sich eine (sprachliche) Verdoppelung der Antwort an, die auch umgangssprachlich in einer Wendung wie »Keine Antwort ist auch eine Antwort« vorliegt: Es wird unterschieden zwischen dem *Antwortgehalt*, also dem weitergegebenen vorhandenen Wissen, das dem *Fragegehalt* entspricht, und dem *Antworten*, das auf einen fremden *Anspruch* eingeht: »*Das Geben einer Antwort geht nicht auf in der gegebenen Antwort*« (191), wie das Sagen überschüssig gegenüber dem Gesagten ist. Folglich ist es kein Zufall, dass Waldenfels vornehmlich vom *Geben* statt von der *Gabe* redet. In dieser Bevorzugung des verbalen gegenüber dem nominalen Sprachgebrauch deutet sich, so meine These, die eigentliche Pointe seiner Überlegungen und – bei aller Nähe zu Derrida – eine vermittelnde Position zwischen M. Mauss' *Identifikation* von Gabe und Tausch und J. Derridas *Dekonstruktion* der Gabe als Tausch an.

Waldenfels' Ausführungen zur Gabe nehmen ihren Ausgang vom *Geben einer Antwort*, wobei zunächst an eine sprachliche Antwort gedacht ist; doch die Wahrnehmung der Responsivität bleibt nicht auf den sprachlichen Bereich beschränkt, sondern überschreitet ihn auf ein antwortendes Handeln und ein leibliches Responsorium hin. Vielfältige Phänomene des Gebens und Nehmens werden im Antwortregister unter den *Dimensionen* der Antwort eingetragen. Es ist die beschriebene *Antwortlogik*, die bei dieser Registrierung ein einheitliches Gabe-System, etwa in Gestalt einer geschlossenen Tauschordnung der Gabe, unmöglich macht. Wo das Geben vom Antwortgeben her und damit selbst als Antworten auf fremde Ansprüche verstanden wird, ist immer eine irgendwie geartete Vorgabe im Spiel: »Ant-wort als ein Wort, das anderswo beginnt, ist ohne ein Moment der Vor-gabe nicht

---

46 Das programmatische Hauptwerk »Antwortregister«, in dem Waldenfels gerade noch nicht alle Register zieht, mündet so folgerichtig in »Studien zur Phänomenologie des Fremden« ein, die bisher in vier Bänden vorliegen: Topographie des Fremden (stw 1320), 1997; Grenzen der Normalisierung (stw 1351), 1998; Sinnesschwellen (stw 1397), 1999, und Vielstimmigkeit der Rede (stw 1442), 1999.

zu denken.«[47] Waldenfels' Sichtung des sprachlichen und außersprachlichen *Gebe*feldes (nicht *Gabe*feldes!) ist von der Vermutung getragen, »daß das *Außen* eines Gebens, das weder bei sich beginnt noch bei sich endet, sich im Ereignis des Gebens indirekt anzeigt und ausspricht«[48]. Sie wird von vornherein von der Frage begleitet, »ob nicht [...] das Geben im Sinne des antwortenden Gebens jede Systematik sprengt und über jede Ordnung hinausschießt«[49]. Es ist die Unterscheidung von Gabe und Geben, mit der sich das Außer-ordentliche des Gebens und Nehmens andeutet.

Hat J. Derrida der *Semantik* der Gabe besondere Aufmerksamkeit geschenkt, so betont Waldenfels die *Syntax* des Gebens und damit den *Dativ* als Gebefall. Geben ist »Reden und Handeln im Zeichen des Dativ«; es gehört zu den »Ereignisse[n] im Dativ«[50]. Waldenfels' Interesse gilt dem »originären Dativ«, dem »Adressatendativ«, der ohne ein direktes Objekt die Zuwendung zu und Ausrichtung auf jemanden ausdrückt. Geben und Antworten sind nicht nur Verben, die den Dativ regieren, »sie bezeichnen das *Dativische* des Geschehens selbst«. Wo das Reden in Tun übergeht, wird aus der *An*rede ein *An*tun. Mit dem Geben als Antworten wird anderen etwas *an*getan. In Entsprechung zu M. Heideggers Existenzial des »Mitseins« bezeichnet Waldenfels das Dasein in seiner dativischen Struktur als *Ansein*.

Dem *syntaktischen* Gewicht, das der Dativ grammatikalisch dem Geben als einer Ausrichtung des Sprechens, des Handelns und des Seins auf Andere gibt, korrespondiert die *semantische* Überdeterminierung des Gebens, die sich in einer unbändigen idiomatischen Vielfalt des Verbs 'geben' niederschlägt. Diese zeigt sich nicht nur in den zahlreichen Verbindungen mit Präfixen wie 'an-', 'ab-' und 'aufgeben', 'ein-' und 'ausgeben', 'vor-' und 'nachgeben', 'zu-' und 'umgeben', 'vergeben', '(sich) übergeben', '(sich) hingeben', '(sich) ergeben', 'sich begeben', 'weitergeben', 'zurückgeben', 'wiedergeben', 'sich verausgaben', die «einen reichhaltigen semantischen Zeit-Raum des Gebens entstehen«[51] lassen, sondern auch bei Substantivierungen wie 'Begabung', 'Ergebnis', 'Untergebener', 'Ge-' und Begebenheit', Adjektiven oder Adverbien wie 'ausgiebig' oder 'freigebig', 'angeblich' oder 'vergebens'. Ge-

---

47 Un-ding der Gabe, 395.
48 A.a.0., 392f (Hervorhebung M.F.).
49 Antwortregister, 594.
50 Antwortregister, 589-595; Un-ding der Gabe, 393-395.
51 Antwortregister, 592.

rade die unpersönliche Wendung 'es gibt', bei der im alltäglichen Sprachgebrauch wohl kaum jemand an das Geben einer Gabe denkt, trägt zur Prominenz des Wortes 'geben' bei. Zu seiner Flexibilität und Variabilität gehört auch seine weitläufige Verwendung als eine Art Stütz- oder Füllverb zur Umschreibung von sprachlichen und außersprachlichen Handlungen, die nicht explizit als Geben benannt werden müssen, wie eben 'antworten'/ 'eine Antwort geben', 'erklären'/ 'eine Erklärung (ab)geben', 'versprechen'/'ein Versprechen geben', 'raten'/'einen Rat geben', 'stoßen'/'einen Stoß geben', 'warnen'/'eine Warnung geben', 'helfen'/'Hilfe geben', töten'/'den Tod geben' ... Von dieser allgemeinen und unspezifischen Bedeutung ist der selbständige betonte Gebrauch des Wortes 'geben' im Sinne des ausdrücklichen *Gebens von etwas als Gabe*, das *Schenken* zu unterscheiden (vgl. im Lateinischen die Differenz zwischen 'dare' und 'donare') – bis hin zu Spende, Schenkung oder Stiftung als juristisch geregelten Formen eines eigenständigen Gebens. Als Schenken »potenziert sich [das Geben] in einer besonderen Art von Selbstbezug«[52].

Die Unterscheidung zwischen einem relativ neutralen *Geben von etwas* im Sinne einer adressierenden Tätigkeitsweise und dem emphatischen, nicht selten feierlichen *Geben von etwas als Gabe* als einer eigenen Tätigkeit betrifft das Verhältnis von *Geben und Nehmen* sowie die Frage nach *Austausch und Überschuß*. Wie M. Mauss von seinen ethnologischen Forschungen her nicht nur unsere heutige strikte Trennung von Personen und Sachen (im *hau* liegt ja beides untrennbar ineinander), sondern auch die strenge Unterscheidung »zwischen der Verpflichtung und der nicht unentgeltlichen Leistung einerseits und dem Geschenk andererseits«[53] infrage gestellt hat (der *freiwillige* Gabentausch geht mit einer dreifachen *Verpflichtung* einher), so lehnt B. Waldenfels dementsprechend eine Zwei-Reiche-Lehre mit einem ersten »Reich des wechselseitigen Gebens und Nehmens«, und einem zweiten »Reich des unentgeltlichen und ungeschuldeten Schenkens« unmißverständlich ab. Sie ist unmöglich, weil »Gabe ohne Tausch und Tausch ohne Gabe

---

52 Un-ding der Gabe, 396.
53 *M. Mauss*, Gabe, 120f. Nach *Émile Benveniste* hat Mauss gezeigt, »daß die Gabe nur ein Element eines Systems wechselseitiger, zugleich *freier* und *zwingender* Leistungen ist, wobei die *Freiheit* der Gabe den Empfänger zu einer Gegengabe *verpflichtet*, was ein kontinuierliches Hin und Her von Geschenken und Gegengaben hervorbringt« (Probleme der allgemeinen Sprachwissenschaft, München 1974, 350; Hervorhebungen M.F.).

nur als Grenzfälle denkbar sind«. Und geradezu an die Adresse von J. Derrida gerichtet, fährt Waldenfels fort: »Wenn es einen Widerspruch gibt zwischen Gabe und Tausch, so nur in Form eines realen Widerstreits, der in der Erfahrung selber auftritt.«[54] Hier wird die schon in »Ordnung im Zwielicht«[55] entfaltete These, dass das Außer-ordentliche nur *innerhalb* einer Ordnung sichtbar werden kann, dass es eine (nicht *die*!) Ordnung geben muß, damit das Außerordentliche möglich wird, auf das Geben angewendet: »Die Gabe muß, wenn überhaupt, so nicht *als Austausch*, aber doch *im Austausch* begegnen [...], weil das Außer-ordentliche der Gabe im unaufhörlichen Durchbrechen von Tauschordnungen seine Kraft zeigt.«[56] Mit dieser Einsicht, die in eine Unterscheidung zwischen einem »normalen Geben« und einem »anomalen Geben« einmündet, gibt Waldenfels M. Mauss *und* J. Derrida zugleich recht. Er trägt zum einen dem Rechnung, dass Geben für gewöhnlich auf ein Annehmen und ein Erwidern der Gabe zielt und sich so innerhalb einer Ordnung bewegt, wie sie auch vertraglich festgelegt sein kann, dass Geben und Nehmen buchstäblich *in Ordnung* sind, wenn sie durch Distributionsregeln wie ein Spiel durch Spielregeln geordnet werden.[57] Und eben so sehr bringt er in Anschlag, dass das Geben als *Schenken* sich Tauschgesetzen entzieht: »Ein Geschenk, für das es einen zureichenden Grund gibt, wäre kein Geschenk mehr.«[58] Es ist die Unterscheidung von *ordentlicher Gabe* und *außerordentlichem Geben*, mit der Waldenfels die Positionen von M. Mauss und J. Derrida verbindet. Die Pointe besteht darin, dass beides unterschieden bleibt, aber untrennbar ineinander liegt: »Der Überschuß des Gebens über das Gegebene besagt, *daß die (vergeltbare) Gabe zugleich ein*

---

54 Un-ding der Gabe, 398f.
55 Frankfurt/M. 1987.
56 Antwortregister, 596. Hier nimmt Waldenfels offensichtlich Mauss gegen die harsche Kritik Derridas in Schutz, indem er festhält, dass »Marcel Mauss die Gabe dort sucht, wo sie einzig zu finden ist: *im Tausch*, von dem sie sich absetzt« (Un-ding der Gabe, 408). Der Schlußabschnitt des Textes (»Es gibt«, 407-409) enthält überhaupt eine deutliche Kritik an J. Derridas Dekonstruktion der Gabe.
57 Vgl. dazu die Abschnitte »13.3. Gabe, Gegengabe und Tauschordnung«, »13.4. Die Regelung von Geben und Nehmen im Vertrag«, »13.5. Lücken im Tauschvertrag« und »13.6. Gabe im Austausch (M. Mauss)« in Antwortregister, 595-608.
58 Un-ding der Gabe, 400.

(unentgeltliches) Geschenk ist.«[59] Es entscheidet sich erst im Gebeereignis selbst, ob es sich um ein normales oder ein anomales Geben handelt, ob die Gabe in Ordnung ist oder ob sie als Geschenk aus der Rolle fällt, also außerordentlich ist. Grundsätzlich aber gilt: »Jedes Geschenk hat etwas von einer Gabe, aber doch nicht jede Gabe hat unbedingt etwas von einem Geschenk.«[60]

Das Verzeichnen von Geben und Nehmen im Antwortregister, die Einschreibung des Gebens in die Logik des Antwortens als Eingehen auf fremde Ansprüche verlangt ebenso wie die Unterscheidung zwischen einem normalen Geben im Rahmen von Tauschvorgängen und einem anomalen Geben als Schenken eine Besinnung auf das Verhältnis von *Geben und Nehmen*.

Im Gabentausch stehen Geben und Nehmen in einem *komplementären* Verhältnis: Das Geben ist motiviert durch einen Mangel, welcher Art auch immer; die Gebende gibt aus ihrem eigenen Fundus an Besitz, an Wissen und Können das, was der Anderen fehlt. Die Gebende gibt von dem, was sie hat; die Empfangende nimmt das, was sie nicht hat. Das Nehmen ist »dem Geben zugeordnet [...] wie die Leere der Fülle«[61] M. Godelier hat diese Entsprechung zu einer etwas spröden Definition des Gebens veranlaßt: »Geben, das ist eine freiwillige Übertragung einer Sache, die einem gehört, auf jemanden, von dem man meint, daß er nicht umhin kann, sie anzunehmen.«[62] Die Komplementarität von Geben und Nehmen wird zur *Reziprozität*, wo die Empfangende selbst zur Gebenden wird, indem sie die durch die Gabe entstandene Schuld durch eine Gegengabe, und sei es symbolisch durch ihren Dank, abzutragen versucht. Der Gabentausch funktioniert, wo die Gegengabe der Gabe gleich*wertig*, aber nicht gleich ist, oder wo zumindest – wie beim Ausleihen oder beim Kredit – eine Frist zwischen Geben und Zurückgeben tritt. Der Tausch würde aufgehoben, wo Gabe und Gegengabe in der Sache und zeitlich in eins fallen. Die Gleichwertigkeit beider mißt sich an einem Dritten, an einem symbolischen Tauschmittel, das den Tauschwert bestimmt. Diese Orientierung an einem der Gabe und Gegengabe äußerlichen Maßstab

---

59   Ebd.
60   Antwortregister, 621. Zur Phänomenologie und insbesondere zur Zweideutigkeit des Geschenks vgl. den ganzen Abschnitt »13.8. Geben und Schenken«, 618-622.
61   Antwortregister, 598.
62   Rätsel der Gabe, 21.

zeigt, dass »alle Tauschregeln [...] vergleichen und gleichsetzen, was
niemals völlig gleich ist«[63]. Damit gibt es aber – bei aller Komplementarität und Reziprozität – ein Ungleichgewicht im Tauschvorgang, das
auf einen Überschuß des Gebens hindeutet.[64] Indem M. Mauss den
Dreiklang von Geben, Nehmen und Zurückgeben als jenseits der uns
vertrauten Alternative von geschuldeter Pflichtleistung und freiwilli-
gem Geschenk angesiedelt wahrnimmt, zeigt sich, dass die Gabe selbst
im Tauschvorgang »die ökonomischen Gesetze von Äquivalenz und
Sparsamkeit« durchbricht, und zwar in doppelter Hinsicht: in den
kämpferischen Formen des Gabentauschs durch die Größe der Gabe,
»die über das Geschuldete hinausgeht und als Verausgabung und Vergeudung auch das Maß des Verwertbaren überschreitet. [...] Man gibt
mehr, als man muß, und mehr, als man hat«, und durch die Frist, die
zwischen Gabe und Gegengabe tritt und aus jeder Gabe eine Vorgabe
und einen »Vorschuß [...] an Vertrauen«[65] macht, weil es keine Garan-
tie dafür gibt, dass eine Gabe angenommen und erwidert wird.

In den Vor- und Überschuß-Motiven, die sich im vorvertraglichen
Gabentausch finden und die auch in den vertraglich geregelten
Tauschvorgängen nicht völlig aufgehoben sind, zeigen sich Spuren jenes anderen Gebens, das B. Waldenfels als *antwortendes Geben* in seiner
responsorischen Logik von Geben und Nehmen freilegt. Das antwortende Geben unterscheidet sich vom austauschenden Geben nicht
nur durch eine unauflösbare Verwicklung von Geben und Nehmen,
die mehr als ein komplementäres und reziprokes Verhältnis ist, sondern vor allem durch einen veränderten *Ausgangspunkt.*

Nimmt das tauschende Geben seinen Anfang beim *Mangel* des anderen, den aufzufüllen und damit Ausgleich zu schaffen es intendiert,
und liegt sein Überschuß in der Bemessung wie im zeitlichen Vorrang
der Gabe, so kommt das antwortende Geben immer schon von einem
Überschuß her, nämlich den über jede Antwort und damit auch jede
Gabe hinausgehenden fremden Anspruch, auf den es eingeht. Der

63   Antwortregister, 598.
64   Auch die *Verbindlichkeit* des Tauschvertrags, der das Geben und Nehmen
     nach Distributionsregeln ordnet, geht selbst über die Ordnung des Ver-
     trags hinaus; sie gehört zu den »Lücken im Tauschvertrag«, markiert des-
     sen Grenzen: »Erst die Grenzen setzen Überschüsse frei und lassen ein
     Geben zu, das aus den Quellen des 'Überflüssigen' schöpft und sich nicht
     in den Schlingen des Austauschs verfängt« (Antwortregister, 602.605).
65   Antwortregister, 606f.

Überschuß liegt im *Woraufhin* des antwortenden Gebens, er liegt in der Überbeanspruchung: »Das Geben, das auf einen fremden Anspruch antwortet, der nicht erfüllbar ist, da er aus einer nicht einholbaren Ferne kommt, hat seinen Ursprung in einem Überschuß, der jede mögliche Ziel- und Gesetzeserfüllung übersteigt. Das, worauf wir antworten, besteht nicht in etwas, das fehlt, das also in einer Ordnung bereits vorgesehen und vorgezeichnet ist, es besteht in einem Außerordentlichen, das diese Ordnungen durchkreuzt.«[66] Beim antwortenden Geben ist nicht so sehr entscheidend, *was*, sondern, *daß* gegeben wird. Das zu Gebende ist – um M. Heideggers Terminologie zu gebrauchen – weder ein Vorhandenes noch ein Zuhandenes, es entsteht erst im responsiven Gebeereignis selbst; in diesem »erfindet man, was man antwortet; man erfindet aber nicht, worauf man antwortet«[67]. Im antwortenden Geben gibt man folglich – so läßt sich paradox formulieren – das, was man nicht hat.[68]

So kommt es zu einer *Verdoppelung* von Geben und Nehmen, zu einem nehmenden Geben und einem gebenden Nehmen: Das antwortende Geben, das einen Anspruch *vernimmt*, kommt von einem Nehmen her; dieses ist aber »kein *Ansichnehmen*, kein Bekommen oder Erhalten, sondern ein *Aufsichnehmen* und *Übernehmen*«; genauer: »ein In-Anspruch-genommen-Sein«[69]. Wer antwortend gibt, ist *eingenommen* vom fremden Anspruch. Aber auch auf der Empfängerseite kommt es beim Entgegennehmen zu einem Geben, einem Antworten auf den Anspruch, der in der Gabe liegt. Waldenfels unterscheidet hier – wiederum das *Nehmen*, nicht, wie man erwarten könnte, das *Geben* im Nehmen spezifizierend – zwischen »einem Ansichnehmen als *Annehmen* oder *Entgegennehmen* und einem Ansichnehmen als *Entnehmen*, das jederzeit in ein Entreißen oder Ansichreißen übergehen kann. Etwas *von jemandem* empfangen, bedeutet mehr als Sich-etwas-nehmen.«[70] Es ist also die Art und Weise des Nehmens, es ist das Moment der *Rück-*

---

66 A.a.O., 609.
67 Un-ding der Gabe, 402.
68 Zum Ausdruck »geben, was man nicht hat«, der sich auch bei M. Heidegger, J. Lacan und J. Derrida findet, vgl. *B. Waldenfels*, Antwortregister, 620; Un-ding der Gabe, 402; zur Bedeutung des Diktums bei Lacan und Derrida: *H.-D. Gondek*, »Zu geben, was man nicht hat«, in: RISS. Zeitschrift für Psychoanalyse 35 (1996), 91-114. Zur theologischen Auslegung des Diktums s. u. Kapitel IV.
69 Antwortregister, 614.
70 A.a.O., 615.

sicht auf die Gebende, es ist der *personale* Aspekt im Gebeereignis, der das Nehmen zu einem gebenden Nehmen macht und so einer Aneignung der Gabe widersteht.

Die chiastische Verschränkung von Geben und Nehmen macht es unmöglich, Aktivität und Passivität bzw. Rezeptivität einseitig Gebenden oder Empfangenden zuzuordnen; auch geht es nicht um einen bloßen Rollentausch zwischen Gebenden und Nehmenden, sondern »Antworten heißt: ich gebe, *indem* ich nehme, und ich nehme, *indem* ich gebe«[71]. Dieses responsive Verständnis könnte einen Weg aus der Scham weisen, die die milde Gabe bei Gebenden wie Nehmenden hervorruft. Nehmendes Geben und gebendes Nehmen verunmöglichen einen gönnerhaften Spendergestus ebenso wie eine demütigende, schuldbesetzte Empfängerhaltung. Wer gibt, ist nicht zwangsläufig in der stärkeren Position, denn »dem Geben [wohnt] ein Nehmen inne als eine 'innere Schwäche', die verhindert, daß der Gebende je vollends der Gebende ist«[72].

Mit dem responsiven Geben, der Verschränkung von Geben und Nehmen und dem Überschuß des Gebens über das Gegebene hinaus meldet sich bei B. Waldenfels M. Mauss' »Geist der gegebenen Sache«[73] in veränderter Gestalt zurück – nicht als die bezwingende Kraft der Gabe selbst, sondern als unauflösbarer Bezug der Gabe auf das Ereignis des Gebens, das über sie hinausgeht. Waldenfels setzt Mauss' Lösung des Rätsels der Gabe erneut ins Recht. Doch nicht in die Gabe, sondern in das Geben gibt sich, wer gibt, hinein. Wo sich das Geben nicht auf eine vorgegebene Gabe berufen kann, wo das, was sich *gibt*, sich erst im Ereignis des Gebens selbst *ergibt*, bleibt das Geben eine riskante Angelegenheit. Auch das Schenken bleibt angefochten von der Ambivalenz der Gabe. »Ein Geben, mit dem jemand gibt, was er nicht bereits hat, in dem er als jemand auftritt, der er nicht schon ist, [...] steht auf keinem festen Grund. Es stellt sich dar als ein Geben à fonds perdu, [... das] auf nichts bauen und nichts zählen kann, ohne seine 'Seele' zu verlieren.«[74] Gerade der Übergang vom eigenen Geben zum fremden Nehmen und umgekehrt markiert die Schwelle, wo jedes Geschenk seine Außer-ordentlichkeit verlieren und zu einer geschuldeten Gabe werden kann.

71 Ebd.
72 Un-ding der Gabe, 402.
73 *M. Mauss*, Gabe, 31 ff; vgl. *B. Waldenfels*, Antwortregister, 621.
74 Antwortregister, 622.

Wenn B. Waldenfels das *Uneinklagbare* eines solchen ungeschuldeten und unentgeltlichen, irreziproken und überflüssigen Gebens
schließlich am Geben des Wortes im *Versprechen* und in der *Vergebung*,
in der *Bitte* und im *Dank* veranschaulicht[75], stellt er selbst die Weichen
für eine theologische Rezeption seiner responsiven Phänomenologie
von Geben und Nehmen.

III. Vorgabe, Weitergabe und Rückgabe:
   Das paulinische Kollektenprojekt

»*Die Kollekte ist heute bestimmt für* ...« Ebenso selbstverständlich wie die
Predigt und der Segen gehört die Kollekte zu jedem Gottesdienst.
Kurze Informationen über den jeweiligen Kollektenzweck sind wie die
Mitteilung über die Höhe der im vorausgegangenen Gottesdienst ge-
sammelten Spende und der förmliche Dank für sie fester Bestandteil
der Abkündigungen. Die landeskirchlichen Empfehlungen zu den
Kollektenprojekten entlasten PfarrerInnen davon, nach eigenen Be-
gründungen für eine großzügige Gabe suchen zu müssen. So können
sie sich damit begnügen, die Spendenbereitschaft der Gemeindeglieder
theologisch zu *motivieren*, sei es durch einen Segenswunsch wie »*Gott segne
Geber und Gaben!*« oder einen Bibelvers wie »*Einen fröhlichen Geber hat
Gott lieb!*« (2Kor 9,7). Doch so selbstverständlich es in wohl jedem unserer Gottesdienste eine Kollekte gibt, so wenig wird sie für gewöhnlich zum Anlaß theologischer Reflexion. Sie ist Gegenstand der *Ab-
kündigung, aber nicht der Verkündigung.* Fragen wie: Warum gehört
sie in den Gottesdienst? Was verbindet sie mit den übrigen Elementen
der Liturgie? Ja, inwiefern ist sie selbst Gottesdienst – im doppelten
Sinne des Wortes, nämlich wie dient uns Gott und dienen wir umgekehrt Gott mit ihr? – brauchen nicht beantwortet zu werden, weil sie
gar nicht gestellt werden.
   Dabei bedürfte schon die aus ihrem (doppelten) biblischen Kontext
gerissene und inflationär gebrauchte Erinnerung an den von Gott ge-
liebten fröhlichen Geber eines theologischen Nachdenkens, das sie
aus ihrer Erstarrung zur bloßen Kollektenmotivationsfloskel befreien
könnte. »*Einen fröhlichen Geber hat Gott lieb!*« Versprechen PfarrerInnen
mit diesem Satz die Liebe Gottes als himmlischen *Lohn* für die irdische Freigebigkeit der Gemeinde? Geht's auch hier um einen Gaben-

---

75 Vgl. a.a.0., 622-626.

tausch? Und wer oder was ist eine fröhliche Geberin, ein heiterer Geber? Gibt er aus einer heiteren Stimmung heraus? Macht sie das Geben fröhlich? Weckt die Aussicht auf die (himmlische) Gegengabe seine Heiterkeit? Ist es eine, die mit einem Lachen auf den Lippen *und* im Herzen gibt? Jemand, der keinen Gedanken daran verschwendet, ob er gleich viel oder überhaupt etwas zurück bekommt? Eine, die zwanglos, also freiwillig gibt? Oder gar einer, der von dem gibt, was ihm selbst nicht gehört?

Was bedeutet es, dass dieses Zitat, das im Kontext von 2Kor 8–9 zu interpretieren wäre, selbst schon ein Zitat ist, das Paulus aber nicht wörtlich, sondern gegenüber dem Wortlaut von Prv 22,8aá LXX: – *»Einen heiteren Mann und Geber segnet Gott.«* – zumindest im Blick auf das Prädikat entscheidend verändert wiedergibt? Verleitet die Liebe Gottes weniger zum Lohngedanken als sein Segnen? Will Paulus die Erwartung einer materiellen Gegengabe, die mit dem Segen eher als mit der Liebe assoziiert wird, ausschließen?

Eine *Theologie der Kollekte*, insbesondere im engeren Sinn von *Theologie* als Gotteslehre (als das, was Gott uns lehrt und was wir über Gott lehren), versteht sich gerade nicht von selbst. Wer das *Kollektengebet*, das im Eingangsteil des Gottesdienstes der Sammlung der Gemeinde, der Ausrichtung ihrer Aufmerksamkeit auf die Schriftlesung und Predigt dient, immer noch mit der pekuniären Kollekte in Verbindung bringt, erntet dafür nur ein verwundertes Kopfschütteln oder ein amüsiertes Lächeln. Doch nur vordergründig liegt hier ein Mißverständnis vor. Die vermeintlich Sachkundigen und Besserwissenden entpuppen sich als die, die voneinander trennen, was theologisch und liturgisch zusammengehört. Denn schon die sprachliche Übereinstimmung kann als ein deutliches Indiz für die Kollekte als ureigenes Anliegen des Evangeliums gehört werden: Aus der Sammlung auf das Wort Gottes folgt die Sammlung des Geldes, aus der Teilhabe am verkündigten Evangelium das Teilen mit denen, die nicht genug haben. Beides verbindet sich mit dem *communio*-Gedanken als dem dritten Aspekt der Kollekte, der Versammlung der Gemeinde: Die *Einheit* der Gemeinde, die – über die Grenzen der Parochie hinaus – im gemeinsamen Hören auf das Wort Gottes *konstituiert* wird, soll sich in einer (weltweiten) Gütergemeinschaft bewähren.

Dass es beim Umgang mit *Geld* um keine andere *Gerechtigkeit* als die geht, von der in der *Rechtfertigungslehre* die Rede ist – eben dies läßt sich kaum irgendwo so mit Händen greifen wie in der leidenschaftlichen theologischen Argumentation, mit der der Apostel Paulus bei der korinthischen Gemeinde für die Beteiligung an der Kollekte der heiden-

christlichen Gemeinden für die JudenchristInnen in Jerusalem wirbt
(2Kor 8-9). Die (systematisch-)theologische Vernachlässigung dieser
beiden Kapitel steht in krassem Widerspruch zu dem Gewicht, das das
Kollektenprojekt in der Theologie und Biographie des Paulus hat. Je
länger je mehr ist für Paulus die Jerusalemer Kollekte, auf die er sich
beim Apostelkonzil verpflichtet hat[76], zum Kriterium für die Wirkung
des Evangeliums an die Völkerwelt geworden. Er bindet den Erfolg
und den Sinn seines Lebenswerks an das Gelingen dieser Kollekte. Im
gerechten Güterausgleich zwischen den Gemeinden muß seine *Rechtferti-
gungs*botschaft ihre Glaubwürdigkeit und Überzeugungskraft erweisen.
Die Kollekte ist in den Augen des Paulus die entscheidende Bewäh-
rungsprobe, der Praxistest für die Predigt von einer Gerechtigkeit
Gottes, die nicht aus Werken des Gesetzes kommt, aber zum Tun des
Gerechten befreit:

2Kor 8:

»(1) Wir teilen euch aber, [Schwestern und] Brüder, die *charis* Gottes mit, die
den Gemeinden Makedoniens gegeben worden ist: (2) Dank der reichen Bewährung in Bedrängnis sind der Überfluß ihrer Freude und ihre tiefgehende
Armut übergeströmt in den Reichtum ihrer schlichten Güte. (3) Denn nach
Kräften, ich bezeuge es, und über ihre Kräfte freiwillig (4) baten sie uns in in-
ständigem Ersuchen um die *charis*, am diakonischen Werk für die Heiligen
Gemeinschaft haben zu dürfen, (5) und das nicht nur so, wie wir gehofft hatten, sondern sie gaben sich selbst – in erster Linie dem Herrn und [dann] uns
nach dem Willen Gottes. (6) Daraufhin haben wir Titus das Mandat übertragen, er möge, so wie er diese *charis* begonnen hat, sie auch bei euch vollenden.
(7) Wie ihr aber nun in allem überströmt, in Treue und Wort und Erkenntnis
und jedem Eifer und der Liebe, die von uns [ausgehend] in euch ist, so strömt
auch in dieser *charis* über! – (8) Nicht als Befehl sage ich [das], sondern um
durch den Eifer anderer auch die Echtheit eurer Liebe zu erproben. – (9) Ihr
kennt ja die *charis* unseres Herrn Jesus Christus: Er, der reich ist, wurde um
euretwillen bettelarm, damit ihr durch seine Armut reich würdet. (10) Auch in
dieser Angelegenheit gebe ich [nur] eine Meinung wieder: Dieses nämlich ist
für euch von Nutzen, die ihr nicht nur das Tun, sondern auch das Wollen früher, vor Jahresfrist, begonnen habt: (11) Vollendet nun aber auch das Tun,
damit wie die Bereitwilligkeit so auch das Vollenden sei – entsprechend dem,
was ihr besitzt. (12) Wenn nämlich die Bereitschaft vorhanden ist, so ist die

---

76 Umstritten ist, ob es sich dabei um eine Selbst- oder eine Fremdver-
pflichtung handelt. Zur Geschichte des paulinischen Kollektenprojekts
vgl. *D. Georgi*, Der Armen zu gedenken. Die Geschichte der Kollekte des
Paulus für Jerusalem, 2. durchgesehene und erweiterte Aufl., Neukirchen-
Vluyn 1994.

Gabe willkommen entsprechend dem, was einer besitzt, nicht entsprechend dem, was einer nicht besitzt. (13) [Ich sage das] nämlich nicht, damit andere Erleichterung haben, ihr aber in Bedrängnis geratet, sondern aufgrund von Gleichheit. (14) In der Jetztzeit helfe euer Überfluß dem Mangel jener ab, damit auch der Überfluß jener eurem Mangel abhelfe, auf dass Gleichheit entstehe, (15) wie geschrieben steht: *'Wer viel [gesammelt hatte], hatte keinen Überfluß, und wer wenig [gesammelt hatte], hatte keinen Mangel'* (Ex 16,18). (16) *Charis* aber sei Gott, der Titus denselben Eifer für euch ins Herz gibt, (17) denn er hat das Mandat angenommen und ist, weil er besonders eifrig ist, freiwillig zu euch abgereist. (18) Wir senden euch aber mit ihm den Bruder, dessen Lob in Sachen Evangelium durch alle Gemeinden [geht], (19) und nicht allein [das], sondern der auch von den Gemeinden gewählt wurde als unser Reisebegleiter in dieser *charis*, die von uns besorgt wird, um dem Herrn selbst Gewicht zu geben, und um unsere Bereitschaft zu erweisen. (20) Dabei suchen wir dies zu vermeiden, dass irgend jemand uns verdächtigt angesichts dieser (Gaben-) Fülle, die von uns besorgt wird, (21) denn wir sind bedacht auf Gutes, nicht allein vor dem Herrn, sondern auch vor den Menschen. (22) Wir haben aber mit ihnen unseren Bruder geschickt, den wir in vielen Lagen oftmals als eifrig erprobt haben, der nun aber [noch] viel eifriger ist in großem Vertrauen zu euch. (23) Was Titus betrifft: er ist mein Genosse und Mitarbeiter bei euch; was unsere Brüder betrifft: sie sind Abgesandte der Gemeinden, Ruhm Christi. (24) Deshalb erbringt ihnen gegenüber den Erweis eurer Liebe und [der Berechtigung] unseres Euch-Rühmens im Angesicht der Gemeinden.

2Kor 9: (1) Über den Dienst an den Heiligen euch zu schreiben, erscheint mir eigentlich überflüssig, (2) denn ich kenne eure Bereitschaft, die ich um euretwillen gegenüber den Makedoniern rühme, [nämlich] dass Achaia vorbereitet ist seit Jahresfrist; und euer Eifer hat die meisten [dort] angespornt. (3) Gleichwohl habe ich die Brüder geschickt, damit unser Rühmen um euretwillen in diesem Punkt nicht ins Leere gehe, damit ihr, wie ich [schon] sagte, vorbereitet sein mögt, (4) auf dass nicht etwa wir – um nicht zu sagen: ihr – in dieser Situation blamiert werden, wenn die Makedonier mit mir eintreffen und euch unvorbereitet finden. (5) So hielt ich es nun für nötig, den Brüdern das Mandat zu übertragen, zu euch vorauszureisen und eure versprochene Segensgabe vorher zurechtzumachen, damit diese bereit sei – als eine Gabe des Segens und nicht als eine Gabe der Habsucht. (6) Dies aber [gilt in der Regel]: Wer zurückhaltend sät, wird auch zurückhaltend ernten; und wer auf Segensgaben hin sät, wird auch auf Segensgaben hin ernten. (7) Jeder [gebe], wie er es sich in seinem Herzen vorgenommen hat – nicht aus Unlust oder aus Zwang, denn *'einen fröhlichen Geber liebt Gott'* (nach Spr 22,8). (8) Gott aber vermag jede *charis* zu euch überströmen zu lassen, damit ihr – in allem allezeit vollauf Genüge habend – überströmt zu jedem guten Werk, (9) wie geschrieben steht: *Er hat ausgestreut, er gab den Armen. Seine Gerechtigkeit bleibt in Ewigkeit'* (Ps 111,9 LXX). (10) Der aber *'Samen dem Säenden und Brot zur Speise'* (Jes 55,10) gewährt, wird [auch euch Samen] gewähren und euren Samen mehren und wachsen lassen die Früchte eurer Gerechtigkeit. (11) Ihr werdet reich gemacht zu jeder schlichten Güte; und die bewirkt durch uns Dank für Gott. (12) Denn das diakonische Werk dieses Gottesdienstes füllt nicht nur den Mangel der Heiligen auf, sondern schafft darüberhinaus für Gott Überfluß durch viele Dankgebete. (13) Wegen der Bewährung in diesem diakonischen Werk verherrlichen sie[77] Gott für den Gehorsam eures Bekenntnisses zu dem Evangelium des Christus und die schlichte Güte der Gemeinschaft zu ihnen und zu allen. (14) Und in ihrem Gebet für euch sehnen sie sich nach euch wegen der überschwänglichen *charis*, die Gott euch erwiesen hat. (15) *Charis* aber sei Gott für seine unbeschreibliche Gabe!«[78]

Es ist wiederholt aufgefallen, dass Paulus in 2Kor 8-9 – anders als in 1Kor 16,1f[79] – kein einziges Mal den Terminus technicus für »Kollek-

77 Gemeint sind die Jerusalemer MitchristInnen als die EmpfängerInnen der Kollekte.

78 Ich gehe in meiner gabentheologischen Auslegung von 2Kor 8-9 von der literarischen Einheit des Textes in seiner kanonischen Endgestalt aus. In der Forschung sind sowohl der Zusammenhang, die zeitliche Abfolge und die(selbe) Adressierung dieser beiden Kapitel wie auch ihre (jeweilige) Zuordnung zu verschiedenen Teilen der beiden Korintherbriefe umstritten (vgl. dazu den Überblick bei *U. Schnelle*, Einleitung in das Neue Testament (UTB 1830), Göttingen 1994, 101-111, und besonders *H.-D. Betz*, 2. Korinther 8 und 9. Ein Kommentar zu zwei Verwaltungsbriefen des Apostels Paulus. Aus dem amerikanischen Englisch übersetzt und für die deutsche Ausgabe redaktionell bearbeitet von Sibylle Ann, Gütersloh 1993, 25ff, 251ff). Überzeugende Gründe für die literarische und theologische Einheitlichkeit des Textes nennen *Ph. Bachmann*, Der zweite Brief des Paulus an die Korinther (KNT VIII), Leipzig/Erlangen ⁴1922, 335f; *Chr. Wolff*, Der zweite Brief des Paulus an die Korinther (ThHK NT 8), Berlin 1989, 162-166; *H.-M. Wünsch*, Der paulinische Brief 2Kor 1-9 als kommunikative Handlung. Eine rhetorisch-literaturwissenschaftliche Untersuchung (Theologie 4), Münster 1996, 54-62. Die beiden Kapitel sind in jüngster Zeit vor allem unter rhetorischen und kommunikationstheoretischen Gesichtspunkten analysiert worden (vgl. die genannten Arbeiten von H.-D. Betz und H.-M. Wünsch). Für meine biblisch- und systematisch-theologische Interpretation verdanke ich wichtige Anregungen der Studie von D. Georgi »Der Armen zu gedenken«, die die zahlreichen traditionsgeschichtlichen Motive (bes. aus der jüdischen Weisheitsliteratur) erhellt.
Für ein Gespräch mit der exegetischen Literatur zu 2Kor 8-9, das hier aus Platzgründen nicht möglich ist, verweise ich auf die in Anm. 13 angekündigte Arbeit.

79 Zur Kollekte für Jerusalem vgl. außer 2Kor 8-9 auch 1Kor 16,1-4; Röm 15,25-29 und Gal 2,10. In 1Kor 16,1-4 wird die Kollekte als *logeia* (V.1f) und *charis* (V.3) bezeichnet; in Röm 15,26 heißt sie *koinônia*, und der Ein-

te«, nämlich *logeia*, gebraucht, sondern von ihr vor allem als *charis* (Gnade, Heil, Liebe, Dank, Schönheit, Anmut ...), dann aber auch als *eulogia* (Segen), *koinônia* (Gemeinschaft), *diakonia* (Dienst – an den Mitmenschen) und *leitourgia* (Gottesdienst) spricht: Die gesammelten Gaben der korinthischen wie der makedonischen Gemeinden sind also Gnaden-, Liebes- und Segensgaben. In ihnen bewährt sich die Gemeinschaft der ChristInnen untereinander ebenso wie ihre Gemeinschaft mit Gott; als diakonisches Werk an den Heiligen in Jerusalem sind sie zugleich Gottesdienst. Meine gabentheologische Auslegung folgt diesen Bezeichnungen der Kollekte.

1. *»Wir teilen euch die charis Gottes mit* ...« – oder:
   Grazie, der Inbegriff göttlichen und menschlichen Gebens

Den unauflöslichen Zusammenhang von göttlicher Gerechtigkeit, der Rechtfertigung *sola gratia* und dem gerechten Tun des Menschen bringt Paulus in 2Kor 8-9 unüberbietbar dadurch zum Ausdruck, dass er göttliche und menschliche Gaben, göttliches Geben und Nehmen und menschliches Nehmen und Geben[80] auf ein und denselben Begriff bringt: *charis*. *Charis* ist das Leitmotiv der paulinischen Werbekampagne für die Jerusalemer Kollekte.[81] Es meint in seinem profanen Sinn »das freie, unerzwingbare, glückhaft geschenkte Offensein füreinan-

---

satz für sie ist *leitourgia* (V.27); nach Gal 2,10 drückt sich in ihr das *Gedenken* an die Jerusalemer MitchristInnen aus.

80 Die unterschiedliche Rolle Gottes und der Menschen im wechselseitigen *Gebe*ereignis (wiederum: nicht *Gabe*ereignis! vgl. oben II.4) besteht nicht darin, dass dem gebenden Gott (der in seiner Selbstgenügsamkeit eines Nehmens gar nicht bedürfe) die empfangenden Menschen gegenüberstehen; vielmehr gibt es auf beiden Seiten Geben und Nehmen – aber in genau umgekehrter Reihenfolge: Gott gibt und nimmt; sein Nehmen ist immer zugleich ein gebendes Nehmen. Die Menschen nehmen und geben; ihr Geben ist nicht anders denn als nehmendes Geben möglich. So ist wohl auch jene schroff wirkende Liedzeile von *Cornelius Fr. A. Krummacher* »... nichts hab ich zu bringen, alles, Herr, bist du!« (eg 407,3) nicht so zu verstehen, dass Menschen Gott gar nichts geben können, sondern dass sie ihm nur das bringen können, was sie zuvor von ihm entgegengenommen haben, dass das, was *sie* ihm geben, *seine* Gaben sind und bleiben (vgl. dazu unten Abschnitt IV.).

81 Vgl. 2Kor 8,1.4.6f.9.16.19; 9,8.14f.

der«[82]. Sein theologisches Bedeutungsspektrum reicht von »Gnade«,
»Gunst« und »Heil« über »Dank« bis zu »Schönheit« und »Anmut«. In
2Kor 8-9 ist *charis* ein Synonym für die Kollekte als eines Kooperati-
ons- und wechselseitigen Gabeprojekts zwischen Gott und den Menschen. *Charis* bezeichnet hier *zunächst* die *Vorgabe* der göttlichen Gnade
und Gunst (8,1; 9,14), die der Gemeinde in der Menschwerdung Gottes in Jesus von Nazareth zugeeignet worden ist (8,9), sie überreich
begabt hat (8,7) und je neu so beschenkt, dass sie selbst nicht nur Genüge, sondern Überfluß hat und darum ihre Begabungen mit anderen
teilen kann (9,8). *Charis* meint sodann das *Weitergeben* dieser göttlichen
Vorgabe zwischen den Gemeinden, ihre Mitarbeit in Sachen Kollekte
(8,4.6.19), die die Gemeinschaft unter den beteiligten heidenchristlichen Gemeinden wie mit den JudenchristInnen in Jerusalem konstituiert und verstärkt. Auch die Beteiligung am Kollektenprojekt ist *charis*, Gnade. Und schließlich bringt *charis* die Gabe auf den Begriff, die
Gott selbst von menschlicher Seite zurückempfängt: den *Dank* (8,16;
9,15). In der Bewegung des paulinischen Textes kehrt die von Gott
ausgegangene *charis* (8,1) zu Gott zurück (9,15). Die göttliche Vorgabe
an die Menschen wird zur menschlichen Gegengabe an Gott. In ihren
Dankgebeten geben Menschen an Gott zurück, was sie von ihm empfangen haben. Sie geben ihm seine Gaben als ihre Gaben – und doch
zugleich mehr, denn in den zwischengemeindlichen Gebeereignissen
hat sich die göttliche *charis* angereichert: Aus der *charis* ist die *eu-charistia* (9,11f) geworden. Deren buchstäblich offenkundiger Mehrwert ist
aber gerade nicht durch Akkumulation der Gaben, sondern durch deren gerechte Verteilung entstanden. So notwendig dem Geben ein
Nehmen entsprechen muß – die Betonung liegt hier nicht auf dem
Nehmen, sondern auf dem Anteilgeben an den empfangenen Begabungen, also auf deren erneuter (zumindest partieller) Verausgabung.

Gehören für Paulus in 2Kor 8-9 im Begriff der *charis* Gott und
Geld, Gottes Großzügigkeit und menschliche Freigebigkeit, Gnade
und Gerechtigkeit »zuhauf«, so ist zugleich zu berücksichtigen, dass
charis nicht nur den *Inhalt* der göttlichen Gabe, sondern auch die *Art
und Weise* des göttlichen Gebens ausmacht: Gott gibt seine Grazie
(gratia), und dieses Geben ist selbst graziös. Gott gibt (mit) Charme.
Seine Gaben sind voller Anmut, und er gibt sie auf anmutige Weise.
Gnade und Schönheit, Soteriologie und Ästhetik werden im Begriff

---

82 *K. Berger*, Art. »charis: Gnade, Dank, Ansehen«, in: EWNT 3, Stuttgart u.a.
²1992, 1095-1102, Zitat: 1096.

der *charis* zusammengehalten. Entsprechendes gilt für Ethik und Ästhetik. Das Kollektenprojekt des Paulus hat Charme, wo sich in ihm die Gerechtigkeit Gottes als gerechte Güterverteilung zwischen den Gemeinden irdisch realisiert. Gerechte Gaben sind schön und machen schön. Das Geben soll der Anmut nicht entbehren. Geiz, Unlust und Zwang (9,5-7) würden seine Schönheit zerstören, es häßlich machen.

Charis, das theologisch, christologisch-soteriologisch und ekklesiologisch geradezu überdeterminierte Leitwort des paulinischen Kollektenschreibens ruft den Gesang in Erinnerung, den die *Grazien*, die *Chariten*, in Goethes Faust II auf die Trias eines anmutigen Geben, Empfangen und Danken[83] anstimmen. Seine zweite Zeile hat diesem ersten Band der Jabboq-Reihe den Titel gegeben:

»Aglaia:	Anmut bringen wir ins Leben;
	Leget Anmut in das *Geben*.
Hegemone:	Leget Anmut ins *Empfangen*,
	Lieblich ist's, den Wunsch erlangen.
Euphrosyne:	Und in stiller Tage Schranken
	Höchst anmutig sei das *Danken*.«[84]

Eng verbunden mit dem Leitwort der *charis* und nicht weniger gehäuft begegnen Motive des Überflusses, Überströmens, Überreichseins (8,2.7.14; 9,1.8.12), die verstärkt werden durch andere Worte, die Reichtum und Fülle ausdrücken (8,1.9.15.20; 9,11) und durch einen gehäuften Gebrauch von Pronomina wie »alle/s«, »jeder«, »vieles« (8,7.15.22; 9,8.11.13) bis hin zu entsprechenden Wortspielen (8,22; 9,8). Dieser Befund macht überdeutlich, dass im Zentrum der paulinischen Argumentation das verschwenderische Anwachsen, das Überreichwerden und Überfließen der Gabe der *charis* steht. Unterwegs, genauer: auf dem Weg von Gott (8,1) zu Gott (9,15) reichert sich die *charis* an – und zwar dadurch, dass Menschen die von Gott empfangenen Gaben miteinander teilen. Dabei geht es keineswegs nur um das Teilen des Lebensnotwendigen, sondern um Teilhabe an der göttlichen Lebens*fülle*. Was Inbegriff der Zuwendung Gottes ist: Gnade, wächst unter den Menschen durch Partizipation, durch gerechte Güterverteilung. Angereichert mit der Bewährung der Gemeinden im Dienst an ihren MitchristInnen und an Gott, mit Erfahrungen von

---

83 In diesem Dreiklang läßt sich unschwer M. Mauss' dreifache Verpflichtung zum Geben, Nehmen und Erwidern der Gabe wahrnehmen, stellt doch die Dankbarkeit *die* symbolische Form der Gegengabe dar.

84 *J.W. v. Goethe*, Faust II, 1, 5299-5304 (Hervorhebung M.F.).

Gemeinschaft, in denen Gerechtigkeit geschieht, wechselseitiges Teil-
geben und Teilnehmen am Leben und allen seinen Gütern, kehrt die
charis zu ihrer Quelle zurück, macht Gott selbst überreich und bewirkt
neuen Überfluß bei Gott (9,12).

Indem Paulus die Sammlung für die »Heiligen« in Jerusalem vor allem als *charis* bezeichnet, erinnert er daran, dass die heidenchristlichen
Gemeinden in Makedonien, Achaia und Korinth nichts anderes geben
können, als was sie selbst empfangen haben. Nur Geschenktes haben
sie zu teilen. Ihre Gaben stammen aus den Begabungen, die ihnen
Gott verliehen hat. Auch ihre Kollekte ist »Gnade«, nicht selbstver-
dient, nicht selbstgemacht, nicht einfach verfügbar. Auch hier könnte
Paulus fragen: »*Was aber hast du, das du nicht empfangen hast?*« (1 Kor 4,7).
Es gibt kein zwischenmenschliches Geben ohne ein vorgängiges
Nehmen der göttlichen Gaben. Jedes Geben unter Menschen ist immer ein nehmendes Geben, das sich selbst dem göttlichen Geber und
seiner unbedingten Vorgabe verdankt. Eben darin unterscheiden sich
göttliches und menschliches Geben, auch dann wenn sie auf denselben Begriff gebracht werden.

Identifiziert Paulus die Kollekte als *charis*, dann bezeugt er damit einen unauflösbaren Zusammenhang, ein Entsprechungsverhältnis zwischen göttlichem und (zwischen)menschlichem Tun. Die *charis* ist Inbegriff der heilvollen Zuwendung Gottes zum Menschen, seiner freien
und ungeschuldeten, dem Menschen ohne Vorleistung eben »gnädig«,
»gratis« zukommenden Begabung mit allen Gütern. Paulus erinnert die
korinthischen ChristInnen daran, dass ihnen diese *charis* im Messias
Jesus zuteil geworden ist (8,9): Der Weg Jesu von Nazareth ist als
Selbsthingabe Gottes der tiefste Ausdruck der göttlichen *charis*. In der
Person Jesu hat Gott seine Gottheit riskiert, sich vorbehaltlos auf das
irdische Leben eingelassen, seine Gefährdung, seine Abgründe, seine
Armut, Erbärmlichkeit und Ohnmacht bis in den Tod auf sich genommen, damit wir an seiner Lebensfülle Anteil bekommen.[85] Nur
weil Gott seine *charis* nicht zurückgehalten, sich nicht selbst vorbehal-
ten hat, sondern sie im Juden Jesus von Nazareth auch den Menschen
aus der Völkerwelt mitgeteilt hat, ist ihnen ein Leben in *autarkeia* (9,8),

---

85   In der Menschwerdung wird die Selbsthingabe Gottes zu einem *nehmenden
     Geben*, also zur menschlich-geschöpflichen Art des Gebens, bei dem das
     Nehmen – so *B. Waldenfels* – »kein *Ansichnehmen*, kein Bekommen oder
     Erhalten, sondern ein *Aufsichnehmen* und *Übernehmen*« (Antwortregister,
     614) bedeutet.

ein autarkes Leben möglich. Gottes *charis* begabt menschliches Leben
so, dass es *Genüge* haben kann. Gemeint ist damit aber gerade keine
Selbstgenügsamkeit. Es geht vielmehr um ein solches Sich-genug-sein-
Lassen an den göttlichen Begabungen, das in der Situation eines
Mehr-als-genug nicht in *Überdruß* verfällt, sondern den *Überschuß* wie
selbstverständlich als Anlaß zum Teilen be- und ergreift. Die Erkenntnis, dass sie ihr Leben mit allen seinen Gütern Gott verdanken,
führt – darauf setzt Paulus – dazu, dass die korinthischen ChristInnen
gar nicht mehr anders können, als sich an der Kollekte zu beteiligen;
und zwar sich in einer Weise zu beteiligen, mit der sie der »gratis« wi-
derfahrenen eigenen Begüterung durch Gott entsprechen. Wenn sie
die Einsicht in den Geschenkcharakter ihres eigenen Daseins zulassen,
dann können sie sich dem Teilen ihrer Güter nicht länger verweigern,
dann hat das aber auch eindeutige Konsequenzen für die Art und
Weise ihres Engagements in der Kollektensache:

Dem *charis*-Charakter der Kollekte entspricht eine durch und durch
freiwillige und *fröhliche* Beteiligung an ihr. Paulus wird nicht müde, die
Freiwilligkeit der Partizipation an der Sammlung zu betonen.[86] Wo die
Bereitwilligkeit der Gemeinden zum Spenden wie ihre Spenden selbst
als *charis* ausgewiesen werden, da sind sie unverfügbare Gaben Gottes,
die weder befohlen (8,8) noch erzwungen (9,7) werden können, die
aber auch nicht (aus Angst um den eigenen Besitz und die eigene Zukunft) zurückhaltend (9,6) und geizig (9,5) ausfallen bzw. aus Unlust
heraus (9,7) geschehen können. So läßt sich auch erklären, warum
Paulus sogar das Wollen dem Tun überordnet: Mit der ungewöhnlichen Reihenfolge »nicht nur das Tun, sondern auch das Wollen« (8,10)
hat sich Paulus keineswegs »ungeschickt ausgedrückt oder versprochen«[87], sondern präzise zum Ausdruck gebracht, dass es auch ein er-
zwungenes, lust- und begeisterungsloses Tun geben kann, welches
aber gerade nicht den Namen *charis* verdient. Freiwillige Spenden, die
diesen Namen verdienen, stellen sich gleichsam von selbst ein, wo das
eigene Hab und Gut als eine unverdiente Gabe Gottes wahrgenommen und zum Grund und Maßstab für die Gabe an andere wird
(8,11ff). Wo das der Fall ist, kann die Kollekte gar nicht anders denn
als freudig (8,2; 9,7), frei- und bereitwillig, aus eigenem (Herzens-)-
Entschluß (9,7) vollendet werden. Und umgekehrt gilt: Nur wo die
korinthische Gemeinde sich freiwillig an der Kollekte beteiligt, er-

86 8,11f; 9,2.6f; vgl. auch 8,3.17.19.
87 *H. Lietzmann*, An die Korinther I/II (HNT 9), Tübingen ³1931, 135.

kennt und anerkennt sie, dass sie ja nichts anderes gibt als das, was sie selbst »aus Gottes Grazie allein« (Kurt Marti) empfangen hat. Erst wo sie anderen gegenüber selbst *charis* übt, nimmt sie ihren Reichtum als Ausdruck göttlicher Begabung wahr. Auch als Spende der *Gemeinde* ist und bleibt die Kollekte *Gottes charis* (9,14) und gehört als solche zu »*seiner unbeschreiblichen Gabe*« (9,15).

Nun schließt aber die betont *freiwillige* Beteiligung am Kollektenprojekt keineswegs aus, dass es sich bei der Sammlung der korinthischen und makedonischen Gemeinden um *geschuldete Gegengaben* an die Jerusalemer MitchristInnen handelt. Daraus macht Paulus keinen Hehl, als er in seinem Brief an die RömerInnen auf die Kollekte zu sprechen kommt:

»Nun aber reise ich nach Jerusalem, den Heiligen dienend. Beschlossen haben nämlich Makedonien und Achaia, eine Sammlung zu veranstalten für die Armen der Heiligen, die in Jerusalem [leben]. Beschlossen haben sie [es] und sind [zugleich] deren Schuldner: Denn wenn die Völker an ihren geistlichen Gaben Anteil bekommen haben, dann sind sie auch schuldig, ihnen mit ihren leiblichen Gaben einen Gottesdienst zu erweisen« (Röm 15,25-27).

Wie in M. Mauss' Gabe-Essay, so kommen auch hier in der Kollekte für Jerusalem *Freiwilligkeit und Verpflichtung* zusammen: Die Kollekte ist die materielle Gegengabe für zuvor aus Jerusalem empfangene geistliche Gaben, nämlich die Verkündigung des Evangeliums. Die Veranstaltung der Kollekte entspringt dem eigenen Entschluß der heidenchristlichen Gemeinden und ist gleichwohl eine geschuldete Antwort auf die Vorgabe der Jerusalemer (wie Gottes). Dass eigene Bereitwilligkeit und Verpflichtetsein nicht in einen Gegensatz auseinander treten, hat auch hier seinen Grund darin, dass die Gabe selbst so bezwingend ist, dass die EmpfängerInnen nicht anders können, als sie weiterzugeben. Als *charis* sind die Gaben transparent auf Gott als ihren ursprünglichen und bleibenden Geber hin. Der Geist, der zum freiwilligen und fröhlichen Geben, Nehmen und Erwidern der Gaben »zwingt«, der die Kollekte zu einer Herzensangelegenheit (9,7; 8,16) macht, ist die Präsenz des göttlichen Gebers in ihnen.

2.   »*... auf dass Gleichheit entstehe!*« – oder: die Kollekte als *diakonia*

Röm 15,25ff hat als Intertext zu 2Kor 8-9 deutlich gemacht, dass es sich bei der Kollekte nicht um eine isolierte Spendenmaßnahme vertikaler Solidarität handelt, bei der die heidenchristlichen Gemeinden ausschließlich in der Rolle der Gebenden und die JudenchristInnen in

Jerusalem allein die Empfangenden sind, womit die Beschämung womöglich auf beiden Seiten bereits vorprogrammiert wäre, sondern um eine diakonische Aktion innerhalb eines *wechselseitigen* Gebeereignisses. Diakonie ist keine einseitige Hilfe und Fürsorge, die die Empfangenden nur demütigen kann. Diakonie lebt von der Einsicht, dass wir einander *gegenseitig* bedürfen, weil wir unterschiedlich begabt sind, weil niemand von uns für sich allein über alle Lebensmittel und -möglichkeiten verfügt, die ihm/ihr ein Leben in voller Genüge gewährleisten können. Bei der Kollekte handelt es sich nicht um Almosen reicher ChristInnen für ärmere und arme, sondern sie ist selbst schon *Gegen*gabe, ein nehmend-gebendes Antworten auf den Anspruch, der mit der Verkündigung des Evangeliums von Jerusalem an die Menschen in der Völkerwelt ergangen ist.

Die Einsicht in die wechselnden Rollen von Gebenden und Nehmenden vertieft sich, wenn als Ziel der Kollekte auf der ekklesiologischen Ebene ein Güterausgleich in den Blick kommt, der die vor Gott schon bestehende Gleichheit (9,13) auch ökonomisch realisiert (9,14).[88] Die vor Gott gleich sind, sollen es auch untereinander werden. In der gegenseitigen Teilgabe am Überfluß, die jeden Mangel aufhebt, soll sich die *Einheit* der Kirche bewähren und die Gemeinschaft zwischen juden- und heidenchristlichen Gemeinden und ihre Ver*antwort*ung füreinander vertiefen. Dabei geht es keineswegs darum, dass die korinthischen Gemeinden *jetzt* geben sollen, um *dann* zu einem späteren Zeitpunkt in die Rolle der Beschenkten zu kommen. Sondern gegenwärtig schon gibt es einen wechselseitigen Austausch: »*In der Jetztzeit (ho nûn kairos) helfe euer Überfluß dem Mangel jener ab, damit auch der Überfluß jener eurem Mangel abhelfe, auf dass Gleichheit entstehe*« (8,14). Auch die korinthischen ChristInnen werden beschenkt von den Jerusalemern, verdanken sie doch den judenchristlichen Gemeinden die Botschaft, dass sie als Menschen aus der Völkerwelt nun Zugang zum Gott Israels haben, in seine Segensgeschichte mit Israel hineinge-

---

88 Heißt es in 8,13 »aus/aufgrund von Gleichheit«, so in 8,14 »auf dass Gleichheit entstehe«; zum einen basiert also die paulinische Argumentation für die Kollekte auf einer schon bestehenden Gleichheit, zum anderen ist Gleichheit das Ziel des Güterausgleichs. In der Unterscheidung der *coram*-Relationen gehört beides zusammen: Wer *vor Gott* schon gleich ist, soll es auch *vor der Welt*, in irdischen Lebensverhältnissen in jeder Hinsicht sein.

nommen sind, sich auf seine Verheißungen berufen und sich an seine Weisungen halten können.

Ebensowenig handelt es sich hier um einen einmaligen Strom geistlicher Gaben (Röm 15,27) aus Jerusalem an die korinthischen Gemeinden in der Vergangenheit, also zum Zeitpunkt ihrer Erstbegegnung mit dem Evangelium, oder um eine judenchristliche Weiterbildungsmaßnahme für fortgeschrittene HeidenchristInnen in Sachen Evangelium in naher oder ferner Zukunft. Vielmehr bedürfen die heidenchristlichen Gemeinden »*in der Jetztzeit*«, und das heißt: in jeder neuen Gegenwart, der geistlichen Gaben aus Jerusalem. Sie bleiben für ihren Gottesdienst darauf angewiesen, beständig in die Schule Israels zu gehen. Mit ihrer Beteiligung am paulinischen Kollektenprojekt treten sie in den gegenseitigen Dienst, in das diakonische Werk füreinander ein und bezeugen öffentlich, dass sie SchuldnerInnen der Jerusalemer Gemeinde sind und bleiben.[89]

Wie die zu erzielende Gleichheit zu verstehen ist, illustriert Paulus, indem er aus Ex 16,18 zitiert: »*Wer viel gesammelt hatte, hatte keinen Überfluß; und wer wenig gesammelt hatte, hatte keinen Mangel.*« Nach Auskunft der Manna-Erzählung in Ex 16 stellt sich dieser Befund beim Messen der eingesammelten Nahrung ein, weil jede/r soviel gesammelt hat, wie sie oder er verzehren kann. Auf die paulinische Kollekte angewandt, heißt dies: Für die Gleichheit zwischen den Gemeinden gibt es kein Einheitsmaß, entscheidend ist die Orientierung am jeweiligen Bedarf. Jede Gemeinde soll zur Genüge mit den lebensnotwendigen Gütern, leiblichen und geistigen, versorgt sein. Keinen soll es am »täglichen Brot« – im umfassenden Sinn dieses Wortes – mangeln. Wird mit dem einen Zitat aber die gesamte Erzählung eingespielt, dann warnt Paulus damit vor einer Akkumulation des Überflusses, vor dem Zurückhalten und Horten dessen, was die reichen korinthischen ChristInnen (8,7; 9,11) nicht selbst verbrauchen können. *Vorbehaltlos*

---

89 Je nach Kairos wird bei den Gemeinden die Rolle der Gebenden oder Nehmenden überwiegen. 2Kor 8,14 deutet an, dass es dort, wo sich die göttliche *charis* im Teilen mehrt, auch zu einer Verwandlung der Zeit kommt: Die leeren Einheiten der chronologisch meßbaren, linearen Zeit werden zu *kairoi*, die den Einbruch von Gottes Ewigkeit in die irdische Zeit der Gemeinden markieren. Die den Menschen gegebene Zeit wird dadurch zum *kairos*, dass sie sie als Gelegenheit zur *charis* wahrnehmen und sie damit ins Licht der göttlichen *doxa* rücken.
Zur Kairos- Struktur von Gebeereignissen s. auch *H.-D. Gondek*, Zeit und Gabe.

sollen sie von ihrem *Überfluß* abgeben, dann werden sie zwar weniger, aber immer noch genug haben. Füllt ihr Überschuß nicht den Mangel anderer auf, werden die angesammelten Gaben auch für sie selbst unbrauchbar und ungenießbar. Zurückhaltendes, geiziges, habsüchtiges Verhalten (9,5-7) wird ihnen selbst nicht zugute kommen; es verdirbt die bei ihnen vorhandene Fülle an *charis*.

Nun handelt aber Ex 16 gar nicht vom Geben und Nehmen in *horizontaler* Solidarität, sondern von der *göttlichen* Gabe des täglichen Brotes in der Wüstenzeit. Die Vergegenwärtigung dieser Gotteserfahrung der Exodusgeneration erinnert die KorintherInnen daran, dass auch ihre Begabungen und Güter Gaben *Gottes* sind, die ihnen im Überfluß zukommen, damit sie selbst genug haben *und* das Überschüssige teilen, auf dass *alle* genug haben. Was in Ex 16 als Speise*wunder* geschieht, soll sich hier durch den zwischengemeindlichen Ausgleich von Überfluß und Mangel ereignen. Pointierter formuliert: Der Gabentausch zwischen heiden- und judenchristlichen Gemeinden *ist* ein (Speise-)Wunder. Der Verzicht auf den Überfluß, das Sich-genügen-Lassen am Genug-Haben versteht sich nicht von selbst; dazu bedarf es der theologischen Motivation, der Erinnerung an Erfahrungen mit der *providentia* des freigiebigen Gottes. Die Kollekte kann zur Exodus-, zur Befreiungserfahrung für alle Beteiligten, die Gebenden und die Empfangenden, werden. Und wenn nach sBar 29,8 die Wiederholung des Mannawunders ein Kennzeichen der messianischen Zeit ist, dann ist die Kollekte als *diakonisches* Projekt ein *messianisches* Tun, dann werden die, die sich an ihr beteiligen, für die Empfangenden zu messianischen Menschen, füreinander zum Christus.

Der Bezug auf Ex 16,18 ist eines von mehreren Schriftzitaten in 2Kor 8-9. Die Schrift aber gehört zu den *sacra*, von denen M. Godelier sagt, dass es sie zu *behalten* gilt, damit es überhaupt einen Gabentausch geben kann.[90] Indem Paulus aus der Schrift zitiert und damit sein intrinsisches Werben um den Abschluß einer großzügigen Kollekte in den korinthischen Gemeinden biblisch fundiert, behält und präsentiert er sie als unveräußerliche Gabe, die das Geben anderer Gaben allererst möglich macht, weil in ihr die Gewißheit um den unerschöpflich überströmenden Reichtum Gottes (9,8ff) aufbewahrt ist. Aus der Lektüre der Schrift gilt es je neu die Bereitwilligkeit zum Geben des Überflusses zu schöpfen. Ohne die wiederholte Vergewisserung der Freigebigkeit Gottes muß die freudige und herzliche Bereitschaft zum Geben verkümmern.

---

90 Vgl. oben Kapitel I.

Um einen gerechten Ausgleich zwischen Überfluss und Mangel zu er-
zielen, gibt Paulus nicht zuletzt konkrete Empfehlungen, was die Höhe der Spenden betrifft. Kriterium für den Umfang der Gaben soll der
eigene Besitz sein: Entsprechend dem Maß, mit dem sie selbst von
Gott begabt ist, soll sich die Gemeinde an der Sammlung beteiligen.
Die korinthischen ChristInnen sollen nicht soviel geben, dass sie
selbst nicht mehr genug haben (8,11ff). Paulus fordert sie gerade nicht
auf, »über Vermögen« abzugeben, wie dies die makedonischen ChristInnen aus freien Stücken getan haben (8,3). Und sie sollen auch
nicht bettelarm werden wie Christus (8,9). Paulus malt den KorintherInnen den radikalen göttlichen Besitzverzicht in der Person Jesu
nicht als Vorbild, sondern als Ermöglichungsgrund für ihre Beteiligung an der Kollekte vor Augen: »*Er, der reich ist, wurde um euretwillen
bettelarm, damit ihr durch seine Armut reich würdet.*« An diesem Reichtum
sollen sie die ärmeren Gemeinden partizipieren lassen. Ihre Grenze
hat diese Partizipation darin, dass die KorintherInnen nicht ihrerseits
in Bedrängnis geraten (8,13). Das Gefälle von Reichtum und Armut
soll zwischen den Gemeinden nicht auf den Kopf gestellt werden,
vielmehr zielt die Kollekte auf Genüge für alle.

Paulus verlangt *kein außerordentliches Geben* von seiten der korinthischen Gemeinden. Ihre Spende soll *in Ordnung* sein, nach Maßgabe des
je individuellen Besitzes erfolgen. Gleichwohl stellt er den AdressatInnen seines Briefes die außerordentliche Gabe Jesu (8,9) und Gottes
bleibend unerschöpfliches Geben (9,8ff) als freie, *gratis* geschehende
Vorgabe ihrer Beteiligung an der Kollekte und die außerordentliche
Gabe der makedonischen Gemeinden (8,1-5) als Anreiz und heraus-
forderndes Vorbild für eigene Freigebigkeit vor Augen. Die Kollekte
für die Jerusalemer MitchristInnen geht nicht auf in einem Tausch
materieller gegen geistliche Güter. In diesem in Röm 15,27 wie in
2Kor 9,14f angezeigten Gabentausch gibt es Einbruchstellen für ein
außerordentliches Geben[91], das sowohl die Tauschordnung zwischen
den Gemeinden wie auch die Bemessung der Gaben am eigenen Besitz durchbricht, indem es sich vom Geben Gottes motivieren läßt,
der »*jede charis überströmen zu lassen vermag*« (9,8). Es geht um den Ausgleich von Überfluß und Mangel zwischen den Gemeinden (8,14f),

---

91 Vgl. dazu vor allem unten Abschnitt III.4. Zu den Motiven, in denen sich
    »Spuren eines anderen Gebens«, nämlich jenseits der Ordnung des Tau-
    sches und des Vertrags, zeigen, zählt auch *B. Waldenfels* die *charis* bzw. *gra-
    tia* (Antwortregister, 608.620f).

aber es ist gerade nicht der Mangel der anderen, sondern die Wahrnehmung des eigenen Reichtums und Überflusses als *charis*, die die freiwillig und freudig gesammelte Gabenfülle für andere hervorruft. Inmitten der Verpflichtung zum Tausch der Gaben, des lebensnotwendigen Güterausgleichs blitzt ein Geben auf, das das geschuldete Maß und alle Erwartungen durchbricht und überbietet und davon lebt, dass Gott den freiwillig Gebenden »*in allem allezeit vollauf Genüge*« schenkt (9,8). Nur so ist es möglich, dass sich die makedonischen Gemeinden, wie Paulus nachhaltig beeindruckt zugeben muß, »*selbst gaben*« – und zwar zuerst Gott bzw. Christus und darin dann dem Kollektenprojekt (8,5)[92], sich also ohne Vorbehalt für die Kollekte engagierten, sie zu ihrer eigenen Sache machten.[93]

Paulus verstärkt sein theologisches Werben um den überfließenden Reichtum der korinthischen Gemeinde, indem er ihre Beteiligung an der Kollekte als ein *gerechtes Tun* ausweist, das der *Gerechtigkeit Gottes* selbst konform geht (9,8-10). Dass es sich bei der Sammlung für Jerusalem um ein menschliches Tun der Gerechtigkeit handelt, das Gottes Gerechtigkeit – hier in Gestalt seiner Parteinahme für die Armen – entspricht, legt sich durch das Zitat von Ps 111,9 (LXX) in 2Kor 9,9 nahe:

---

92 Auch hier wäre zu bedenken, ob die makedonischen Gemeinden zu dieser »Selbsthingabe« nicht nur deshalb fähig sind, weil sie sich ohnehin nicht selbst gehören. Ihr Sich-selbst-Geben könnte dann als Anerkennung ihres Sich-enteignet-Seins, ihrer Zugehörigkeit zu Gott, verstanden werden. Erwähnt sei in diesem Zusammenhang, dass *E.E. Evans-Pritchard* in seinem Vorwort zu Mauss' Gabe-Essay erwägt, ob dessen Grundthema nicht heißt, dass »man anderen gehört und nicht sich selbst« (*M. Mauss*, Gabe, 7).

93 Was ich hier zum Verständnis der Kollekte als *charis* ausgeführt habe, ließe sich ähnlich auch für ihre Qualifizierung als *eulogia*, als Segen/Segensgabe entfalten (vgl. 9,5f): Nur als selbst von Gott Gesegnete werden die Gemeinden zu Segensträgerinnen für andere und entsprechen mit ihrem Tun dem segnenden Wirken Gottes. Mehr noch als bei der *charis* steht beim Segen die Vorstellung von überströmender Fülle im Vordergrund. In 2Kor 9,5 ist Segen Gegenbegriff zu Geiz und Habsucht, in 9,6 zu sparsamer Zurückhaltung, zu Verknappungsbestrebungen. Allemal steht der Segen dem Mangel entgegen. Und während wir bei *charis* eher zu einem spirituellen Verständnis neigen, umfaßt der Segen auch und besonders die materiellen Güter. Zu segenstheologischen Perspektiven in 2Kor 8-9 vgl. *M.L. Frettlöh*, Theologie des Segens. Biblische und dogmatische Wahrnehmungen, Gütersloh ³1999, 332.345.392.

Nach Ps 111,9 (LXX) ist es der gottesfürchtige Mensch (genauer: Mann), der die Armen an seiner *doxa*, also seiner Ehre, seinem Gewicht und Ansehen, sowie an seiner Fülle und seinem Reichtum (vgl. V.3) beteiligt und dessen Gerechtigkeit darum auf Dauer bestehen bleibt. Für Paulus dagegen ist – bei der Einspielung des Zitats aus Ps 111,9 in 2Kor 9,9 – Gott selbst Subjekt dieses gerechten Tuns an den Armen. Es ist Gottes Gerechtigkeit (9,9), die gerechtes menschliches Handeln (9,10) begründet. Gottes *charis* ist der Same, der im gerechten Güterausgleich zwischen den Gemeinden zu »Früchten der Gerechtigkeit« heranwachsen kann.[94]

3. »*... und sie sehnen sich nach euch!*« – oder: die Kollekte als *koinônia*

»Am Anfang ist die *Gabe*.«[95] Mit dieser Variante zu M. Bubers Dictum »Im Anfang ist die Beziehung«[96] bringt H. Berking im Anschluß an M. Mauss die fundamentale Bedeutung des Gabentauschs für die Eröffnung, Institutionalisierung, Bestätigung und Vertiefung von Beziehungen zum Ausdruck: »Die Gabe ist Bündnis, Solidarität, Kommunion« (68). »Denn der Gabentausch ist nicht nur die signifikante Form, in der sich archaische Gesellschaften reproduzieren; Geben und Nehmen bezeichnen darüberhinaus jene elementaren Basisaktivitäten, durch die Soziabilität evolutionär erst chancenreich wurde und auf denen noch jede Vergemeinschaftungsleistung beruht« (61). Das Geben, Nehmen und Erwidern von Gaben dient nicht nur der sozialen Integration und Reproduktion innerhalb natürlicher Verwandtschaftsbeziehungen, sondern gestaltet auch die Begegnungen von einander zunächst fremden und fernen Kollektiven nach den Mustern verwandtschaftlicher Sozialität und wirkt so entfeindend und friedensstiftend: »Wenn Brüder Geschenke machen, dann machen Geschenke Brüder« (75).[97]

---

94 Der paulinische Subjektwechsel in der Zitierung von Ps 111,9 (LXX) entspricht genau der Komposition von Ps 110 und Ps 111 (LXX): Das menschliche Tun des Gerechten (Ps 111) hat seinen Ursprung und seine Voraussetzung in Gottes Handeln. Wird in Ps 110,4b Jhwh gnädig und barmherzig genannt, so ist es in Ps 111,4b der Gerechte.

95 *H. Berking*, Schenken, 63 (die Seitenzahlen im Text beziehen sich auf diesen Band).

96 *Martin Buber*, Ich und Du, Heidelberg [11]1983, 25.

97 Wenn Paulus die MitchristInnen in Korinth als »(Schwestern und) Brüder« anredet und auch von den Mitarbeitern am Kollektenprojekt als

Es liegt darum nahe, dass Paulus den Begriff *koinônia* als Synonym für die Kollekte gebraucht.[98] Auch wenn der Apostel im Blick auf die praktische Durchführung der Sammlung in 1Kor 16,2 dazu auffordert, dass jeder einzelne am ersten Tag der Woche für sich zuhause einen Betrag nach eigenem Ermessen zurücklegen soll, so ist die Kollekte selbst doch ein Projekt der ganzen Gemeinde (bzw. aller an ihr beteiligten heidenchristlichen Gemeinden) und keine individuelle Initiative. Die je persönliche Spendenrücklage dokumentiert, dass es noch kein organisiertes Finanzwesen auf Gemeindeebene gibt, und sie unterstreicht zugleich, dass es dem Apostel auf die freiwillige Beteiligung jedes einzelnen Gemeindeglieds ankommt. So sehr Paulus sich für ein möglichst hohes Spendenaufkommen einsetzt und auch bereits mit einer Fülle von Gaben rechnet (8,20) – entscheidender als die Höhe der Kollekte ist für ihn das »Dass« der Kooperation. Nicht zuletzt darum stellt er den konkreten Spendenbetrag in die Eigenverantwortung der korinthischen ChristInnen. Wenn Paulus wiederholt die freudige Bereitwilligkeit als konstitutiv für die Beteiligung an der Kollekte ansieht, das außerordentliche Engagement der makedonischen Gemeinden (8,1-5) und den großen Eifer seines Mitarbeiters Titus (8,16f) rühmt, dann geht es auch bei der Jerusalemer Kollekte um ein Gebeereignis, in dem das Geben nicht in der Gabe aufgeht, sondern ihr gegenüber überschüssig ist. Der Überschuß liegt in der Praxis der Solidarität, die die Gemeinschaft der gebenden Gemeinden untereinander und mit den EmpfängerInnen in Jerusalem bestätigt und bestärkt. Er besteht darin, dass die KorintherInnen auf einen vorgängigen Anspruch (durch Gott, durch das Evangelium aus Jerusalem) antworten, der durch eine noch so hohe Spende nicht erfüllbar ist, weil sie ihm ihre neue Existenz als christliche Gemeinde verdanken. Darum können sie nur als Gemeinde und nicht als Privatpersonen antworten. So kommen auch die genannten Mitarbeiter, Titus (8,6.16ff) und die beiden anonymen Abgesandten der makedonischen Gemeinden (8,18ff), ausdrücklich in ihrem Verhältnis zu den engagierten Gemeinden in den Blick. Und Paulus selbst als Initiator und Leiter des Kollektenprojekts unterstreicht durchgängig seine Verbundenheit mit den Mitarbeitern wie mit den Gemeinden. Nach 1Kor 16,4 will Paulus es von dem Engagement der korinthischen ChristInnen abhängig machen, ob

»Brüdern« spricht, dann läßt sich dies nicht nur christologisch-ekklesiologisch, sondern auch gabentheologisch begründen.

98 Vgl. 2Kor 8,4; 9,13; Röm 15,26.

er die Gemeindedelegation, die die Kollekte nach Jerusalem bringen
soll, begleitet oder nicht.

In dem dichten Beziehungsnetz aller Beteiligten setzt der Apostel
um einer großen Kollekte willen durchaus auch auf die Konkurrenz
der Gemeinden untereinander, auf eine wechselseitige Provokation.
Auch bei diesem Gebeereignis sind Ruhm und Ansehen, Prestige und
Image mit im Spiel. Wer sich nicht am Dienst für die Jerusalemer MitchristInnen beteiligt, hat etwas zu verlieren. Die Gemeinden in Makedonien, Achaia und Korinth sollen miteinander wetteifern in der Bereitwilligkeit, Freude und Lust, mit der sie sich auf die Kollekte einlas-
sen, und in der Höhe ihrer Spenden. Und Paulus stachelt diesen
Wettbewerb durch sein Rühmen an:

Spornte zunächst – vor Jahresfrist, als die korinthische Gemeinde mit der
Sammlung begonnen hatte - *ihr* Eifer die *anderen* an (9,2), so ist es nun das
übergroße Engagement der makedonischen ChristInnen (8,1ff), das die KorintherInnen dazu motivieren soll, die angefangene und offenbar ins Stocken
geratene Sammlung zu vollenden. War für Paulus die anfängliche Entschlos-
senheit der korinthischen Gemeinde, die Kollekte zu ihrer Sache zu machen,
Anlaß, sie vor den anderen zu rühmen (9,2), so will er nun angesichts der Freigebigkeit der Gemeinden Makedoniens die korinthischen ChristInnen in ihrer
Treue erproben. Die Liebe, die sie zu diesem Projekt bewegt hat, muß sich
nun in dessen Vollendung bewähren (8,8). Wenn schon die Beteiligung der
armen und bedrängten Gemeinden Makedoniens die Hoffnungen des Paulus
weit übertroffen hat, wieviel mehr kann er dann von einer Gemeinde erwarten,
die reich an Charismen, an Begabungen ist (8,7).

Das Rühmen des Apostel würde ins Leere gehen, gegenstandslos werden, wenn es in Korinth nicht zu einem ertragreichen Abschluß der
Sammlung käme. Er und die Gemeinde würden beschämt (9,3f). Die
Situation wäre mehr als peinlich, wenn die korinthischen ChristInnen
nicht halten könnten, was er (sich und anderen) von ihnen versprochen hat. Mit der erfolgreichen Bilanz der Kollekte steht und fällt also
auch die Glaubwürdigkeit des Paulus. Die korinthische Gemeinde
kann sich ihres Gerühmtwerdens würdig erweisen und ihre Liebe und
Güte bewähren, indem sie mit Titus, dem vor Eifer strotzenden Mitarbeiter des Paulus, und den beiden vielfach bewährten Abgesandten
der makedonischen Gemeinden (8,16-24) eine entsprechend großzügige Kollekte bereitstellt (9,5ff). Für die Durchführung der Kollekte
als eines diakonischen Großprojekts ist das freiwillig-freudige Engagement aller Beteiligten unverzichtbar, aber dies allein genügt nicht.
Die heute immer wieder vorgebrachte Sorge: »Ich weiß ja nicht, ob

meine Spende auch wirklich ankommt!« scheint schon Paulus nicht unbekannt gewesen zu sein. Gerade angesichts eines großen Kollektenaufkommens ist er darauf bedacht, dass die Sammlung und damit auch er nicht in Verruf kommt, dass nicht einmal der Verdacht einer Veruntreuung und eigenen Bereicherung entsteht. Deshalb sind ihm auch die Vertrauensleute der beteiligten Gemeinden unverzichtbar für einen rechtmäßigen und ordnungsgemäßen Verlauf der Kollekte. Er weiß sich angewiesen auf demokratisch gewählte Kontrollinstanzen. Die Konkurrenz unter den Gemeinden hat ihre Grenze dort, wo es um die gemeinsame Verantwortung für einen gelingenden Abschluß des diakonischen Projekts geht.

Mehr noch als auf die Gemeinschaft der spendenden Gemeinden untereinander zielt die Kollekte auf deren Verbundenheit mit der Gemeinde in Jerusalem und damit auf die *Einheit der einen Kirche aus juden- und heidenchristlichen Gemeinden.* Die Sammlung in Makedonien, Achaia und Korinth, ihrerseits schon Gegengabe, findet eine Erwiderung von seiten ihrer EmpfängerInnen in Jerusalem, die unübersehbar macht, dass es hier um *Reziprozität* im Geben und Nehmen und Erwidern der Gaben, aber *nicht* einfach um einen *Gabentausch* geht: Dem (nicht nur, aber vor allem materiellen) Segensstrom, der nun im Gegenzug zu den geistlichen Gaben, die den umgekehrten Weg genommen haben, aus Korinth nach Jerusalem fließen soll, werden auf Jerusalemer Seite Gebete entsprechen: zunächst *Dankgebete* (9,11f), mit denen die judenchristliche Gemeinde in Jerusalem *Gott* für die Freigebigkeit und die darin praktizierte Gemeinschaftsgerechtigkeit der heidenchristlichen Gemeinden Gewicht gibt. Mit keinem Wort rechnet Paulus in 2Kor 8-9 damit, dass die Jerusalemer Gemeinde sich bei der korinthischen für die Gaben bedanken wird. Sind die JudenchristInnen in Jerusalem ihren WohltäterInnen gegenüber undankbar, versäumen sie es, ihrer Dankespflicht nachzukommen?[99]

Der Dank wird – dessen ist sich Paulus gewiß – nicht ausbleiben, aber er trägt die Gestalt der *eucharistia*, des Dankgebets und gilt somit allein Gott. Indem die Jerusalemer ChristInnen ihre Gegengabe an Gott adressieren, erkennen sie in den Spenden der heidenchristlichen Gemeinden die *»überschwängliche charis Gottes«* (9,14) und anerkennen ihn als den wahren Geber der Kollekte. Die Erfahrung, es in der Kollekte mit der überströmenden Fülle der göttlichen *charis* zu tun zu be-

---

99 Zur Ambivalenz der Dankbarkeit als institutionalisierter Gefühlsnorm beim Schenken vgl. *H. Berking*, Schenken, 46-59.

kommen, weckt ihre Dankbarkeit, denn: »*Charis* begründet und ruft wie einem Echo der *eucharistia* des Menschen.«[100] Die Jerusalemer Gemeinde unterliegt nicht dem Kurzschluß, es handele sich bei den Spenden um das Eigentum der heidenchristlichen Gemeinden, denen sie darum für ihre Großzügigkeit Dank schulde. Jene geben vielmehr, was sie nicht haben, sie geben als Empfangende. Diese Erkenntnis entlastet: Das Entgegennehmen der Gaben muß nicht länger beschämen oder demütigen. Es bringt nicht in ein Schuldnerverhältnis gegenüber anderen Menschen. Wenn es sich um Geschenke göttlicher Grazie handelt, schulden die EmpfängerInnen allein Gott Dank. Wird aber damit nicht die Gegenseitigkeit der Gemeinschaft zwischen den juden- und heidenchristlichen Gemeinden unterlaufen?

Die Gebete der Jerusalemer Gemeinde sind nicht nur *Dank*gebete, mit denen sie Gott die Ehre geben für das, was seine *charis* unter den heidenchristlichen Gemeinden bewirkt hat. Es sind auch *Fürbitt*gebete, in denen sie sich nach sichtbarer, leiblich erfahrbarer Gemeinschaft mit den paulinischen Gemeinden sehnen (9,14), eben weil sich Gottes *charis* so übermächtig an jenen erwiesen hat, dass es zu einem Überfluß nach Jerusalem gekommen ist. Es ist die gemeinsame Teilhabe an der Grazie Gottes, die die Einheit unter den Gemeinden begründet. Ihre Bewahrung und Bewährung geschieht in der wechselseitigen Teilgabe am überströmenden Reichtum der *charis*. Sein Ziel hat der gerechte Ausgleich von Überfluß und Mangel darin, dass Gott Gewicht bekommt (8,19; 9,13). So wenig sich Paulus scheut, die Gemeinden und ihre Delegaten in der Kollektensache zu rühmen, und alles daran setzt, dass dieser Ruhm sich als berechtigt erweisen wird (8,24; 9,3f) – um menschlichen Eigenruhm geht es dabei nicht, nennt Paulus doch schon die beiden erprobten makedonischen Mitarbeiter »*doxa* Christi« (8,23; vgl. 2Kor 3,18). Ihr Tun, in dem sich der Glanz Christi widerspiegelt, dient wie die Kollekte überhaupt der Anreicherung der *doxa* Gottes. Damit kommt nun die Bedeutung der Kollekte als Gottesdienst im engeren Sinne in den Blick.

---

100 *K. Barth*, Die christliche Lehre nach dem Heidelberger Katechismus, Zollikon-Zürich 1948, 21.

4. »*... auch Überfluß für Gott!*« – oder: die Kollekte als *leitourgia*

Die Kollekte ist nicht nur *diakonia*, sondern auch *leitourgia*: Gottesdienst.[101] Die Kollekte kommt da zu ihrem *theo*logischen Ziel, wo sie die *charis* zu Gott zurückbringt – und zwar als *eucharistia*, als Dank, Dankgebet: »*Dank sei Gott für seine unbeschreibliche Gabe!*« (9,15). *Eucharis-tia* ist mehr als *charis*, ist gute, schöne *charis*, angefüllt mit der diakonischen Praxis gerechten Güterausgleichs. Wiederum: Gnade, Gerechtigkeit und Schönheit, Soteriologie, Ethik und Ästhetik gehören zusammen. *Eucharistia* ist eine beziehungsreiche *charis*. Der Mehrwert der *charis* als *eucharistia* liegt darin, dass sie nun voller Momente der Partizipation und Kooperation zu Gott zurückfließt und Gott selbst bereichert, ihn neu zum Überströmen bringt: »*Denn das diakonische Werk dieses Gottesdienstes füllt nicht nur den Mangel der Heiligen auf, sondern schafft darüberhinaus für Gott Überfluß durch viele Dankgebete*« (9,12). Dieser Vers markiert das doppelte Ziel der Kollekte: die Aufhebung der Armut in der Jerusalemer Gemeinde und einen Überfluß für Gott. Mit der durch freiwillige und großzügige Spenden hervorgerufenen *eucharistia* fließt die von Gott ausgegangene *charis* zu ihm zurück und bewirkt neuen Überfluß bei ihm, der auch und gerade den SpenderInnen zugute kommen kann. 2Kor 8-9 beschreiben einen Kreislauf der *charis*, der in einem Gabentausch nicht aufgeht. Die entscheidende Einbruchstelle in die Tauschordnung stellt Gott als der Geber aller Gaben dar, der sich auch dann nicht verausgabt, wenn er seine *charis* unaufhörlich in seine Schöpfung überströmen läßt, dessen Bereitschaft zum

---

101 Diese Qualifizierung der Kollekte setzt voraus, dass Paulus *leitourgia* hier nicht (nur) im politisch-juristischen, verwaltungstechnischen Sinn als »öffentlichen Dienst« von Privatpersonen (so *H.D. Betz*, 2. Korinther 8 und 9, 211f), sondern in ihrer religiösen Bedeutung als Gottesdienst versteht. Mit der Formulierung »das diakonische Werk dieses Gottesdienstes« (9,12) verbindet Paulus die beiden Zielsetzungen der Kollekte zu einer Einheit: Die Beseitigung des Mangels in der Jerusalemer Gemeinde durch die Gabe der in Korinth, Makedonien und Achaia überströmenden *charis* Gottes und den Überfluß, den die Dankgebete bei Gott selbst bewirken. Im Argumentationsgang von 2Kor 8-9 gibt es ohne die diakonische gar keine liturgische *charis*.
Darauf, dass sich an diesem Beispiel auch die Zusammengehörigkeit von *Dogmatik und Ethik* im Sinne einer reziproken Implikation veranschaulichen ließe, sei wenigstens hingewiesen.

Geben nicht davon abhängt, dass Menschen seine Gaben erwidern (oder auch nur annehmen). Die Überzeugung, dass Dankgebete bei Gott selbst für einen Überfluß an *charis* sorgen können, setzt keineswegs einen Mangel auf seiten Gottes voraus, den Menschen allererst aufheben müßten, um Gott selbst Genüge zu verschaffen. Gleichwohl ist es auch für Gott nicht gleich-gültig, ob menschliche Dankgebete seine *doxa* mehren oder nicht. Wo Gemeinden für einen gerechten Ausgleich von Überfluß und Mangel sorgen, auf dass alle Genüge haben, kann offenbar auch Gott, der an sich schon immer mehr als genug hat, nur gewinnen.

Im Kontext des 2Kor ist diese theologische Wirkung von Dankgebeten keineswegs ein singulärer Gedanke. Wie ein Kommentar zu 2Kor 9,12 liest sich 4,15: *»Denn alles geschieht um euretwillen, damit die reicher werdende charis durch die größere Zahl (sc. der Dankenden) die Danksagung überströmen lasse zur doxa Gottes.«* Auch hier ist der Zusammenhang von *charis*, *eucharistia* und *doxa* mit Händen zu greifen: In den Dankgebeten strömt die mehrwertige *charis* zu Gott zurück und gibt ihm Gewicht und Ehre. Der Anreicherungsprozeß der *charis* ist also erst dort abgeschlossen, wo die geteilten und damit vermehrten Gaben in Gestalt von Dankgebeten zu ihrem Ursprung zurückkehren. Keine Kollekte, keine Vergrößerung der *charis*, keine Aufhebung des Mangels in der Jerusalemer Gemeinde, kein Dank und dann auch keine Vergrößerung der *doxa* Gottes. Damit dies nicht geschieht, damit der Strom der *charis* nicht unterbrochen wird, nimmt Paulus – theologisch und rhetorisch genial – den Dank der Jerusalemer Gemeinde an Gott in seinem Brief gleich doppelt vorweg (8,16; 9,15).

Überhaupt ereignet sich in diesen beiden Kapiteln des 2Kor selbst eine Anreicherung der göttlichen *charis*, indem der Apostel einige seiner herausragenden Begabungen, seine theologische Kompetenz und seine glänzende Rhetorik, in den Dienst der Gemeinden und Gottes stellt. Der Brief des Apostels ist selbst Diakonie und Gottesdienst; in ihm teilt er – nach dem Maß seiner Gaben – die von Gott empfangene *charis* mit seinen Gemeinden und bringt sie im Dankgebet angereichert zu Gott zurück: *»Dank aber sei Gott für seine unbeschreibliche Gabe!«* (9,15). Paulus läßt seinen argumentativen Diskurs in den Sprechakt des Dankgebets einmünden und nimmt so selbst den Überfluß für Gott vorweg, den die Kollekte bewirken soll. Die emphatische, mit immer neuen Argumenten aufwartende Überzeugungsarbeit des Apostels, mit der er die korinthische Gemeinde zu einer *»überschwänglichen Gabe«* (9,14) motivieren will, seine Wort- und Argumentationsfülle entsprechen dem Überreichtum der göttlichen Gnade. Dem Weg der *charis* von Gott zu Gott (8,1; 9,15) korrespondiert das Gefälle des paulinischen Briefes. Der Sprechakt der *eucharistia* ist dabei nicht nur integraler Bestandteil des rationalen Diskurses. Dieser bewahrheitet sich vielmehr darin, dass er im Dankgebet zu seinem Ziel kommt. Der argumentative Diskurs und der liturgische Sprechakt des Dankgebetes bleiben aufeinander angewiesen. Die *eucharistia*, der Dank an Gott, kann offenbar nicht am Anfang stehen, will er die *charis* mit einem Mehrwert zu Gott zurückbringen. Erst im Vollzug des Diskurses über die Kollekte, der die Gabenfülle der Kollekte antizipiert, wird die *charis* zur *eucharistia* (9,11f) und bezeugt damit auch dem Buchstaben nach deren Anreicherung. In der *eucharistia* als performativem Sprechakt geschieht, wovon der Diskurs argumentativ überzeugen, was er begründen und wozu er bewegen will. Erst als Paulus bei der »unbeschreiblichen« Gabe Gottes angekommen ist, ist er mit seinen Argumenten am Ende, bleibt ihm nur ein »*Gott sei Dank!*« Bleibt den KorintherInnen nun noch etwas anderes übrig, als alles in ihrem Vermögen Stehende dafür zu tun, dass auch die Gemeinde in Jerusalem allen Grund hat, Gott zu danken, und damit das Rühmen des Paulus wie seinen Gott gegebenen Dank ins Recht zu setzen?

IV. Zugabe: Geben, was man nicht hat

In seiner theologischen Ethik geht Oswald Bayer davon aus, dass »*sich das ganze Feld des Ethischen nicht aus der Güte des kategorischen Imperativs, sondern aus der Güte der kategorischen Gabe*«[102] erschließt. Gegenüber einer Begründung der Religion in der Moral, gegenüber einem menschlichen Handeln, das bei sich selbst oder bei der gebotenen *Auf*gabe anfängt, erinnert O. Bayer daran, dass sich unser Leben und Handeln der elementaren göttlichen *Vorgabe* verdankt. Nach der Paradieserzählung ist das erste Wort Gottes an den Menschen ein Gabewort: »*Von jedem Baum des Gartens darfst du essen, essen!*« (Gen 2,16), das seine Wiederaufnahme im Einladungsruf des Abendmahls findet: »*Kommt, denn es ist alles bereit, schmeckt und seht, wie freundlich der Herr ist!*« Auf die göttliche Vorgabe der Lebensmittel und des Lebensraumes antwortet sachgemäß, wer sich an den gedeckten Tisch setzt, nimmt und ißt und über

---

102 O. *Bayer*, Freiheit als Antwort. Zur theologischen Ethik, Tübingen 1995, 16.

der Güte der Gaben und des Gebers ins freudige Staunen und Danken gerät.[103]

Auch die Kollekte der korinthischen Gemeinde für die Heiligen in Jerusalem gründet in der göttlichen Vorgabe, in seiner überströmenden *charis*, die als Ergebnis des zwischengemeindlichen Gebens und Nehmens in Gestalt der *eucharistia* zu ihm zurückkommt. Gott empfängt in der *eu-charistia* seine eigene Gabe anmutig wieder. Wie die KorintherInnen mit ihren Spenden geben, was nicht ihnen, sondern Gott gehört, so kann auch die Jerusalemer Gemeinde mit ihren Dankgebeten Gott nichts geben, was er nicht bereits hat. Dies erinnert an jenes außerordentliche Geben in der Phänomenologie B. Waldenfels', bei dem das Geben in der Gabe nicht aufgeht. Von diesem Geben sagt M. Heidegger: »Geben ist nicht nur Weggeben. Ursprünglicher ist das Geben im Sinne des Zugebens. Solches Geben läßt einem anderen das gehören, was als Gehöriges ihm eignet.«[104] Die Gegengabe der *eucharistia* läßt Gott die ihm eigene *charis* gehören. Wer dankbar ist, gibt zu, dass Gott Grazie hat, gibt ihm seine Grazie zu.

Biblisch-theologisch findet das Geben dessen, was man nicht hat, seinen wohl sprechendsten Ausdruck in einem Dank- und Segensgebet Davids anläßlich der von ihm initiierten Kollekte, in der es zu unerwartet hohen Spenden für den Tempelbau kommt:

»... und nun, unser Gott, danken wir dir und loben deinen Ehrennamen. Ja, wer bin ich und wer ist mein Volk, dass wir es vermochten, auf eine solche Weise freigiebig zu sein?! Denn von dir ist das alles, und aus deiner Hand haben wir dir gegeben. Fremde sind wir doch vor deinem Angesicht, Beisassen wie alle unsere Väter, wie der Schatten sind unsere Tage, unaufhaltsam. Adonaj, unser Gott, diese ganze Fülle, die wir bereitet haben, um dir ein Haus zu bauen für deinen heiligen Namen – aus deiner Hand ist sie, und dir gehört das alles« (1Chr 29,13-16).

»*Wir geben dir aus deiner Hand*«, gibt David unumwunden zu und bringt damit jenes *zugebende* Geben, das die Gaben dem läßt, dem sie gehören, auf eine fast paradoxe Formulierung, die als der Kernsatz einer biblischen Theologie und Ethik der Gabe gelten kann. 2Kor 8-9 erweisen sich im Abschreiten des Weges, den die *charis* von Gott (8,1)

---

103 Der Einsatz der Ethik bei der kategorischen Gabe Gottes wirft auch ein neues Licht auf das Verständnis der Sünde: »Der Sünder ist in erster Linie ein Kostverächter« (O. *Bayer*, Freiheit als Antwort, 14).

104 M. *Heidegger*, Der Spruch des Anaximander, in: *ders.*, Holzwege (GA 5), Frankfurt a.M. 1977, 321-373 (Zitat: 356f).

zu Gott (9,15) nimmt, als eine Explikation dieses einen Satzes am konkreten Beispiel der Jerusalemer Kollekte. Was sich in 1Chr 29,14b in einem einzigen Bekenntnissatz fokussiert, findet in 2Kor 8-9 eine anschauliche argumentative Entfaltung. Das paulinische Kollektenschreiben kann geradezu als eine genuine Inszenierung des davidischen Gebets verstanden werden, findet sich doch eine Mehrzahl von Bezügen zwischen 1Chr 29 und 2Kor 8-9[105]: Wiederholt ist von der Freigebigkeit der Spendenden (V. 5.6.9.14.17) und von der Fülle der Gaben die Rede, die festliche Freude untereinander (V.9.17.22) und Dankbarkeit gegenüber Gott hervorrufen, die ihm hier als Segen (vgl. 2Kor 9,5f) entgegengebracht wird (V. 10.20). Das Gebeereignis zwischen Gott und den Menschen folgt dabei nicht der Logik von »do ut des«, sondern von »damus, quia dedisti«. Gott bedarf zu seiner Freigebigkeit unserer Genugtuung nicht. Die göttliche *Vor*gabe, die wir dankbar und lustvoll gebrauchen und genießen dürfen, gibt uns die *Auf*gabe, das Überflüssige zu teilen, auf dass auf Erden alle genug haben und – vergnügt sein können. Dabei geht aber die Vorgabe nicht in der Aufgabe auf, sie behält einen Überschuß ihr gegenüber.[106] Wenn wir vom Überfluß *zur Genüge* geben, braucht es uns nicht zu beunruhigen, dass unsere Gegengaben in jeder Hinsicht hinter der göttlichen Vorgabe herhinken. Das mindert nicht ihren Charme.

---

105 *D. Georgi* geht angesichts der auffälligen Übereinstimmungen beider Texte davon aus, dass 1Chr 29 Paulus als Vorlage und Anregung gedient haben muß (Der Armen zu gedenken, 78f).

106 Das heißt auch, dass sich die Soteriologie nie ganz auf die Ethik abbilden läßt. Die göttliche Vorgabe, die die menschliche Aufgabe begründet und ermöglicht, bleibt nicht nur vorgängig, sondern uneinholbar.

Hans-Martin Gutmann

Der gute und der schlechte Tausch

Das Heilige und das Geld – gegensätzliche ökonomische
Beziehungen?

I. Präludium: Von der grenzenlosen Gefräßigkeit des Geldes und
der Aufgabe der Theologie

1. Nach 1989 ist weltweit die Alternative zum marktwirtschaftlichen
Kapitalismus entfallen. Der Markt wird total. Der Machtbereich des
Geldes wird tendenziell grenzenlos, er bestimmt den Alltag genauso
wie jeden Versuch, ihn zu überschreiten. In der spätmodernen kapitalistischen Informationsgesellschaft ist nicht nur der engere Bereich der
Wirtschaft durchs Geld-Kalkül bestimmt: die Entscheidungen und
Strukturen, die Inhalt und Methoden in Politik, Wissenschaft, Kultur
und Religion sind zunehmend direkt von finanziellen Kalkulationen
abhängig in einer Weise, dass sich damit jedes weitere Argument von
vornherein erledigt.

Es wird zunehmend müßig, wie das in der Soziologie lange mit
großer Überzeugungskraft getan wurde, innerhalb des *gesamtgesellschaftlichen* Systems zwischen den Subsystemen Wirtschaft, Politik und freier
Geselligkeit zu unterscheiden.[1] Man gewöhnt sich relativ schnell in
vielen Alltagskleinigkeiten daran: Vor wenigen Jahren hätte es die
Leute noch überrascht, in jeder halbstündigen Radio- und Fern-
sehnachrichtensendung die Börsendaten mitgeteilt zu bekommen.
Oder dass der Postschalter im Supermarkt zu finden ist und die Bezirke wie der Arbeitstag von ZustellerInnen immer unüberschaubarer
werden, dass die Firma Bundesbahn aus Kostengründen soweit Per-
sonal abgespeckt hat, dass es zum Lotteriespiel wird, ob man auf
Kurzstrecken mit dem Zug seine Verpflichtungen pünktlich erreicht.
Kostenersparnis und Gewinn ist alles, die Gebrauchswerte der Waren
sind demgegenüber ebenso zweitrangig wie die Lebenschancen von
Menschen.

---

1   Vgl. dazu *T. Parsons*, Das System moderner Gesellschaften, München
    1972.

Die »Firma« wird immer mehr zum einzig akzeptierten Modell menschlicher Gesellung. Das gilt auch für den gesellschaftlichen Lebensbereich, der meinen Berufsalltag ausmacht. Auch die Universität und ihre Unterabteilung gelten als Firmen, die Studierenden als Konsumenten. Nicht marktgängige Zweige wie die Geisteswissenschaften, zu denen auch die Theologie gehört, geraten unter erheblichen Rechtfertigungsdruck, und Bildungsministerien verkünden je nach Nähe eines Wahltermins mit zunehmender Eindringlichkeit, dass die finanzielle Ausstattung von Lehreinheiten, dass in Zukunft auch die Bezahlung der ProfessorInnen von der Marktakzeptanz ihrer Leistungen abhängig gemacht werden sollen.

In nahezu allen Lebensbereichen wird Kostenersparnis zu einem vorrangigen Ziel, und wo Menschen ersetzt und Stellen gestrichen werden können, wird das auch gemacht. Viele Menschen spüren, dass in dieser Zeit die Lebensqualität leidet – ein Wort aus dem sozialdemokratischen Vokabular der siebziger Jahre, das heute beinahe so altertümlich wirkt wie die Benutzung einer elektrischen Schreibmaschine mit Kugelkopf, die ungefähr in die gleiche Zeit gehört. Es fehlen zunehmend die Kraft und die Phantasie für eine Alternative, und es fehlt an Menschen, es gebricht vor allem am Lebensgefühl, an der »Power«, sie durchzusetzen.

Das marktwirtschaftlich-kapitalistische System lebt in seinem Zentrum – also in der Frage, ob das Geld, ob das Kapital Wert hat und behält, davon, dass die Menschen ihm Vertrauen schenken. Geld und Religion funktionieren in diesem zentralen Punkt genauso. Die sprachlichen Übereinstimmungen sprechen Bände: »Kredit und Credo, Erlös und Erlösung, Schulden und Schuld, Gläubiger und Glauben, Offenbarungseid und Offenbarung, ökonomische und heilige Messe.«[2] Es geht um die religiöse Natur des Kapitalismus. Ein schiedlich-friedliches Beieinander von beidem – das *Heilige* und das *Geld* – ist nicht möglich. Das ist die Ausgangslage, die die folgenden Überlegungen begleitet.

2. Ich vermute, bei manchen LeserInnen sind bei der Lektüre dieser Zeilen innere Warnsignale laut geworden. Das »Heilige« ist ebensowenig eine unstrittig wahrgenommene Wirklichkeit wie die energetische Seite religiösen Lebensvollzugs.

---

2 *Ch. Deutschmann*, Die Verheißung des absoluten Reichtums. Zur religiösen Natur des Kapitalismus, Frankfurt/M./New York 1999, 7. Ich beziehe mich auf diese Untersuchung immer wieder.

Das Heilige – in seiner Ambivalenz: als zugleich Faszinierendes und
Erschreckendes – ist notwendiger Gegenstand theologischer Aufmerksamkeit, und zwar in kritischer genauso wie in unterstützender
Richtung. Auch das ist Ausgang der folgenden Überlegungen. Das
Heilige ist – nach seiner subjektiven Seite – das, woran die Menschen
»ihr Herz hängen«, was sie »unbedingt angeht«: der konzentrierte Ort
ihrer Sehnsüchte und Ängste. Es ist nach seiner die menschliche Sub-
jektivität begründenden, begrenzenden und überschreitenden Seite
aber auch die lebensförderliche oder zerstörerische *Macht,* die das Leben von Menschen im Innersten bestimmt, oft ohne oder gegen ihre
bewußten Orientierungen. Es ist mittlerweile ein Gemeinplatz empiri-
scher Kirchenuntersuchungen und praktisch-theologischer Reflexion,
dass in der zeitgenössischen Moderne der Raum des Heiligen mit den
Grenzen institutionalisierter Kirchlichkeit nicht übereinstimmt. In der
Geschichte der protestantischen Theologie ist gerade diese Nichtüber-
einstimmung immer wieder als theologisch gebotene, für evangelische
im gegenüber zu römisch-katholischer Kirchlichkeit kennzeichnende
Perspektive herausgearbeitet worden: das Heilige eröffnet sich nicht
zu ausgegrenzten Zeiten und an umfriedeten Orten.

Können wir uns in der aktuellen Gesprächslage mit dieser negativen, abgrenzenden Antwort zufrieden geben? Menschen finden das,
was sie zuinnerst fasziniert und erschreckt, gegenwärtig an vielen Orten: Im Fußballstadion und im Kino, aber auch beim Geldverdienen
oder aber beim Versuch, für den eigenen Lebenszusammenhang wirtschaftlichen Abstieg abzuwehren. Schon hier ist die Frage, ob dies alles mit der gleichen Elle zu messen ist. Sie wird in theologischer Perspektive erst recht dringlich in der Wahrnehmung solcher Zeiten und
Räume, die ausdrücklich unter dem Machtbereich des Vaters, des
Sohnes und des Heiligen Geistes eröffnet werden: »Unsere Hilfe steht
im Namen des Herrn, der Himmel und Erde gemacht hat.«

Im Neuen Testament wird bisweilen das Neue des Evangeliums in
seinem energetischen Aspekt wahrgenommen: das Evangelium »ist
eine Kraft Gottes, die selig macht alle, die daran glauben« (Röm 1,16;
vgl. 1Thess 1,5). Die Predigt des Evangelium ist nicht nur ein *Wort,*
das man mit dem Verstand begreifen muß. Es ist eine Kraft. Es ist
Energie, die das Leben lebendig macht. Die Predigt des Evangeliums
erkennt man an der Kraft, die aus ihr herausfließt. Sie tröstet Traurige,
sie macht Kranke gesund, sie bringt Ausgegrenzte in Kontakt, sie gibt
Unterdrückten Mut, sich zu wehren, sie läßt Miesepeter froh werden

und hilft Menschen auf die Beine, die sich nichts mehr zugetraut haben.

Ob das phänomenologisch an den verschiedensten Orten wirksame Heilige auch heilsam ist, entscheidet sich zuinnerst daran, wer sein Subjekt ist. Die Heiligkeit des Gottes Israels und Vaters Jesu Christi verträgt sich mit vielen Lebensorientierungen, die Menschen darüber hinaus (ja selbst ohne Blick auf die Heiligkeit Gottes) in den Herzen und Sinnen haben. Nicht nur Kino und Fußball gehören dazu. Bitterernst und unaufgebbar wird allerdings die Entscheidung, wenn ein anderes Heiliges Anspruch auf die totale Durchdringung und Beherrschung aller Lebensbereiche erhebt.

Die Kraft Gottes wird wirksam im *Glauben* an den einen Gott: Nichts in der Welt kann zum Gott werden, nichts sonst in der Welt kann unbedingtes Vertrauen verlangen. Theologische Aufgabe ist, immer wieder neu fragen, was das ist, was absolutes Vertrauen fordert und in diesem Sinne Gott sein will. Früher waren das in unserem Lande der Staat, der Führer, die militärische Stärke, die Verherrlichung der eigenen Nation – und die Folgen waren auf grauenvolle Weise zerstörerisch. Völkische und nationale Stärke, die Begegnung mit dem »Führer« als Unterwerfung forderndem Gesetz Gottes: Solche Orientierungen beschreiben heute keinen Mainstream in Kirche und Gesellschaft, so bedrohlich Gewalthandlungen und Rhetorik gegenwärtiger Neonazis auch sind. Es gibt allerdings viele Hinweise darauf, dass es heute das *Geld* ist, das absolutes Vertrauen fordert und in die Rolle Gottes hineinschlüpft.

Die Kraft Gottes bewirkt in denen, die sich auf sie verlassen, den Glauben und damit die Entmächtigung der anderen Götter. Wir müssen nur die Augen aufmachen: Es stimmt gar nicht, dass es keine Alternative gibt. Wirtschaft und Politik können und müssen anderen Zielen verpflichtet sein, als für einige wenige große Firmen und Banken die Geldanhäufung bis ins Unermeßliche zu vermehren. Und im Raum der Kirche kann das Geld erst recht nicht der erste Gedanke und das ausschlaggebende Argument sein.

Es ist keineswegs leicht, über einige holzschnittartige Sätze hinaus in kirchlichen und theologischen Gesprächszusammenhängen tragfähige Perspektiven zu entwickeln. Das hat sicher auch mit der historischen Entstehung von Gesprächslagen zu tun. Ein Blick zurück: In den wenigen Jahren zwischen dem Ende des ersten Weltkrieges und dem Beginn der Nazizeit haben sich in der evangelischen Kirche alternative kirchlich-theologische Bewegungen gebildet. Gemeinsam war ihnen der Blick auf die tiefe Krise der bürgerlich-kapitalistischen Gesellschaft und der verfaßten Kirchlichkeit. Gemeinsam war ihnen ihre eher marginale Position in einer mehrheitlich national oder sogar völkisch orientierten Kirchenmitgliedschaft und Pfarrerschaft. Gemeinsam ist ihnen, dass sie dennoch über die Zeit hinaus gewirkt haben und wirken.

Die – zunächst von außen so genannten – Vertreter einer dialektischen Theologie um Karl Barth und Eduard Thurneyesen, die Vertreter einer liturgischen Bewegung um die »Berneuchener« Karl Bernhard Ritter und Wilhelm Stählin, die religiösen Sozialisten um Hermann Kutter (in der Schweiz bereits um die Jahrhundertwende) oder Emil Fuchs und Erwin Eckert (in Deutschland) haben je in ihrer Perspektive den unrettbaren Bruch gesellschaftlicher und kirchlicher Kontinuität wahrgenommen; die Perspektiven aber, die jeweils entwickelt wurden, waren so gegensätzlich, dass es zwar zu einigen Grenzgängen, nicht aber zu einer Koalition, ja nicht einmal zu einer ernsthaften Verständigung oder auch nur wechselseitigen authentischen Wahrnehmung gekommen ist. Die Krise des Menschen und alles Menschlichen, ja gerade des religiös erhöhten Menschlichen in der wahrgenommenen Aufgabe *und* Unmöglichkeit, von Gott zu reden; die Wiederentdeckung der »liturgischen Dimension« als Gestaltfindung für Raum, Zeit und Körperlichkeit in der gottesdienstlichen Begegnung mit dem Heiligen; die Anerkenntnis der zentralen menschlichen Frage – Gerechtigkeit für die proletarisierte und verarmte Gesellschaftsmehrheit – *als* der Gottesfrage: Dies erschien damals nicht nur als unterschiedliche, sondern als unvereinbare Wege christlicher Kirche und theologischer Existenz.

Die von den Beteiligten wahrgenommene Unvereinbarkeit von theologischen Orientierungen muß konstatiert und kann aus der Situation verständlich gemacht werden; die Frage, die mich seit einiger Zeit umtreibt, ist: muß der damalige Streit mit seinen Grenzziehungen und Verwerfungen unter heute gegenwärtigen Bedingungen weiterhin »aufgeführt« werden?

Die Konfliktlinien sind heute und damals keineswegs identisch. Der organisierte Sozialismus hat seit 1989 radikal an Attraktivität eingebüßt, sozialistische Orientierungen in der Kirche treffen hierzulande kaum das vorherrschende Lebensgefühl. Bewegungen in wie auch immer gebrochener Kontinuität zum religiösen Sozialismus – die »Christen für den Sozialismus« der siebziger Jahre beispielsweise, die mit der mitteleuropäischen Aufmerksamkeit für die lateinamerikanische Befreiungstheologie und die Bewegung von Landlosen und Basisgemeinden auch in Deutschland Konjunktur hatten – sind ebenfalls vom Wechsel des vorherrschenden Lebensgefühls betroffen. Im »Feld« befreiungstheologischer Orientierungen haben in Deutschland, konzentriert seit den siebziger Jahren, auch feministisch-theologische Perspektiven in Kirche und wissenschaftlicher Theologie Raum gewinnen können.

Keinesfalls obsolet aber ist das jeweils unterschiedlich wahrgenommene *Problem*: die Durchsetzung von Gerechtigkeit. In globalem Maßstab werden Menschen in einem Ausmaß um ihre Lebensmöglichkeiten gebracht, wie dies in den zwanziger Jahren auch angesichts weltweiter Kolonialisierung kaum vorstellbar schien. Und auch in den nationalen Grenzen steht explodierendem Reichtum am einen Ende der sozialen Skala eine wachsende Armut im Sinne eines Ausschlusses aus gesellschaftlichen und kulturellen Partizipationsmöglichkeiten gegenüber – mit besonderer Brisanz für Menschen, in deren Lebenssituation verschiedene Ausschließungsursachen kumulieren (Armut, weibliches Geschlecht, fremde ethnische Zugehörigkeit).

Und wie steht es in der Zeit nach dem zweiten Weltkrieg um die Einflußmöglichkeiten von Menschen, die der dialektischen Theologie verpflichtet waren? Die Theologie Karl Barths hat sich für zahlreiche Christenmenschen in der Nazizeit darin bewährt, dass sie eine Begründung theologischer Existenz erlaubte, sich gegenüber dem totalen Machtanspruch des Hitlerstaates zu verweigern. Diese gute Erinnerung schließt die Notwendigkeit der Schuldübernahme ein: dass bis auf wenige Ausnahmen auch die Bekennende Kirche darin versagt hat, als Ausdruck ihrer theologischen Existenz und ihrer politischen Reflexion den Juden Deutschlands und Europas beizustehen, sollte weder verdrängt noch geschönt werden. Dennoch ist diese theologische Tradition lebendig geblieben: Entscheidungen wie die »Stuttgarter Schulderklärung« 1945, das Darmstädter Wort 1947 des Bruderrates »zum politischen Weg unseres Volkes« mit seiner Absage an die Verbindung von Kirche und Nationalismus, Kirche und Kapitalismus wären sonst ebensowenig denkbar gewesen wie die Erklärungen der EKD 1950 gegen die Wiederbewaffnung Deutschlands.

Mindestens in den großen evangelischen Landeskirchen (für die reformierten Kirchen wäre dies noch einmal gesondert zu diskutieren) sind die Menschen, die sich weiterhin mit der Theologie Karl Barths – um es einmal so zu formulieren – kritisch identifizieren, zu einer immer wieder herausfordernden und theologisch produktiven, aber eben

zu einer verschwindenden Minderheit geworden, und für die evange-
lisch-theologischen Fakultäten gilt dies bis auf wenige Ausnahmen
entsprechend. Ebenso wie die Frage nach der Durchsetzung von Gerechtigkeit (die Stimme der Religiösen Sozialisten und ihrer NachfolgerInnen) ist aber die befreiende Unterscheidung zwischen Gott und
allen menschlichen gesellschaftlichen, kulturellen, religiösen Inszenierungen (die Stimme der dialektischen TheologInnen und ihrer heutigen NachfolgerInnen) als *inhaltliche* Frage keinesfalls erledigt.

Und die liturgische Bewegung? Manche Angehörige des Berneuchener Kreises hatten entscheidenden Einfluß auf die Agendenarbeit
der Nachkriegszeit. Manche sind in kirchenleitende Positionen gelangt. Es hat Versuche gegeben, einen evangelischen Orden zu gründen und zumindest im überschaubaren Bereich einer verpflichteten
Gruppe die Suche nach der *Gestalt* von Kirche auch im alltäglichen
Leben, über die gottesdienstliche Feier hinaus, zum Lebensmittel-
punkt zu machen. Insgesamt sind die Perspektiven, die mit den liturgischen Bewegungen der Zwischenkriegszeit angestoßen wurden (die
Berneuchener sind hier nur eine, wenn auch eine gewichtige Stimme),
heute ebenfalls zum Anliegen einer qualifizierten Minderheit in
Theologie und Kirche geworden. Sie werden heute in anderer Stimm-
lage artikuliert: beispielsweise als *religionsphänomenologische* Frage danach,
wie der Gottesdienst als Reise zur Begegnung mit dem Heiligen, zum
Sich-Öffnen für die heilige und heilsame Atmosphäre des Göttlichen
wahrgenommen und gestaltet werden kann; und wie sich Christenmenschen und vor allem SeelsorgerInnen durch körperorientierte spirituelle Lebenspraxis darin einüben können, Segen zuzusagen und zu
verbreiten und lebenszerstörende Macht zu bannen.

Ich nehme die traditionelle und aktuelle Zerfallenheit, die fehlende
wechselseitige Wahrnehmung und mangelnde Wertschätzung unter
den drei Gruppen/Traditionen, die ich im deutschen Sprachbereich
als *die* kritischen Traditionen gegenüber dem großkirchlichen Mainstream ansehe, zunehmend als Problem wahr. Für manche, die sich
der Theologie Karl Barths kritisch verpflichtet fühlen, gelten die
Wahrnehmung und Wertschätzung, die Einübung in Methoden der
Religion, gelten erst recht solche Vorstellungszusammenhänge wie die
Macht des Heiligen mindestens als verdächtig, in vieler Hinsicht als an-
stößig, irgendwie in die theologische Schmuddelecke gehörig. Andererseits sind die Fragen der dialektischen Theologie für manche VertreterInnen einer religionsphänomenologischen Orientierung gelingenden-
falls so etwas wie eine Vor- oder Durchgangsstufe zur angemessenen

Wahrnehmung des Heiligen. Und zur Frage nach sozialer Gerechtigkeit haben VertreterInnen beider Perspektiven immer wieder Kontakt, aber nicht in dem Sinne, dass diese Frage mit der Gottesfrage bzw. mit der Frage nach dem Heiligen zuinnerst verbunden wird.

Es ist keinesfalls Sehnsucht nach Harmonie, die mich an dieser unerfreulichen Gesprächslage und an Konfliktstrategien der Beteiligten zweifeln läßt. Es geht mir auch nicht um den Versuch einer Vereinheitlichung unterschiedlicher Perspektiven: kirchengeschichtlich interessierte ZeitgenossInnen können genügend Fälle aufzählen, in denen der Versuch einer Union von Verschiedenem nicht Einheit von allen, sondern ein neues Partikulares hervorgebracht hat. Ich bin allerdings definitiv der Ansicht, dass angesichts des zunehmend in der Kirche vorherrschenden Mainstreams, sich als »Kirche in der Marktgesellschaft« dem *gesellschaftlichen* Mainstream einer Totalisierung des Marktes mimetisch einzupassen, die wechselseitige Verwerfung zwischen *den* kirchlich-theologischen Gruppierungen überflüssig ist wie ein Kropf, die auf der Grundlage wechselseitiger Wertschätzung und Voneinander-Lernens eine Alternative darstellen könnten. Unter der Voraussetzung wechselseitiger Wahrnehmung und Zurechtstellung könnte nicht nur eine tragfähige kritische Perspektive, sondern eine *theologisch* reflektierte und qualifizierte, auf die *gesamtgesellschaftliche* Durchsetzung von mehr *Gerechtigkeit* verpflichtete Alternative für die *Gestalt von Kirche* entworfen und auch durchgesetzt werden.

II. »Auch ohne Geld läßt es sich leben« – Versuch über eine Relativierung der Totalität kapitalistischer Marktlogik

Womit fängt alles an? Die Frage »Gott oder Geld« ist, so die hier zu entfaltenden Ausgangsüberlegungen, im Kontext von grundlegenden Fragen menschlichen Lebens zu diskutieren: Leben und Lebendigsein, Alleinsein und Mit-anderen-Sein, Sein und Die-eigene-Existenz-Übernehmen. Ohne vorgängige Reflexion, gewissermaßen spontan im jeweiligen Lebensvollzug, werden diese Fragen von allen Menschen so oder so beantwortet. PhilosophInnen aller Zeiten haben sie in unterschiedlichen Terminologien formuliert. Die zentrale ökonomische Frage: wie Austausch (der Menschen untereinander und zwischen den Menschen und ihrer Lebensumwelt) geschieht, ist davon abhängig und konturiert wiederum, in welcher Richtung die grundlegenden Fragen selber Gestalt gewinnen.

1. Emmanuel Levinas siedelt in »Die Zeit und der Andere«[3] die Ur-Szene im Schlafzimmer an. Das Problem liegt aber anders als die Bilder, die einem dabei vielleicht in den Sinn kommen könnten. Die Szene, die Levinas vor Augen führt, ist die nächtlicher *Schlaflosigkeit.* »Die Schlaflosigkeit besteht aus dem Bewußtsein, dass es nie mehr enden wird, das heißt, dass es keinerlei Mittel mehr gibt, sich aus der Wachsamkeit, zu der man verpflichtet ist, zurückzuziehen. Wachsamkeit ohne irgendein Ziel.«[4] Levinas will hier keine beiläufige Frage diskutieren. Das Problem, das er vor Augen hat, ist schlechterdings grundlegend; er nennt es: »das Sein ohne Seiendes«, also das Sein vor jeder Gestalt und vor allem: vor der Grenze, an der ein je Existierendes seine Existenz übernimmt. Man muß sich in Levinas' Sinn das Sein vor jeder Gestalt und vor jedem Existierenden *energetisch* vorstellen, als *Kraftfeld.* Die inaktive, ja sogar völlig in-transitive Situation der Schlaflosigkeit gibt dem menschlichen Erleben einen Zugang zur gestaltlosen Energie des Seins, ist allerdings auch mit dem Fehlen jeder Möglichkeit bezahlt, dieser Erfahrung zu entrinnen.

Das Sein als energetisches, gestaltloses Kraftfeld vor jedem Existierenden bezeichnet Levinas auch mit dem Namen »Es-gibt«. Das »Es-gibt« ist wie ein Fluß: ohne Einheit, »in dem das letzte Element von Beständigkeit verschwindet, in bezug auf das sich das Werden versteht.«[5] Wenn das Ufer dieses Flusses erreicht ist, beginnt Existieren, beginnt *Seiendes, das Sein für sich übernimmt:* der/die einzelne tritt zum Sein, zu sich selbst, zum Anderen in Beziehung. –

Schlaflosigkeit also. Die Frage ist: Warum sieht Levinas den Zugang zur 'anderen Seite' gestalteten Existierens, nämlich zum Sein, zum gestaltlosen Fluß/Kraftfeld, zum Es-gibt, ausdrücklich in der *Einsamkeit* des individuellen menschlichen Subjekts?[6] Wieso dieser Anfang bei

---

3   E. *Levinas,* Die Zeit und der Andere, Hamburg ³1995.
4   Ebd., 23.
5   Ebd.
6   Ebd., 20. Es ist bekannt, dass die Bestimmung des Ausgangspunktes, die Levinas hier vorschlägt, eine große Tradition in der europäischen Geistesgeschichte aufnimmt; mit dem Stichwort »Monade« ist sie ausdrücklich markiert; vgl. die 1720 posthum gedruckte Monadologie von G.W. Leibnitz. In dem kreativen intellektuellen Klima im Paris der Jahre unmittelbar nach der Befreiung 1945 werden philosophische Gesprächsbeiträge vorgetragen, die – wie der von Jean-Paul Sartre in dieser Epoche seines Werkes formuliert Existenzialismus (Vgl. *J.-P.Sartre,* Ist der Existentialismus ein Humanismus? In: ders., Drei Essays. Ist der Existentialismus ein Hu-

der Einsamkeit des Individuums? Und man muß bei diesem Einspruch ja bedenken, dass Levinas, Sartre und viele andere intellektuell interessierte GesprächspartnerInnen in dieser Zeit in hoch differenzierter und zudem gebrochener Weise ein *Lebensgefühl* zum Ausdruck bringen, das sich in weniger elaborierten Gesprächszusammenhängen, vor allem aber in den Durchsetzungsstrategien wirtschaftlicher und politischer Machtgruppen in der spätkapitalistischen Gesellschaft in erheblich skrupelloserer Weise Raum schafft: Der Mensch ist im Grunde und im Anfang, er ist *als Mensch* allein, er setzt seine individuellen Interessen durch. Beziehung zwischen den je einzelnen ist erst das zweite, in Einigung durch Vertrag oder in aggressiver Begegnung bis hin zum (Wirtschafts-)Krieg.

Es geht nicht darum, den von Levinas (und anderen) vorgeführten Ansatz beim *Alleinsein* des menschlichen Subjekts zu diskreditieren. Nein, umgekehrt: Der gedankliche Anfang bei der Vorgängigkeit menschlicher Einbindung in Gemeinschaft *vor* seiner Wahrnehmung als individuelles Subjekt – die Befreiung von den Nazi-Truppen ist gerade erst erkämpft – ist durch die mörderische Inszenierung faschistischer »Volksgemeinschaft« diskreditiert, und damit erscheinen auch intellektuelle Konzeptionen als verbraucht, die – wie Ferdinand Toennies' »Gemeinschaft und Gesellschaft« – nicht umstandslos mit Nazi-Machwerken wie Rosenbergs »Mythos des zwanzigsten Jahrhunderts« in einen Topf geworfen werden können.

Und dennoch: Nimmt man lebensgeschichtliche Erfahrungen, die jede und jeder machen kann, nimmt man alltägliche Plausibilitätserfahrungen ernst, dann erscheint die Voraussetzung der Einsamkeit des einzelnen Individuums doch als ausgesprochen unselbstverständlich. Menschenkinder wachsen nicht als einzelne auf. Ihre Individuierung gelingt allererst in dem Maße, wie eine äußerst dichte Beziehung – zur Mutter bzw. zur ersten Betreuungsperson – nach und nach verlassen

manismus? – Materialismus und Revolution – Betrachtungen zur Judenfrage, West-Berlin 1961) – insofern noch radikaler sind, als jenseits des Entschlusses, die eigene Existenz in Entscheidung und Akt für sich zu übernehmen, mit einem davor – oder dahinter, darunter, jenseits, oder wie auch immer – liegenden *Sein* im Sinne des Levinas'schen »Es gibt« ausdrücklich nicht mehr gerechnet wird. In der Konzentration des gedanklichen (und tatsächlichen?) Ausgangspunktes aufs Individuum und den gleichsam intimen Augenblick seiner Selbstwahrnehmung, von dem aus die Beziehung zum *Anderen* allererst möglich wird, liegen beide Entwürfe aber auf der gleichen Linie.

oder besser: mit der Verbindlichkeit, aber auch Offenheit der Beziehungen ausbalanciert werden kann, die sich im Laufe des Erwachsenwerdens zunehmend ausdifferenzieren werden. Am Anfang steht nicht der bzw. die einzelne. Am Anfang steht die intime und verbindliche *Beziehung*. Individuierung mit der Möglichkeit, die Beziehung zu anderen zu gestalten – in der ganzen Spannbreite zwischen den Polen Einsamkeit und Einverleibung – ist erst das zweite. Es ist die lebensgeschichtlich (und auch logisch) notwendige *Folge* der Einbindung in Beziehung, eine Umkehrung dieser Reihenfolge ist unmöglich. Was lebensgeschichtlich-alltäglich jede/r erfahren kann, ist zudem um die Mitte des Jahrhunderts bereits common sense in der psychoanalytischen Diskussion.[7]

Womit fängt alles an? Für die Frage nach »Geld oder Gott« liegt hier bereits eine entscheidende Weichenstellung. Es ist wichtig, diese Vorentscheidung nicht undiskutiert »mitlaufen« zu lassen. Stimmt das Bild menschlicher Gesellschaft, wenn angenommen wird: Tausch ist ursprünglich Vertrag zwischen individuellen Marktteilnehmern, die ihre je besonderen und gegeneinander konkurrierenden Interessen auf diese Weise in befriedeter Form durchsetzen? Ist Gesellschaft erst das *Ergebnis* einer Einigung zwischen ursprünglich einzelnen? Oder ist Tausch vielmehr ursprünglich Ausdruck einer verpflichtenden und reziproken Beziehung, und ist ursprünglich die Herausbildung und Durchsetzung je individueller Interessen deshalb immer eingebunden in die Reproduktion des umgreifenden sozialen (und natürlichen) Lebenszusammenhangs? Im Vorgriff auf die gesamte Argumentation in diesem Beitrag ist festzuhalten: Diese Alternative bezieht sich nicht nur auf die (psychoanalytisch zu beschreibende) Individualgeschichte des einzelnen Menschenkindes, sondern auch auf die menschheitsgeschichtliche Entwicklung.

Und mit Blick auf das zweite Glied der Alternative »Geld oder Gott«: Wähle ich mir meinen Gott entsprechend meinen Vorlieben und nach meinen Interessen? Oder ist die Wahrnehmung Gottes von seiten des Menschen konstituiert durch eine Beziehung, welche die menschliche Wahlmöglichkeit fundamental übersteigt, die in der bibli-

---

7   Sigmund Freuds Andeutungen zum narzißtischen Stadium der menschlichen Entwicklung sind zwischen 1928 und 1945 beispielsweise von Melanie Klein in intensiver Forschungsarbeit differenziert worden. Vgl. *M. Klein*, Frühstadien des Ödipus-Komplexes. Frühe Schriften 1928-1945, Frankfurt/M. 1985.

schen Erzähltradition mit Namen angesprochen wird wie »Bund«, »Erwählung«, »Berufung«, und die in jedem Fall dadurch bestimmt ist, dass Gott ihr Subjekt ist – und nicht der urteilende, wählende, entscheidende Mensch?

2. Womit fängt alles an? Um die Jahrhundertwende – die zum vergangenen Jahrhundert – artikuliert Georg Simmel[8] in seiner »Philosophie des Geldes« in der Sprache neuzeitlicher Philosophie ein Problem, das seit Aristophanes' Mythos, den er in Platons Symposion über den in sich selbst verschlungenen, sich in seiner Beziehung zu sich selbst genügenden Proto-Menschen beigesteuert hat, immer wieder in stärker mythologischer oder auch rationalisierter Form vorgetragen wurde: Es gab eine Zeit vor der Zeit, in der alles in einem war. Subjekt und Objekt waren noch nicht voneinander geschieden. Am Anfang steht *Beziehung* in einer Intimität und Intensität, dass von ihr – nur in entgegengesetzter Richtung zum je individuellen Solitär-Sein – als einer Beziehung noch kaum gesprochen werden kann. Das eine und das andere sind noch ungetrennt im Einen zusammen.[9] Georg Simmel sagt: »Das seelische Leben beginnt vielmehr mit einem Indifferenzzustand, in dem das Ich und seine Objekte noch ungeschieden ruhen.«[10] Die Unterscheidung zwischen einem Subjekt und einem wie auch immer gestalteten Inhalt seines Wahr-Nehmens ist nicht das Ursprüngliche, sondern eine Schritt für Schritt platzgreifende Entwicklung. »Die Entwicklung führt offenbar pari passu dahin, dass der Mensch zu sich selbst Ich sagt und dass er für sich seiende Objekte außerhalb dieses Ich anerkennt.«[11]

Aus dieser Urszene erfährt alles Spätere seinen Antrieb, gewissermaßen seine *energetische Ladung*. Dass Menschen bestimmten Dingen ihrer Umwelt *Wert* zumessen, speist sich aus der Sehnsucht nach Überwindung der Trennung von dem, mit dem sie einmal eins waren. Der *Tausch* wird zur Grundfigur menschlicher Sozialität überhaupt: Das von der Welt der Objekte getrennte Ich *opfert* etwas, das ihm wert

---

8 *G. Simmel*, Philosophie des Geldes, Leipzig 1900, hg. v. D.P. Frisby u. K.Ch. Köhnke, Frankfurt/M. [4]1996.

9 Im heute zeitgenössischen philosophischen Gesprächszusammenhang wird diese Position immer wieder von Hans Ebeling durchgespielt. Vgl. dazu z.B.: *H. Ebeling*, Vom Ursprung der Philosophie. Der Tod, das Nichts und das Eine, Würzburg 1997.

10 *G. Simmel*, a.a.O., 30.

11 Ebd.

ist, um etwas zu *gewinnen*, das ihm *noch mehr* wert ist. Das ist die grundlegende Figur im Sinne Simmels: Im Tausch opfere ich etwas, um etwas zu gewinnen. Das impliziert: Der Mehr-Wert (hier verstanden als
Zumessung eines größeren Wertes durch das wert-schätzende Ich)
liegt immer auf dem *zweiten* Glied, also bei dem, was ich gewinnen
möchte und dafür mein Eigenes (bzw. einen Teil meines Eigenen) opfere. Simmel legt den *Macht*-Aspekt – und zwar *bevor* das *Geld* in den
Tausch vermittelnd eintrat – auf das *Gewinnen*-Wollen, man könnte
auch formulieren: auf das *Nehmen*-Wollen des menschlichen Subjektes.

Dies jedenfalls soll notiert werden: Anders als Levinas (und das in
seinem Beitrag repräsentierte intellektuelle Klima, das Lebensgefühl,
das sich hier ausspricht) sieht Georg Simmel (und er steht ebenfalls
exemplarisch für viele andere) die Antwort auf die Frage, wie alles an-
fing, in der *Beziehung* und nicht in der Einsamkeit des menschlichen
Subjekts. Das hieraus folgende Stadium menschlicher Sozialität ist der
Tausch; hier wird sich das *Geld* einnisten. Das Geld wird über weite
Strecken der historischen Entwicklung als Movens der Befreiung von
direkten persönlichen Abhängigkeitsverhältnissen wirken; die feudale
Grundherrschaft wird durch die Geldwirtschaft entmächtigt. Und das
Geld wird schließlich als Ausfluß seines Charakters, alle Dinge im
Tausch zu vermitteln und so abstrakt gleich zu setzen, zur Abstraktion
und zur Gleich-Gültigkeit aller Dinge und schließlich auch aller Men-
schen führen.[12]

3. Maurice Godelier hat in seinem in Deutschland 1999 erschienenen
Werk »Das Rätsel der Gabe«[13] ein Buch von Marcel Mauss wieder gelesen, das zu Anfang des Jahrhunderts erschienen ist und ohne Über-
treibung als eines der aufregendsten Bücher der Epoche gelten kann:
»Die Gabe. Form und Funktion des Austausches in archaischen Gesellschaften.«[14] Godelier reflektiert ausdrücklich auf den aktuellen historischen und sozialen Ort seiner Relektüre: »Das Paradox ist, dass es
die Wirtschaft, welche massenhaft Ausgeschlossene schafft, der Ge-

---

12 Ebd., 722f; das Zitat stammt aus einer knappen Zusammenfassung, die
    Simmel unter dem Titel des Buches 1901 seinem ein Jahr zuvor erschie-
    nenen Werk als »Selbstanzeige« beigefügt hat.
13 *M. Godelier*, Das Rätsel der Gabe. Geld, Geschenke, Heilige Objekte. Paris
    1996, München 1999. Ich verdanke Magdalene L. Frettlöh den Hinweis
    auf dieses hervorragende Werk.
14 *M. Mauss*, Die Gabe. Form und Funktion des Austausches in archaischen
    Gesellschaften, zit. n. W. Lepenies u.a. (Hg.), Soziologie und Anthropolo-
    gie Bd. 2, Frankfurt/M. u.a. 1978.

sellschaft überläßt, sie wieder einzuschließen – und zwar, sieht man von einem geringen Teil ab, nicht in die Wirtschaft, sondern in die Gesellschaft. Das ist der Punkt, an dem wir stehen. Wir leben in Gesellschaften, deren ‚soziales Gewebe‘, wie man sagt, ‚zerrissen‘ ist, in mehrere Gesellschaften zerfällt, die immer mehr gegeneinander abgeschottet und abgedichtet sind.«[15] Die Situation einer fundamentalen Entverantwortlichung ökonomischer Machteliten, die »rationales« ökonomisches Handeln von den »sozialen Kosten« zunehmender Arbeitslosigkeit und Verarmung, aber auch ökologischer Zerstörung abkoppeln, macht es im wahrsten Sinne not-wendig, auch die Welt der Bücher und Ideen – und auch der anscheinend unaktuellen und abgelegten – nach grundlegenden Alternativen abzusuchen.

»Die Gabe« von Marcel Mauss ist auf den ersten Blick ein ethnologisches Buch: es geht um melanesische Gesellschaften und indianische Gesellschaften Nordwestamerikas, die zur Zeit, in der Mauss schreibt, zunehmend in Kontakt mit der kapitalistischen Geldwirtschaft kommen und im gleichen Maße transformiert werden.

Was Mauss entdeckt, ist eine eigentümliche Form des *Austausches*, die in diesen Gesellschaften *anders* ist als im Warentausch der Geldwirtschaft. Seine Ergebnisse können knapp zusammengefaßt werden: Es handelt sich um einen Austausch von Gaben (ein geläufigeres Wort dafür ist alltagssprachlich: Geschenk) und nicht von Waren. Der wichtigste Unterschied ist, dass der Austausch von Gaben zwischen den Tauschpartnern eine verpflichtende Beziehung herstellt; dies ist beim Austausch von Waren aus Gründen, die noch zu diskutieren sein werden, so nicht der Fall. In den Gesellschaften, die Mauss vor Augen hat, sind es nicht nur die – nach modernem Verständnis – ausdrücklich ökonomischen Transaktionen, die nach den Regeln des Gabentausches funktionieren; man muß sogar sehr deutlich machen, dass die Unterscheidung zwischen verschiedenen »Subsystemen« (z.B. Ökonomie, Verwandtschaft, Religion) einen modernen und zudem eurozentrischen Blick voraussetzt, der die Situation in den alten Gesellschaften in jedem Falle verfehlt.[16]

Die Ökonomie des Gabentausches ist, so Mauss, ein *verpflichtender* Austausch. Seine Regeln müssen von allen Gesellschaftmitgliedern

---

15 *M. Godelier*, a.a.O., 10f.
16 Hierauf hat *M. Godelier* in einem anderen Werk hingewiesen; vgl. ders., Natur, Arbeit, Geschichte. Zu einer universalgeschichtlichen Theorie der Wirtschaftsformen, Hamburg 1990, 37ff.

eingehalten werden, bei Strafe ihrer Ausgrenzung und sozialen De-
klassierung. Folgende drei Verpflichtungen sind grundlegend: die *Verpflichtung zum Geben, zum Annehmen und zum Wiedergeben der Gaben.*
Mauss wählt den Begriff der »totalen Institution«, um deutlich zu
machen, dass die Gabentauschökonomie in den alten Gesellschaften
kein gegenüber anderen abgrenzbares Subsystem ist:
– Der Gabentausch regelt nicht nur den ökonomischen Verkehr, sondern zugleich das juristische, wirtschaftliche, religiöse und ästhetische
Leben der Gesellschaft.[17]
– Neben der jeweils lebenden Menschengeneration sind auch die Ahnen, die Toten, die Natur und die Götter einbezogen.[18]
– Es werden keine gegenüber ihrem Inhalt abstrakten Waren getauscht, sondern Gaben, in denen ein »Geist« wohnt, der alle Tauschpartner in eine verpflichtende Beziehung zueinander stellt.
– Jede Gabe kann durch eine andere vertreten werden. Felle durch
gejagtes Wildbret, Tonscheiben durch geschlechtsreife Frauen. Die
Gaben sind nicht spezifisch, und der Tausch stellt die prinzipielle
Verwandtschaft zwischen allen Dingen dar. Diese Vertretbarkeit wird
aber nicht durch ein von den konkreten Gaben abstrahiertes Drittes
gewährleistet, z.B. durch das Geld. Vielmehr bringt die Vertretbarkeit
der Gaben durch andere Gaben die symbolische Verwandtschaft allen
Lebens zum Ausdruck. Der Gabentausch ist Ordnung des »symbolischen Tausches«. –
In den alten Gesellschaften hat es neben dem kultischen Austausch
den alltäglichen verpflichtenden Tausch zwischen Hauswirtschaften
und Ethnien gegeben[19]; und auch heute und in Mitteleuropa weist z.B.
die Sitte des verpflichtenden Geschenkaustausches bei dörflichen
Konfirmationen oder die Verpflichtung zur Nachbarschaftshilfe darauf, dass Gabentausch auch in alltäglicher Kommunikation vorkommt.
Mauss ist in seiner Analyse der Gabentauschökonomie vor allem an
einem besonderen Typus dieser Tauschformation interessiert, einem
agonistischen Gabentausch, wie er ihn in der Institution des in-
dianischen *Potlatch* vorfindet. Ja er meint sogar, dass in diesem kämp-

---

17   Ebd., 138.
18   Vgl. ebd., 31
19   Vgl. z.B. *C. Meilassoux*, Die wilden Früchte der Frau. Über häusliche Pro-
     duktion und kapitalistische Wirtschaft,. Frankfurt/M. 1983; *M. Godelier*,
     a.a.O., 1990.

ferischen, auf die Durchsetzung von Macht und sozialer »Ehre« konzentrierten Gabentausch der Aspekt deutlich wird, der das Wesen des Gabentausches überhaupt ausmacht. Mit einem Satz zusammengefaßt, könnte Godeliers Kritik an Mauss' Gabentausch-Konzept, was diesen Aspekt angeht, so zusammengefaßt werden: Es geht beim Gabentausch in den alten Gesellschaften nicht zuerst um Macht, sondern um gesellschaftliche Solidarität. So einleuchtend dieser Einwand ist, muß aber doch festgehalten werden: Es geht *auch* um die Ausmittlung von Machtabstufungen, um Status, um den Platz in einer sozialen Hierarchie – nicht nur in der extremen Form des Potlatch, bei dem ein Häuptling hunderte von wertvollen Tonscheiben und Fellen vernichtet, nur um zu demonstrieren, dass er zu dieser Verausgabung in der Lage ist, und auf diese Weise alle Kontrahenten zu degradieren. Nein, an Mauss' Analyse erscheint auch dies bemerkenswert: Es ist das *erste Glied* in der Kette, in der sich der soziale Verpflichtungszusammenhang selbst ausdrückt, nämlich *die Gabe*, die zum Annehmen und Wiedergeben verpflichtet. Das Spiel gesellschaftlicher Solidarität ist nicht immer schon »im Fluß«, sondern muß je und je neu eröffnet werden. Der *erste Geber* flicht jeweils das erste Glied der Kette sozialer Verpflichtung und zeigt, besser: agiert auf diese Weise seine gesellschaftliche Macht. Auch in den nicht ausdrücklich agonistischen Formen des Gabenaustausches geht es um Solidarität *und* Macht. Macht kann in diesem Zusammenhang keinesfalls perhorresziert werden, sondern eröffnet und ermöglicht Reziprozität, Verbundenheit, Solidarität.

Ich möchte dies unterstreichen, hier liegt ein wichtiger Unterschied in Mauss' Analyse zu der Georg Simmels. War in Simmels Sicht der Dinge das *zweite Glied* der Tauschbeziehung das, auf dem der Machtaspekt liegt – das Objekt des Begehrens, das also, was *genommen* werden soll – liegt in Mauss' Gabentauschinterpretation der Machtaspekt auf dem ersten Glied, auf der Gabe, die das gesellschaftliche Spiel je und je eröffnet. Diese Differenz ist wichtig. An ihr hängt, um die Argumentation im vierten Abschnitt dieser Untersuchung an diesem Punkt schon vorwegzunehmen, die Antwort auf die Frage, ob sich gesellschaftliche Tauschbeziehungen nicht nur denken, sondern auch auffinden lassen, die nicht von vornherein durch das *Geld* bestimmt sind.[20]

---

20 Der religionskritische Impetus in Godeliers Relektüre liegt auf stärker theoretischer Ebene in diesem Punkt: Er bestreitet die (bei Mauss, aber auch bei Levi-Strauss oder Baudrillard (vgl. *J. Baudrillard*, Der symbolische

4. Die Einheit des Lebens ist zerfallen, und zwar unwiederbringlich. Der Mensch ist in der Welt unbehaust, die anderen Menschen und die Dinge stehen ihm fremd gegenüber. In all ihrer Unterschiedenheit ist dies der gemeinsame Ausgangspunkt, an dem auch die großen Religionskritiken der neuzeitlichen Moderne ihren Gegenstand ansiedeln. Menschen müssen in einer unwirtlichen Welt eine Kultur schaffen, sie müssen zusammen leben und arbeiten. Das mutet Versagungen, Entbehrungen und Leiden zu. Dies ist der Ausgangspunkt der Religionskritik Sigmund Freuds. Oder: Die Welt der Dinge hat sich als Waren-Kommunikation gegenüber den Menschen verselbständigt: Die Waren erscheinen denjenigen, die sie doch produziert haben, als die eigentlichen Subjekte des gesellschaftlichen Lebens, und diese fundamentale Verkehrung depotenziert und dehumanisiert die Menschen: In der Wahrnehmung des »Fetischcharakters der Ware« liegt der Clou der Religionskritik von Karl Marx. Bleiben wir eine Weile bei diesem Thema: Ohne seine Wahrnehmung wäre auch das Thema »Gott oder Geld« nicht zu begreifen.

III. Wie man auf ganz unterschiedlichen Wegen nicht da ankommen kann, wo man hinwollte: der gemeinsame blinde Fleck in der Religionskritik bei Freud und Marx

Meine Hypothese, die für diesen Abschnitt (»Religionskritik«) die Melodie angibt, heißt: die großen religionskritischen Perspektiven der Moderne sind selbst an zentraler Stelle höchst angreifbar, auch von

Tausch und der Tod, München 1982) Vorgängigkeit der symbolischen gegenüber der imaginären und der realen Ordnung. Was gemeint ist, wird vielleicht an der Konkretisierung deutlich, die Godelier diesem Gedanken gibt: er meint, dass in den Mythen, die von einem ersten gesellschaftsbegründenden Tausch zwischen den Menschen (oder Menschen und Tieren, Menschen und Göttern) erzählen, die frühen *tatsächlichen* Menschen in gewisser Weise ausgelöscht, »gestrichen« und durch die mythischen Wesen der Vorzeit ersetzt worden sind. Das ist der *imaginäre* Mechanismus im Sinne Godeliers; aus ihm leitet sich die symbolische Ordnung des Tausches (z.B. die durch den *hau* begründete Verpflichtung, Gaben zu geben, zu nehmen und wiederzugeben) erst ab. Diese Kritik Godeliers an Mauss soll keinesfalls auf die leichte Schulter genommen werden. Allerdings ist sie umgekehrt wiederum zu befragen: Was ist, wenn die »symbolische« Ordnung ausdrücklich als Gabenaustausch repräsentiert wird – mit Auswirkungen auf die reale ökonomische Ordnung?

Seiten der von ihnen kritisierten Religion. Beginnen wir mit den religionskritischen Überlegungen Sigmund Freuds.[21]

1. Der Mensch ist, und dies unterscheidet ihn von den Tieren, ein Kulturwesen. Der Mensch kann nur überleben, wenn er seine natürliche Lebensumwelt bearbeitet, wenn er sich und sein Lebensgesamt von der natürlichen Lebensumwelt abgrenzt und wenn er mit seinen Mitmenschen zusammen eine Form der sozialen Kooperation entwikkeln kann. Das ist keineswegs immer konfliktfrei und auch keineswegs immer befriedigend: Zugleich ist der Mensch deshalb ein Wesen, das ein konstitutives »Unbehagen an der Kultur« deshalb empfindet, weil die Kultur, ohne die zu überleben er nicht imstande ist, ihm Triebverzichtsleistungen aufnötigt.[22] Der Mensch wird im Lebenszusammenhang der Kultur gezwungen, seine Triebwünsche aufzugeben – oder doch zumindest ihre Realisierung zeitlich zu verschieben oder auf andere Weise, als es dem ursprünglichen Wunsch entspricht, auszuleben: sie zu »sublimieren«. »Solche Triebwünsche« sind die des Inzests, des Kannibalismus und der Mordlust.«[23]

Das Inzesttabu wird, wie in den meisten anderen Religionen auch, bereits in den Gesetzestexten der Hebräischen Bibel festgeschrieben (z.B. Lev 18,6)[24] Festzuhalten bleibt: Die kulturellen Verbote und Gebote, die das freie Ausleben der Triebe bei den Menschen verhindert, sind keinesfalls universale, übergeschichtlich wirksame Verbote. Am

---

21 Es sind einige Texte Sigmund Freuds, in denen er im Rahmen seiner Reflexionen über die Kulturtheorie auch seine Religionskritik artikuliert: Massenpsychologie und Ich-Analyse (1921); Die Zukunft einer Illusion (1927); Das Unbehagen in der Kultur (1929-1930); und als früher Text, der in diesem Reflexionen der 20er Jahre immer wieder aufgenommen wird: Totem und Tabu (einige Übereinstimmungen im Seelenleben der Wilden und der Neurotiker) (1912/13).

22 S. *Freud*, Die Zukunft einer Illusion, zit. n. ders., Kulturtheoretische Schriften, Frankfurt/M. 1986, 142.

23 Ebd., 144.

24 Es ist aber für jede Gesellschaft unterschiedlich, wie weit dieser Kreis von ausgeschlossenen, durch das Inzesttabu definierten Beziehungen gezogen wird. Im Mittelalter beispielsweise wird durch das kanonische Recht die Blutsverwandtschaft und die Schwägerschaft bis ins vierte Glied der Nachkommenschaft eines Mannes ausgedehnt. Das ist ein enorm umfänglicher Lebenskreis. Durch die Blutsverwandtschaft bis ins vierte Glied werden allein zwanzig Positionen im Verwandtschaftsnetz als Beziehungsmöglichkeiten ausgeschlossen, durch die Schwägerschaften weitere achtzehn.

Inzesttabu läßt sich zeigen, wie stark die Definitionen der sexuellen Beziehungen, die verboten sind, vom jeweils historisch vorherrschenden Verwandtschaftssystem abhängen. Auch die beiden anderen kulturellen Basisverbote sind von historischen und gesellschaftlichen Entwicklungen abhängig, am wenigsten deutlich allerdings der Kannibalismus: er gilt den immer wieder in Massaker an den unterworfenen »primitiven« Völkern verstrickten Mitteleuropäer nicht ein historisch und gesellschaftlich revidierbares, sondern ein radikales, vollständiges Verbot. Anders ist das im Falle der Mordlust: Hier gibt es immer wieder gesellschaftlich zugelassene oder sogar geforderte Situationen, es außer Kraft zu setzen. Die beiden in vielen »zivilisierten« Ländern zugelassenen Ausnahmesituationen, Krieg und Todesstrafe, zeigen aber auch, wie wenig über diese Ermäßigung des Verbots gesellschaftlich Einigkeit hergestellt werden kann.

Freud abstrahiert die Vielfalt des menschlichen Begehrens, die in den drei großen Verboten bereits stark eingeschränkt wurde noch einmal auf zwei grundlegende Triebe: den Aggressionstrieb und den Sexualtrieb, Aggression und Libido.

Dass Menschen nicht allein, als Einzelwesen, leben können, sondern nur mit anderen zusammen, im Rahmen einer gemeinsam geteilten Kultur, zwingt ihnen Versagungen auf. Verbote verhindern, dass Menschen nach ihren Trieben leben. Und das heißt doch auch: Das Zusammenleben in der Kultur hindert die Menschen an ihrem Glück. Warum, so fragt Freud, tun sich dann Menschen überhaupt gemeinsam zu einer Kultur zusammen und unterwerfen sich den kulturellen Verboten? Antwort: Sie *müssen* dies tun, um die Alternative abzuwenden, nämlich das Überwältigtwerden von Unglück. Kultur ist keine Einrichtung zur Realisierung individuellen Glückes, aber eine Einrichtung zur Vermeidung von Unglück: Nur gemeinsam können die Menschen verhindern, dass sie von der sie umgebenden Natur überwältigt werden – oder auch von einer gesellschaftlichen Umwelt, in der ein jeder seinen Trieben folgen würde, mit der Konsequenz unbegrenzbarer Gewalt.

Die kulturellen Verbote werden nicht nur durch äußeren Druck, durch Strafandrohung erzwungen, sondern sie werden – universal- wie lebensgeschichtlich – in zunehmendem Maße verinnerlicht. Menschen müssen um ihres Überlebens und um der Abwendung von Unglück willen in einer Kultur gemeinsam leben, die ihnen Versagungen aufnötigt und sie zwingt, so zu leben, wie es im eigenen Glück nicht entspricht: nämlich zu arbeiten und die eigenen Begehrungen qua Vernunft zu kontrollieren. Und genau dies ist der Punkt, an dem Freud seine *religionskritischen Überlegungen* ansiedelt: Die Menschen, die sich in der Kultur zusammengeschlossen haben, um gemeinsam die Natur zu bearbeiten, stehen – in früher Zeit stärker als später, prinzipiell aber immer – der Natur als einer Macht gegenüber, die sie ständig zu beherrschen, zu verschlingen, zu überwältigen droht, und von der sie immer zu wenig wissen – oder doch zumindest zu wissen glauben.

Wenn Menschen, zur Kultur zusammengeschlossen, die Natur zunehmend bearbeiten und beherrschen lernen, »vermenschlichen« sie Natur. Die Natur wird humanisiert und so zumindest tendenziell ihres Schreckens und ihrer Kraft beraubt. Aber das Zusammenleben untereinander, in der Kultur, ist für die Menschen selbst immer, zumindest in gewissem Grade, undurchschaubar, bedrohlich und überwältigend. Genau wie gegenüber der Natur, so sind auch die Menschen als Individuen gegenüber der von ihnen geschaffenen Kultur immer zumindest tendenziell hilflose Wesen. In dieser Lage brauchen die Menschen Trost, sie brauchen Wissen oder doch zumindest Vorstellungen, die an die Stelle von Wissen über die Natur und über das kulturelle Zusammenleben treten können, und sie brauchen Hoffnungen, dass die ihnen zugemuteten Versagungen zumindest irgendwann beendet sein werden. Genau hier liegt der Ort, die Aufgabe, die Funktion der Religion im Zusammenhang der von den Menschen gemeinsam gelebten und geteilten Kultur.

In einer frühen Entwicklungsstufe der menschlichen Kultur wird die Natur in gewissem Sinne »beseelt« und so ihrer Fremdheit beraubt: der Animismus als frühe Entwicklungsstufe von Religion. Mit der Zeit, im weiteren Verlauf der menschlichen Kulturentwicklung, werden erste Beobachtungen von Regelmäßigkeiten und Gesetzmäßigkeiten an den Naturerscheinungen gemacht, und die Natur verliert damit ihre menschlichen, ihre beseelten Züge.[25] Allmählich verschiebt sich der Akzent in der Leistung der Religion für die menschliche Kultur. Die Menschen merken, dass sich Natur aus innerer Notwendigkeit von selbst entwickelt. Je mehr die Natur selbständig wird, je mehr die Götter sich von ihr zurückziehen, desto stärker wird das Gebiet des zwischenmenschlichen Zusammenlebens, das Moralische zum eigentlichen Ort, an dem die Religion für die Kultur wichtig wird. Jetzt wird es zur Aufgabe der Götter, die Mängel und Schäden der Kultur auszugleichen, die Leiden zu vermindern, die Menschen in ih-

25 Ebd., 151.

rem gemeinsamen Zusammenleben einander zufügen, und über die Ausführung der moralischen Kulturvorschriften zu wachen, die die Menschen aus eigenem Antrieb nur schlecht befolgen.[26]

Es wird ein Schatz von Vorstellungen geschaffen, die aus dem Bedürfnis geboren sind, die menschliche Hilflosigkeit erträglich zu machen, und sie werden erbaut aus dem Material der Erinnerung an die Hilflosigkeit der eigenen und der Kindheit des Menschheitsgeschlechts. Auf der Ebene des Erwachsenen-Ich ist das Bild umfassenden All-Versorgtseins, eines paradiesischen Gefühls des Ineinanderfließens von Ich und Umwelt, eine unrealistische, unvernünftige, dem Erwachsenen-Ich unangemessene Idee. Die religiöse Sehnsucht nach dem Paradies ist eine infantile Vorstellung; umgekehrt zeigt sich hier eine typische Wirkweise von Religion insofern, als frühere, eigentlich schon überwundene lebensgeschichtliche und menschheitsgeschichtliche Stadien der Entwicklung jetzt wieder durchbrechen und die mittlerweile erworbenen Standards von Ich-Entwicklung, Vernunfttätigkeit und Realitätstüchtigkeit außer Kraft setzen.

Die Versagungen und Unerträglichkeiten des menschlichen Zusammenlebens in der Kultur werden durch die Religion abgemildert, beispielsweise in der Vorstellung, dass alles gute Handeln endlich, und sei es nach dem Tode, seinen Lohn finde, allem Böse seine Strafe entsprechen werde, wenn schon nicht in dieser Form des Lebens, so in den späteren Existenzen, die nach dem Tod beginnen – als Leben nach dem Tode, oder, wie in den Vorstellungen anderer Religionen, im Kreislauf der Wiedergeburt.

Freud spricht hier eine in verschiedenen Religionen, aber auch in der jüdisch-christlichen Religionstradition lebendige Idee an, die keinesfalls peripher ist; eigenartigerweise macht er sie aber nicht zum Zentrum seiner Überlegungen zur Aufgabe von Religion: Es geht um die Vorstellung einer grundlegenden *Reziprozität*, die alles Lebendige in seinem Innersten untereinander verbinde. Die Reziprozität zwischen Gabe und Gegengabe, zwischen – am Maßstab des Gesetzes Gottes – gutem Handeln und der Ausbreitung von Segen, schlechtem Handeln und der Ausbreitung eines lebenszerstörenden Machtzusammenhanges, zwischen Leben und Tod. Freud geht an dieser entscheidenden Weichenstellung einen anderen Weg: Ihn interessiert vor allem, dass mit der Vorstellung von einer dem Menschen überlegenen, das Leben erschaffenen und erhaltenden höheren Intelligenz deren Eigenschaf-

26 Ebd., 152.

ten und Absichten, mit deren Machtfülle und Allgüte eine *Vater-Gestalt* verbunden würde. Gott ist der gute Vater, der die Menschen vor dem Bösen schützt, der zumindest erlittenes Unrecht dereinst tilgen wird, der für den Menschen sorgt, auf den ich mich verlassen kann, der auch im Schweren zu mir steht und seine Hand unter mich breitet.

Freud geht nun der Frage nach, warum sich diese Hoffnungen auf Trost und Entschädigung für erlittene Versagung, zugleich auch – als andere Seite der Ambivalenz – die Furcht vor der Strafe für getanes Unrecht mit dem Gesicht und der Gestalt eines himmlischen *Vaters* verbinden. Er nimmt hier einen Faden auf, den er bereits fünfzehn Jahre vor der Entstehung von »Die Zukunft einer Illusion« (1927) in »Totem und Tabu« gesponnen hat: der »wissenschaftliche Mythos« vom Vatermord der Brüderhorde. Hier: in der Verbindung von Straf- und Trostwirkung von Religion und dem Bild des mächtigen, strafenden und gewährenden Vaters findet man das Scharnier, durch das Freud seine psychoanalytischen Basisannahmen mit »Religion« verbindet. Seine Relektüre von Sophokles' »König Ödipus« für die Situation der kleinbürgerlichen Familie mit nach außen schwacher, nach innen despotischer Vatergestalt: der kleine Junge will die Mutter lieben und den Vater töten. Oder der in keiner kulturellen Erzähltradition so tatsächlich vorkommende, von Freud postulierte »wissenschaftliche Mythos« vom »Vatermord der Brüderhorde« in seiner Schrift »Totem und Tabu«. Die »Brüder« der urgeschichtlichen Horde konkurrieren um die vom »Vater« sexuell beherrschten Frauen, töten den Vater, können den Gewinn dieser Tat aber nicht genießen: Das Schuldgefühl über die übergroße Untat wird übermächtig. Der dahingeschlachtete Vater wird im »Innern«, im Gewissen stärker, als es der lebendige je war. Es entsteht – als kulturgeschichtlich fundamentale Entwicklung – die Instanz des Gewissens, des Über-Ich in der psychischen Struktur des Menschen. Die Brüder unterwerfen sich einem ‚nachträglichen Gehorsam'.[27]

Immer wieder ist die Konzentration auf die Vater-Gestalt kritisiert worden, in der Freud in analoger Weise die lebensgeschichtliche Entwicklung des menschlichen Individuums, die menschliche Kulturgeschichte und die Religion analysiert. Juliet Mitchell[28] leitet in ihrem Buch »Psychoanalyse und Feminismus« Freuds Rezeption des »Ödi-

---

27 *S. Freud*, Totem und Tabu, zit. n. ders., Kulturtheoretische Schriften, a.a.O., 425ff.

28 *J. Mitchell*, Psychoanalyse und Feminismus, Frankfurt/M. 1985.

pus« aus einer kulturgeschichtlich früheren und menschheitsgeschicht-
lich fundamentaleren Konstellation ab, in der nicht das Problem der
Autorität des Vaters, sondern vielmehr des *reziproken, verpflichtenden
Austausches* bestimmend ist.[29]

Dieser Austausch ist kein Äquivalententausch, sondern vollzieht
sich – als Gabentausch – nach den Regeln einer verpflichtenden Reziprozität. Im ursprünglichen System des Frauentausches hat nicht der
biologische Vater die männliche Herrschaftsposition inne, sondern
vielmehr der Mutterbruder[30]. Nicht die triadische Familie ist der Nu-
kleus der Gesellschaft, sondern vielmehr eine asymmetrische Struktur.
»Nicht die Familie als solche, sondern die strukturelle Beziehung zwischen den Familien konstituiert die Grundlagen der menschlichen Gesellschaft ... Außerdem wird die Gesellschaft nicht durch das, was gegeben wird, zusammengehalten, sondern durch den Akt des Tausches
... Durch ihn (den Tausch) definiert sich die Menschheit«[31].

Dem Blick entsprechend, den Juliet Mitchell auf die Tragfähigkeit
der kulturgeschichtlichen Hypothese Freuds wirft, ist die Nachfrage
auch gegenüber ihrer Erklärungsfähigkeit für das *individuelle Lebens-
schicksal* des Menschenkindes gestellt worden, und zwar in dem Maße,
in dem mit dem »narzißtischen« Paradigma in der Psychoanalyse der
Blick von der lebensgeschichtlich relativ spät vorherrschenden Kind-
Vater-Beziehung auf die *Kind-Mutter-Beziehung* fokussiert wird. Hier ist
im Verlauf der Debatten auch in der Freud-Schule selber eine deutliche Entwicklung wahrzunehmen: Melanie Klein hat in solchen Beiträ-
gen, die noch zu Lebzeiten Freuds veröffentlicht wurden, die neuen
Erkenntnisse über die Notwendigkeit, den persönlichkeitskonstituie-
renden Konflikt beim Menschenkind lebensgeschichtlich *früher* anzu-
setzen, mit Freuds Ödipus-Theorem zu harmonisieren unternommen:

29 Ebd., 431. Mitchell postuliert einen Zusammenhang zwischen dem
    Tausch und der Ödipus-Konstellation. Der Austausch von Frauen zwi-
    schen Hauswirtschaften ist, so meint sie, für die menschliche Kultur von
    fundamentaler Bedeutung. Der geordnete Tausch – als Frauentausch zwi-
    schen Hauswirtschaften – markiert in der menschlichen Gesellschafts-
    entwicklung den Übergang von »Natur« zu »Kultur«.
30 *J. Mitchell* bezieht sich hier, ebenso wie bei ihren Ausführungen zum Zu-
    sammenhang von Tausch, Verwandtschaft und Sprache, auf die For-
    schungen von C.Levi-Strauss, Die elementaren Strukturen der Verwandt-
    schaft, Frankfurt/M. 1981. Vgl. auch *B. Malinowski*, Schriften zur Anthro-
    pologie, hg. v. F. Kramer [1924], Frankfurt 1986, 123ff.
31 Ebd., 428f.

Sie schreibt in »Frühstadien des Ödipus-Komplexes« beispielsweise: »Ich habe wiederholt darauf hingewiesen, dass der Ödipus-Komplex früher am Werke ist, als angenommen wurde ... Ich kam ... zum Ergebnis, dass die durch die Entwöhnung von der Mutterbrust auferlegte Versagung die Ödipusstrebungen auslöst und diese Ende des ersten und anfangs des zweiten Lebensjahres einsetzen. Verstärkend wirken die analen Versagungen, die dem Kind aus der Reinlichkeitsgewöhnung erwachsen ...«[32]

Deutlich ist hier schon die Verschiebung auf die Mutter-Kind-Beziehung. Diese lebensgeschichtlich früheste Beziehung im Leben des Menschenkindes[33] ist eine streng reziproke, wenn auch völlig polarisierte und ungleiche Gabenaustauschbeziehung. Die Mutter gibt dem Kind alles, was es zu seiner leiblichen und seelischen Versorgung nötig hat; und das Kind gibt der Mutter seine Scheiße und sein Lächeln. Das erste unspezifische, »soziale« Lächeln hat einen wichtigen Ort in der Individuationsgeschichte des Menschenkindes.[34]

Die Verschiebung im psychoanalytischen Paradigma vom Ödipus auf den Narzißmus, von der Vater-Kind-Beziehung auf die Mutter-Kind-Beziehung ist zugleich eine *Verschiebung von der Autoritätsproblematik auf die Problematik des Gabenaustausches*; und hier, im Scheitern der Reziprozität des Gabenaustausches, wird in der narzißmustheoretischen Diskussion auch das *Scheitern* der psychischen Entwicklung des Menschenkindes zuallererst festgemacht. Im Zusammenhang der Gesprächsbeiträge von Heinz Kohut[35], Bela Grunberger[36] und Margaret S. Mahler[37] heißt »narzißtisch gestörte Persönlichkeit«: Das Individuum (so schreibt H. Kohut) ist unfähig, den frühkindlichen Zustand

---

32 *M. Klein*, Frühstadien des Ödipus-Konfliktes, s. Anm. 7, 7f.

33 Dies ist empirisch, nicht normativ gemeint: faktisch ist die dominierende Beziehung zu einer erwachsenen Betreuungsperson die zur Mutter, nicht z.B. zum Vater, und dies ist bis heute so.

34 Margaret S. Mahler schreibt: »Begegnet ein Augenpaar einem Gesicht, selbst einem maskierten, das sich in vertikaler Richtung bewegt, dann ist diese Bewegung der Organisator oder vielleicht der ›Auslöser‹ der unspezifischen, sogenannten sozialen Lächelreaktion. Diese bezeichnet den Eintritt in das Stadium der bedürfnisbefriedigenden Objektbeziehung.« *M.S. Mahler* u.a., Die psychische Geburt des Menschen [1975], Frankfurt/M. 1980, 65.

35 *H. Kohut*, Narzißmus, Frankfurt/M. [4]1983.

36 *B. Grunberger*, Vom Narzißmus zum Objekt, Frankfurt/M. 1982.

37 *M.S. Mahler* u.a., a.a.O., 1980.

eines »ungestörten primären narzißtischen Gleichgewichts, eines psychischen Zustandes, dessen Vollkommenheit selbst der allereinfachsten Differenzierung in späteren Kategorien der Vollkommenheit vorausgeht (d.h. Vollkommenheit im Bereich der Macht, des Wissens, der Schönheit und der Moral)«[38] auf eine solche Weise zu verlassen, dass das Menschenkind die erfahrene Wärme als Bestandteil der eigenen psychischen Struktur rettet. Und auch der erwachsen gewordene Mensch sucht tendenziell in allen Beziehungen das »ozeanische« Gefühl des völligen Einswerdens, Versorgtseins und Gleichgewichts, wie es in der frühkindlichen Beziehung zur Mutter erlebt wurde. Die *narzißtisch gestörte* Persönlichkeit ist unfähig, »Objekte« als das Andere realistisch wahrzunehmen und libidinös zu besetzen. Nach M. Mahler fehlt bei einer narzißtisch gestörten Persönlichkeit die Fähigkeit, ein klares Gefühl davon zu entwickeln, eine von der Mutter losgelöste und getrennte Person zu sein. Die Individuation aus der Symbiose mißlingt.[39] Eine narzißtisch gestörte Persönlichkeit kann eine realistische Wahrnehmung weder vom »Ich« noch vom »Du« entwickeln. Sie hat keinen Zugang zu sich selbst, und sie kann andere Menschen als diese anderen nicht lieben.

Wird die skizzierte Verschiebung in der psychoanalytischen Theorie ernstgenommen, so muß sich auch der Skopus in ihrer *religionskritischen* Zuspitzung verändern. Im Blick sind jetzt nicht mehr zuerst die göttliche Vater-Gestalt und der lebensgeschichtliche Kampf mit der unterdrückenden Autorität. In den Mittelpunkt rückt vielmehr die Unfähigkeit, den anderen Menschen *als* Anderen wahrzunehmen und mit ihm in eine Weise des Austausches zu treten, der die Tauschpartner in ihrem jeweiligen Anderssein achtet und *zugleich* in einer verpflichtenden Beziehung aneinander bindet. Für narzißtisch gestörte Persönlichkeiten ist der Andere entweder gar nicht *als* Anderer wahrnehmbar, er wird den jeweils eigenen Größenphantasien oder Verschmelzungssehnsüchten einverleibt; oder er ist übergroß und erdrückend entspre-

---

38 *H. Kohut*, a.a.O., 85. – B. Grunberger setzt diese Urerfahrung nicht in der frühkindlichen Mutter-Kind-Beziehung, sondern in der pränantalen Lebensphase an: »Das Erlebnis ..., das der Mensch zu wiederholen versucht, ist seine pränatale Existenz, eine Situation, aus der er auf traumatische Weise vertrieben wurde und die er sein Leben lang wiederzufinden versucht. Dieser fundamentale Wunsch ist die Basis unserer Narzißmus-Hypothese.« (A.a.O., 22)
39 *M. Mahler*, a.a.O., 19.

chend den übermächtigen Eltern-Imagines der frühesten Kindheit, von denen lebenslang allumfassende Versorgung ersehnt und grenzenlose Zerstörung befürchtet wird.

Religionskritisch »praktisch« wird diese Verschiebung in der Wahrnehmungshaltung in der Gestaltwerdung dessen, was die betroffenen Menschen unbedingt angeht; und Größen- und Verschmelzungsphantasien sind in dieser Perspektive auch oft unmittelbar politisch riskant geworden. In höchst intelligenter Form hat sich beispielsweise Elias Canetti bereits in den zwanziger Jahren angesichts der sich ausbreitenden faschistischen Massenbewegung mit Freuds These auseinandergesetzt, und hier läßt sich exemplarisch zeigen – obwohl Canetti das narzißmustheoretische Paradigma noch gar nicht vor Augen hat – was die Verschiebung von der Autoritätsproblematik auf das »Feld« Gabe-Vereinigung-Verschmelzung an analytischer Brisanz auch für die Wahrnehmung politischer Konflikte beinhaltet.

Sigmund Freud hat in seiner Interpretation des Phänomen der »Masse«[40] eine spezifische Form vor Augen: nämlich die – wie er sie bezeichnet – »künstlichen Massen« der Kirche und des Heeres. Beide werden zuinnerst durch die Beziehung zu einer Führergestalt begründet und lebendig erhalten: »... dass ein Oberhaupt da ist – in der katholischen Kirche Christus, in der Armee der Feldherr –, das alle Einzelnen der Masse mit der gleichen Liebe liebt. An dieser Illusion hängt alles ...«[41] Im eigentlichen Kern, so Freud, ist diese Beziehung der »Masse« zu ihrem »Führer« als Beziehung zum »Vater« zu verstehen.[42]

Für Canetti wird dagegen die Frage brisant, wie die spontanen, unorganisierten, von Gewaltausbrüchen gekennzeichneten Aufläufe von Menschenmassen angemessen verstanden werden können, wie sie in den Großstädten Deutschlands und Österreichs im Prozeß von Revolution und Gegenrevolution erlebt werden können. In diesen Massenaufmärschen spielen offenbar »Führer« und »Väter« eine untergeordnete Rolle. Deshalb ist der Gegenstand, dem Canetti's[43] Interes-

40 S. *Freud*, Massenpsychologie und Ich-Analyse [1921], zit. n. ders., Kulturtheoretische Schriften, Frankfurt/M. 1986, 61-134.

41 Ebd., 89.

42 Ebd. Vgl. zur intendierten Verschmelzung zwischen der »Masse« und der Gestalt des »Führers« im deutschen Nationalsozialismus: *H. Cancik*, »Wir sind jetzt eins«. Rhetorik und Mystik in einer Rede Hitlers (Nürnberg, 11.9.1936), in: G. Kehrer (Hg.), Zur Religionsgeschichte der Bundesrepublik Deutschlan, München 1980, 13ff.

43 *E. Canetti*, Masse und Macht [1960], zit. n. Frankfurt/M. 1992.

se gilt, die Masse in ihrer überwältigenden, gewalttätigen, spontanen Artikulation. »Ich erkannte, dass die Masse keinen *Führer* braucht, um sich zu bilden, den bisherigen Theorien über sie zum Trotz.«[44] Gemessen an der Terminologie Freuds siedelt Canetti das Verhältnis von »Masse« und »Macht« in einer entwicklungsgeschichtlich *früheren* Stufe an, als sie der genitalen Beherrschung/Konkurrenz zwischen Urvater und Brüderhorde zukommt. Das die Masse begründende Ziel der »Entladung«[45] läßt sich nämlich, so Canetti, als Erfahrung einer Entgrenzung (Grenzüberschreitung und Durchlässigkeit eigener Körpergrenzen) beschreiben; diese Erfahrung wird *nur in der Masse* als beglückend/exstatisch erlebt. Die Symbole der Masse, die Canetti in seiner Interpretation aufspürt – z.B. das Feuer, der Regen, das Wasser – unterstreichen den symbiotischen Charakter der Massenerfahrung.

Massen werden nicht zuerst durch das Verhältnis zur Autorität begründet. Die Tätigkeiten des »Ergreifens«, »Einverleibens« und »Essens«[46], insbesondere das »Verschlingen« (im Sinne von Verzehren/-Aufessen) und »Überleben«, sind für Canetti der Inbegriff von »Macht«.[47]

Auch diese Konzentration der Macht-Interpretation aufs Essen unterstreicht die bereits in der Interpretation der »Masse« von Canetti eingeschlagene Richtung: Der Vorgang des Verzehrens/Verschlingens gehört einer früheren, nämlich symbiotischen lebensgeschichtlichen Phase an als die genitale Bemächtigung.

Die Linie von Canetti's Freud-Kritik ist m.E. aufzunehmen, auch mit Blick auf Freuds Religionskritik. Für die Wahrnehmung von Religion und insbesondere für die Wahrnehmung der jüdisch-christlichen Religionstradition ist die Konzentration von Freuds Religionskritik auf den Zusammenhang von übermächtiger Vatergestalt und der kulturgeschichtlich zentralen Herausbildung einer Gewissensinstanz in der menschlichen Psyche ebenso faszinierend wie bestreitbar. Faszinierend wegen der Möglichkeit für jede/n, die eigene Lebens- und Familiengeschichte auf die Plausibilität von Freuds Annahme durchzusehen; bestreitbar vor allem darin, dass die gesamte menschliche Kulturentwicklung unter das in graue Vorzeit projizierte Bild einer patriarchalischen Kleinfamilie subsummiert werden könnte, in der sich vä-

44 Ebd., 285f.
45 Ebd., 12.
46 Ebd., 223.
47 Ebd., 232.

terlicher Despotismus und erotische Phantasielosigkeit (‚Brüder wollen Frauen besitzen') miteinander verbinden.[48] Damit ist der Respekt vor der religionskritischen Ausgangsüberlegung Freuds nicht beschädigt: die Fremdheit, in der die natürliche und gesellschaftliche Umwelt dem Menschen entgegentritt, und die Suche nach Verbindung zum Anderen oder wenigstens nach Trost, wenn sie scheitert.

2. Der wohl berühmteste Text von Karl Marx zur Kritik der Religion findet sich als Einleitung zu einem längeren Buch, das er im Sommer 1843 während eines Aufenthaltes in Bad Kreuznach geschrieben hat: »Zur Kritik der Hegelschen Rechtsphilosophie«.[49]

»Für Deutschland ist die Kritik der Religion im wesentlichen beendigt, und die Kritik der Religion ist die Voraussetzung aller Kritik ... Der Mensch, der in der phantastischen Wirklichkeit des Himmel, wo er einen Übermenschen suchte, nur den *Widerschein* seiner selbst gefunden hat, wird nicht mehr geneigt sein, nur den *Schein* seiner selbst, nur den Unmenschen zu finden, wo er seine wahre Wirklichkeit sucht und suchen muß. Das Fundament seiner irreligiösen Kritik ist: *Der Mensch macht die Religion*, die Religion macht nicht den Menschen. Und zwar ist die Religion das Selbstbewußtsein und das Selbstgefühl des Menschen, der sich selbst entweder noch nicht erworben oder schon wieder verloren hat ... Das religiöse Elend ist in einem der *Ausdruck* des wirklichen Elendes und in einem die *Protestation* gegen das wirkliche Elend. Die Religion ist der Seufzer der bedrängten Kreatur, das Gemüt einer herzlosen Welt, wie sie der Geist geistloser Zustände ist. Sie ist *Opium* des Volkes. Die Aufhebung der Religion als des *illusorischen* Glückes des Volkes ist die Förderung seines wirklichen Glücks.«

Karl Marx nimmt in seiner Analyse auf einen Diskussionsstand bezug, wie er unter Intellektuellen in den damals noch in viele Kleinstaaten zerfallenen, vor der Revolution des Jahres 1848 aber schon in Gärung geratenen deutschen Landschaften präsent gewesen ist. Der Philosoph Ludwig Feuerbach hatte seine Religionskritik genau auf die Formel zugespitzt, auf die Marx hier rekurriert: Die Religion ist Illusion, ist die phantastische Verwirklichung menschlicher Bedürfnisse, die im irdisch-gesellschaftlichen Lebenszusammenhang keine Chance zur Ver-

48 Bestreitbar ist diese Deutung Freuds auch deshalb, weil gerade in der Hebräischen Bibel/im Alten Testament, in der das Gesetz die Ambivalenz von Vertrauen und Erschrecken gegenüber dem Heiligen seine ausgeprägte Gestalt findet, von Gott als dem »Vater« nur selten gesprochen wird.

49 *K. Marx*, Zur Kritik der Hegelschen Rechtsphilosophie. Einleitung, MEW Bd. 1, Berlin 1976, 378ff.

wirklichung haben. Die göttlichen Prädikate der Gerechtigkeit und der
Liebe sind die phantastische, erträumte Verwirklichung der Gerechtigkeit und der Liebe, die die Leute in ihrem Lebensvollzug erhoffen und
immer wieder vermissen müssen. Marx nimmt diese Gedanken auf
und radikalisiert sie in dem Sinne, dass er nicht bei der *Interpretation*
stehenbleiben will: Ziel ist die Verwirklichung gerechter Lebensverhältnisse in der Praxis, in den irdisch-weltlichen Lebenszusammenhängen der Menschen.

Hier, in diesem emphatisch vorgetragenen, in seiner Kraft und Poesie gleichsam selbst religiösen Einspruch gegen Religion sehe ich ein
wichtiges Movens für das analytische und praktisch-organisatorische
Werk von Marx. Es geht in der Religionskritik, so meint er, nicht allein
darum, Religion als Illusion zu entlarven und auf diese Weise zu zerstören. Er möchte nicht erreichen – wie es in dem Textabschnitt weiter heißt – , dass die Blumen von der Kette abgebrochen werden, damit die Menschen eine nackte, in ihrer Trostlosigkeit offensichtliche
Kette tragen. Nein, das Ziel der Kritik von Religion als Opium des
Volks soll ein Zustand sein, in dem Menschen das Opium nicht mehr
brauchen. Die Kritik der phantastischen, illusionären Verwirklichung
eines erfüllten Lebens hat nur dann Sinn, wenn dieses erfüllte Leben
im gesellschaftlichen Lebenszusammenhang selber eine Chance zur
Verwirklichung erfahren und eine Gestalt finden kann.

Marx ist der Meinung: Wer den gesellschaftlichen Lebenszusammenhang von Menschen verstehen will, darf nicht nur nach zwischenmenschlichen Interaktionen, nicht nur nach den Formen von
Reflexion und Selbstreflexion von Menschen über sich selber fragen,
sondern nach ihren wirklichen, wie er es nennt: ihren *materiellen* Lebensbedingungen. Das gesellschaftliche Sein bedingt das Bewußtsein
der Menschen; deshalb wird sich das Bewußtsein auch in seiner illusionären Gestalt nur dann ändern lassen, wenn das gesellschaftliche
Sein verändert wird. Marx geht mit dieser Frage über den Diskussionsstand hinaus, der damals unter den deutschen Intellektuellen verbreitet
war: Wie läßt sich die Analyse der schlechten Zustände im Sinne und
in Richtung ihrer praktischen Veränderung und Aufhebung überschreiten? Das Interesse am »gesellschaftlichen Sein« konkretisiert sich
in der Frage nach den ökonomischen Zuständen einer Gesellschaft.
Nicht Interaktion, nicht Selbstreflexion, sondern *Arbeit* ist es, wodurch
Menschen ihr Verhältnis zur sie umgebenden Natur, aber auch zu ihren Mitmenschen ausprägen.

Was ist das Problem? Seit dem »Sündenfall« der »ursprünglichen Akkumulation« kommt es, im Geschichtsverlauf fortschreitend, zur Trennung der Arbeitenden von ihren Arbeitsmitteln. Die Entwicklung geht in Richtung der Konzentration der Arbeitsmittel – also der Werkzeuge, der Fabriken, des Kapitals – in der Hand weniger Besitzender, und alle übrigen Menschen, ihre übergroße Mehrheit also, werden auf ihre Existenz als Lohnarbeiter reduziert, die ihre Arbeitskraft frei verkaufen können, dies aber auch zur Fristung ihres Lebensunterhaltes tun müssen. Aus diesem ökonomischen Herrschaftsverhältnis entsteht, so meint Marx, der ungerechte, und zwar strukturell ungerechte gesellschaftliche Zustand, ein Zustand, in dem Religion als »Opium des Volkes« gebraucht wird, als Schmuck für die trostlose Kette, als Illusion über einen Zustand, der ohne diese Illusion nicht zu ertragen wäre.

Marx hat seine religionskritischen Überlegungen zugespitzt in einem weiteren, bereits 1845 während eines Aufenthaltes in Brüssel verfaßten, aber erst 1888 von Friedrich Engels veröffentlichten Text: den »Thesen über Feuerbach«.[50] Ich zitiere aus der ersten, zweiten, vierten und elften These:

»1. Der Hauptmangel alles bisherigen Materialismus – den Feuerbachschen mit eingerechnet – ist, dass der Gegenstand, die Wirklichkeit, Sinnlichkeit, nur unter der Form des *Objekts* oder der *Anschauung* gefaßt wird; nicht aber als *menschliche sinnliche Tätigkeit, Praxis*, nicht subjektiv .... 2. Die Frage, ob dem menschlichen Denken gegenständliche Wahrheit zukomme, ist keine Frage der Theorie, sondern eine *praktische* Frage. In der Praxis muß der Mensch die Wahrheit, d.h. die Wirklichkeit und Macht, die Diesseitigkeit seines Denkens beweisen ... 4. Feuerbach ... übersieht, dass nach Vollbringung dieser Arbeit (der theoretisch konzentrierten Religionskritik) die Hauptsache noch zu tun bleibt. Die Tatsache nämlich, dass die weltliche Grundlage sich von sich selbst abhebt und sich, ein selbständiges Reich, in den Wolken fixiert, ist eben nur aus der Selbstzerrissenheit und dem sich Sichselbst-Widersprechen dieser weltlichen Grundlage zu erklären. Diese selbst muß also erstens in ihrem Widerspruch verstanden und sodann durch Beseitigung des Widerspruches praktisch revolutioniert werden ... 11. Die Philosophen haben die Welt nur verschieden *interpretiert*; es kömmt aber darauf an, sie zu *verändern*.«

Marx vertieft in diesem Text den Gedanken, den er schon in seiner Einleitung zur Kritik der Hegelschen Rechtsphilosophie geäußert hat: Religionskritik als isoliertes Unternehmen geht am Gegenstand vorbei.

---

50 *K. Marx*, Thesen über Feuerbach, MEW Bd. 3, Berlin 1969, 533ff.

Religionskritik kann, dies ist die zentrale Überlegung der »Thesen über Feuerbach«, nur so an ihr Ziel gebracht werden, dass sie in die praktisch-revolutionäre Aufhebung solcher gesellschaftlicher Zustände überführt wird, die Religion als verkehrtes Bewußtsein, als Illusion, als Wolkenreich notwendig machen. Religion findet ihre Aufgabe darin, in einer strukturell ungerechten und undurchschauten Gesellschaft Not erträglich zu machen; not-wendige Aufgabe der Religionskritik, die ihre Sache ernst nimmt, wäre dagegen, den gesellschaftlichen Zustand zu beenden, der immer wieder diese Not produziert. Alle Verhältnisse sind aufzuheben, in denen der Mensch ein verächtliches und geknechtetes Wesen ist.

Etwa zwanzig Jahre später erscheint in erster Auflage das ökonomische Hauptwerk von Karl Marx, »Das Kapital« in seinem Ersten Band. Der Ton dieses Buches hat sich gegenüber den früheren Texten erheblich verändert. Erkennbar ist die Konzentration auf das Funktionieren der Ökonomie als dem Nervensystem der bürgerlichen Gesellschaft, ist das Bemühen um eine wissenschaftlich präzise Ausdrucksweise und um einen genauen analytischen Zugriff. Dennoch ist die grundlegende humanistische Intention, wie sie in den Texten der vierziger Jahre ausformuliert wurde, auch in diesem monumentalen Werk durchgehalten.

Im ersten Band des »Kapital« nun findet sich ein Kapitel[51], das man getrost als religionskritische Analyse der bürgerlichen Gesellschaft selbst, nämlich als Identifizierung der bürgerlichen Wirtschaftsweise *als* religiöser Gestalt lesen kann:

»Der Fetisch-Charakter der Ware und sein Geheimnis«. »Das Geheimnisvolle der Warenform besteht also einfach darin, dass sie den Menschen die gesellschaftlichen Charaktere ihrer eignen Arbeit als gegenständliche Charaktere der Arbeitsprodukte selbst, als gesellschaftliche Natureigenschaften dieser Dinge zurückspiegelt, daher auch das gesellschaftliche Verhältnis der Produzenten zur Gesamtarbeit als ein außer ihnen existierendes gesellschaftliches Verhältnis von Gegenständen ... Gebrauchsgegenstände werden überhaupt nur Waren, weil sie Produkte voneinander unabhängig betriebener Privatarbeiten sind. Der Komplex dieser Privatarbeiten bildet die gesellschaftliche Gesamtarbeit. Da die Produzenten erst in gesellschaftlichen Kontakt treten durch den Austausch ihrer Arbeitsprodukte, erscheinen auch die spezifisch gesellschaftlichen Charaktere ihrer Privatarbeiten erst innerhalb dieses Austausches ... Den letzteren [Produzenten, H.-M.G.] erscheinen daher die gesellschaftlichen Beziehungen

---

51 *K. Marx*, Der Fetischcharakter der Ware und sein Geheimnis,. in: ders., Das Kapital. Erster Band, MEW, Berlin 1966, 85ff.

ihrer Privatarbeiten als das was sie sind, d.h. nicht als unmittelbar gesellschaftliche Verhältnisse der Personen in ihren Arbeiten selbst, sondern vielmehr als sachliche Verhältnisse der Personen und gesellschaftliche Verhältnisse der Sachen.«[52]

Den Menschen erscheinen ihre eigenen, gesellschaftlichen, zwischenmenschlichen Beziehungen als Verhältnisse zwischen Sachen, nämlich zwischen ausgetauschten Waren. Gesellschaftliche, und das heißt: menschliche Beziehungen werden als Sachen-Beziehungen verstanden und auf diese Weise in ihrem Innersten mißverstanden. Marx spricht vom Fetischcharakter der Waren; er spielt damit gewissermaßen ironisch auf die zahlreichen Informationen an, die gerade in diesen Jahren, in denen das »Kapital« erscheint, von Ethnologen aus dem vom Kolonialismus unterworfenen Gesellschaften Afrikas, Asiens und vor allem Melanesiens über deren Religionsform zusammengetragen wurden. Ein Fetisch hat Macht über die Menschen, die in seinem Bann leben, er fordert Unterwerfung und ist doch – zumindest mit dem Blick der »aufgeklärten« Europäer-Kolonisierer – ein Nichts. Der Fetischcharakter der Ware besteht genau darin, dass den Menschen ihre eigenen Lebensverhältnisse fremd, undurchschaubar werden, mehr noch: dass sie unverstanden über sie herrschen und doch, erst einmal entzaubert, zum Spielfeld bewußter menschlicher Lebenspraxis und Aneignung ihrer gesellschaftlichen Lebensumstände werden könnten.

Zentrales Scharnier in diesem Prozeß der Realitätsverkennung ist der Doppelcharakter der Ware, die Zweiseitigkeit von Gebrauchswert und Tauschwert. Jede Ware ist Gebrauchswert insofern, als sie für die Befriedigung menschlicher Bedürfnisse nötig ist. Sie ist zugleich aber Tauschwert, insofern sie gar nicht für die Befriedigung dieser menschlichen Bedürfnisse produziert wird, sondern vielmehr, um auf dem Markt mit anderen Waren, in der modernen Gesellschaft in der Regel mit *Geld* getauscht zu werden. Der Tauschwertcharakter der Waren ist das eigentliche Movens ihrer Produktion. Ziel des Wirtschaftens ist, durch den Verkauf der Ware Geld, und zwar *mehr Geld* als zur Herstellung der Ware nötig geworden ist, aufzuhäufen.

Auf diese Weise geht der Gebrauchswertcharakter der gesellschaftlichen Produktion gegenüber ihrem Tauschwertcharakter unter. Marx möchte zeigen, dass hierin der Grund dafür liegt, dass den Menschen ihre eigenen gesellschaftlichen Verhältnisse, ihre Arbeits- und Produktionsverhältnisse als etwas *Fremdes* erscheinen. Der Fetischcharak-

---

52 Ebd., 86f.

ter der Ware ist das *notwendig* falsche Bewußtsein der bürgerlichen Gesellschaft über sich selbst; und hier ist der Punkt, an dem Marx an seine zwanzig Jahre zuvor vorgetragenen religionskritischen Analysen wieder anknüpfen kann: Als falsches Bewußtsein ist der Fetischcharakter der Ware die Religion der bürgerlichen Gesellschaft.

Der Kapitalismus selbst ist als Religion zu betrachten – Walter Benjamin hat diesen in der Marxschen Analyse des »Fetischcharakters« der Ware bereits angebahnten Gedanken noch einmal zugespitzt. »Fetisch« wäre – in der Linie der Symbol-Theorien von Ernst Cassirer, Paul Ricoeur, Susanne Langer – als Super-Symbol zu bestimmen: als *Symbol* insofern, als es bedeutend an dem Teil hat, was es bedeutet; als *Super*-Symbol insofern, als der Fetisch gegenüber dem Symbol noch einen Mehr-Wert repräsentiert.[53] Gegen diese Grenzüberschreitung zum Seienden hin verwendet Benjamin, wenn er von Ware und Geld spricht, nicht den Ausdruck Fetisch oder Symbol, sondern er spricht von *Allegorie*. »Die Allegorie als das Zeichen, das gegen seine Bedeutung scharf abgesetzt ist, hat in der Kunst einen Ort als Widerpart des schönen Scheins, in welchem Bedeutendes und Bedeutetes ineinanderfließen.«[54] Hinter dieser begrifflichen Differenzierung steht die Einsicht, dass das Geld Kennzeichen nicht der Verdinglichung, sondern vielmehr der Ent-Dinglichung aller Dinge und zwischenmenschlichen Beziehungen in der Warenwelt darstellt. Der Warenfetisch ist an nichts weniger interessiert als an den Dingen, denen er anhaftet, und das Geld ist das Medium, das sicherstellt, sich unumwunden wieder von ihm zu befreien. »Die Entwertung der Dingwelt in der Allegorie wird innerhalb der Dingwelt selbst durch die Ware überboten.«[55] Das erste Problem in der entfalteten Warenökonomie des Kapitalismus ist nicht die Verdinglichung, sondern die Entwirklichung aller Beziehungen. – Das Geld ist, in der spätkapitalistischen Gesellschaft mit zunehmender Rigidität und einer alle Lebensbereiche umfassenden Totalität – als »alles bestimmende Wirklichkeit« zugleich die Entwirklichung allen Lebens. Mit seinem Totalitätsanspruch entspricht das Geld dem Gottesbegriff philosophischer Tradition weit eher als

---

53 *W. Hörisch*, Kopf oder Zahl. Die Poesie des Geldes, Frankfurt/M. 1996.
54 *W. Benjamin*, Passagen-Werk, Gesammelte Schriften V, hg. v. R. Tiedemann u.a., Frankfurt/M. 1974ff, 473.
55 *W. Benjamin*, Zentralpark, GS I/2, zit. n. W. Hörisch, a.a.O., 252.

das zunehmend in lebensweltliche Nischen abgedrängte Christentum der Spätmoderne.[56]

Liegt Benjamins Einspruch noch auf der Linie der Marxschen Religionskritik, differenziert und schärft er die hier vorgetragene Argumentation, so sollen von den zahlreichen kritischen Einsprüchen, die Marx' Argument selber erfahren hat, drei unterschiedliche, jeweils aber höchst gewichtige hier notiert werden. Sie finden darin eine Gemeinsamkeit, dass sie ihren Einspruch gegen den Versuch von Marx artikulieren, in der Bestimmung des *Tauschwertes* der Ware einen objektiven, quantifizierbaren und gegenüber der jeweiligen konkret-sinnlichen Gestalt des Dinges abstrakten Wertmesser zu bestimmen: nämlich die Menge der verausgabten Arbeit.[57]

Der *erste* Einwand läßt sich knapp zusammenfassen: Marx' Versuch, eine objektivierbare und quantifizierbare Bestimmungsgröße für den Tauschwert der Waren anzugeben (in Zeit meßbare verausgabte, und zwar gesellschaftlich notwendig verausgabte und nicht einfach vertane *Arbeitzeit*) – wofür das Geld die angemessene Meßeinheit abgibt – läßt völlig außer acht, was gerade das Gemeinsame und Charakteristische von menschlicher Arbeitskraft *wie* von Geld ist, nämlich ihre kreative Potenz. Es handelt sich hier um *Vermögen* im Sinne nicht von »Haben«, sondern von »Schaffen-Können«. Es ist genau dies Vermögen, mehr schaffen zu können – und in historischer Perspektive *immer mehr* schaffen zu können – was die Faszination und scheinbare Konkurrenzlosigkeit des kapitalistischen Systems ausmacht: die »Verheißung absoluten Reichtums«.[58]

Der *zweite* Einwand stammt aus einer Phase in der feministischen Bewegung in Deutschland, als sich die Auseinandersetzung mit Karl Marx und dem Marxismus noch nicht durch das Ableben des real existierenden Sozialismus ohnehin fernzulegen schien. Der Einwand von Frauen gegen die »Kopfgeburten der Arbeiterbewegung«[59] richtet sich, wenn auch in anderer Weise als zwanzig Jahre später bei Deutschmann, gegen Marx' Meinung, man könne Wert durch gesellschaftlich notwendige Arbeitszeit bestimmen. Worum, so die aufgrund schlech-

---

56 Vgl. *Th Ruster*, Gott von den Göttern unterscheiden. Religion in einer Welt des Geldes, Renovatio 4/1998, 130-140.

57 *K. Marx*, Das Kapital, a.a.O., 86.

58 *Ch. Deutschmann*, Die Verheißung des absoluten Reichtums, a.a.O.

59 *Chr. Neusüß*, Die Kopfgeburten der Arbeiterbewegung oder Die Genossin Rosa Luxemburg bringt alles durcheinander, Hamburg 1985.

ter eigener Erfahrung und besseren Wissens bisweilen entnervt vorgetragene Anfrage, handelt es sich dabei genau? Die »gesellschaftlich
notwendige Arbeitszeit«, die Marx als letzten Maßstab aller Werte vor
Augen hat, ist in jedem Falle die Zeit der *Erwerbsarbeit*. Es geht nicht
um Windeln waschen, Feuerholz holen, Suppe kochen, nicht also um
die unbezahlte Arbeit, die in den Arbeiterhaushalten des 19. Jh.s vor
allem die Frauen zu leisten hatten. Wobei Marx aus den empirischen
Untersuchungen seines Freundes Friedrich Engels[60] über die Situation
der englischen Arbeiterklasse sehr genaue Informationen hatte oder
zumindest haben konnte über die Lebensverhältnisse von Männern
und Frauen: tendenziell grenzenlose Arbeitstage, Kinderarbeit und
ähnliches, um das bloße Weiterleben zu sichern. Reproduktionsarbeit
geht in Marx' Rechnung offenbar nicht ein, alles das also, was zur
Wiederherstellung von Arbeitskraft ebenso geleistet werden muß wie
dafür, dass Leben aufwachsen, gesund bleiben und – erwachsen geworden – wiederum in die Rechnung »gesellschaftlich notwendiger
Arbeitszeit« eingehen kann.[61]

Nimmt man die bereits diskutierten Deutekategorien von Mauss
und Godelier zu Hilfe, dann ist zu sagen: die von Marx verleugnete
Reproduktionsarbeit ist konstitutiv eingebunden in eine Form reziproken Austausches, der angemessen in den Kategorien des *Gabenaustausches* zu erklären ist. Anders als in alten Gesellschaften, in denen
diese Tauschformation den gesamten gesellschaftlichen Lebenszusammenhang durchzieht und dominiert, ist die Reproduktionsar-
beit/Gabentauschökonomie in den Haushalten der kapitalistischen
Gesellschaft aber keinesfalls gesamtgesellschaftlich dominierend. Ohne sie kann Leben nicht entstehen, nicht aufwachsen, nicht erhalten
werden; und dennoch ist sie gesellschaftlich entwertet. Sie ist in die

---

60 *F. Engels*, Die Lage der arbeitenden Klassen in England [1845].
61 In Zeiten und Lebenswelten, die ein höheres Maß an Intimität und Bild-
    samkeit ermöglichen als Proletarierhaushalte der zweiten Hälfte des 19.
    Jh.s, wird man bzw. frau mit mehr Emphase von »Arbeit aus Liebe« spre-
    chen; sie behält allerdings bis heute den Charakter, nicht entlohnte, zu-
    dem gesellschaftlich nicht gleichermaßen wie die Erwerbsarbeit geachtete,
    nichtsdestoweniger schlechterdings lebensnot-wendige Arbeit zu sein.
    Charakteristisch für diese Arbeit ist, dass es sich nicht um abstrakte wa-
    rentauschbezogene Tätigkeit handelt, sondern vielmehr um Arbeit, die
    nötig ist, den gemeinsamen Lebenszusammenhang zu sichern. Die Solida-
    rität der (Familien-, Haus-, Nachbarschafts- usw.) Gruppe ist jedenfalls
    wichtiger als die Durchsetzung je individueller Lebensinteressen.

Nischen der dominierenden kapitalistischen Warenproduktion abgedrängt, vernutzt und kolonisiert. Damit kommt es auch zu einer einschneidenden Gewichtsverschiebung in ihrer internen Struktur. Gibt die erste, eröffnende, je größere Gabe in den alten Gesellschaften dem Geber eine höhere Machtposition, so gilt dies in der familialen Reproduktionsarbeit/Gabentausch in der kapitalistischen Warenökonomie bestenfalls allein für den Status in einer eng umgrenzten Intimität (»Mutter hat schon wieder gekocht, geh du heute mal Bier holen«). Im gesamtgesellschaftlichen ökonomischen Zusammenhang aber bringt die größere Gabe die Geberin in die Position des Opfers.

Schließlich ist eine *dritte* Kritik-Perspektive am Marxschen Konstrukt zu erläutern. Ziel des kapitalistischen Wirtschaftens ist die Aufhäufung von Wert, wie Marx mit einem Fachterminus formuliert: die Akkumulation von Wert. Es gibt verschiedene Untersuchungen darüber, wie sich der Charakter von Menschen historisch hat verändern müssen, um eine solche Wirtschaftsweise überhaupt möglich zu machen. Reichtum, der durch Arbeit und den Verkauf von Waren erworben wurde, nicht mehr für den eigenen Lebensunterhalt, für Konsum und vor allen Dingen für Luxus-Konsum zu verwenden, Reichtum nicht mehr zu vergeuden, sondern zu sparen, aufzuhäufen, langfristig die eigenen Interessen zu planen und durchzusetzen: ein solcher Charaktertypus von Menschen entwickelt sich seit Durchsetzung der Geldwirtschaft in Europa nach dem 16. Jh., und beispielsweise Max Weber hat untersucht, wie die protestantische, und zwar insbesondere die calvinistische Religion an der Herausbildung eines solchen Charaktertypus beteiligt gewesen ist.[62]

---

62 M. *Weber*, Die protestantische Ethik und der Geist des Kapitalismus [1934], in: J. Winckelmann (Hg.), Max Weber. Die protestantische Ethik I. München/Hamburg ²1969. Mit der Kapitalismus-Calvinismus-These Webers hat sich kritisch D. *Schellong* auseinandergesetzt: Wie steht es um die »These« vom Zusammenhang von Calvinismus und »Geist des Kapitalismus«? (Paderborner Universitätsreden 47), Paderborn 1995. Neben seiner Kritik an zahlreichen Einzelaspekten der Weber'schen Argumentation weist Schellong die Weber'sche historische Sicht auch insgesamt zurück. »Weber hat die Reformation als Epochenschwelle einfach überschätzt. Die reformatorische Berufsethik lag doch wohl in einem geschichtlichen Trend, der schon vor ihr angelegt war. Dasselbe gilt auch für die Disziplinierung des Menschen zu regelmäßiger Arbeitsamkeit und überhaupt zur Selbstbeherrschung.« (Ebd., 48)

Akkumulation = Anläufe

Das Ziel des kapitalistischen Wirtschaftens ist die Aufhäufung, die Akkumulation von Wert, und zwar von abstraktem Wert. Es geht also nicht darum, konkrete Gegenstände, Gebrauchswerte für konkrete Bedürfnisse aufzuhäufen: also möglichst viele Autos, möglichst schöne Kleider, möglichst prächtige Hauser; sondern es geht um die Aufhäufung von *abstraktem* Wert, von Geld, von Kapital.

Um sich die Dimension klar zu machen: gegenwärtig (März 2000) besitzen die drei reichsten Männer der Welt den gleichen Reichtum wie die 48 ärmsten Staaten der Erde, zusammen 600 Millionen Menschen.[63] Das ist die eine Seite der sozialen Polarität. Die andere Seite, die Entwicklung der Armut, ist weltweit in einem Maße drastisch, dass sie jeder Beschreibung spottet; sieht man einmal von ihrer Potenzierung durch Naturkatastrophen ab, fällt die Armutssituation in den abhängigen Ländern seit dem Zusammenbrechen einer gesellschaftlichen Alternative zum totalen Markt durch alle Raster massenmedialer Aufmerksamkeit. In den Zentren des kapitalistischen Weltmarktes ist, wenn auch weniger brennend, das Problem mittlerweile angekommen: die »Globalisierung« bedeutet vor allem, dass die Standards sozialer Sicherung Schritt für Schritt auf das niedrigste erreichbare Niveau heruntergefahren werden. In der aktuellen politischen Diskussion ist beständig von der Notwendigkeit von Sparprogrammen die Rede. Es heißt, wir hätten über unsere Verhältnisse gelebt. Gemeint sind vor allen Dingen die sozialen Leistungen für Arbeitslose, Sozialhilfeempfängerinnen und Kranke. Die Debatte macht auch vor den Kirchen nicht halt: Zahlreiche Stellungnahmen und Analysen zur »Kirche in der Marktgesellschaft«[64] sind durch den zunächst im diakonischen Handlungsbereich offenkundig gewordenen Zwang zum Sparen motiviert; und die gegenwärtig weit verbreitete Diskussion über »Evaluation«, »Controlling«, überhaupt die Rezeption von Marketing-Konzepten in der Kirche[65] finden in Finanzknappheit und Sparzwängen ihren Antrieb.

Blickt man zunächst auf Diskussionen und Entscheidungen im politischen Bereich, so wäre es sicher falsch, absichernde Maßnahmen

---

63 Westdeutsche Allgemeine Zeitung am 21.3.2000, 1.
64 Vgl. *J. Fetzer* u.a. (Hg.), Kirche in der Marktgesellschaft, Gütersloh 1999.
65 Diese Debatte ist zur Zeit in vielen deutschen Landeskirchen lebendig. Vgl. beispielhaft die von der Evangelischen Kirche von Westfalen herausgegebene, im Jahr 2000 in vielen Gemeinden und Gremien diskutierte Schrift »Kirche mit Zukunft«, Bielefeld 1999.

für die wirtschaftliche Prosperität von Firmen und Banken, ja selbst die immer wieder geforderten »Einschnitte ins soziale Netz« bei denen, die nicht an den Schalthebeln wirtschaftlicher Macht sitzen, so zu interpretieren, als wolle der Staat den Reichen die Möglichkeit zu einem eleganten Leben, zu Luxuskonsum, zu Ferien in der Südsee und zur Anschaffung eines neuen Maserati geben. Solche Polemik geht am Sachverhalt vorbei; denn auch diejenigen, die in den Wirtschaftsunternehmen die oberen Etagen besetzen, orientieren ihr ökonomisches Handeln nicht am Luxus und an der Verschwendung, sondern am möglichst rationalen Einsatz der Mittel und einem möglichst günstigen Verhältnis von Kosten und erwirtschaftetem Gewinn, wiederum also an der Akkumulation von abstraktem Wert.

Die Abkehr vom Luxus und Verschwendung setzt in erheblichem Maße Selbstkontrolle bei den wirtschaftenden Subjekten voraus: Ohne diese Verhaltensdispositionen, die sich in der historischen Entwicklung tief in die Charakterstruktur der Menschen eingegraben haben, wäre eine solche Weise des Wirtschaftens nicht vorstellbar. Akkumulieren, Sparen, Selbstkontrolle, Abwendung von Luxus und Verschwendung: Dies sind die Maximen des kapitalistischen Wirtschaftens, aber es sind gerade nicht die Maximen der Religion. In der Religion ist vielmehr die Ökonomie der Verausgabung, der Verschwendung, der Sorglosigkeit aufgehoben: Leben würde veröden, wenn es auf Akkumulation abstrakten Werts eingegrenzt würde.[66] Jeder Versuch, den unermeßlichen überschüssigen Reichtum an Lebensenergie vollständig in Wachstum zu übersetzen, muß scheitern. Die Lebensenergie wird die Ordnungen der Akkumulation, der Kontrolle, des Sparens von einem bestimmten Punkt an überfluten. Deshalb gehören Verausgabung, Luxus, Verschwendung, freigiebiges Geben notwendig zum Lebensvollzug hinzu. Gesellschaften, in denen versucht würde, diese notwendige Seite des Lebens vollständig zu verdrängen und auszuschalten, sind zum Scheitern verurteilt.

In der Bergpredigt hat Jesus von Nazareth die Entgegensetzung von Gott und Gegengott – Mammon – ausdrücklich mit der Entgegensetzung einer Ökonomie der Sorglosigkeit/Freigebigkeit und einer Ökonomie der Akkumulation verbunden (Mt 6,19ff). Jesus bringt da-

---

66 Vgl. *G. Bataille*, Das theoretische Werk, Bd. 1, Die Aufhebung der Ökonomie, München 1975, 45. Ich habe meine Überlegungen zu diesem Problem in verkürzter Form auch vorgetragen in: *H.-M. Gutmann*, Das Geschenk, das die Gewalt verschlingt ..., Wuppertal 2001, 49ff.

mit präzise die Weisheit einer allgemeinen, unabhängig von den spezifischen Eigentumsordnungen wirksamen Ökonomie zum Ausdruck, die in den verengenden und speziellen Ökonomien des kapitalistischen, aber auch des planwirtschaftlichen wachstumsorientierten ökonomischen Handelns verdrängt und vergessen wird.[67]

Ihr könnt nicht zwei Herren dienen. Ihr könnt nicht Gott dienen und dem Mammon. Jesus stellt in der Bergpredigt die Lebensorientierung des Evangeliums, des Reiches Gottes gegen die Lebensorientierung des Zurücklegens, Sorgens, Sparens, des Akkumulierens. Sorgt nicht. Lebt euer Leben heute. Verschenkt Euch freigiebig und laßt Euch beschenken. Das, was ihr zum Leben nötig habt, wird Euch der Vater im Himmel geben. Die Lilien auf dem Felde, die Vögel unter dem Himmel: Sie zeigen den überschwenglichen Reichtum von Gottes Schöpfung und Erhaltung des Lebens. Dagegen ist der Mammon-Gott, das Geld, die Ordnung des Sorgens, des Vorausberechnens, des Aufhäufens und Bei-Sich-Behaltens. Mammon ist der Gott, der Menschen zu selbstsüchtigen, in sich selbst verkrümmten, eben nicht freigiebigen Wesen werden läßt. –

Die Kurzschlüssigkeit in der Marx'schen Argumentation liegt darin – und hier finden die drei genannten kritischen Anfragen in all ihrer Unterschiedenheit einen gemeinsamen Nenner – dass der kapitalistischen Warenökonomie eine Totalität unterstellt wird, die ihr weder historisch noch im aktuellen Lebensvollzug zukommt. Die *gesamte* gesellschaftliche Realität kann nicht am Maß »gesellschaftlich notwendiger Arbeitskraft« und ihrer Quantifizierung im Geld gemessen werden (wie Marx glaubte), weil beides, die Arbeitskraft wie das Geld, in Marx' Analyse um wesentliche Dimensionen reduziert wurde: Um die Aspekte der *Gabe* und der *Verausgabung*. Die empirisch-historisch meist den Frauen zugemutete Beziehungs- und Reproduktionsarbeit (»Gabentauschökonomie«) geht – gewissermaßen als »innere«, intime Dimension gelebten Lebens und speziellen ökonomischen Handelns – ebensowenig in die gesellschaftsanalytische Aufmerksamkeit ein wie der überschüssige Reichtum des Lebens, der alles menschliche wirtschaftliche Handeln übersteigt und durch wachstumsorientierte Ökonomien immer nur teilweise aufgenommen werden kann.

67 Vgl. zum Kontext dieser Diskussion den ersten Band der Reihe »Einwürfe«, an die die »Jabboq«-Beiträge in vieler Hinsicht anknüpfen: Einwürfe 1, München 1983.

»Gabe« und »Verausgabung« sind – dem soll im folgenden weiter nachgegangen werden – zentrale Dimension einer Ökonomie des Heiligen, wie sie in biblischen Texten immer wieder aufgespürt werden kann, nicht nur in der Bergpredigt. In der *Nicht-Wahrnehmung der Gabentauschökonomie* haben in der Moderne so wirkmächtige religionskritische Perspektiven, wie sie von Sigmund Freud und Karl Marx vorgetragen wurden, ihren gemeinsamen blinden Fleck. Der Respekt vor der hier vorgetragenen Kritik *an* der Religion soll unterstrichen werden: Auch die jüdisch-christliche Religionstradition muß sich ihr immer wieder neu stellen. Umgekehrt ist die Kritik der Religion wiederum durch die Religion zu kritisieren: in dem Maße nämlich, wie sie Anteil hat an einer zugleich patriarchalischen und kapitalistischen Verzerrung und Vernutzung einer Ökonomie der Gabe und der Verausgabung, deren wichtigster Platzhalter auch in der Moderne die Religion ist.

IV. Über die nötige theologische Aufmerksamkeit für die Differenz zwischen Gott und Geld

1. Die Alternative zwischen der Ökonomie des Heiligen und der Ökonomie des Geldes ist immer wieder eingeebnet worden, auch in theologischen Diskursen. Ein Beispiel: Falk Wagner sieht die »positionellen Theologien« des 19. und beginnenden 20. Jh.s als Inbegriff bürgerlicher Theologie. Diese positionellen Theologien können, so meint er, »in einem genau angebbaren Sinn als Theologie der bürgerlichen Gesellschaft bezeichnet werden ...«[68], insofern sie präzise den kapitalistischen Konkurrenzbedingungen unterliegen: Jede Position wird im Gegensatz zu anderen formuliert, wobei gegenüber dem Konkurrenzprinzip als dem Allgemeinen die je konkreten Inhalte tendenziell vernachlässigt werden können. Die Inhalte werden beliebig. »Ihre *besondere* Wertbestimmtheit erscheint in der Perspektive der durch das Konstruktionsprinzip repräsentierten *allgemeinen* Wertbestimmtheit.«[69] Die Inhalte werden wie Warenwerte verwertet, sie werden auf Austauschbarkeit hin produziert.

Wagner analysiert die Beziehung von Gott und Geld konzentriert an neuzeitlichen Theologie-Entwürfen, wirft aber auch einen Blick auf

68 *F. Wagner*, Geld oder Gott, Gütersloh 1984, 128.
69 Ebd.

historische Entwicklungen dieser Alternative. Schon in seinen historischen Interpretationen wird deutlich, dass Wagner auf einer gewissen Ungrundsätzlichkeit der Alternative »Geld oder Gott« besteht. So diskutiert er die These, das Geld sei zunächst im kultisch-sakralen Bereich entstanden[70], »insofern durch das Opfer die Beziehung zwischen Mensch und Göttern in der Form des Gabenverkehrs geregelt wird.«[71] Dem steht die These gegenüber, nach der die in den griechischen Poleis entstehende Privateigentumsgesellschaft als Entstehungsort der Warenökonomie angesehen wird; Wagner selber hält die Lösung der Alternative letztlich für uninteressant. »Denn für die gegenwärtige Geltung und Bedeutung des Geldes und des durch es bestimmten Weltumgangs ist es gleichgültig, ob das Geld und die Geldwirtschaft ihren ursprünglichen oder bloß sekundären und abgeleiteten Ursprung in der kultischen Opfer- und Tempelpraxis haben.«[72]

Ähnlich uneindeutig bleibt Wagners Luther-Interpretation in dieser Frage. Zwar seien bei Luther Christologie und Soteriologie nach Tauschmodellen konzipiert – so die Rede vom »fröhlichen Wechsel« und vom »commercium« als vom Geschehen, in dem der Sünder im Glauben gerechtgesprochen wird. Weder die Auslegung der christologisch begründeten Einheit von Gott und Mensch noch die soteriologische Figur eines zwischen Glaubenden und Christus statthabenden Wechsels erfüllten jedoch die »Bedingungen einer verabsolutierten Tausch- und Kommunikationslogik«[73]. Und Luthers sporadische Kritik an Wucherkapital, Prellerei und Schatzbildung lasse sich nicht zu einer verallgemeinerten »Kapitalismus-Kritik« zusammenfassen, da Luther den Mechanismus des sich selbst verwertenden Kapitals noch nicht vor Augen habe; diese Annahme ist übrigens von Friedrich-Wilhelm Marquardt eindeutig und einleuchtend widerlegt worden.[74]

Das besondere Interesse Wagners gilt der theologischen Entwicklung in der neuzeitlichen Moderne. Friedrich E.D. Schleiermacher als für das 19./20. Jh. besonders wirkmächtiger Theologe steht bei Wagner paradigmatisch für eine Theologie, die das Kriterium allgemeiner Austauschbarkeit religiöser Erfahrung in das Zentrum ihrer Reflexion

---

70 Ebd., 95ff; vgl. *B. Laum*, a.a.O., 1924, 39, u. *H. Apel*, a.a.O., 1982, 98.
71 Ebd., 96.
72 Ebd., 97.
73 Ebd., 98.
74 Vgl. *F.-W. Marquardt*, Gott oder Mammon, aber: Theologie und Ökonomie bei Luther, in.: Einwürfe 1, München 1983, 176ff.

rückt. Wagner kann die ganze damit eingeschlagene Richtung nur kritisch kommentieren: Um der allgemeinen Tauschfähigkeit willen wird die Inhaltlichkeit tendenziell aufgegeben[75] Das zentrale Stichwort, das Wagner für die Charakterisierung dieser Art von Austausch in Anschlag bringt, heißt *Äquivalenz:* Die Bedeutung der Religion in ihren Ausdrucksformen wie in ihren Inhalten bemißt sich an der Äquivalenzlogik des Warentausches. »Auf diese Weise werden die 'Arbeitsprodukte' des religiösen Bewußtseins, Anschauung und Gefühl, als immer schon tauschfähige Warenobjekte behandelt.«[76] Diese Form von Religion wie der sie reflektierenden Theologie hat, so Wagner, ihren genau benennbaren gesellschaftlichen Ort: Es handelt sich um die Religion des Bürgertums in der kapitalistischen Gesellschaft.[77]

Ein weiteres Beispiel: Albrecht Ritschls – ein nach 1870 besonders einflußreicher protestantischer Theologe – Religionsverständnis wird von Falk Wagner als exemplarischer Ausdruck der bürgerlich-kapitalistischen Logik des Äquivalententausches interpretiert; allerdings, entsprechend der gegenüber dem Beginn des 19. Jh.s veränderten Situation, in signifikant anderer Weise. Denn Albrecht Ritschl verstehe »Religion als Wertsteigerung aufgrund des Tausches relativer gegen absolute Abhängigkeit«[78], vertrete also eine gegenüber dem einfachen Äquivalententausch elaboriertere Form des Austausches, die allerdings weiterhin der Äquivalenzlogik folge. Denn für Ritschls Verständnis sind, so Wagner, menschliche Lebensmöglichkeit und Naturbeherrschung an den »Glauben an erhabene geistige Mächte« gebunden.[79] Diese Einsicht in die Fremderhaltung des menschlichen Geistes sei nun keine zeitlos gültige Erkenntnis über das Wesen des religiösen Bewußtseins, sondern selbst zeitabhängig: Sie wird nämlich in einer Zeit formuliert, in der die Forderung des liberalen Bürgertums nach Reichseinheit zwar erfüllt wird, in der andererseits aber durch die politische Machtübernahme der Feudalaristokratie die Forderung nach

---

75 F. *Wagner*, a.a.O., 109.
76 Ebd.
77 Ebd., 110.
78 Ebd.
79 An dieser für das theologische Denken konstitutiven Differenz von »Natur« und Geist« hat F. *Wagner* auch an anderer Stelle die Abhängigkeit Albrecht Ritschls von seinem Vorgänger Schleiermacher unterstrichen; vgl. Das Problem der natürlichen Theologie bei Albrecht Ritschl, in: J. Ringleben (Hg.), Gottes Reich und menschliche Freiheit, a.a.O., 1-22, bes. 12ff.

»freie(r) Selbstbestimmung der Individuen« unerfüllt bleibt.[80] Wie das
Bürgertum seine Interessen nur sichern kann, wenn es sich auf die
Fremdhilfe der traditionellen Mächte einläßt, so gilt dasselbe für die
Selbständigkeit des Geistes, der sich dem religiösen Bewußtsein verpflichtet weiß. »Das religiöse Subjekt begibt sich in die Abhängigkeit
von Gott, weil die Abhängigkeit von Natur und Gesellschaft durch die
rein geistige Macht Gottes begrenzt werden kann.«[81] Falk Wagner
spitzt seine Interpretation auf eine der Ritschlschen Theologie zugrunde liegende ökonomische Struktur hin zu: Der menschliche Geist
begibt sich in Abhängigkeit zu Gott, »weil er so einen Mehrwert geistiger Selbständigkeit gegen Natur und Gesellschaft erwartet ... Für
den durch die Natur geschwächten menschlichen Geist figuriert Gott
als die Natur beherrschende Macht.«[82] –

Damit steht Ritschl paradigmatisch für alle seit Schleiermacher unter den Bedingungen einer bürgerlich-kapitalistischen Gesellschaftlich-
keit formulierten Theologien. Sie alle sind einer Kommunikationsform
verpflichtet, »die, ohne direkt mit oder gegen Gott zu kommunizieren,
gleichwohl durch die Logik des Geldwesens bestimmt ist.«[83]

Wagner meint zudem, dass auch die dialektische Theologie, die seit
den 1920er Jahren in der Nachfolge Karl Barths vorgetragen wurde,
im Gegensatz zu ihrer ganz anderen Selbstthematisierung diesem
Konstruktionsprinzip verhaftet geblieben sei. Der Widerspruch der
dialektischen Theologie gegen die beschriebene Entwicklung artikuliert sich zuerst in einer *Neubestimmung des Subjekts* der Theologie. Das
selbstbestimmende Selbstbewußtsein des gebildeten Bürgers wird als
Subjekt der Theologie verworfen.[84] Gegenüber dieser Selbstbeurtei-
lung behauptet Wagner: Trotz ihrer Kritik an den positionellen
Theologien ist die dialektische Theologie selbst deren Konstruktionsprinzip verhaftet geblieben. »Denn sie hat die christlichen Inhalte
noch einmal am Leitfaden eines von diesen Inhalten unterschiedenen
Prinzips konstruiert, nämlich am Leitfaden der aus und durch sich
selbst seienden Souveränität und Selbstmitteilung Gottes (Barth)«[85].
So hat die dialektische Theologie ihre Inhalte doch nicht aus sich

80   F. *Wagner*, Geld oder Gott, a.a.O., 112.
81   Ebd., 113.
82   Ebd., 114-
83   Ebd., 122.
84   Ebd., 129.
85   Ebd., 130.

selbst entfaltet, und sie hört keinesfalls auf mit der Verwertung theologischer Inhalte. »Insbesondere Barth radikalisiert diese Verwertung derart, dass die Strukturentsprechung zur Aufhebung des Konkurrenz- in den Monopolkapitalismus in die Augen springt.« Alle besonderen Inhalte werden je auf die »unbedingte Selbstbestimmung Gottes« hin funktionalisiert. Damit werden die Inhalte auf die christologisch bestimmte Negation ihres Andersseins reduziert. »Die besonderen Inhalte sind nichts anderes als funktionale Wertbestimmtheiten für die allgemeine Äquivalentform der christologisch sich durchsetzenden unbedingten Selbstbestimmung Gottes ... Wie die allgemeine Äquivalentform des Geldes, so stellt auch die christologische Äquivalentform den *Ort aller Örter* dar, so dass ... alle besonderen Inhalte nur insofern relevant sind, als sie durch die allgemeine Äquivalentform ersetzt werden können«[86].– Die Fehlstelle dieser Barth-Interpretation liegt m.E. darin, dass die allgemeine Äquivalentform der Warenökonomie wie für jede Form von Religion *und* Theologie, so auch für diese Theologie als gültiges Konstruktionsprinzip behauptet wird; dazu gleich mehr. –

Soweit die Rekonstruktion einiger zentraler Argumentationsschritte in Wagners »Geld oder Gott«. Das unbestreitbare Verdienst Wagners liegt darin, dass er darauf aufmerksam macht: Ökonomie ist zentrales Thema der Theologie, und zwar nicht nur in spezifischen Bereichen ethischer Reflexion wie der Wirtschaftsethik, sondern in den Konstruktionsbedingungen dogmatischen Denkens. Wagner hat diese These in seinem Buch »Geld oder Gott« mit Allgemeingültigkeitsanspruch für die Theologie in der neuzeitlich-bürgerlichen Gesellschaft überhaupt formuliert. Er denkt die von ihm postulierte Alternative »Geld oder Gott« nicht im Sinne einer Opposition, in der die Pole sich gegenseitig ausschließen würden. Sondern sie haben ein gemeinsames Drittes, auf das sie sich beziehen lassen: nämlich auf einen Geltungsanspruch, der auf Totalität zielt.[87] Der *Anspruch auf Totalität* ist das tertium comparationis.

Die Engführung in Wagners Argumentation liegt (ähnlich wie bei Karl Marx) an der Stelle, dass er »Ökonomie« unter den Bedingungen der neuzeitlich-bürgerlichen Gesellschaft mit »Warenökonomie« identifiziert und dieser den Charakter von Totalität zumißt. Er interpretiert neuzeitliche theologische Autoren wie Schleiermacher, Ritschl und

86 Ebd., 131.
87 Ebd., 8.

Barth auf der Basis der Hypothese, dass auch die Theologie in je eigentümlicher Artikulation von der Waren- und Geldökonomie bestimmt ist[88]; dieser schlechten Unterwerfung unter den Totalitätsanspruch des Geldes stellt er das Postulat entgegen, Theologie habe darüber nachzudenken, wie die Rede von Gott als der alles bestimmenden Wirklichkeit mit der Freiheit der Individuen vermittelt werden könne. »Das zum Selbstzweck erhobene Geld zieht als der ‚irdische Gott‘ die Funktion der alles bestimmenden Wirklichkeit an sich, Religion und Theologie können die damit gesetzte Vergleichbarkeit von Geld und Gott nicht verhindern. Aber sie können das Bewußtsein über die mögliche Differenz zwischen Geld und Gott schärfen.«[89]

Die damit gebotene Artikulationsform theologischen Denkens findet Wagner zuallererst in der Trinitätslehre. Eine Kritik an der Geldwirtschaft ist nur möglich, wenn der Gottesgedanke so artikuliert wird, dass er nicht mit der pantheistischen Verwertungstendenz des Geldes verwechselt werden kann. Dies kann, so Wagner, nur dann gelingen, wenn »Gott als die alles bestimmende Wirklichkeit« so gedacht wird, dass »alles das, was nicht Gott ist, außer Gott in Selbständigkeit und Freiheit existieren kann.« Für eine solche Denkfigur liefert die Trinitätslehre das Potential. »Denn das Thema der Trinität zielt auf die Begründung der Selbständigkeit und Freiheit des gegenüber Gott anderen, so dass dieses aus Gott ist, aber außer Gott in Freiheit existieren kann.«[90]

Das Problem in Wagners Ansatz liegt nicht in der Konzentration auf die Trinitätstheologie – hierin liegt m.E. ein nicht zu unterschätzendes theologisches Wahrnehmungspotential – sondern darin, dass die Geldökonomie total gesetzt wird und andere Ökonomie-Formen nicht zur Kenntnis genommen werden. Gerade die religiöse Kommunikation aber bleibt, bis in die dogmatische Versöhnungslehre hinein, von dieser anderen, nicht-geldabhängigen, nicht-äquivalenten Ökonomie bestimmt.

2. Es geht mir nicht darum, »die Bibel« oder »die Religion« oder »die Theologie« gegen die Rationalität des kapitalistischen Marktes zu stellen. Sondern es geht schlicht um diese Wahrnehmung: die ProphetInnen, Theologen und Priester, deren Sozialgesetze in der Hebräischen Bibel überliefert werden, versuchen bereits, auf die sozial polarisieren-

---

88 Ebd., 105.
89 Ebd., 134.
90 Ebd., 135.

den Wirkungen einer Geldökonomie zu reagieren, die weite Bevölke-
rungskreise in Bettelarmut und Schuldknechtschaft treibt, während
andere Leute unter Bruch aller gesellschaftlichen Solidaritätsverpflich-
tungen Reichtum aufhäufen. Jesus hat in seiner Predigt vom unmittelbar bevorstehenden Eintreten der Gottesherrschaft, von der er in seinen Gleichnissen erzählt, bereits eine entfaltete Geldökonomie vor
Augen: Geld ist eines der beständigen Themen in seinen Reich-
Gottes-Gleichnissen. Wenn Martin Luther im »Großen Katechismus«
erklärt, wer sein Herz an Geld oder Gut hänge, der habe einen anderen Gott, dann reagiert er auf einen totalitären Anspruch, den die
frühkapitalistische Warenökonomie auf die Herzen und Sinne der
Menschen erhebt, mit allen Risiken für die, die in dieser Wirtschaftsform um ihre Existenzmöglichkeit gebracht werden.

Ich plädiere dafür, die Propheten und Priester, Jesus und Luther
und viele weitere Gestalten unserer jüdisch-christlichen Tradition
nicht für Idioten oder zumindest für religiöse Spinner zu halten, sondern zunächst damit zu rechnen, dass sie kompetent die ökonomischen und sozialen Lagen ihrer Zeit wahrnehmen und dazu Stellung
nehmen als SprecherInnen des heiligen Gottes, der alles Leben gegeben hat und der nicht fahren läßt das Werk seiner Hände.

»Gott oder Geld« ist deshalb eine unhintergehbare Alternative, weil
sich hier entscheidet, wodurch Menschen ihr Leben bestimmen lassen.
Das hat der Prophet Jesaja im Ausgang des achten vorchristlichen
Jahrhunderts vor Augen: »Aber du hast dein Volk, das Haus Jakob,
verstoßen ... Ihr Land ist voll Silber und Gold, und ihrer Schätze ist
kein Ende ... sie beten an ihrer Hände Werk, das ihre Finger gemacht
haben« (Jes 2,6ff). Deshalb fordert Jesus von Nazareth in seiner Bergpredigt eine Entscheidung in dem, was dem Leben Richtung gibt:
»Niemand kann zwei Herren dienen ... Ihr könnt nicht Gott dienen
und dem Mammon« (Mt 6,24f). Deshalb sieht auch der Reformator
Martin Luther in seinem Großen Katechismus die entscheidende Frage, ob das erste Gebot angenommen oder mißachtet wird: Die Gottesfrage entscheidet sich daran, so meint Luther, wem man im Innersten *vertraut*, woran man sein Herz hängt. »Es ist mancher, der meinet,
er habe Gott und alles gnug ... Siehe, dieser hat auch einen Gott, der
heißet Mammon, das ist Geld oder Gut, darauf er alle sein Herz set-
zet, welchs auch der allergemeinest Abgott ist auf Erden.«[91] Das Geld
ist die eigentliche Gefahr für die Gottesbeziehung des Menschen, und

91 BSLK, 560.

damit für das Zentrum seiner Selbstvergewisserung wie seines Zusammenlebens mit anderen Menschen.

Auf allen historischen Stufen der Auseinandersetzung mit einer geldbestimmten Wirklichkeit muß man damit rechnen, dass hier keine Träumer geredet haben. Es geht nicht um eine bloße Entgegensetzung des als richtig erkannten gegen eine schlechte Wirklichkeit. Franz Segbers hat die Kraft der Unterscheidung zwischen dem biblischen Gott und dem Gott des Geldes – »Gott gegen Gott«, wie er formuliert – mit Blick auf die aktuell vorherrschende »Alltagsreligion im Kapitalismus« als befreiende, nämlich den falschen Gott entmächtigende Orientierung beschrieben. »Der unbedingte Herrschaftsanspruch des biblischen Gottes ist darin befreiend, dass er die Ansprüche anderer Herrscher unter einen letzten Vorbehalt stellt. Erst eine theologische Deutung kann den totalitären Anspruch der Religion des Kapitalismus sichtbar machen. An die Stelle der alles bestimmenden Wirklichkeit Gottes tritt das neoliberale Verständnis einer Ökonomie, die einen Totalitätsanspruch auf das menschliche Leben erhebt und Demut gegenüber den Gesetzen des freien Marktes fordert.«[92]

Die jüdisch-christliche Religionsgeschichte ist voll von immer neuen Ansätzen, der im Glauben erkannten ausschließenden Alternative lebenspraktisch zur Gestalt zu verhelfen. Wir finden in der Hebräischen Bibel in allen Gesetzeskorpora – im sogenannten Bundesbuch, im Deuteronomium, im Buch Leviticus – juristische Regelungen, die sozial polarisierenden Wirkungen der Geldwirtschaft wenigstens zu mildern.[93] Trotz verschiedener historischer Situationen und theologischer Ausrichtung sind die israelitischen Gesetzeskorpora Bundesbuch, Deuteronomium und Heiligkeitsgesetz im Zinsverbot einig. Martin Leutzsch schließt: »Diese vielfältigen ausdrücklichen Motivierungen zeigen: Das Zinsverbot ist genuiner Bestandteil einer solidarischen Gerechtigkeit, die Leben ermöglicht, erhält und fördert. Diese Gerechtigkeit erwächst aus vergangener Befreiungserfahrung (Exo-

---

92   *F. Segbers*, Gott gegen Gott. Von der Alltagsreligion im Kapitalismus, in: W. Gräb (Hg.), Religion als Thema der Theologie, Gütersloh 1999, 63ff, hier 79f.

93   Die Sozialgesetzgebung verbietet das Zinsnehmen (Ex 22,24; Lev 25,35-38; Dtn 23,20f), sie verbietet, Lebensnotwendiges als Pfand zu nehmen (Ex 22,25f; Dtn 24,6.10-13.17) und die Felder, Ölbäume und Weinberge bis zum Letzten abzuernten und so den Bettelarmen das Überlebensnotwendige zu nehmen (Lev 19,9f; 23,22; Dtn 24,19-22).

dus), gegenwärtiger segensbegleitender Verpflichtung (Land Israel) und gesegnetem Ergehen. Sie bringt Gottesnähe und Leben im Vollsinn, wie sie die Nahbeziehung zu den Unterprivilegierten in der allen Israeliten gebührenden Geschwisterlichkeit im Fördern von deren Lebensmöglichkeit vollzieht.«[94]

Kontext dieser Regelungen ist ein Teufelskreis der Verarmung: Immer wieder sind es kleine Bauern, die einen überteuerten Kredit nicht zurückzahlen können und so in Schuldknechtschaft geraten. In Erinnerung daran, dass das Volk Israel selbst die Sklaverei in Ägypten erduldet hat, sollen Arme nicht bedrückt werden, und alle sieben Jahre sollen auch die Äcker und Weinberge verpusten können (Ex 23,10f.; 25,6f.). Eine Form des Wirtschaftens, die auf Akkumulation von Reichtum zielt, die auf Profit aus ist und deshalb die Arbeitsbevölkerung, aber auch die natürliche Lebensumwelt als Objekt möglichst grenzenloser Ausbeutung ansieht, widerspricht dem Willen Gottes mit seinen Menschen.

Man muß sich diese Sozialgesetzgebung im Sinne einer Selbstverpflichtung der Wirtschaftssubjekte vorstellen. In diesem Sinne schließt das fünfte Buch Mose mit einer Segens- und einer Fluchformel. Wenn sich die Leute an das Gesetz halten, wird Gott alles Lebendige mit seiner Lebenskraft erfüllen. Wenn das Gesetz nicht geachtet wird, wird er seine Lebenskraft versagen, und alles Lebendige wird verkümmern und umkommen. Im Neuen Testament werden Männer, die Jesus nachfolgen wollen, aufgefordert, auf Besitz zu verzichten und ihr Geld an die Bedürftigen zu geben (Mk 6,10-13; 10,17-22). Hier ist eine eindrückliche Differenzierung in der Wahrnehmung des Geschlechts zu beachten: für die Frauen scheint diese Forderung nicht zu gelten. Frauen, die Jesus nachfolgen, unterstützen die Gemeinde mit ihrem Geld (Lk 8,1-3). Später gibt es in den Mönchsorden seit dem vierten nachchristlichen Jahrhundert, als sich die Großkirche zunehmend an den Lebensstil der gesellschaftlichen Umwelt anpaßt, bis ins Hochmittelalter immer neue Aufbrüche, das Armutsgelübde lebenspraktisch wirksam zu machen. In der Reformation soll der »gemeine Kasten« den bisher auf den Lebensstil der Mönchsorden eingegrenzten Kanon

---

94 M. *Leutzsch*, Das biblische Zinsverbot, in: R. Kessler / E.Loos (Hg.), Eigentum: Freiheit und Fluch, Gütersloh 2000, 107 ff, hier 121 f; vgl. auch in diesem Band: F. *Crüsemann*, Gottes Fürsorge und menschliche Arbeit, 43ff; sowie R. *Kessler*, Armut, Eigentum und Freiheit, 64ff.

sozialer Verpflichtungen auf den gesamten gesellschaftlichen Lebenszusammenhang ausdehnen.

Man kann diese Linie fortsetzen: über Pietismus, Aufklärung, Innere Mission bis hin zum Sozialwort der beiden Großkirchen in
Deutschland vor einigen Jahren. Immer ist es so, dass die Ökonomie
der Religion nicht die gesamte Gesellschaft umfängt, sondern gegen
eine vorherrschende geldbestimmte Ökonomie eintritt: als Gegenwelt,
als Milderung der polarisierenden, für die Armen zerstörerischen Konsequenzen der Geldökonomie, als immer neuer Aufbruch, den Le-
bensrechten der Armen Geltung zu verschaffen. Ein notwendiger und
guter Widerspruch; ich habe die große Sorge, dass er in den aktuellen
»Modernisierungs«-Bemühungen der Kirche preisgegeben wird; dazu
gleich mehr.

Der Begriff »Ökonomie der Religion« ist erläuterungsbedürftig. Es
handelt sich um eine Ökonomie des Gabenaustausches, nicht des Wa-
renaustausches. Der entscheidende Unterschied besteht darin, dass die
Gabenökonomie eine Wirtschaftsform ist, in der die am Austauschpro-
zeß Beteiligten in einer Beziehung wechselseitiger Verpflichtung stehen. Die Wiederherstellung der gemeinsamen gesellschaftlichen und
natürlichen Lebensumwelt ist wichtiger als der individuelle Erfolg der
einzelnen Wirtschaftssubjekte. Demgegenüber stellt der *Warenaustausch*
zwischen den Beteiligten keine verpflichtende Beziehung her, und die
Dynamik der Akkumulation sprengt prinzipiell und tatsächlich alle
Solidarität mit der natürlichen und gesellschaftlichen Lebensumwelt.

Ich habe bereits darauf hingewiesen: Die Gabenökonomie ist die
vorherrschende Ökonomieform der alten Gesellschaften, und in
»unserer« spätkapitalistischen Gesellschaft ist sie – unter der Vorherr-
schaft der Warenökonomie – überall dort lebendig, wo es um das
Hervorbringen und Bewahren von Leben geht: In den intimen Beziehungen zwischen Liebenden, zwischen Eltern und Kindern, aber auch
zwischen Freunden und Nachbarn, und auch in der Religion. Die Gabenökonomie bestimmt nach der Großerzählung der Bibel auch die
Beziehung zwischen Gott und seinen Menschen: Gott hat alles Leben
gegeben, die Verheißung, das lebensfördernde Gesetz; er stellt dadurch die Menschen in eine verpflichtende Beziehung. Sie wahren diese Beziehung, indem sie das Leben an den Geber des Lebens in ritu-
eller Form zurückgeben – dafür steht die Opfergesetzgebung in den
Büchern Leviticus und Deuteronomium – und die Gaben Gottes an
die weitergeben, die sie nötig haben. In dieser Ökonomie ist der *Geber*
der, der die Macht hat, die Kette der verpflichtenden Beziehungen zu

eröffnen. Dagegen liegt in der *Warenökonomie* die Macht bei denen, die nehmen=akkumulieren. Diese Machtverschiebung vom Geber auf den Nehmer ist der wichtigste Grund dafür, dass die Geldökonomie immer vorherrschend und im Kontakt mit der Gabenökonomie faktisch überlegen ist. Die Gabenökonomie wird vernutzt – dieses Schicksal teilt in unserer Gesellschaft die Religion mit anderen Lebensbereichen, in denen Menschen (und das sind empirisch vor allem Frauen) zumeist ohne Erwerbseinkommen *Beziehungsarbeit* leisten, ohne die Leben weder entstehen noch wiederhergestellt werden könnte.

Die Alternative »Gott oder Geld« konkretisiert sich in der Alternative Gabe oder Ware, aber auch in der Alternative Verausgabung oder Sorge angesichts von Knappheit. Die Ökonomie der biblischen Religion ist eine Ökonomie der Verausgabung. Von der Frau aus Bethanien, die eine Flasche mit kostbarem Öl über dem Kopf Jesu ausgießt, soll überall geredet werden, wo das Evangelium gepredigt wird: Ihre Haltung wird gelobt und gegen die Männer um Jesus verteidigt, die gegen diese Vergeudung Einspruch erheben (Mk 14,3-9). Das Himmelreich gleicht einem Schatz, den man zufällig im Acker findet, einer übermäßig kostbaren Perle, für die man alles, was man hat, aufgeben kann und – wenn man sie bekommen will – auch aufgeben muß (Mt 13,44-46). Jesu Aufforderung »Sorgt nicht!« ist nicht irgendeine beiläufige Parole, sondern sie zielt auf die Mitte christlicher Existenz, sie ist eine bündige Zusammenfassung der biblischen ökonomischen Logik. Gott hat das Leben in Fülle gegeben. An Gott glauben heißt glauben, dass für alle genug da ist, dass Gott für alle seine Lebewesen sorgt. Dagegen ist Sünde, ist der Bruch der Beziehung zu Gott gerade dadurch gekennzeichnet, dass das Bewußtsein des Mangels vorherrschend wird: jeder will möglichst viel für sich sichern und herausholen. Das ist die Lebenshaltung der »in sich verkrümmten« Existenzen, die Luther als Gegenbild *christlicher* Existenz vor Augen hat. Damit ist auch das bezeichnet, was das biblische Wort »Mammon« ausmacht: Mammon ist das Zurückgelegte, ist der Lebensstil individueller Vorsorge. Das ist die Lebenshaltung, die der Geldwirtschaft, der Warenökonomie entspricht: Sorge angesichts von Knappheit. Dagegen steht der Glaube an den Gott der Fülle; das Gesetz in biblischer Perspektive ist dazu da, diese Fülle gerecht zu verteilen.

Schließlich noch eine letzte Konkretion für die unhintergehbare und nicht harmonisierbare Alternative »Gott oder Geld«: Die Warenökonomie ist abstrakt gegenüber dem je individuellen Gesicht der Dinge und auch der Lebewesen. Alles kann gegen alles getauscht werden, das ist das Grundgesetz dieser ökonomischen Logik; und die Übersetzbarkeit einer jeden Ware, auch der Ware menschliche Arbeitskraft in *Geld* ist Inbegriff dieser Abstraktheit und Vergleichgültigung. Dagegen steht die Ökonomie der biblischen Religion ein: Ihr *Subjekt* ist Gott, der Himmel und Erde gemacht hat und der nicht fahren läßt das Werk seiner Hände. Hier geht es nicht um den Austausch von Waren, die gegenüber der konkreten Lebenssituation und den konkreten Bedürfnissen *abstrakt* sind, sondern es geht Gott genau um *diese* Menschen: um sein Volk Israel, um die in diesen Bund mit aufgenommenen Freunde und Freundinnen Jesu, es geht um jedes eigentümliche Gesicht, und entsprechend dem Bund mit Noah nach der großen Flut (Gen 9,9ff) um *jedes* Lebewesen. Während in der Warenwelt alle Dinge und tendenziell auch alle Menschen *gleich* werden, nämlich im Geld als abstraktem Wert austauschbar werden, wird in der biblischen Erzählung von der Beziehung zwischen Gott und seinen Menschen immer auf die *Eigentümlichkeit* und *Differenz* allen Lebens geachtet, von Anfang an bis zum Ende: Gott schafft alles Leben nach seiner Art, und auch Gericht und Erlösung treffen die Geschöpfe in ihrer einzigartigen, in Lebensvollzug und Umfeld nicht austauschbaren Gestalt.[95]

V. Es gibt eine Alternative zur »Kirche in der Marktgesellschaft«

Die Alternative »Gott oder Geld« ist nicht auf den technischen Gebrauch von Geld gemünzt. Geld als Tauschmittel ist nicht zu ersetzen, auch in den Lebenszusammenhängen der Kirche nicht. Und es ist auch nicht möglich, einer geldbestimmten, auf Warenproduktion und –austausch ausgerichteten, marktwirtschaftlichen Gesellschaft durch Einsicht oder Willen oder bloßen Beschluß zu entgehen. Entscheidend ist allerdings die Frage, mit welcher Intention, mit welchem Lebensgefühl, auch mit welcher Freiheit in dieser Frage eine Orientierung gelingt. Die Alternative »Gott oder Geld« zeigt sich nach meiner Wahrnehmung in diesen Weichenstellungen: als Alternative in der Totalität der Verpflichtung; als Alternative von Gabe oder Ware; als Alternative von Verausgabung oder Sorge angesichts von Knappheit;

---

95 Vgl. *Th. Ruster*, Art. »Geld« in: N. Mette u.a. (Hg.), Lexikon der Religionspädagogik, Neukirchen-Vluyn 2001.

als Alternative zwischen Achtung des individuellen Gesichts oder der abstrakten Vergleichgültigung alles Besonderen.

Es ist gegenwärtig nicht zuerst die theoretische, sondern die kirchenpolitisch-praktische Einebnung der Alternative »Gott oder Geld«, die eine Stellungnahme schlechterdings notwendig macht. Ich denke, dass die aktuellen Probleme der Kirchen mit ihren Finanzen und die Versuche, mit Hilfe von Marketing-Konzepten die gute Botschaft »an den Mann« oder an die Frau zu bringen, eine theologisch reflektierte Antwort verdienen.

Ein Problem liegt darin, dass der Lebenszusammenhang der Kirche, dass zentrale Entscheidungen über Ziele und Schwerpunkte der kirchlichen Arbeit, dass der Stil von Leitung und Kooperation in der Kirche selber immer mehr nach dem Modell der »Firma«, nach dem Modell eines kapitalistischen Betriebes gestaltet werden – allerdings weitgehend ohne die Faszination der Warenwelt.

Die Kirche als Firma. Es läßt sich nachvollziehen, wie es zu dieser Vorstellung gekommen ist. Diakonische Einrichtungen müssen mit privaten Anbietern im Sozial- und Gesundheitswesen konkurrieren. Jahrzehntelang führen die Kirchenaustritte gerade der Verdienenden zu massiven Einbrüchen in den kirchlichen Haushalten. Es ist einfach naheliegend, möglichst viele Arbeitsbereiche auf Effektivität durchzurechnen, wo möglich Stellen einzusparen, Gemeinden zusammenzulegen oder auch zu schließen, Leitbilder für bestimmte Arbeitsbereiche zu finden und sie von anderen abzugrenzen, parallele Angebote zu vermeiden und abzubauen. Vieles davon ist unabweisbar notwendig, wenn man die Voraussetzungen akzeptiert. Das Problem ist nur: Die Voraussetzung stimmt nicht. Die Kirche ist keine Firma. Sie ist um den Preis ihres Kirche-Seins keine Firma. Und Glauben läßt sich nicht wie Geld organisieren.

Kirchliche Arbeitsbereiche werden evaluiert und nach Kostengünstigkeit durchgerechnet; Gemeinden und Kirchenkreise werden zusammengelegt, Stellen werden gestrichen. PastorInnen und kirchliche MitarbeiterInnen teilen in dieser Beziehung seit einigen Jahren das Schicksal zahlloser Menschen in anderen Wirtschaftsbereichen. Hinzu kommt ein galoppierendes Fusionsfieber, analog zu den großen Banken- und Firmenzusammenschlüssen dieser Zeit. Es geht um nicht weniger als ums Ganze, dass die Kirchen diesem Aspekt des Kaufrausches nicht verfallen. Dies gilt für die Gestaltung einzelner Arbeitsbereiche: Es ist in vielen Fällen schlicht nicht einzusehen, warum Gemeinden oder Kirchenkreise in lebendigerer Weise Kirche sein oder auch nur verwaltungstechnisch »funktionieren« können sollen, wenn die Einheiten vergrößert werden. Brisanter ist diese Überlegung noch in Hinblick auf das ökumenische Gespräch zwischen den beiden großen christlichen Kirchen, das seinen Höhepunkt in der »Gemeinsamen Erklärung zur Rechtfertigungslehre«[96] und – hominum confusione sine Dei providentia – auch an der Beteiligung des Vorsitzenden des Lutherischen Weltbundes an der Ausrufung des Heiligen Ablaßjahres 2000 geführt hat. Die evangelischen Kirchen müssen sich, bei aller Notwendigkeit von Verständigungsbemühungen, der Faszination ökonomischer Fusionsmodelle verweigern.

Welche *Alternative* bietet die Kirche sonntags für die vom Kaufrausch beseelten Massen? Über viele Jahrzehnte haben diejenigen, die als Lehrerinnen und Pastoren, seit den 60er Jahren auch als Pastor*innen* professionell *Religion lehren* und Gottesdienste inszenieren[97], predigen und die »Kommunikation des Evangeliums« gestalten[98], über ein langandauerndes Theologiestudium die Kompetenzen dazu mindestens nicht genügend ausgebildet und oft genug den Funken, der sie bei ihrer Entscheidung für diesen Beruf einmal beseelt hat, verkümmern lassen. Unter Bergen von historischem Wissen, Kenntnissen in alten Sprachen, systematisch-theologischen Reflexionen und ehrenwerten Einsichten in die Bestimmtheit der menschlichen Existenz sind Fähigkeiten – vorsichtig formuliert – zumindest *nicht ausgebildet* worden, auch die energetische Seite der Religion wahrzunehmen und vor allem zu gestalten. Es geht mir keinesfalls um Theoriefeindlichkeit. Historisches Wissen bleibt weiterhin genauso nötig wie die Kompetenz, dogmatisch-theologische Probleme angemessen wahrzu-

---

96 Es geht mir mit dieser Bemerkung übrigens keineswegs darum, die Notwendigkeit ökumenischer Zusammenarbeit zu diskreditieren; die von protestantischen TheologieprofessorInnen unterzeichnete Stellungnahme gegen die »Gemeinsame Erklärung« ist m.E. auch zu wenig problembewußt, was ihre Signalwirkung für zwischenkonfessionelle Kooperation in Gemeinden und Schulen angeht. Wohl aber finde ich es fatal, wenn auf der Ebene *theologischen* Dialogs gerade das *nicht* gesagt wird, wogegen die Reformation einmal angetreten war – und dazu gehört vor allem, wie man sich anhand der Schmalkaldischen Artikel (BSLK 416f, 442f) schnell informieren kann, die Bestreitung der Macht des Geldes und des Papsttums für den christlichen Glauben.

97 Vgl. zum Stichwort: *M. Meyer-Blanck*, Inszenierung des Evangeliums, Göttingen 1997.

98 Vgl. *E. Lange*, Predigen als Beruf, München ²1987.

nehmen und zu reflektieren. Es geht aber um eine unaufgebbare *Erweiterung von Kompetenzen*.

Zu lernen wäre aus der langen Geschichte der Religion, auch der christlichen Religion vor allem die *Bewegungsrichtung*. Es geht um Prozesse der Entleerung, des Freiwerdens, des Loslassens alles dessen, was der Macht des Heiligen widerspricht. Dafür steht in der Sprache der Bibel an zentraler Stelle das Wort *Mammon*. Die Macht des Geldes und der durch das Geld geforderten und provozierten Lebenshaltungen muß *abfließen*, die Leute müssen von Haltungen wie Selbstdurchsetzung und Selbstbezüglichkeit *befreit* werden, und in vielen Fällen ist dazu ein regelrechter Exorzismus nötig. Das Leerwerden ist das eine. Und jetzt geht es um die Zusage der Verheißung Gottes, um das *Einfließen heilsamer Lebensmacht*, die die Herzen der Menschen erfüllt. Die Leute werden in einen Fluß heilsamer Lebensenergie einbezogen, die sie weitergeben können an alle, mit denen sie leben und die es nötig haben. Martin Luther hatte für diese Bewegungsrichtung – Befreiung von heilloser Macht, Einbeziehung in die Macht des Heiligen – die Formel »Gesetz und Evangelium« gebraucht. *Dies* im sonntäglichen Gottesdienst hier und jetzt wirklich werden zu lassen, wäre tatsächlich eine Alternative zum Kaufrausch. Aber können wir das? Dazu müssen zuerst Pfarrer und Pfarrerinnen, im Prinzip aber alle Christenmenschen Kompetenzen in dieser Richtung ausbilden: Wie kann ich die Lesung, das Gebet, die Predigt, die Zusage der Sündenvergebung, die Kommunion, den Segen *so* gestalten, dass Gottes Verheißung und befreiende Macht hier und jetzt den Raum erfüllt?

Ich habe in verschiedenen Gesprächssituationen, in denen es um Zustimmung oder Kritik zum Konzept »Kirche in der Marktgesellschaft«, um Leitbild- Diskussion, um Evaluation und Controlling in der Kirche, um die Rezeption von Managementstrategien in der Kirche usw. ging, gemerkt: Dieses Thema ist emotional stark aufgeladen. Viele, die in der Kirche arbeiten, sich hier engagieren und ihr Herz daran hängen, dass diese Arbeit gelingt, sehen in der Öffnung für Marketing-Konzepte eine große Chance. Im Gegensatz zum überkommenen Modell: Kirchen-Organisation als Behörde in Analogie zu staatlichen Behörden anzusehen, deutet sich hier eine Organisationsgestalt an, die flexibler auf das individuelle Lebensgefühl von Menschen und auf eine gesellschaftliche Großwetterlage reagieren kann, wie sie in einer marktwirtschaftlich bestimmten, zunehmend globalisierten Wirtschaftsgesellschaft vorherrscht, die seit dem Zusammenbruch des »real existierenden Sozialismus« ohne Alternative scheint.

Jetzt sind Möglichkeiten eröffnet, die Kommunikation und die Verwaltungsvorgänge in der Kirche nicht allein von der Zentrale, den Landeskirchenämtern bestimmen zu lassen. Jetzt bieten sich Möglichkeiten, jeweils vor Ort ein eigenes Leitbild auszuprägen und auf dem zunehmend ausgefächerten Markt der Sinn-Anbieter ein konkurrenzfähiges Angebot zu präsentieren. Und vor allem: jetzt scheint endlich eine Chance da zu sein, nach Jahrzehnten der Kränkung aufzuatmen: Marketing-Konzepte als Gegengift gegen die Depression angesichts der im Westen schleichenden, im Osten der Republik dramatischen Kirchenaustrittsbewegung, als Hilfe angesichts der Bedrohung für die finanzielle Sicherung kirchlicher Arbeit mit allen Konsequenzen für die Qualität der inhaltlichen Angebote und der Stellen einschließlich der jeweils eigenen Berufssicherheit.

Ich denke, dieses Aufatmen ist gut nachzuvollziehen. Ich bin selber der Ansicht, dass das Modell »Kirche als Behörde« theologisch problematisch und historisch überholt, jedenfalls nicht die zu bewahrende Alternative ist. Ich kann auch bis zu einem gewissen Grade verstehen, dass Leute, die gegenüber Marketing-Konzepten in der Kirche grundsätzliche Bedenken anmelden, als Störenfriede empfunden werden, die ausgerechnet in eine Suppe spucken, aus der man wieder Kraft löffeln möchte. Dennoch: Es wäre gerade in der aktuellen Situation, angesichts des alternativlos sich gebärdenden Totalitätsanspruchs der kapitalistischen Marktlogik, schlechterdings fatal, wenn Christenmenschen in ihren jeweiligen Lebenszusammenhängen, in theologischen Gesprächen und in kirchlichen Arbeitszusammenhängen Widerspruch *nicht* artikulieren würden.

1. Nach meiner Kenntnis werden von Leuten, die für Marketing-Konzeptionen in der Kirche werben, vor allem diese beiden Argumentationen verwendet[99]:

– Die Kirche ist gar keine Firma, sondern ein »Unternehmen«, und auch diese Redeweise ist nur »metaphorisch« gemeint.[100] Oder auch:

---

99 Ich beziehe mich vor allem auf *J. Fetzer, A. Grabenstein* u. *E. Müller* (Hg.) i. A. des Marburger Arbeitskreises Theologische Wirtschafts- und Technikethik e.V., Kirche in der Marktgesellschaft (LLG 6), Gütersloh 1999. Dieses Buch beinhaltet immerhin einen gegenüber der Konzeption »Kirche in der Marktgesellschaft« kritischen Beitrag: *E. Gräb-Schmidt*, »Die Kirche ist kein Unternehmen! Die Rede vom ‚Unternehmen Kirche' in ekklesiologischer Sicht, 65-80.

100 Beispielsweise ebd., 57ff u.ö.

Die Kirche ist »ein Unternehmen der besonderen Art«[101], das allerdings »gemanaged werden« muß[102], wobei vor allem die Kirchenleitungen »Management-Beratung« brauchen.[103] Mit diesem Differenzierungsversuch soll deutlich gemacht werden: Anders als in einer »Firma«, deren Ziel die Durchsetzung von Gewinninteressen am Markt ist, ist das »Unternehmen« nicht eo ipso auf Geld, Profit, Erwerb, wohl aber auf Präsenz am Markt orientiert. Mit Blick auf aktuelle Debatten in der Betriebswirtschaftslehre wird auch zwischen »shareholder value«-Unternehmenskonzepten (hier geht es vor allem um Gewinnmaximierung und Kostensenkung) und »stakeholder-value«-Konzepten unterschieden; bei den letzteren »halten« die Beteiligten neben Gewinninteressen auch noch viele andere »Stäbchen« in der Hand oder besser in den Betrieb hinein, beispielsweise auch ökologische oder soziale Wertorientierungen. Die Rede von Kirche als Unternehmen beziehe sich auf diesen zweiten Ansatz.

– Es gibt keine Möglichkeit, in unhistorischer, gewissermaßen biblizistischer Manier ökonomische Aussagen und Perspektiven der Bibel oder der Kirchengeschichte auf heutige Marktsituationen bzw. Verhaltensorientierungen in einer globalisierten Marktökonomie zu übersetzen. Die Eigenlogik und das Eigenrecht weltlicher Handlungsvollzüge und Systeme ist anzuerkennen; hier gibt die lutherische Lehre von den »zwei Regimenten« eine Orientierungsmöglichkeit.[104]

Zu beiden Argumentationsgängen soll knapp Stellung bezogen werden. Zunächst: sieht man einmal von der Manier ab, komplexe und komplizierte gesellschaftliche Sachverhalte in Kindersprache einzukleiden – die Rede von den »Stäbchenhaltern« könnte ihre wunderbar ironische Aufarbeitung in Peter Seller's Film »Willkommen Mr.Chance« erfahren, in der ein lebenslang infantil gehaltener Mittvierziger, plötzlich ins wilde Leben entlassen, in alle Fettnäpfchen fällt, alle Tücken meistert und schließlich Präsident der USA wird – das Problem an dieser defensiven Argumentationsstrategie ist, dass die Leute, die diese Dinge hauptsächlich betreiben, den Unterschied zum »Share«-Holden offenbar nicht recht verstanden haben. Für das sogenannte »Evangelische München-Programm« der Unternehmensberatungsgruppe McKinsey&Company, deren Beratung der Münchner

101 Ebd., 200ff.
102 Ebd., 130ff.
103 Ebd., 117ff.
104 Z.B. ebd., 62ff u.ö.

Dekanate die Debatte um Kirche&Marketing so recht ins Rollen gebracht hat (und die sich im Jahr 2000 durch den Vorschlag ins rechte
Licht setzte, die Bundesbahn durch Streichung weiterer 200 000 Stellen auf Vordermann zu bringen), sind drei Begriffe für marktwirtschaftlich ausgerichtete Überlegungen zur Modernisierung von Kirche
handlungsleitend:»Unternehmen, Kunde, Produkt«.[105] Und Peter Barrenstein, der Direktor der Beratungsfirma, formuliert Sätze wie diese:
»Der Auftrag der Kirche, nämlich die Kommunikation des Evangeliums von der Liebe Gottes für die Menschen [er meint vermutlich: zu
den Menschen, H.-M.G.] könnte noch sehr viel aktueller werden,
wenn Kirche den Mut hätte, zu sagen: ,Unsere Botschaft ist einzigar-
tig. Unser Produkt ist toll, ist phantastisch'.« Die »Vision 2000 X« für
eine aktive, zeitgemäße, öffentliche Wahrnehmung des christlichen
Auftrages heißt:»Botschaft verkünden, zeichenhaft handeln und Gemeinschaft leben.« Bis zum Jahr 2000 X sollen begeisterte Mitglieder,
engagierte, kompetente, motivierte Mitarbeiterinnen und Mitarbeiter,
Pfarrerinnen und Pfarrer, zudem zielkonforme, handlungsorientierte,
partizipative Strukturen das Bild der Kirche bestimmen.[106]

Zu Befehl. Die Rede von Produkt, Kunde, Unternehmen mit Blick
auf Kirche zeigt, dass die Abgrenzung dieses Unternehmens vom Modell der »Firma« gelinde gesagt dürftig ist. Worum, wenn man das
noch fragen darf, handelt es sich da genau? Die Kunden wären z.B.
GottesdienstbesucherInnen, Seniorenkreismitglieder, KonfirmandIn-
nen, trauernde Hinterbliebene (wollen wir aus Gründen der Pietät mal
annehmen, dass nicht die Verstorbenen gemeint sind); das Produkt
das Evangelium, die Gnade Gottes, Jesus Christus am Kreuz?

Lassen wir das mal auf sich beruhen, Herr Barrenstein hat nicht
Theologie studiert, was man von den Herausgebern und VerfasserIn-
nen des Buches »Kirche in der Marktgesellschaft« allerdings hoffen
sollte, übrigens auch für einige Mitglieder der Kirchenleitungen, die
sich da haben beraten lassen. Das Problem liegt auch nicht in den aufregenden semantischen Feldzügen, sondern schlicht in der Wahrnehmung: allem gutmütigen Gerede von dem Stäbchenhalter-Unter-
nehmen zum Trotz waren es doch schlicht und einfach finanzielle
Gründe, massive Einbrüche in den Finanzhaushalten der Kirchen,
Konkurrenz auf dem Anbietermarkt für diakonische Dienste und vie-

---

105 Ebd., 69.
106 Zit. n. ebd., 68f: *P. Barrenstein*, Aufgewacht, in: A. Brummer, W. Nethöfel
     (Hg.), Vom Klingelbeutel zum Profitcenter?, Hamburg 1997, 129-133.

les andere Ähnliche mehr, die manche Kirchenleitungen dazu gebracht haben, sich für Marketing-Konzeptionen in der Kirche zu erwärmen. Oder? Es geht doch ums Geld, bitte sehr, es ist doch mit Verleugnung nicht getan, und Schamhaftigkeit ist nicht am Platze, eher die Notwendigkeit, den Dingen klar ins Gesicht oder wohin auch immer zu sehen. Also: Die Kirche als »Firma« ist m.E., zumindest bis zu überzeugender besserer Belehrung, das analytisch angemessene Vokabular.

Zum zweiten Argument. Ich will auch hier davon absehen, dass die Rede von den »beiden Reichen« (dazu dies kleine fiktive Gespräch zwischen Martin Luther und Ulrich von Hutten: »Zwei Reiche wird es immer geben!« – »Auch ohne Geld läßt es sich leben!«) bzw. den »beiden Regimenten« Gottes immer dann als Defensivargument auftaucht, wenn sich die Kirche Jesu Christi Lebenszusammenhängen anzunähern droht, die – von Massenvernichtungsmitteln über Gentechnologie bis zur Unternehmensberatung – nun wirklich nicht »ihr Ding«, ihr Auftrag, ihre zu lebende und zu bezeugende Sache sind. Das Problem ist vielmehr: Luthers Unterscheidung zwischen den beiden Regimenten Gottes, die er niemals als systematische »Lehre«, sondern in den Auseinandersetzungen um den Adelsaufstand und den großen deutschen Bauernkrieg gegen Ende des ersten Jahrzehnts der Reformation in vielen Einzelschriften entwickelt hat, hat ihren Mittelpunkt darin, dass *Gott sowohl* durch Sakrament und das Wort von Gesetz und Evangelium *als auch* durch das »Schwert«, die staatliche »Obrigkeit«, aber auch durch alle Bereiche menschlicher Vernunfttätigkeit, Arbeit, Interaktion die Welt regiert. Es geht hier also mitnichten um die »Autonomie« der »weltlichen« Lebensbereiche. Und außerdem: nicht nur die kapitalistische Warenökonomie und das Geld, sondern auch die Ökonomie des Gabenaustausches gehört in diesem Sinne zum weltlichen »Regiment Gottes«, und es ist Gegenstand der Reflexion und Entscheidung der beteiligten Menschen, welche Ökonomie-Form dem Regiment des Gottes angemessener ist, der Himmel und Erde gemacht hat und nicht fahren läßt das Werk seiner Hände.
2. Wir leben aber in einer gesellschaftlichen Situation, in der nicht nur die Kirchen, in der vielmehr tendenziell alle Menschen entmächtigt sind, in dieser Entscheidungssituation eine verantwortete Wahl zu treffen. Mein römisch-katholischer Kollege aus Dortmund, Thomas Ruster, hat diesen Gedanken zugespitzt: wenn man »Gott« in philosophischer Tradition als die »alles bestimmende Wirklichkeit« versteht, dann ist in der spätkapitalistischen Gesellschaft das Geld der für die

meisten Menschen und Lebensvollzüge verbindliche Gott, und nicht
der Gott Israels und Vater Jesu Christi: dann ist der Kapitalismus und
nicht das Christentum die für die meisten Menschen verbindliche Religion.[107] Die Fragen, wie etwas finanziert werden könne, was das ko-
ste, was da zu verdienen sei, wie man am Markt damit ankomme, was
die eigene Leistung wert sei: sie sind in fast allen Lebensbereichen entscheidend, man braucht über alle anderen Gründe angesichts *dieser*
Fragen gar nicht mehr zu diskutieren. Wir leben in einer Gesellschaft,
in der Geld kein Mittel ist, die Austauschbarkeit verschiedener Dinge
und Leistungen meßbar zu machen und zu vermitteln, sondern in der
Geld zum Subjekt, zum letzten Beweggrund, zur ersten Person jedes
Satzes und jeder Handlung wird. Im Kapitalismus sind nicht die Menschen, sondern das Geld, das Kapital Subjekt des gesellschaftlichen
Prozesses, und diese Entmächtigung bringt den Menschen um seine
Menschlichkeit: dies ist der humanistische und im letzten selbst religiöse Ausgangspunkt der Marx'schen Gesellschaftskritik.

Hier muß Abhilfe gesucht werden, und hier finden theologische
Existenz und religiöse Lebensmacht heute einen zentralen Ort. Ein
gangbarer Weg ist nicht zur Hand, und es kann zunächst eigentlich
nur negativ bestimmt werden, welcher *nicht* beschritten werden kann:
dass die Kirche ihr Heil in Marketing-Strategien sucht. Schon vor allen
tiefergehenden theologischen Reflexionen muß doch Verständigung
darüber herstellbar sein: Hier handelt es sich um nichts weniger als um
eine Kommunikationsfalle. Die Suche nach Attraktivität ist langweilig.
Wer mitteilt, dass er attraktiv sein möchte, wird dadurch nicht attraktiv, sondern teilt einfach diese Tatsache mit, dass er attraktiv sein
möchte, und das heißt: auch nach eigener Wahrnehmung nicht oder
noch nicht attraktiv *ist*.

In dieser Kommunikationsfalle sehe ich die Kirche, wenn sie durch
Mitgliederbefragungen herausfinden möchte, welche Erwartungen die
Leute an sie haben, um die eigene Selbstdefinition und Arbeitsorien-
tierung darauf einzurichten. In dieser Kommunikationsfalle sehe ich
die Kirche, wenn sie ihre Sache durch Werbung auf dem Markt plazie-
ren möchte. Und in dieser Kommunikationsfalle sehe ich die Kirche,
wenn sie die Beantwortung der Frage nach ihrer Relevanz für die
Menschen durch die Rezeption von Marketing-Konzeptionen zu beantworten versucht. Die Suche nach Attraktivität ist langweilig, weil
mitgeteilt wird, dass man selber der eigenen Sache Attraktivität nicht

107 *Th. Ruster*, Gott von den Göttern unterscheiden, Renovatio 4/1998, 130ff.

zutraut. Das Problem liegt nicht zuerst darin, dass Werbung und Marketing für viele Formen der Produktwerbung nicht erfolgreich wären. Das Problem liegt darin, dass die Kommunikation des Glaubens anders funktioniert als die Warenzirkulation auf dem Markt.

Hier liegt ein wichtiger Unterschied zwischen Beziehungsaufnahmen in direkter face-to-face-Kommunikation und in der medialen Präsentation auf unüberschaubaren Märkten: Verpackung macht nicht attraktiv. Und die Kirche ist in ihren wesentlichen Arbeitsvollzügen – Gottesdienst, Seelsorge, Diakonie, Engagement für die Lebensrechte aller Menschen und insbesondere der Armen – auf face-to-face-Kommunikation ausgerichtet. Was man auf dem Schulhof, in der Disco oder auch im Büro wahrnehmen kann, gilt m.E. auch für die Selbstdarstellung der Kirche. Attraktivität kann man nicht fordern, erbitten, erst recht nicht erzwingen. Attraktivität ist eine spontan eintretende Erfahrung.

Diese spontan eintretende Erfahrung hat in der Kirche eine besondere, von anderen face-to-face-Kommunikationen noch einmal zu unterscheidende Qualität. Als Religion macht sie, jeweils für diese Menschen in dieser besonderen Situation, *das Heilige* hier und jetzt wirksam: als Begegnung mit dem zugleich Erschreckenden und Faszinierenden. Diese Beziehung auf das Heilige ist grundlegend für jede Religion; die christliche Religion teilt sie mit allen anderen Religionen. Das Heilige kann nicht durch Reflexion, auch nicht durch Diskurs begründet werden. Es überschreitet die Grenzen alltäglicher Kommunikation. Wo Religionen nicht den Kontakt mit dem Heiligen begehbar machen, hat man es mit allem möglichen zu tun, jedenfalls aber nicht mit Religion.

Das Heilige hat in der *jüdisch-christlichen Erzähl- und Lebenstradition* eine besondere Gestalt, die sie von anderen Religionen unterscheidbar macht. Von Anfang an erzählt die Bibel davon, dass die Beziehung, die Gott mit seinen Menschen und der ganzen Welt des Lebendigen eröffnet, ein unverwechselbares Gesicht hat. Gott ist nicht eine abstrakte Macht und fordert nicht blind Erschrecken und Faszination. Gott ist nicht gestaltlose überwältigende Erfahrung. Gott befreit aus Gefangenschaft und Unterdrückung. Er gibt das Leben, die Verheißung, er gibt das Gebot, das Leben ermöglicht. Er eröffnet durch diese Gaben eine verpflichtende Beziehung. Diese verpflichtende Beziehung beinhaltet zuallererst, ihm und keinen anderen Mächten das Leben anzuvertrauen und zu schulden. »Höre Israel, JHWH (adonaj) ist unser Gott, JHWH allein. Und du sollst JHWH, deinen Gott, liebha-

ben von ganzem Herzen, von ganzer Seele und mit all deiner Kraft«
(Dtn 6, 4f). Gott und keinen anderen Mächten das Leben anvertrauen
und schulden: Das geschieht in rituellen Formen wie dem Opfer, aber
auch in den alltäglichen Lebensorientierungen, in denen klar wird,
woran ich mein Herz hänge. Vor allem beinhaltet Gottes Gabe die
Verpflichtung, sie an die weiterzugeben, die es am nötigsten haben: an
die Armen.

Die Parole, mit der wir uns auseinanderzusetzen haben, heißt: Kirche in der Marktgesellschaft. Kirche als Unternehmen, das wie andere
Unternehmen auch – wenn auch als »non-profit-Unternehmen« –
Marketing-Konzeptionen und Werbestrategien für das Publizieren
und Angenehm-Machen der eigenen Sache einsetzen will. Ich frage:
Was könnte für die Forderung nach einer Marktorientierung kirchlicher Arbeit aus der *Geschichte der Kirche* gelernt werden? Es geht, so
meine ich, in der Frage, wie die christliche Religion Gestalt gewinnen
kann, immer wieder um diese beiden Fragen: um *Macht* und darum,
was den *Austausch* zwischen Gott und den Menschen und unter den
Menschen bestimmt. Zugespitzt formuliert: es geht um Macht und um
Geld.

Ich sehe zunächst auf die *Macht-Frage*. Die Menschen, die nach den
biblischen Erzählungen von Gott in Beschlag genommen werden, um
seinen Willen, seine Verheißung und sein Gebot mitzuteilen, gewinnen ihre Überzeugungskraft nicht dadurch, dass sie erforschen, was
die Leute gerade hören wollen. Ganz im Gegenteil: oft wollen die
Leute gerade das nicht besonders gern hören. Die lebenspraktischen
Konsequenzen sind bisweilen einschneidend: bis hin zu sozialer Äch-
tung, manchmal bis zum kollektiven Mord.

Diese Menschen haben etwas zu vertreten, dem sie sich nicht entziehen können, und auch ihre manchmal ziemlich entnervten Zuhöre-
rInnen machen mindestens die Erfahrung: daran können wir nicht
einfach vorbeigehen. Wir sind gefordert, dazu ja oder nein zu sagen,
uns dazu zu verhalten. In diesem Sinne haben die Leute auch Jesus
von Nazareth wie einen der Propheten wahrgenommen: »Und sie ent-
setzten sich über seine Lehre, denn er lehrte mit Vollmacht und nicht
wie die Schriftgelehrten« (Mk 1,22).

Die Kirche hat eine lange und veränderungsvolle Geschichte hinter
sich: von einer Sondergruppe innerhalb des Judentums zu einer von
dieser Wurzel mehr und mehr getrennten Gestalt, von einer verfolgten
religiösen Minderheit an den sozialen Rändern der Großstädte des
römischen Reiches zur Staatskirche, von einer peripheren sozialen

Gruppe, der, wie Paulus schildert, »nicht viel Weise nach dem Fleisch, nicht viele Mächtige, nicht viele Angesehene« zugehören (1Kor 1,26), zu einer Großorganisation, die alle gesellschaftlichen Lebensbereiche umfaßt. Die Geschichte der kirchlichen Gestaltfindungen geht weiter: durch die Zeiten der Ketzergruppen und der Inquisition, der Conquista und der Reformation, durch die Zeiten des Pietismus und der Aufklärung hindurch bis zur sozialen Auswanderung der Arbeiterschaft und der Intellektuellen, schließlich bis zum allgemeinen Unselbstverständlichwerden einer kirchlichen Beteiligung heutzutage.

Die Kirche hat ihr Gesicht immer wieder und in vielen Hinsichten verändert. Das ist ein so unüberschaubarer Zeitraum, dass man kaum übergreifende Aussagen machen könnte. Und trotzdem: ich weiß bis zu meiner besseren Belehrung keinen Fall, an dem eine Orientierung an dem, was die Leute hören und haben wollten, die Kirche *als Kirche* attraktiv gemacht hätte – indem sie nämlich als Religion das Heilige präsent macht und, indem sie dies tut, ihr jüdisch-christliches Gesicht wahrt und so an dem Gott festhält, der seine Menschen aus der Gefangenschaft befreit: am Gott Israels und Vater Jesu Christi. Attraktiv sind in dieser ganzen langen Geschichte die Männer und Frauen, die Gruppen in der Kirche, die sich haben in Bewegung setzen lassen, die zum Heiligen in Kontakt kommen konnten und in ihrem Leben, ihrem Reden und Handeln anderen Menschen diesen Weg begehbar gemacht haben.

Über viele Jahrzehnte, ja Jahrhunderte war das Modell »Kirche als Behörde« vorherrschend. Ich hatte schon angedeutet, dass ich nicht dahin zurück will. Der Protestantismus hat sich von Anbeginn schwer daran getan, die reformatorischen Entdeckungen in eine soziale Gestalt der Kirche zu übersetzen. Die reformatorischen Entdeckungen: Im Glauben spielt die Macht der Tradition genauso wenig eine Rolle wie die Macht politischer Herrscher. Im Glauben spielt Geld keine Rolle – ja wer sein Herz daran hängt, glaubt an einen anderen Gott. Entscheidend für mein Christsein ist mein Glaube daran, dass mir Gott ohne mein Verdienst, allein um Jesu Christi Willen seine Gerechtigkeit gibt und meine Sünde annimmt, dass Gott von sich aus die Trennung überwindet. Und *alle*, die aus der Taufe gekrochen sind und ihr Leben von diesem Geschenk Gottes bestimmen lassen, sind bereits Priester – dies ist die Bestreitung der theologischen Legitimität der innerkirchlichen Hierarchie.

Wie läßt sich diese Entdeckung in eine angemessene soziale Gestalt der Kirche übersetzen? Es war ja gerade ein wichtiger Anstoß für die

Reformation, dass sich die Kirche in den Jahrhunderten ihrer Geschichte in Lehre und Leben bis zur Unkenntlichkeit an die ökonomische, soziale und politische Umgebung angeglichen hat. Wir würden heute wahrscheinlich am ehesten von feudalen Abhängigkeitsstrukturen sprechen. Aber wie soll das neue reformatorische Gemeinwesen aussehen? Wir finden bei den Reformatoren dazu wichtige Überlegungen, und ich werde darauf gleich zurückkommen. Es muß allerdings festgestellt werden, dass sie sich gegen die Übermacht der faktischen Angleichung an das soziale und politische Umfeld, die sofort wieder einsetzt, nicht haben durchsetzen können. Diesmal sind es für den Bereich der lutherischen Reformation die monarchisch verfaßten und mit Rationalität verwalteten Territorialstaaten, für die reformierte Reformation stärker die städtisch-bürgerlichen Strukturen, die sich in der internen Organisationsgestalt der Kirche abbilden.

Die Kirche als Behörde – dies blieb über das faktische Ende staatskirchlicher Strukturen mit der Revolution 1918/19 bis in die siebziger Jahre des gerade vergangenen Jahrhunderts das vorherrschende Modell. Es hat immer wieder Versuche alternativer Sozialgestalten gegeben. Ich nenne einige Beispiele. Da sind die *Hauskreise*, in denen Männer und Frauen gemeinsam ein vertieftes Verständnis der Bibel und zugleich eine Gestalt für das »Priestertum aller Glaubenden« suchen; wir befinden uns in Frankfurt in der zweiten Hälfte des 17. Jh.s, Philipp Jakob Spener ist ein wichtiger Impulsgeber dieser Neubesinnung. Oder hundertfünfzig Jahre später, als die Industrialisierung Deutschlands zur Verarmung und – wie es hieß – »sittlichen Verwahrlosung« der »handarbeitenden Classen« führt: jetzt ist es die Sozialform des *Vereins*, in der die von Johann Hinrich Wichern initiierte »Innere Mission« die entkirchlichten Massen der Arbeitervorstädte zu erreichen versucht. Nach der Revolution 1918/19 propagieren Menschen in der »Volkskirchenbewegung« eine *demokratische Öffnung* in der innerkirchlichen Kommunikation. Die liturgische Bewegung der zwanziger Jahre sucht eine Verbindungsmöglichkeit zwischen dem Aufbruch der Jugendbewegung, der Intensivierung des gottesdienstlichen Lebens und der Möglichkeit, auch im protestantischen Raum als verbindliche christliche Lebensgemeinschaft zusammenzuleben, und sie übernimmt ohne große Ansteckungsangst Elemente aus der Spiritualität der großen Tradition christlicher Orden. Die Finkenwalder Predigerseminarsarbeit Dietrich Bonhoeffers ist ein Versuch, angesichts der alle Lebensbereiche durchdringenden totalitären Naziherrschaft die neutestamentliche »*Gemeinschaft der Heiligen*« in der Ausbildung und im gemeinsamen Leben von angehenden Pfarrern in eine aktuelle Sozialgestalt zu übersetzen. Und in anderen Weltgegenden der ökumenischen Christenheit haben wir mit den *Basisgemeinden* Modelle einer christlichen Existenz, die sich im *Kampf für die Lebensrechte der Armen* bewährt. Solche Aufbrüche haben die Dominanz des Behörden-Modells von Kirche nicht entmächtigen können, und es hat immer wieder auch Steigerungen der Anpassung ans ökonomisch-sozial-politische Umfeld gegeben, bis hin zu Führerprinzip und Reichsbischof in den dunkelsten Zeiten unseres Landes.

Langer Rede kurzer Sinn: Es gibt in der Geschichte der Kirchen viele Versuche, die biblische Rede vom »Volk Gottes«, vom »Leib Christi«, von der »Gemeinschaft der Heiligen« in eine für diese je besondere Zeit tragfähige Sozialgestalt zu übersetzen. Behörde und Firma sind keinesfalls die empirisch einzigen Lösungen. Ich denke, es ist eine dringend gebotene Aufgabe, die alternativen Lösungen zu sichten, die in der Kirchengeschichte lebendig geworden sind; und ich habe hier nur einige wenige aufgezählt. Nimmt man die römisch-katholische und die orthodoxen Traditionen hinzu, erweitern sich die Möglichkeiten noch einmal beträchtlich, und weil alle Christenmenschen durch die Taufe Priester sind – die explizite Entmächtigung einer jeden Hierarchie in protestantischer Perspektive – sind der Kreativität je vor Ort keine Grenzen gesetzt.

Wolfgang Stierle

Geld hinkt nicht

Zur ökonomischen Anamnese akuter Verrenkungen im
Kirchen-Marketing

Hinkend verließ Jakob des Morgens den Jabboq. Israel wird sein Name seit dieser Nacht; um den Segen hatte er lange gerungen. Aufrecht, langsam, ein Bein nachziehend zog er von dannen, Esau entgegen, dem Feind, dem Bruder. Geschenke, Segen wollte er geben – empfangen sollte er Versöhnung, wiederum Segen. Gerettet, gesegnet, gezeichnet. Wir müssen uns diesen listigen, verrenkten »Fersenschleicher« auf seinem morgendlichen Weg als einen vor Glück weinenden Menschen vorstellen. Eine Alternative zu dem Glück, das Camus im Antlitz des Sisyphus erkannte? Vielleicht. Jakob-Israel verlässt den Ort der nächtlichen Rauferei sichtlich verändert, geschlagen. Hier hinkt des Morgens ein gezeichneter Mensch in eine veränderte Zukunft.

Ist es erlaubt, von diesem Jakob-Israel den Blick versonnen über die Jahre hinweg auf die christlichen Kirchen schweifen zu lassen? Auf jene Kirchen gar, die es sich zum Ziel gesetzt haben, Ökonomie und Theologie zueinander finden zu lassen? Auf die Kirchenleitungen, die sich von der Vergangenheit einer unattraktiv-gräulichen theologischen Behörde zur erfolgreich-strahlenden dienstleistenden Firma reformieren möchten? Man wird wohl listig und ohne Falsch die Frage umkehren dürfen: Darf es denn sein, dass der Blick auf die christliche Kirche diese ersten Gehversuche des Jakob-Israel als irrelevant, als zu alttestamentlich ignoriert? Aber nicht doch! Nun sieht die liturgische Choreographie für das Leben von KirchendienerInnen das Humpeln nicht vor, eher schon das In-Würde-Schreiten, manchmal das Marschieren, zur Not ein Eilen, und wenn es gar nicht anders geht: ein Standhaft-Stehen. Aber: Einseitig hinkend den Fuß nachziehen?!

Um liturgische Finessen geht es nicht, wenn Kirche und Geld sich küssen. Es geht um Schritte in eine Zukunft, die derzeit von Kirchenleitungen ›designed‹ wird. Smart im Outfit, forsch in der Sache und flink im theologischen Reflektieren – so springen sie dieser Tage auf die Laufstege der kirchlichen Publizistik: die kirchenamtlichen Ver-

lautbarungen zur Kirchenstrukturreform. Wollte jemand dafür halten:
»Die humpeln!«? Und wenn?! Schauen wir hin! Zwei attraktiven Mo-
dellen gelang es, nachhaltig die Blicke auf sich zu ziehen. Aus Westfalen die sog. »Strukturreformvorlage«: »Kirche mit Zukunft – Zielorien-
tierungen für die Evangelische Kirche von Westfalen« (flugs im Inter-
net weiterlinkend zu haben unter: www.ekvw.de). Ein unter Insidern
hoffnungsvoll gehandeltes Kirchenreformpapier. Viele setzen darauf.
Für Württemberg im Rennen – zärtlichen Tändeleien im Ansatz weh-
rend – das »Grobkonzept«: »Wirtschaftliches Handeln in der Kirche.
Grobkonzept für ein neues kirchliches Finanzmanagement und Rechnungswesen.« (hg. vom Oberkirchenrat in Stuttgart und nicht gratis zu
haben). Also: Welche Gangart prägt die Auftritte dieser Modellierun-
gen für eine »Kirche mit Zukunft«? Sind Rechnungswesen und Kir-
chenwesen, Auftrag der Kirche und Finanzmanagement eine wegwei-
sende Verbindung eingegangen? Woran würden wir das erkennen?
Was sehen wir?

Zunächst Zwielicht: Theologische und ökonomische Erwägungen
ineinander verschlungen, miteinander ringend. Oder sollten sie
schmusend bei der Sache sein? Deutlich ist, dass nicht lange herumge-
redet wird. Das miteinander angepeilte Ziel steht fest: Die Kirche der
Zukunft wird sich auszeichnen durch »Mitgliederorientierung«, durch
»Wachstum gegen den Trend« und durch effektive »Soll-Ist-Kontrol-
len« der Arbeit im Pfarramt (alle Zitate aus Westfalen). Zuständig im
Controlling sind die strategisch leitenden Superintendenturen. Diese
unternehmerische Vision besagt: Die Leute strömen bald wieder zu
kirchlichen Dienstleistungen, der Steuer-Rubel rollt, die Organisation
surrt, dass es eine wahre Freude ist. Auch wenn das Zwielicht bleibt,
eines ist klar: Die tun was! Aus dem Dämmern des anhebenden theo-
logisch-ökonomischen Mit-, Unter- und Gegeneinanders schält sich –
etwas wirtschaftswissenschaftlicher ausgedrückt – das Profil einer
kirchlichen Angebotspolitik heraus, die mittels neuer Organisations-
strukturen zum Ziel gelangen soll. Die theologischen Erörterungen
des Papiers zu dem, was »Mitgliederorientierung« bedeutet, bleiben im
Rahmen dieser Unternehmensstrategie zwielichtig. Wer es unbedingt
ganz genau wissen will, der/die stößt auf der Suche nach der Beschreibung von »Mitgliederorientierung« im westfälischen Strukturpapier
zweimal auf das Wort »alle«. Zitat der Reformvorlage: »Mitgliederorientierung bedeutet, alle (»alle 1«) christlich geprägten Einstellungen
und Denkmuster, die dem eigenen Alltag Sinn geben, wahrzunehmen
und zu respektieren.« (Kapitel 3.3.1.). »Alle?!« Als hätten die AutorIn-

nen diese skeptische Frage geahnt, bemühen sie sich sogleich ein
»Nein!« nachschiebend zu versichern: »Mitgliederorientierung bedeutet
… nicht, es den Mitgliedern in allem (»alle 2«) und jedem recht machen zu wollen.« Alle, nicht allem? Welches »alle« gilt in der Konzeption einer wachstumsorientierten kirchlichen Angebotspolitik? Dazu
einige betriebswirtschaftliche Anmerkungen – aus theologischem Interesse an der Firma!

Die strategische Entscheidung für eine kirchliche Angebotspolitik
soll Wachstum gegen den Branchentrend gewährleisten. Sie akzeptiert
die bestehende kirchlich-religiöse Nachfrage als nicht-variable Kon-
stante. Das Konzept lautet: Die Angebote des Dienstleisters Kirche
orientieren sich an den Nachfrage-Wünschen. Über Veränderungen
auf der Nachfrageseite wird nicht reflektiert. Dem Kunden wird das
Gefühl gegeben, mit seinen Wünschen sei er König: »Wann hätten Sie
gerne die Taufe, wie gefällt es Ihnen am besten, wo hätten Sie es gerne, gibt es Ausstattungswünsche, Sprüche, die Sie besonders lieben?«
Für die Unternehmung Kirche bezeichnet dieser historische Schwenk
zur reinen Angebotspolitik eine wahrhaft verwirrende Wendung. Aus
theologischen Gründen ohnehin: Choräle wie »Jesus Christus herrscht
als König, alles ist ihm untertänig« geraten zum anachronistischen
Missklang in einem dienstleistungsoptimierten Gesangbuch, das die
Inthronisation der Kundschaft feiern soll. Ausgerechnet aus Marketing-Sicht allerdings wird die Verwirrung nachgerade heillos. Es stellt
sich die Frage: Warum ignorieren die Kirchen kategorisch jene Marke-
tingansätze, die ihrer Sendung, ihrer alten Behauptung jedenfalls, sie
hätten den Menschen etwas »ganz Eigenes« mitzuteilen, originell ent-
gegengekommen wären? Die gibt es tatsächlich! Im Angebot des Marketing sind z.B. sog. »Struktur verändernde« Ansätze. Sie haben die
aktiven Veränderungen auf der Nachfrageseite zum Thema und reflektieren darauf, wie um des zu vermarktenden Produktes willen u.U.
die Kundschaft vielleicht doch ein wenig zu bewegen wäre. Im Angebot des Marketing ist allerdings auch das »Kult-Marketing«. Auch hier
wird die verehrte Nachfrage nicht einfach passiv hingenommen. Sar-
kastisch und skeptisch wird hier der König-Kunde jedoch als Junkie
modelliert, der nicht weiß, was er will, der betrogen sein muss, dessen
Abhängigkeit es strategisch zu managen gilt. Beide Ansätze interpretieren ihre Kundschaft, nehmen sie nicht so vornehmlich dankbar, ge-
duldig ja gläubig hin wie die Kirchenpapiere. In der Art der Hoch-
schätzung von Kundenwünschen differieren sie sichtlich voneinander.
Kult-Marketing kann den Kunden-König-Junkie so hoch unmöglich

schätzen wie das strukturverändernde Marketing. Allein: Jedwedes betriebswirtschaftlich konzipierte Marketing, das die Kundenwünsche nicht einfach als Datum akzeptiert, sondern so oder so gestaltet, ›designed‹, scheint außerhalb des kirchenleitenden Reflexionshorizontes verblieben zu sein. Warum bloß? Die strukturreformierte Kirche konzipiert eine Angebotspolitik, die sich nicht für eine professionelle und aktiv gestaltende Herangehensweise an die religiöse Nachfrage der Kunden interessiert? Kaum zu glauben! »Weißt du nicht, dass dich Gottes Güte zur Buße (metanoia) leitet?« So konnte in Römer 2,4 einer der transnational agierenden Gründungsväter des mittlerweile in die Jahre gekommenen Unternehmens Kirche noch fragen. Mit seinen Dienstreisen legte er trotz herber Rückschläge die Grundlage einer beachtlichen Wachstumsbilanz. Er versuchte in Erinnerung an Jesus von Nazareth die »metanoia« seiner Adressaten gleichsam verlockend zu präsentieren. Ist nicht das einer guten Gabe »entsprechend« veränderte Verhalten ein kategorial anderer unternehmerischer Ansatzpunkt als die so kundenfreundlich klingende strategische Ausrichtung auf »Mitgliederorientierung«? Wenn es bei der anvisierten kirchlichen Angebotspolitik bleibt, dann ist der Folgeauftrag für die beratenden Firmen wohl schon in den Schubladen: Grundlegende Reorientierung der kirchlichen Corporate Identity.

Was sagen die genannten Modelle zu der neuen Organisationsstruktur, mit der Kirche wachsen will? In Württemberg gelangen die Stichworte »Effizienz« und »Controlling« zu Ehre. Wie der Untertitel der Stuttgarter Studie vollkommen zurecht einschränkt, geht es zunächst primär um Fragen von Finanzmanagement und Rechnungswesen – weitergehende Fragen einer ökumenisch verantworteten »Kirchenleitung« sind angelegt, aber von einer Abarbeitung noch Dimensionen entfernt. Die Schwaben holen mit ihren Schritten nicht gleich so märchenhaft weit aus wie die Westfalen. Unter »Effizienz« verstehen sie ganz trocken: Das Richtige auf die rechte Art und Weise tun. Was »richtig« ist – darauf reflektiert der »Auftrag der Kirche«. Was »recht getan« ist, das besagt das ökonomische Prinzip. Unter dieser Vorgabe empfiehlt dann die beratende Firma ein umfängliches Buchlegungs- und Controllingverfahren für die Auftragsarbeiten der Kirche. Im Kern bezeichnet das ökonomische Prinzip eine Binsenweisheit, die etwa der ordoliberale Freiburger Ökonom Walter Eucken in seiner von gender-Debatten noch weit entfernten Unschuld »jeder Hausfrau« zutraute. Das ökonomische Prinzip ist die immer gleiche Devise für Wirtschaftspolitik, Controlling oder Einkauf auf dem Wochenmarkt.

Die mathematische Gleichung lautet: Entweder zum bestehenden Budget möglichst viele Kartoffeln einkaufen oder aber die nötige Menge Erdknollen zum billigsten Angebot erwerben. Mit seinem Verweis auf das Bild der die Einkäufe heimschleppenden Hausfrau wollte Eucken in seinen »Grundsätzen der Wirtschaftspolitik« zu erkennen geben, dass ein Handeln nach dem ökonomischen Prinzip kein Grund ist, mit geblähter Brust einher zu stolzieren, sondern schlichteste ökonomische Selbstverständlichkeit für alle, die ihre Sinne beieinander halten können. Wie man das Richtige recht sparsam umsetzt – das württembergische Konzept widmet allein dieser Frage mit 200 Seiten glatt das doppelte Volumen wie die in der Sache ohnehin viel weiter ausholenden Westfalen. Und die lernbereiten Lesenden lernen: Als variables Gemüse in den ökonomischen Gleichungen der Kirche stehen zur Disposition: DiakonInnen, PfarrerInnen, Akademien, Funktionspfarrstellen ...

An dieser Stelle unterläuft den Kirchen ein aus betriebswirtschaftlicher Marketing-Sicht nachgerade unglaublicher Fauxpas. In ihrem Ringen um angemessene Kirchensteuer-Public-Relations, um das Controlling und ein wachstumsorientiertes Produkt-Marketing haben sie es bisher sündhaft versäumt, den Aspekten des sog. Personal-Marketing Raum zu geben. Ach würde die westfälische Vorlage ihre potentiellen MitarbeiterInnen doch wenigstens halb so aufmerksam behandeln wie die Mitglieder, denen sie nachläuft! Sind die PfarrerInnen – nehmen wir zum Exempel einmal nur sie – etwa anders zu behandeln als die Mitglieder!? Wer so denkt, sollte nicht das Marketing bemühen. Weist doch jedes beliebige Lehrbuch hier aus: Marketing ist eine Grundhaltung, die im Umgang mit KundInnen, GeschäftspartnerInnen und MitarbeiterInnen einheitlich spürbar werden sollte. Im Westfalen-Papier wird schlicht konstatiert: Für den Nachwuchs musste die »Notbremse« gezogen werden. Basta. En passant wird erwogen: Ist die Besoldung zeitgemäß, die Ausbildung gut genug, das Privatleben zu beschwerlich ... ? Kapitel 4.3. rezitiert sodann schon deutlich ausführlicher die Kirchenordnung. Damit dies klar ist: Die »Identifikation und Verbundenheit mit der Institution (!) Kirche« ist »unverzichtbare Voraussetzung« für das Pfarramt. Das motiviert! In sieben eiligen Schritten wird die auf diese Grundhaltung aufzubauende Kompetenz für pastorale Aufgaben entfaltet. In den pfarramtlichen Dienst sind einzubringen: theologische, spirituelle, seelsorgerliche, pädagogische, sozial-diakonische, ökumenische und kybernetische Kompetenz. Sonst nichts? Das liest sich wie das Bodybuilding-Programm für die Speckringe des Pfarrherrn, der in der Pastoraltheologie der Altvordern noch mit Assoziationen von Bienenzucht und Pfeifenduft umweht als der gute, der professionelle Nachbar gezeichnet werden konnte. Wer weiter liest, erfährt dann auch noch, wie das strategische Leitungshandeln von »Superintendentin und Superintendent« via Personalführung die Qualitätsverbesserung dauerhaft gewährleisten soll. Schwer vorstellbar, dass dieses Szenario dazu beitragen könnte, dass theologisch und kirchlich Interessierte sich fortan vermehrt an jenen Fakultäten einschreiben, die unter den Folgen kirchlicher Finanz- und Personalpolitik akut von der Schließung mangels Nachfrage bedroht sind. Wo ist die Nachfrage zu diesem personalpolitischen Angebot der Kirchen? Warum werden potentielle PfarrerInnen nicht wie Mitglieder im Club behandelt? Den Kirchenleitungen wird nicht selten ein Schmusekurs gegenüber dem Unternehmensmarketing vorgeworfen. Bei Lichte besehen gewinnt ein anderes Bild Gestalt: Die bisherigen Reformüberlegungen scheinen davon geprägt, dass die Verantwortlichen in anachronistischer Behördenwillkür aus dem Marketing-Set nehmen, was ihnen passt, und liegen lassen, was zur Kirche gepasst hätte. Als Schlüsselvariable in betriebswirtschaftlichen Personalmarketingstrategien gegenüber dem Führungsnachwuchs gilt das Unternehmens-Image bei den Studierenden. Alle einschlägigen empirischen Untersuchungen an Universitäten weisen darauf hin, dass Wahrnehmung und Bewertung von Arbeitgebern – also deren Image – im Rahmen des Personalmarketing von strategischer Bedeutung sind. Entsprechend bemühen sich Unternehmen bereits frühzeitig und differenziert um jene, die sie gerne als ihre MitarbeiterInnen gewinnen möchten. Und was unternimmt die Kirche mit Zukunft? Ist sie an den Fakultäten anders präsent, als mit Listen, Tükken und Drohgebärden? Nützt sie nicht eklektisch die Werbemethoden des Marketing zur Abschreckung der letzten, die sich noch hätten vorstellen können in ihr zu arbeiten?

Wer an sensiblen Stellen wie dem kirchlichen Umgang mit den Mitarbeitenden hellhörig geworden ist, der findet schnell weitere Felder, in denen die Ökonomie die Theologie wider den Stachel löckt. Weite Felder, die den kirchenpolitischen Verantwortlichen unbekannt scheinen, die aber dringend einer kritischen theologischen Aufarbeitung harren. Neben dem erwähnten »Personalmarketing« für kirchliche Führungskräfte ist dazu – um nur ein letztes weiteres Exempel anzuführen – eine empirisch bemerkenswert stabile Untersuchung der Kirchenentwicklung in den USA über die letzten Jahrhunderte hinweg zu zählen: Die Privatisierung der Kirchen hat hier unter dem Strich dazu geführt, dass die Nachfrage nach PfarrerInnen stieg, deren Gehalt stieg, die Aktivität der Kirchenmitglieder stieg – und die Abhängigkeit von den staatlichen Stützen fiel. Wäre es nicht besonders interessant für die hiesigen Mitglieder der Kirchen, wenn die sie betreffenden Kirchenstrukturprojekte auch solche Alternativen kritisch reflektieren würden?

All diese Beobachtungen sind nur Prolegomena einer beginnenden ekklesiologisch-ökonomischen Kirchen-Anamnese. Der allgegenwärtige Globalisierungsdiskurs hatte seinen Ursprung in der Finanzpolitik. Die faszinierende Geschwindigkeit, mit der Geld elektronisch um die Welt flitzte – scheu, gierig, spekulativ, allzeit fluchtbereit – sie wurde zum Ausgang der sog. Standortdebatten. Das schnelle, das schreckhafte Geld wurde zur wohlfeilen Allzweckwaffe im politisch-ökonomischen Gerede von Globalisierung. Die notwendige Fitness für den weltweiten Wettbewerb wird bei Bedarf mit Verständnis heischenden Bildern effektiv suggeriert: »Wir alle müssen den Gürtel enger schnallen!« Wenn die Kirche diesen Entwicklungen nach Kräften hinterher spurten möchte, wenn sie Ökumene und »Missio Dei« nicht als Alternative lebendig werden lassen kann, wenn sie nicht davon ablassen will, dass der Reiz des eiligen Geldes den Schritt auch ihres reformerischen Galopps vorgibt – wie wird sie dann bei ihrer Sache bleiben? Es dämmert: In den elektronischen Kinderbibeln der neuen Generation würde per Mausklick ein Jakob vom Jabboq weg stolzieren, kampfgestählt mit begnadetem Waschbrettbauch und Siegesgewissheit im Waschbrettkopf. Bis es soweit ist, bleibe unvergessen jene Kirche, die sich nach schlechter Nacht hinkend, schuldig und aus-gerechnet so gesegnet, allmorgendlich neu auf ihrem Weg vorfindet ...

Dieter Schellong

Ökonomische Verhältnisse und Bedingungen – eine vernachlässigte Dimension in der Theologie

Anzeige eines Defizits

Durch die sogenannten 68er ist vor dreißig Jahren die Frage nach der wirtschaftlichen und finanziellen Ökonomie in den akademischen Diskurs der »Geisteswissenschaften« eingebracht worden, so dass sie auch in der Theologie einen Niederschlag fand. Das geschah zwar uneinheitlich und unausgegoren, aber es war bedeutsam, dass das von *Karl Marx* vorgenommene kritische Durchdenken des Kapitalismus in akademischen Disziplinen zur Geltung kam, in denen es bisher gemieden worden war. Allerdings geschah dies nur sehr kurzfristig – gleichsam als Intermezzo. Inzwischen ist diese Fragestellung weitgehend wieder aus der Theologie verschwunden, genauso wie aus anderen sog. geisteswissenschaftlichen Diskursen. So kann ich hier nur einen Hinweis auf diese erneut eingerissene Fehlstelle geben und anzuzeigen versuchen, *was* damit ausgeblendet wird. Diese Defizit-Anzeige scheint mir dringlich zu sein, wenn die Theologie überhaupt noch etwas mit den Menschen ihrer Zeit zu tun haben will.

1.) Da bei solch defizitärer Lage keine irgendwie abgerundete Erörterung gegeben werden kann, sei mit einer persönlichen Erinnerung begonnen. In einem Gespräch mit *Helmut Gollwitzer* in den frühen 80er Jahren kamen wir darauf zu sprechen, dass Marx gerade wieder aus dem öffentlichen Diskurs verschwunden war – auch dem der 68er –, womit eine der wichtigsten frisch gewonnenen geistigen Errungenschaften aufgegeben wurde und sich wieder verflüchtigte. Gollwitzer erzählte dabei aus der Anfangszeit der Studentenbewegung, wie in einer Versammlung in Berlin zur Marx'schen Theorie auch deren historische Relativität zur Sprache gebracht und dabei die These von der industriellen Reservearmee als überholt hingestellt wurde. Rudi Dutschke habe damals eingewandt, dass man da nicht so sicher sein dürfe; er erwarte vielmehr, dass sich die Zahl der Arbeitslosen bald erhöhen werde; und in der Schätzung ging er für die Bundesrepublik Deutschland auf einige Zehntausend. Daraufhin wurde er schallend ausgelacht, weil es als selbstverständlich galt, dass der Kapitalismus keine materielle Verelendung mehr bringen werde, auch nicht in solch bescheidenen Größen, sondern – wie bei Herbert Marcuse zu lesen war – nur noch eine geistige und mentalitätsmäßige Verelendung. Und über die dünkten sich die 68er erhaben.

Gollwitzer beschäftigte in unserem Gespräch die Absurdität, dass inzwischen die Arbeitslosenzahlen in weit weit höherem Ausmaß Wirklichkeit geworden waren, als Dutschke in jener Versammlung zu vermuten gewagt hatte, dass aber gerade in dem Moment, da Marx in dieser Hinsicht recht bekam, seine Arbeiten und Theorien wieder in der Versenkung verschwanden und die 68er sich darüber erhoben – in die Wolken eines mehr sozialpädagogischen oder gar irgendwie universalgeschichtlichen Diskurses.

Die Folgerung, die wir zogen, konnte nur sein: Marx war nur solange interessant, als er nicht ernst genommen werden musste, sondern als Schreckgespenst benutzt und zum Erschrecken anderer hochgehalten werden konnte. In dem Moment, da mit der Richtigkeit seiner Theorien zu rechnen war, wollte man nichts mehr von ihm wissen. Der Grund konnte nur sein: Die 68er hatten sich in der gemeinschaftlichen Euphorie einer optimistischen Zukunftserwartung konstituiert und auch Marx unter die Vertreter des Prinzips Hoffnung gerechnet (was zwar nicht *ganz* falsch ist, aber das Wesentliche bei ihm übersieht). Ihr Schwung kam wahrscheinlich aus solchem Bewusstsein, und in dem Moment, da sie der destruktiven Realität des Kapitalismus ansichtig werden mussten, wurde das Theoretische, das strikt auf diese Realität bezogen sein will, verabschiedet, um auch fürderhin zukunftsfroh sich selber in Szene setzen zu können. Genauso geschah es auch mit anderen Beobachtungen von Marx, etwa dem vom faktischen Vorrang ökonomischer Interessen vor anderen Interessen. Je deutlicher es sich bestätigte, umso weniger wollte man es ausgesprochen wissen, umso mehr verballhornte man es zu einem Konstrukt über Basis und ideologischen Überbau, wobei dem Überbau gar keine richtige oder nur eine im Vergehen begriffene Realität zukäme. Mit diesem Trick ließ sich auch diese Einsicht als nicht ernst zu nehmen hinstellen.

Gollwitzer hat dies natürlich nicht so unfreundlich gesagt, wie ich es jetzt tue, aber die Zeit ist weitergegangen, und was uns damals aufgefallen war, hat sich nicht gebessert. Im Gegenteil. Während jede Äußerung von Politikern den unbedingten Vorrang wirtschaftlicher Interessen ausspricht und auch deutlich genug die Interessensträger bzw. die Gewinner bei den einzelnen Maßnahmen erkennen lässt, verläuft der akademische Diskurs, etwa der theologische, in Gefilden, in denen Geld und Bereicherung oder Verarmung nicht weiter oder nur am Rande vorkommen. Während von der Politik her jeder und jede aufgefordert wird, an seine eigenen Finanzen und deren Mehrung zu denken, tut die Theologie so, als ob das nicht weiter relevant für die Menschen und ihr Bewusstsein wäre; als könne man sie glaubensmäßig und ethisch ansprechen, als ob sie nicht unter diesem Diktat stünden. Und als seien auch die theologischen und kirchlichen Redner davon unabhängig. Die Stimmung ist zwar nicht wieder ganz so zukunftsfroh wie in den Zeiten der 68er, aber das Prinzip Hoffnung gilt wieder, nur dass dabei das Vertrauen in die eigene Tüchtigkeit eine größere Bedeutung bekommen hat. Und im kirchlichen Bewusstsein steht es nicht viel anders: Wenn sich da auch die Angst über die zukünftigen Finanzen der Volkskirche bedrückend aufs Gemüt legt (Primat der Ökonomie!), so meint man doch auch hier, durch eigenes tüchtiges Management recht hoffnungsvoll in die Zukunft sehen zu können.

Dass es auch anders geht – nüchterner, problembewusster und wissender –, zeigt mir *Noam Chomsky*, der sich als Linguistiker nicht zu gut ist, sich um die wirtschaftlichen Verhältnisse und die Theorien darüber zu kümmern. Er argumentiert nicht von der Marx'schen Theorie aus, sondern von der immanenten Logik der Argumente und der praktischen Auswirkungen her und unter der Frage nach dem Lebensrecht aller. Hier lebt das kritische Bewusstsein der Aufklärung – gepaart mit einer Portion Neugier, die selber sehen und prüfen will, die es mit der eigenen Würde für unvereinbar hält, sich von der offiziellen Propaganda vorkauen zu lassen, was man denken, in welcher Stimmung man sich befinden und welche Fragestellungen man benutzen soll. Es würde bei uns schon einen Durchbruch bedeuten, wenn Chomsky nicht nur als Linguistiker respektiert würde, sondern wenn viele seine einschlägigen Arbeiten zur politischen Ökonomie zur Kenntnis nehmen wollten. *Wenn* sie wollten (– das wird uns noch zu beschäftigen haben).

2. Der *Realität* nahe kommt man in der Tat anhand der *Arbeitslosigkeit*. Die Zahlen der Arbeitslosen nehmen durchweg zu und gehen in Deutschland inzwischen in mehrere Millionen – eine genaue Zählung darüber gibt es nicht, weil viele Arbeitslose anders oder gar nicht verbucht werden. Glücklich könnte eine Regierung sein, wüsste sie ihrem Versprechen Realität zu verleihen, diese Zahl zu halbieren – womit sie

aber immer noch in den Millionen bliebe. Doch so, wie die Verhältnisse sind, wird jetzt schon als Erfolg und Zeichen der Hoffnung angepriesen, wenn bloß eine Verminderung um einige Hunderttausend oder gar nur Zehntausend zu verzeichnen ist – was bei mehreren Millionen nicht wesentlich zu Buche schlägt. Wie weit sind wir über die kleine Zahl hinausgekommen, die Dutschke einst in Aussicht stellte!

Und das ist kein zufälliger Prozess. Die technischen Innovationen, die ständig entwickelt werden, sollen ja gerade der Entlastung und der Erübrigung menschlicher Arbeit dienen. Und sie tun dies auch. Und sie tun es in ungeheurem Ausmaß. Damit wird immer mehr und immer schneller produziert unter immer weniger menschlicher Arbeitsleistung. Es ist merkwürdig: Alle wissen um die enormen und andauernden technischen Fortschritte – und dann gibt sich der öffentliche Diskurs doch verwundert, wenn menschliche Arbeitskraft überflüssig wird und immer mehr Menschen arbeitslos werden oder vor der Aussicht der eigenen Nutzlosigkeit stehen. Und es wird so getan, als sei dies etwas Abänderbares und Vorübergehendes.

Das ist doppelt naiv (um es freundlich auszudrücken); denn die technischen Innovationen zur Erübrigung menschlicher Arbeitsleistung sind von den Eigentümern an Produktionsmitteln, aber auch von öffentlichen Arbeitgebern gewünscht, gefordert und gefördert. Denn Menschen, die nicht arbeiten, brauchen auch nicht entlohnt zu werden. Das kommt der Bilanz für die Aktionäre zugute, das wird auch für öffentliche Haushalte gewünscht. Daraus wird ja kein Hehl gemacht – es wird unverhüllt berichtet, dass der Aktienkurs einer Firma steigt, wenn sie Arbeitskräfte reduziert, und dass jede »Verbesserung« eines Betriebes primär und notwendig Abbau von Mitarbeitern heißt. Insofern ist es allgemein bekannt, dass viele Menschen überflüssig sind, ja *sein sollen* hinsichtlich ihrer Arbeitsfähigkeit. Und sie werden immer mehr, nicht weniger. Das kurzfristige geringfügig wechselnde Auf und Ab der Arbeitslosenzahlen sollte nicht den Blick für die große Linie der Entwicklung verstellen.

Auf derselben Linie der Beseitigung menschlicher Arbeit aus den Produktionsprozessen, aber auch aus den Dienstleistungen, liegt das Bestreben der Eigentümer an Produktionsmitteln oder der Dienstleistungsfirmen, die verbleibenden und noch nötigen Arbeitskräfte möglichst gering zu entlohnen und die von ihnen geforderte Arbeitsleistung zu erhöhen. Es wäre für sie sinnlos, menschliche Arbeitskräfte durch aufwendige Technologien zu ersetzen, um dann die verbleibenden teuer oder gar sich verteuernd zu entlohnen. Je erfolgreicher die technische Verdrängung von menschlicher Arbeit ist, umso mehr steht die verbleibende unumgängliche Beschäftigung von Menschen unter dem Druck, nun auch ihren Beitrag zur Verringerung der Ausgaben und damit zur Erhöhung des Profits zu leisten. Dazu gibt es zwei altbewährte Strategien: *Einmal* die Verlagerung von Produktverfertigungen in Billiglohn-Länder, in denen keine Arbeitszeitbeschränkungen oder andere Arbeitsschutzgesetze gelten und möglichst auch Kinderarbeit erlaubt ist.[1] Das *andere* ist in den Industrieländern selber der Abbau des Einflusses der Gewerkschaften, um Arbeitsschutz-Rechte zu verringern und Menschenarbeit auch in den Industrieländern billiger und einfacher dirigierbar werden zu lassen.

Ein *Drittes* und Neues ist die öffentliche Tendenz, das individuelle Selbständigwerden und Selbständigsein in neu zu schaffenden privaten Unternehmen zu propagieren. Das verlagert den Lebensunterhalt der Arbeitskräfte in die Selbständigkeit der einzelnen und entlastet weiter die profitstarken Großbetriebe. Es führt zwar zu vielen Pleiten und Verschuldungen, aber die Kosten für die Erwerbslosigkeit sind damit den Betreffenden selber angelastet. Und psychologisch schafft es ein Klima, in dem möglichst jedem selber die Schuld dafür angelastet werden kann, wenn seine Arbeitskraft brach liegt.

3. Eine solche Entwicklung zeigt ganz bestimmte Menschengruppen als die einflussreichen und prägenden, während andere die sind, die sich danach zu richten haben und darunter leiden müssen. Das bringt zwei Bereiche ins Spiel, über die jetzt kurz etwas zu sagen ist. Einmal den Bereich des *Bewusstseins*, von dem ich bei den 68ern ausgegangen bin und der eine Macht darstellt; denn hierin entscheidet sich, wie sehr oder auch wie wenig die Betroffenen dem über sie Verhängten selber zuzustimmen bereit sind; wieweit sie ihre Gedanken, die an und für sich als frei gelten, konform stellen mögen oder wieweit sie an Aufklärung und damit wirklich an Freiheit interessiert sind. Und zum anderen den Bereich des *Staates*, der ja vorgibt, für *alle*, die zu seinem Gebiet gehören, da zu sein und allgemeinverträgliches Recht zur Geltung zu bringen.

Es sei dazu nochmals betont, dass es in diesem Beitrag nur um die Anzeige eines Defizits geht, nicht darum, dass ich etwas Abgerundetes zu sagen oder gar Lösungen darzubieten hätte. Eine solche Anzeige ist notwendig plakativ, teilweise auch ungerecht. Ich registriere nur Ten-

---

1 Wie es der Sender *arte* kürzlich anhand der Verlagerung von Levi's-Jeans-Fabrikationen von Frankreich nach Indonesien zeigte.

denzen, also das, was mir das Dominierende in der gegenwärtigen Entwicklung zu sein scheint und was immer mehr alles besetzt, nicht aber die ganze Wirklichkeit von heute. Zunächst einige Hinweise zur *Rolle des Staates*.

a) In der Medienpräsentation erscheint der *Kapitalismus* nicht unter diesem seinem Namen, sondern ohne Charakterisierung einfach als: Wirtschaft und Industrie, Banken und Börsen, für die förderlich tätig zu sein, Sache des Staates sei. Und zwar habe er dem allen seine Fürsorge zuzuwenden, damit Arbeitsplätze geschaffen und erhalten werden und damit das Staatsgebiet Industriestandort ist oder bleibt. Am besten wäre es sogar, wenn das Staatsgebiet überhaupt zur Industriemesse wird, das großräumig die technischen Wunder vorführt, die die heimische Industrie produziert und die international gekauft werden sollen. So wurden über lange Zeit die Atomkraftwerke in Deutschland angesehen, so geht es jetzt mit dem Transrapid. Von der öffentlichen Hand wurden und werden dazu enorme Gelder locker gemacht und eingesetzt, und die Bevölkerung muß angesichts der Belästigungen, ja schwerwiegenden Gefährdungen, die ihre Verwandlung in Messeanwohner mit sich bringt, mehr oder weniger gewaltsam gedämpft und gefügig gemacht werden. Aber es ist gar kein Diskussionsgegenstand, sondern stillschweigende Übereinkunft, dass die Staatsleitung das Staatsgebiet als Industriemesse anzusehen und zu gestalten hat. Vorsichtshalber wird es nicht so genannt.

Im Vordergrund der öffentlichen Diskussion steht aber nun die vermeintliche Schaffung von *Arbeitsplätzen*. Ihr soll es angeblich dienen, wenn Unternehmen und überhaupt die Reichen steuerlich entlastet werden. Die Logik dabei ist: Dann werden sie das nicht der Steuer zuzuführende Geld in Investitionen stecken, die Arbeitsplätze schaffen. Dass diese Logik falsch ist, weil die geltende wirtschaftliche Logik heißt: Menschenarbeit einsparen, habe ich schon gesagt. Trotzdem wird die falsche Logik (wohl weil es so schön wäre, *wenn* sie stimmen würde) pausenlos von Politikern verkündet und als Motiv ihrer Bevorzugung der Reichen ausgegeben oder auch von anderen unterstellt. (Als hätten diese nicht auch ohne neue Steuerentlastung genügend Kapital zur Verfügung, um neue Arbeitsplätze zu schaffen – *wenn* sie wollten.)

Deutlich ist, dass die andauernde Verminderung des Arbeitsvolumens viele Menschen *erpressbar* macht. Das hatte schon Marx von der Existenz der industriellen Reservearmee gesagt. Möglicherweise zu ihr gehören zu müssen, schwebt wie ein Damoklesschwert über den

Häuptern derer, die noch *Arbeit haben*, und das macht sie gefügig, mit einer Verminderung ihrer Arbeitsqualität und ihrer Entlohnung einverstanden zu sein; das ermöglicht es, die Gewerkschaften zu schwächen. Und die *Arbeitslosen* werden bereit, Arbeit zu immer schlechteren Konditionen zu akzeptieren. *Regierungen* schließlich sind in dem Sinne erpressbar, dass sie – mangels anderer Weisheit oder anderen Willens – meinen, durch ständig neues Hinterherwerfen von Steuern bzw. Steuererleichterungen Unternehmer zu arbeitsplatzintensiven Investitionen veranlassen oder wenigstens zum Erhalt ihrer Industrieproduktion in den Industrieländern bewegen zu können. Allein die Drohung, sie könnten ihre Produktion in Billiglohn-Länder verlagern, macht Regierungen ihnen gegenüber gefügig. Vom Schachspiel her weiß man ja, dass die Aufrechterhaltung einer Drohung mehr bewirken kann als ihre Ausführung.

Natürlich gibt es dabei auch manche Überholtheiten und also »Sinnlosigkeiten«, indem alteingefahrene Verbindungen politischer Parteifunktionäre mit bestimmten Industriezweigen in Gestalt direkter Unterstützungen fortgesetzt werden, obwohl die augenblicklich mächtigen Unternehmervertreter dem keine Relevanz oder Aussicht mehr zuschreiben. Eine solche Bindung von gestern ist die der Ruhrgebiets-SPD an den Bergbau, vielleicht auch schon die des augenblicklichen Bundeskanzlers an die Autoindustrie. Da wären auch andere Konstellationen und Präferenzen denkbar. Man muss also auch die Unbeweglichkeit mit einrechnen – ebenso wie ein gewisses Durcheinander im Kampf um die Durchsetzung partikularer Interessen. Aber das ändert nichts am Prinzip der Staatsunterstützung für die Eigentümer an Produktionsmitteln.

Dass die *staatlichen Subventionen abgebaut* werden, ist also eine falsche Darstellung. Es geht nur um die Frage, *wessen* Unterstützungen wegfallen oder gekürzt werden. Andere werden beibehalten oder ausgebaut. Kein Atomkraftwerk könnte ohne staatliche Subvention existieren, dasselbe gilt für viele andere Industriezweige, von der Landwirtschaft ganz zu schweigen. Hinzu kommt die direkte Intervention durch Besteuerung, Steuererleichterung und Risikoabsicherung, womit der Staat ganz eindeutig höchst aktiv im Wirtschaftsprozess und damit im privaten Profitmachen mitmischt, hinzu kommt der ganze Bereich der Infrastruktur, des Verkehrs zu Lande, in der Luft und zu Wasser, der nur durch staatliche Maßnahmen existiert. Für das alles werden Steuern in ungeheurem Ausmaß tagtäglich eingesetzt, und damit ist der Staat – allen Behauptungen von Deregulierung zum Trotz – ein wichtiger Lenker der wirtschaftlichen Gestaltung und ihrer Gewinne. Es ist keineswegs ein überflüssiger Zeitvertreib, wenn die Sprecher der Unternehmerverbände und wenn Wirtschafts-Lobbyisten an allen staatlichen »Fronten« rastlos aktiv sind.

Das Gebiet, auf dem die staatlichen Leistungen zurückgehen, also eine Deregulierung wirklich stattfindet, ist das *sozialpolitische*. Der Ausdruck »Soziale Marktwirtschaft« bezeichnete einst – wie *Oswald Nell-Breuning* öfter erläuterte – einen sozial gebremsten und korrigierten Kapitalismus. Solche staatlich unterstützte und beaufsichtigte Korrektur ist das mindeste, das der Kapitalismus benötigt, um nicht eine breite Verarmung als Kehrseite der ständigen Gewinnsteigerung kleinerer Kreise zu produzieren. Seit der Thatcher-Ära wird unter der inneren Logik der ständigen Gewinn*steigerung* die soziale Korrektur in ganz Westeuropa Schritt für Schritt abgebaut. Das ist also nicht erst durch den Zusammenbruch der mit dem Kapitalismus konkurrierenden sozialistischen Staatsordnungen Ereignis geworden, sondern schon vorher von England aus eingeleitet. *Ulrich Schneider* spricht nicht ohne Grund von einem Solidarpakt gegen die Schwachen.[2] *Chomsky* erinnert an den Spruch »Take from the needy and give to the greedy«, der jetzt Devise staatlicher Sozialpolitik geworden ist.[3]

Die Gelder, die durch ständig zunehmende Steuererleichterung den Reichen zugewandt werden, müssen ja an anderer Stelle wieder hereingeholt werden. Das ist *ein* Grund für das Zurückschrauben des Sozialen bei der Marktwirtschaft. Ein *anderer* Grund ist, dass mit dem Abbau in der staatlichen Sozialpolitik den Privatunternehmen die Möglichkeit gegeben wird, ihrerseits ihren Entlohnungslevel weiter nach unten zu drücken. Und er ermöglicht *drittens*, den zunehmend zahlreicheren Arbeitslosen einfache »flexibel« einzusetzende Tätigkeiten als Lohnarbeit zuzumuten, so dass es immer mehr kleine und variable »Berufe« gibt: Tätigkeiten zu Niedriglöhnen, von denen mehrere nebeneinander ausgeübt werden müssen, um einen Menschen oder gar eine Familie ernähren zu können. *Viertens* dient diese Dere-

---

2 U. *Schneider*, Solidarpakt gegen die Schwachen. Der Rückzug des Staates aus der Sozialpolitik, München 1993. Vgl. auch *J. Roß*, Die neuen Staatsfeinde. Was für eine Republik wollen Schröder, Henkel, Westerwelle und Co.?, 1998, aktualisiert Frankfurt/Main 2000.

3 N. *Chomsky*, Haben und Nichthaben, 1996, deutsch Bodenheim 1998, vor allem die Kapitel: Die US-Zentralbank, und: Nimm den Bedürftigen und gib den Gierigen.

gulierung der Überführung von bisher staatlichen Dienstleistungen in die Privatwirtschaft um der Verabsolutierung des Marktprinzips willen. Damit aber werden viele Dienstleistungen gar nicht mehr ihren Zweck erfüllen können, weil nicht aus jeder Dienstleistung Gewinn und Börsenspekulation zu ziehen ist – jedenfalls nicht, solange sie *allen* in ordentlicher Weise zugute kommen soll. Dass alles privatwirtschaftlich besser ginge, ist eine haltlose Zweckbehauptung. Das wird jedem inzwischen oft genug praktisch demonstriert. In England hat dieser Trend sogar schon die Wasserversorgung erreicht. *Fünftens* ... (Ich vermute, dass sich auch noch in verschiedener anderer Hinsicht der Abbau des Sozialen aus der Marktwirtschaft für Privatunternehmen auszahlt.)

Man wird aber noch präzisieren müssen: Die soziale Deregulierung geschieht primär im Interesse der *großen* Firmen und Geschäfte, wo auch das große Geld sitzt. Die Aufhebung von geregelten Einkaufszeiten etwa oder die Entgrenzung der Rabattgewährung begünstigt einseitig die Kaufhäuser und die großen Geschäftsketten, während die kleinen mittelständischen Betriebe sich unter solch verstärktem Konkurrenzdruck viel schwerer halten können. Es wäre deshalb deutlicher, würde man etwa beim Protest gegen die Nivellierung des Sonntags weniger Tiefsinn aufwenden und im Klartext sagen, dass es sich bei dieser Nivellierung um eine einseitige staatliche Maßnahme zugunsten der großen Kaufhäuser handelt.

Schließlich ist noch das Gebiet der *Außen- und Militärpolitik* zu nennen, das ganz aus Steuermitteln betrieben wird. Das Militär stellt für viele Wirtschaftssparten eine relativ einfache und sichere Möglichkeit des Absatzes und der Bereicherung dar. Und in der Außenpolitik sind die primären Bezugspunkte staatlichen Handelns die der Außenbeziehungen von Wirtschaftsfirmen (die schon aus diesem Grunde nicht gänzlich in Billiglohn-Länder abwandern wollen!). Es wird bei keiner außenpolitischen Reise eines Staatsvertreters ein Hehl daraus gemacht, dass viele Vertreter der privaten Wirtschaft mit dabei sind. Wenn irgendetwas angeblich im Interesse Deutschlands geschieht, sollte man fragen: im Interesse *welcher* Deutschen, und: wieso und in welcher Weise wird deren Interesse bedient? Bei staatlicher Großmachtpolitik bestand in der Öffentlichkeit nie Zweifel daran, dass die leitenden Interessen die der wirtschaftlichen Bereicherung sind, die man mit der Expansion und Stärkung gewisser Firmen verbindet. Und damit verbindet sich die Hoffnung auf das Reicherwerden der ganzen Bevölkerung des Landes, aus dem sie kommen, weshalb die Außenpolitik des Staates – gerade wenn sie Großmachtpolitik ist – in der Regel von der Mehrheit der Bevölkerung gebilligt zu werden pflegt. Das subjektiv Befriedigende dabei ist auch für die weniger Reichen und die Ärmeren das Gefühl der Macht, das mit der Zugehörigkeit zu einem außenpolitisch einflussreichen Staat verbunden wird – selbst wenn für sie dabei nicht viel abfällt.

Gewisse Menschenfreundlichkeiten – im Kolonialismus die »Zivilisierung«, jetzt der Export von »Menschenrechten« – sind nur Randerscheinungen, die bei Bedarf schnell ignoriert werden können. Für die US-amerikanische Außen- und Militär-Politik ist *Noam Chomsky* dem nachgegangen[4], und was er zusammenträgt, unterscheidet sich im Prinzip in nichts von dem Bild, das der Imperialismus zur Kolonialzeit geboten hat. Das Neue der neuen globalen Weltordnung besteht *nicht* darin, dass die Leitlinien und Mittel staatlichen Handelns andere geworden wären! Das ließe sich auch an der Balkanpolitik bzw. am Balkankrieg zeigen.[5]

Den intendierten Nutzen der militärischen Eingreifsbereitschaft wie der praktizierten Militäreinsätze sehe ich vor allem in zwei Zielrichtungen gehen: *Einmal* zur Sicherung der Rohstoffbeschaffung und eines dem dienenden politischen Managements in anderen Ländern zur Niedrighaltung der Rohstoff-Preise. Zum *anderen* zur Öffnung der Märkte und zur Sicherung der Auslandsgeschäfte der privatwirtschaftlichen Betriebe, damit nicht Betriebe oder Finanzmittel aus den Industrieländern durch die Zollpolitik anderer Staaten oder gar durch deren Verstaatlichungsmaßnahmen behindert oder enteignet werden. Ein *drittes* ist dem ersten Anliegen *untergeordnet*: das geopolitische, wie es etwa die US-amerikanische Türkei- und Balkanpolitik leitet (lückenlose Nato-Verbindung bis zu den Ölstaaten).

b) Was sich bei all den genannten staatlichen Aktivitäten und Einflussnahmen *bewusstseinsmäßig* und *psychologisch* auf Seiten der Regierenden, der Parlamentarier und der vielen Sachbearbeiter abspielt, habe ich bis jetzt absichtlich außen vor gelassen. Aber um nicht missverstanden zu werden, sei bemerkt, dass es mir *nicht* um den bösen oder guten Willen von irgendwem geht. Darüber zu urteilen, steht mir nicht zu. Ich setze bei allen einen guten Teil guten Willens voraus. Das Pro-

---

4 *N. Chomsky*, Profit over People. Neoliberalismus und globale Weltordnung, 1999, deutsch Hamburg/Wien 2000.
5 Dazu jetzt *N. Chomsky*, Der neue militärische Humanismus. Lektionen aus dem Kosovo, 1999, deutsch Zürich 2000.

blem liegt an anderer Stelle: an der Begrenztheit des Blicks. Diese Begrenztheit kann niemand überschreiten. Aber nur worauf sich der Blick intensiv richtet (und das ist eben notwendig bei jedem begrenzt), kann sich auch der gute Wille richten. *Das* ist der springende Punkt.

Die Prozesse, die dabei in der Psyche der Politiker ablaufen, könnten gewiss Gegenstand eines komplizierten besonderen Kapitels werden. Man sollte sie aber auch nicht *zu* kompliziert ausdeuten; denn die Psyche pflegt auf recht simple Reize zu reagieren, zumal wenn diese derb genug sind. Bei Politikern ist schon für jedwede Karriere ein ausgeprägtes Geltungsbewusstsein und ein überaus stark entwickelter Wille zur Macht derart notwendig und konstitutiv, dass anderes dahinter nolens-volens zurücktritt. Und zum Machtbewusstsein gehört nicht nur der Macht-*Wille*, sondern auch ein feines Gespür für die vorhandenen Machtstrukturen und die in ihnen liegenden Möglichkeiten. Und da haben die kleinen Leute immer die schlechteren Chancen, beachtet oder gar wichtig genommen zu werden. *Fast* möchte man sagen: dafür können Politiker nichts.

Mehr können sie für etwas anderes, für das sie gerne vorgeben, gar nichts zu können: für Militäraktionen, sprich: Kriegführen. Hierbei haben Politiker in der Regel einen gewissen Freiraum gegenüber der Wirtschaft, den sie ausnutzen können – eben auch dazu, sich selbst und anderen aufwendig ihre Macht zu bestätigen. Und der Sog der Machtposition ist nicht zu unterschätzen; dem gegenüber legen einzelne Politiker eine unterschiedliche Resistenz oder (wie ich meine: eher) Verfallenheit an den Tag.[6]

Schließlich ist etwas weiteres zu nennen: die *Ahnungslosigkeit* über mögliche und allgemeinverträgliche Wege und Maßnahmen zur Zähmung des Kapitalismus. Das Wort »Ahnungslosigkeit« ist von mir als bloße Feststellung gemeint, und diese Feststellung betrifft nicht nur Politiker, sondern die gesamte öffentliche Geistes- und Diskussionslage. Politiker haben daran nur in besonders massiver Weise Anteil, weil

---

6 Mir leuchtet psychologisch ein, was *Gore Vidal* (einst im Stab von Eisenhower und Kennedy) in einem Interview über die Position des USA-Präsidenten sagt. »Richard Nixon hat mal gesagt, für die Innenpolitik brauche man gar keinen Präsidenten, die Konzerne würden schon alles richten. Deshalb interessieren sich alle Präsidenten für die Außenpolitik, da können sie Spuren hinterlassen: Bomben auf eine Aspirinfabrik im Sudan werfen, einen kleinen Krieg hier, einen größeren Krieg da anzetteln.« (stern 36/2000)

sie niemals die Ruhe haben, über dergleichen nachzudenken, und weil ihnen von den Vor- und Nachdenkern auf Seiten der wirtschaftlich und finanziell Mächtigen und Einflussreichen nichts anderes an Anregungen geliefert wird. Insofern könnte man hierzu fast nochmals sagen, dass Politiker nichts dafür können. Und das ist der eigentlich ernste Punkt. Politiker können nicht wissender sein als der breite öffentliche Diskurs. Wenn der aber politisch-ökonomisch so einfallslos und steril ist wie bei uns und sogar das einst als »Soziale Marktwirtschaft« Gedachte und Praktizierte vergisst (vergessen *will*), dann ist es unberechtigt, Politikern Vorwürfe zu machen, wenn von ihnen nichts Besseres kommt.[7]

4) Damit bin ich schon beim Thema des *Bewusstseinsstandes* der Menschen im Breiteren, will sagen: in der Mehrheit der Bevölkerung.

a) Mich beschäftigt daran, dass sich die Bewusstseinslage in einer merkwürdigen Uniformität zeigt, die dem gleichzeitig verkündeten freiheitlichen Pluralismus diametral entgegensteht. Es gibt offensichtlich eine *freiwillige Gleichschaltung* nicht nur der Kleidung, sondern auch des Fühlens und Denkens bzw. eine *unbewusste Abhängigkeit* von dem, was man ungenau »Zeitgeist« nennt, die zu geistiger Uniformität führt – und dies nicht aus Sachkenntnis oder Realitätsnähe, sondern aus Zustimmung zu einer bestimmten *Interpretation* der Realität und der in ihr liegenden Möglichkeiten. Man muss deshalb fragen, *warum* einer bestimmten Interpretation der Verhältnisse mehr Glauben geschenkt wird als einer anderen, warum die eine epidemisch verbreitet ist, während eine andere ein Randdasein fristet. Das hat m.E. im entscheidenden zwei Gründe, die wieder nichts mit gutem oder bösem Willen zu tun haben. Allerdings auch nicht mit Sachkenntnis oder Nicht-Sachkenntnis. *Einmal* ist es die instinktive Beugung *vor der stärksten Macht.* Wenn an der Globalisierung etwas dran sei sollte, hat es für die Mentalität der meisten keinen Sinn, dem global Geltenden feindlich gegenüber zu stehen; jedenfalls nicht, soweit es ihnen dabei noch halbwegs erträglich geht. Dann übernimmt man besser (es ist überflüssig, mit Menschen darüber zu hadern, dass sie so sind) möglichst überzeugend die Interpretationen dieser Lage durch die Mächtigen;

---

7 Im Blick auf das bisher Gesagte halte ich als Hilfe zu einem kritischeren und kundigeren öffentlichen Diskurs für nützlich und wichtig: E. *Weissel*, Politik für Profiteure. Die politische Ökonomie des Neoliberalismus, Wien 2000.

sonst gibt man nur eine lächerliche Figur ab, die am Ende unter Repressionen fallen kann.

Zum anderen hängt diese Anpassung am Bedürfnis nach *Hoffnung*, die Menschen bekommen möchten und weshalb sie einer bestimmten Interpretation die Präferenz geben. Es wird ja immer wieder von theologischer Seite erklärt, ohne Hoffnung könne der Mensch nicht leben. Das heißt aber im Klartext: Ohne Sich-belügen-zu-lassen kann der Mensch nicht leben. Denn wieso sollen die realen Verhältnisse Hoffnung machen? Wenn das nicht erkennbar ist, wird lieber der Lüge geglaubt, und das heißt: belügt man sich lieber selber, als dass der Hoffnungslosigkeit Raum gegeben wird.

In Kirche und Theologie pflegt man erfreut auf die Hoffnungs-Bedürftigkeit der Menschen zu setzen – hofft man doch selber davon leben zu können. Doch zunächst leben davon andere, nämlich die, die ihre wirtschaftlichen Profitinteressen als die für die Mehrheit der Menschen ergiebigsten wirtschaftlichen Verhältnisse interpretieren können. Wenn deren Interpretation geglaubt wird, werden die Menschen, die ihr glauben, um Hoffnung schöpfen zu können, nicht gleichzeitig sich von Marx über die wirtschaftliche Interessensabhängigkeit solcher Weltanschauung aufklären lassen wollen. Das ist der Grund, warum Einsichten von Marx umso nachdrücklicher abgelehnt und »vergessen« werden, je wirklichkeitsnäher sie sind.

Eine besondere Affinität zum Hoffnungsvollen hat das jetzt ausufernde *Börsensystem,* denn Aktien zu kaufen lohnt nur, wenn sie niedrig stehen – in der Hoffnung, dass sie irgendwann in der Zukunft mehr oder gar viel mehr wert (und nicht weniger wert) sein werden. Das ist das Prinzip Hoffnung in Reinkultur. Und das viele virtuelle Kapital, das in Computern existiert und darin durch die Gegenden geschoben und gehandelt wird, ist auch nur »in Hoffnung« realisierbar, hat also nur für solche Sinn, die es nicht unmittelbar realisieren müssen. – Und nach diesem Prinzip soll jetzt ein möglichst großer Teil der Zukunftsvorsorge der ganzen Gesellschaft gestaltet werden! Dem sollen nun auch die, die nur wenig beiseite legen können, die also keine Gelder zum Verteilen auf verschiedene Aktien und kein finanzielles Polster für Reinfälle haben, ihre Altersversorgung anvertrauen.

b) Wie schnell und selbstverständlich die bewusstlose Bewusstseins-anpassung geschieht, kann man an der überkonfessionellen »Gemeinsamen Erklärung« des *Rates der EKD und der deutschen katholischen Bischofskonferenz zur Rentenumgestaltung* sehen. Da wird postuliert, »jeder einzelne« sei »grundsätzlich dafür verantwortlich, eigene Leistungen

im Rahmen der Vorsorge für die Sicherung des Alters zu erbringen«.
Die Erklärung kann sich gar nicht genug darin tun, immer die gleichen
Einschüchterungsvokabeln »Eigenverantwortung«, »eigenverantwortete« und »selbstverantwortete Vorsorge«, »Eigenvorsorge« und »eigene
Leistungen« um sich zu streuen – ohne sie zu befragen. Dies Papier
trägt in meinen Augen alle Züge einer eilfertigen Liebedienerei an
sich.[8]

Bei etwas ruhiger Überlegung hätten sich Hemmungen eingestellt
durch drei Einwände: *Erstens* dass die Altersvorsorge bei den abhängig
Beschäftigten bisher weitgehend Teil des Lohnes resp. des Gehaltes
ist, »Eigenverantwortung« also nichts anderes heißt, als dass diese
Vorsorge jetzt aus dem Lohn oder Gehalt herausfällt und von jedem
einzelnen noch gesondert bezahlt werden soll, das hehre Wort also
nichts anderes bezeichnet als eine Lohn- bzw. Gehalts*kürzung. Zweitens*
dass damit die privaten Versicherungen ungeheuren Kunden- und Fi-
nanzzuwachs bekommen sollen, also auch hier eine Verlagerung ins
Privatgeschäft zugunsten bestimmter Firmen erzwungen wird – als ob
dies etwas wäre, das außerhalb des »Gemeinwesens« stattfände. Eine
private Versicherung steht nur darin außerhalb der »Solidargemeinschaft« (ist das das Gewollte?), dass staatlich gelenkter Ausgleich ent-
fällt und dass bei Spekulationen die Alters»sicherung« auch durch den
Schornstein gehen kann.

Drittens schließlich wäre zu bedenken gewesen, dass die private
Anlage von Geld genau so in ihrem Realgebrauch von den kommenden Generationen, also von der »Solidargemeinschaft« eingelöst werden muss wie eine von der staatlichen Rentenversicherung organisierte
Altersrente. Das Geld liegt in beiden Fällen ja nicht auf der Halde,
sondern »arbeitet«. Bei der Anlage über private Institute fällt es nur
insofern aus der »Solidargemeinschaft« im engeren Sinne heraus, als es
dann um der höheren Rendite willen weitgehend in Billiglohn-
Ländern angelegt wird, also auf dem gebrochenen Rücken von unter-
bezahlten und ungeschützten Arbeitern, Arbeiterinnen und arbeitenden Kindern sich vermehrt. Deshalb und *nur* deshalb können Jüngere
in den reichen Ländern hoffen, nicht für die vorangehende Generation aufkommen zu müssen. Das müsste man sich klarmachen. Da man
aber nun nicht weiß, wie lange sich die Menschen in Billiglohn-
Ländern dies gefallen lassen, braucht es zur Gewährleistung Militär als

---

8 Gemeinsame Texte 16. Es nennt sich »Verantwortung und Weitsicht« –
   lucus a non lucendo.

internationale Eingreiftruppe. Das kommt dem »Gemeinwesen« entschieden teurer als die bisherige Form von Renten und Pensionen. Aber vermutlich besteht (wie in Punkt 3a angesprochen) sowieso schon Konsens darüber, dass »unser« Eingreif-Militär zur Absicherung des privaten Kapitals in aller Welt vom Staat bezahlt, ausgebaut und eingesetzt werden müsse – Rechtslage hin, Rechtslage her.

Die Frage sollte nicht unterlassen werden, warum die Bischöfe und Ratsmitglieder nicht schon lange für die »eigenverantwortete« Vorsorge vernehmlich eingetreten sind – wenn sie die doch für so gut und christlich halten –, sondern dies *erst* jetzt und *gerade* jetzt entdecken und im Schnellverfahren in die Öffentlichkeit geben. Dies fügt sich in das Bild einer freiwilligen geistigen Gleichschaltung, die keine Hemmungen zeigt, die von Politikern vorgekauten und von den Medien monoton wiedergekäuten Phrasen noch einmal wiederzukäuen – nun mit erhobenem Zeigefinger. Die jetzt (jetzt!) ausgepackte Lehre von der »Eigenverantwortung« als Bestandteil der Freiheit und Würde einer jeden Person und die Umdefinierung des Subsidiaritätsgedankens sind nur ideologische Verklärung des Markt-Konkurrenzprinzips und der Ruinierung des Sozialstaates.[9]

5. Es sind noch einige Worte dazu nötig, *warum* ich diese Themen für relevant für Theologie und Kirche halte. Der *erste* Grund schließt sich an das zuletzt Gesagte an: Würden Kirchenleute konsequent zu all dem hier Besprochenen schweigen, so könnten auch andere dazu schweigen. Aber sie können und wollen nicht schweigen. So, wie sie reden, darf es aber nicht ohne Kritik über die Bühne gehen; schon deshalb muss man sich auf breiterer Ebene damit beschäftigen. Es geht mir nicht primär um Bischöfe, EKD-Rats-Mitglieder und ähnliche Gestalten, die offensichtlich in jeder neuen Generation nicht anders können als sich so zu präsentieren, wie Tucholsky sie einst beschrieben hat: hinterher hechelnd. Ich denke mit ungutem Gefühl auch an die nächsten Kirchentage. Der Kirchentag hat sich ja das Image gegeben, er sei kritisch – *wie* kritisch er ist, hat man aber daran gesehen, dass dort kurz nach dem Jugoslawienkrieg Eingreifminister Scharping mit Applaus und Autogrammwünschen empfangen wurde. Faktisch werden die öffentlichen Fragen nicht ausgespart, dann sollten sie aber auch *nicht ungestört* auf den Wogen der von den Herrschenden gewünschten und geförderten Stimmung segelnd daherkommen.

---

9 Dazu: O. *Meyer*, Kirchensegen für Rentenklau, in der Zeitschrift »Ossietzky« 3 (2000), 879-881.

Der zweite Grund ist, dass nicht irgendeine kritische Latte angelegt werden sollte, sondern eine bestimmte, die sagen kann, wessen Belange sie vordringlich beachten und teilen will. Das können für die Kirche nur die der Zurückgesetzten und fortwährend weiter Zurückzusetzenden sein. Es ist ja nicht nur so, dass der Reichtum gehäuft und gehäuft wird, es ist gleichzeitig so, dass die Armut sich ausdehnt, ausgedehnt wird, dass die Kluft zwischen arm und reich unablässig größer gemacht wird – von Menschen, und zwar von bestimmten Menschen mit ganz bestimmten Interessen. Darauf möglichst genau hinzuweisen, haben kirchliche Hilfswerke als ihre Aufgabe erkannt – man muss sehen, ob sie dabei bleiben und es ausbauen werden oder ob der Kult des Managertums auch sie ergreifen wird und zahnlos werden lässt. Jedenfalls sollte sich in der Kirche immer wieder eine bestimmte Blickrichtung bemerkbar machen und zur Beschäftigung mit ökonomischen Vorgängen führen. Das wird wohl nur gehen, wenn es nicht beim theoretischen Diskurs bleibt, er vielmehr eingebettet werden kann in die Gemeinschaft in der Kirche.

Als drittes halte ich es für wichtig, die jetzt auf Grund des Neoliberalismus aufflammende Hoffnungshaltung nüchtern zu betrachten und von christlicher Hoffnung deutlich zu unterscheiden. Schon mehrfach habe ich über *Hoffnung* kritisch, wenn nicht gar abwehrend gesprochen. Ich sehe unsere gegenwärtige Aufgabe sogar darin, eine Umkehrung der in 1Thess 4,13 ausgesprochene Ansicht vorzunehmen: Die »anderen« sind nicht die, die keine Hoffnung haben, sondern die, die viel zu oft und viel zu heftig und in der Regel unbegründet Hoffnung haben, der der christliche Glaube sich also verweigern muss. Das ist eine neuzeitliche Konstellation. »Bald wird der Aberglaube schwinden, bald siegt der weise Mann« heißt es in der Zauberflöte. Was der weise Mann vorhat und für weise hält, wechselt, was als Aberglaube gilt auch, aber die Erwartung der »baldigen« Verbesserung des Lebens bleibt und wird mal mit diesem, mal mit jenem verbunden. Ich möchte einmal vorschlagen, die Irrtümer der neueren Kirchengeschichte unter dem Gesichtspunkt anzusehen: da ist die Kirche in den Rausch einer Hoffnung eingetaucht, die sich an irgendeine Bewegung oder Aktion anhängte – dass »bald« der weise Mann siegt. Das vergangene Jahrhundert hat allein in Deutschland mehrfach fürchterlich gezeigt, wie es herauskommt, wenn Kirche und Theologie auf den Wogen der herrschenden Begeisterung und Hoffnung mitsegeln. Die Hoffnung, dass es denen, die es nötig haben, oder gar allen Menschen »bald« besser gehen werde, ließ und lässt sich dabei aus der Realität nicht ableiten und nicht in ihr begründen – sie ist bloß eine in der Neuzeit unterschwellig von der Seele verlangte Exaltation, die diese auch gern aufzubringen pflegt.

Jetzt hängt sich der Wille zur Hoffnung an politische Reformen ebenso wie an technische Fortschritte. Was sich jetzt absichtlich vage und inhaltsleer politische »Reform« oder »ein Ruck nach vorne« nennt, zielt – schaut man auf die Inhalte – auf die Vermehrung des Gewinns derer, die sowieso das meiste an Geld- und Sachmitteln ihr eigen nennen. Dass damit die Wirtschaft Fortschritte auch für die Ärmeren mache und bringe, ist ein leeres Versprechen zur Benebelung des Bewusstseins. Und dass wissenschaftlich-technische Errungenschaften wie die Genforschung und ihre Anwendung den weltweiten Hunger stillen oder mildern könnten, ist auch ein leeres Versprechen – nicht nur, weil es auf eine sehr ferne Zukunft hin vertröstet, sondern weil das Unmögliche schon im Verfahren liegt: In der Breite helfen könnten nur einfach zu habende und zu handhabende Mittel, nicht aber aufwendige neue Technologien, die eminent teuer sind und unter Patentschutz stehen und damit wieder nur Profit statt Sättigung bringen. Es war ja schon im Energiesektor so, dass nur und gerade aufwendige neue Technologien staatlich gefördert wurden, nicht aber Verfahren zu einer einfacheren und dezentralisierten Energiegewinnung. Auch hier spielt eben die Ökonomie die Hauptrolle. (Wobei zusätzlich noch das Interesse an militärischer Verwendbarkeit ein gewichtiges Wort mitzusprechen pflegt.)

Viertens ist für mich bedeutsam, dass die neue Heiligsprechung des individuellen *Egoismus* eine Katastrophe ebenso für das Menschenbild wie für das reale Zusammenleben bedeutet. Dass die Marktgesetze nun einmal so seien, dass gerade durch diesen Egoismus allen Menschen geholfen werde, ist eine bloße Behauptung, die auch durch ihre andauernde Wiederholung nicht richtiger wird – so wissenschaftlich sie sich oft genug geriert. Sie wird durch die Fakten widerlegt (– aber man soll im Sinne der New Economy ja auch nicht von Fakten ausgehen, sondern Hoffnung entwickeln –), indem das Mehr an unsozialer Marktwirtschaft auch ein Mehr an Armut und Hunger mit sich bringt, ebenso ein Mehr an Umweltzerstörung – neben dem Mehr an Reichtum für die Reichen, die deshalb von den anderen Seiten nicht tiefer berührt zu werden brauchen. Nach ihrer Anthropologie ist ja sowieso jeder selber an seiner missliche Lage schuld, wenn er kein selbständiger Unternehmer oder Banker geworden ist oder sich als solcher nicht zu behaupten vermag. In diesem Klima ist das Evangelium und *seine*

Hoffnung notwendig unverständlich und kann nur im Konflikt vertreten werden. Wie das auszusehen und zu geschehen hätte, ist uns aber noch unbekannt.

Unter diesem Punkt wäre noch manches anzusprechen, das die Würde der menschlichen Person betrifft und gegen deren ökonomisch-marktwirtschaftliche Definition geltend gemacht werden sollte. Es sei nur noch das Stichwort »Flexibilität« genannt. Was den Menschen damit zugemutet wird an Unruhe, Ungewissheiten und dauernden Umstellungen, übersteigt das für viele Leistbare. So wird es z.B. absurd, unter diesem Druck etwa noch die Ehe als eine mögliche und sinnvolle Lebensform anzusehen oder gar mit feierlichen Worten zu umkleiden. Beständigkeit hat ihre eigenen Erfordernisse und reimt sich nicht gut auf Flexibilität als Prinzip.

6) Es zeigt sich also immer wieder, dass Klarheit des Kopfes und der Anteilnahme unter der Dunstglocke des gegenwärtig allein triumphierenden Manchester- und Turbo-Kapitalismus kaum erschwinglich ist – und wenn sie gesucht wird, kommt man zu einer Außenseitermeinung, die als trostlose und wirkungslose Meckerei gilt. Aber die Verunsicherung erfasst faktisch viele, und da wird es m.E. nötig sein, dass Kirche und Theologie mit ihrer Kritik und Andersheit möglichst nüchtern und kenntnisreich sind, um nicht den falschen und dann wiederum nur dumpfen Anti-Reaktionen zu erliegen oder mit ihnen gemeinsame Sache zu machen. Das ist mir so wichtig, dass ich hierbei noch verweilen muss.

Der Traditionsumbruch bringt eine Unsicherheit, ja Verwirrtheit mit sich, die sich oft genug in der *Angst* bündelt, dass diese Entwicklung über einen selbst hinweggehen und einen in den wirtschaftlichen Abgrund stoßen könnte. Auch die obligate Hoffnungs-Stimmung ist nicht nur (notwendigerweise!) von Zynismus durchzogen, sondern bekommt ihre hektischen Züge durch Angst. Dabei wird dann leicht auf zwei altbekannte Bewusstseins-Muster zurückgegriffen: den *Nationalismus* und die *Religion*. (a) Das Bedürfnis nach Solidargemeinschaft, das jetzt so rüde vor den Kopf gestoßen wird, meldet sich gern in Gestalt des *Nationalismus*. Die Nation scheint noch am ehesten Übersichtlichkeit und Solidarität zu versprechen und damit auch ökonomische Sicherheit bzw. ökonomischen Vorteil. Und (b) *Religion* kann als ein Mittel erscheinen, um die unbegriffenen Zustände und das Nicht-Kennen helfender Auswege zu übertünchen und ein trotziges Abheben von der Realität zu ermöglichen. Hat eine Religion allgemeine Geltung in einem größeren Rahmen, kann sie sogar ein solches Gefühl von Gruppenidentität verleihen, das in sich auch wieder die Hoffnung auf ökonomisches Erstarken nährt. Es verlangt einige zusätzliche Widerstandskraft, diese beiden Versuchungen abzuweisen; denn beide haben einen Schein von Einleuchtendem an sich.

a) Der *Nationalstaat* ist ja nicht aufgelöst, selbst in der EU nicht; und Regierungen haben in der Tat auch irgendwie die Aufgabe, der ganzen Bevölkerung des von ihnen verwalteten Staatsgebietes eine gewisse Sicherheit zu vermitteln. Aber mit dem Nutzen des Staates für die ganze Bevölkerung war es noch nie weit her, und jetzt noch weniger als früher. Und der Nationalismus meint ja auch nicht die ganze Bevölkerung, vielmehr geht es bei ihm um den Konkurrenzkampf um die weniger werdenden Plätze in gesicherter Position. Da sollen dann Auswahlkriterien wie Volkszugehörigkeit oder Rasse der Selektion dienen (»Blut«) und – da das alles schlecht festzustellen ist – schließlich nur noch, ob einer »zu uns« gehört, zu »unserer« Gruppe; dabei entsteht dann die Hoffnung, durch Beseitigung von Fremden für sich selber einen sicheren Platz zu erkämpfen. So befindet sich der Nationalismus in eindeutigem und notwendigem Gefälle zur Kriminalität.

Er scheint mir denen nahe zu liegen, die sich in Angst vorm wirtschaftlichen Abrutschen befinden – also nicht derer, die schon ganz draußen sind, sondern eher derer, die sich noch in mittleren oder niederen wirtschaftlichen Positionen halten können, dem aber auf die Dauer keine Chance geben. Er ist also mit einem gewissen Minderwertigkeitsgefühl verknüpft, das mit Demonstrationen der Herrenmentalität kompensiert werden soll und deshalb gern in Gruppen auf Wehrlosen herumtrampelt und sich so seines eigenen vermeintlichen Herrenmenschentums versichert. – Im gegenwärtigen Augenblick dürfte (im Unterschied zu den zwanziger Jahren) zumindest die evangelische Kirche nicht sehr anfällig für solche Bewegungen sein, schon deshalb nicht, weil die ausgesprochen machistisch ausgerichtet sind, die evangelische Kirche sich von dieser Tradition aber gerade entfernt.

Von Regierungen dagegen ist weniger Deutlichkeit gegenüber dem Nationalismus zu erwarten; denn sie haben bei der von ihnen ja mit zu verantwortenden Spaltung und Destabilisierung der Gesellschaft einen ideellen Kitt nötig. Außerdem können Kriege nur mit dem Kitt des Nationalismus geführt werden, so dass Politiker ohne ihn recht gehemmt wären. – Auch die Industrie ist nach wie vor viel stärker national gegliedert und orientiert, als das Gerede von »Globalisierung« zu erkennen gibt. Da sie ihren Schutz und ihre Vorteilsgewährung von nationalstaatlichen Regierungen bekommt, hütet sie sich, allzu sehr

aus den gewohnten Gleisen der nationalstaatlichen Gliederung auszu-
brechen. Darüber herrschen jetzt vielfach irrige Meinungen. Die un-
kritische Übernahme des Schlagwortes »Globalisierung« lässt die nationale Komponente – etwa bei scheinbar übernationalen Fusionen –
und das darin liegende gefährliche Potential nationalstaatlicher Konkurrenz in ein unangemessenes Dunkel treten.[10]

b) *Religion* ist bei uns weniger relevant. In den westlichen kapitalistischen Staaten gibt es sie weder als eindeutige Stützungsaktion für die
Zerschlagung des Sozialen an der Marktwirtschaft, noch als Institution
der Kritik und der Abstandnahme, noch als Gegenentwurf einer geist-
lich orientierten Solidargemeinschaft. Die traditionellen Kirchen lavie-
ren pluralistisch in jede Richtung, ohne eine klare Grundlage zu erkennen zu geben. Am ehesten ist noch der Fundamentalismus auf der
»Höhe der Zeit«.[11]

Die *evangelische Kirche* in Deutschland ist nun aber dabei, dem immer
schärfer werdenden kulturellen Traditionsbruch einen solchen von
Kirchenstruktur und Theologie hinterherzuschicken, was sie für die
Zukunft irreparabel entleeren kann. In *struktureller* Hinsicht handelt es
sich um den von oben durchgepeitschten Umbau zu einer Manager-
kirche[12]; in *theologischer* Hinsicht um eine freiwillig erbrachte neue
Grundlegung auf der Basis des vermeintlichen eigenen guten Willens
und der inneren Stimme oder der vermeintlichen Höher-Entwicklung
der freiheitlichen Kultur, bei der sich die traditionellen theologischen
Lehren und Bekenntnisse nur noch wie verbohrt und bösartig aus-
nehmen können. Es gab nach Ausbruch des ersten Weltkriegs eine
theologische Erneuerung, bei der es nach Meinung von *Karl Barth* um
die Bekehrung zur Bibel und um das Ernstnehmen der gegenwärtigen
Machtkämpfe ging. Allerdings wurden Inhalt und Analyse dieser

---

10 Vgl. *W. Wolf,* Fusionsfieber. Oder: Das große Fressen, Köln 2000, bes. Teil
   IV und V.

11 So wird das Gutscheinheft »InfoCards« von *idea* eröffnet mit einer Seite:
   »Warum sollte jede *Finanzberatung* so individuell sein wie die Menschen, die
   sie in Anspruch nehmen?«. Dann folgt: »Klassisch oder modisch? Tempus
   hat für jeden Lebensstil das richtige Zeitplansystem«. Danach: »Einladung
   zum 2. Kongress christlicher Führungskräfte« mit dem Bild eines schnieken
   Herren mit Aktenköfferchen, und dann: WorldVision. Patenschaften für
   die »Dritte Welt«.

12 *D. Neuhaus* sieht darin denn auch »Fundamentalismus« – verblüffend, aber
   ziemlich einleuchtend. (DS 1999, Nr.4 vom 22.1.99, 25: Verschwörung von
   oben. Panik in der Kirche?)

Machtkämpfe nie zum Gegenstand und Teil des theologischen Nachdenkens selber. Damit *könnte* zusammenhängen, dass diese theologische Erneuerung auf die Länge keinen Anklang gefunden hat. Ich vermute allerdings eher das Gegenteil: dass sie zu viel an Realität und Realismus in sich hat, um angenehm zu sein. Und dass sie den eigenen guten Willen so wenig voraussetzt wie den bösen Willen anderer. Aber die *Gefangenschaft* der Menschen in den – hier ganz knapp geschilderten – ökonomischen Zwängen und Entwicklungen müsste in der Theologie selber ernsthaft bedacht werden – ohne dass die ökonomischen Fragen in theologische übersetzt werden. Sie sollten mit den religiösen Fragen verbunden, aber nicht in sie transformiert werden oder gar in ihnen verschwinden.

Eine sammelnde und ausstrahlende religiöse Größe ist die evangelische Kirche bei uns aber nicht mehr – daher wohl gerade die dauernden »Reformen« und »Reformationen« in ihr. Sie kann nur neidvoll auf den *Islam* blicken, der eben dies in ganz verschiedenen und oft genug unheimlichen Gestalten darstellt. Aber bisher verstehen wir das alles nicht. Es scheint mir auch an einer Religionswissenschaft zu fehlen, die uns etwa den Islam verständlich macht; denn dazu müsste eben das als wesentlich berücksichtigt werden, was gegenwärtig aus dem geisteswissenschaftlichen Diskurs verdrängt ist: die Ökonomie. Und dann müsste der Islam regional differenziert dargestellt werden – nicht als Religion an sich, sondern als menschliches religiöses Verhalten im Kontext von Macht und Ohnmacht, Reichtum und Armut, sozialem Abstieg und Aufstieg, Verführung und Aufklärung, regionaler Tradition und Mentalität – und manchem anderen mehr – und dies immer möglichst konkret. Solche Zusammenhänge und Dimensionen sind für die westliche evangelische Kirche schwer vorstellbar, weil sie ihre eigene tolerante Vergnügtheit schon für Religion hält und dann meint, verschiedene Religionen nebeneinander stellen und harmonisieren zu können – als ob das Gewichtige einer Religion nicht gerade damit zusammenhinge, dass sie in leidenschaftliche menschliche Interessenskämpfe verwickelt ist.

7. Ich breche ab. Es versteht sich von selbst, dass noch vieles zu nennen wäre und dass diese Anzeige eines Defizits selber defizitär ist. So hätte ich die Sprache noch auf den Internationalen Währungsfonds oder die Welthandelsorganisation bringen sollen, die tiefgreifenden Einfluss auf Staaten und Gesellschaften nehmen, bei dem die Sozialleistungen und die sozialen Verbindlichkeiten in den Gesellschaften gründlich zerstört werden, – Superorganisationen, die sich unserem

Einfluss nicht nur, sondern schon unserer genaueren Wahrnehmung entziehen.

Oder es wäre sehr viel ausführlicher und bestimmter auf die immer weiter auseinanderklaffende Schere von reich und arm einzugehen gewesen, bei der immer mehr Menschen und ganze Gegenden *Hunger* leiden müssen. *Jean Ziegler* hat dazu jetzt ein Buch vorgelegt.[13]

Oder es wäre zu nennen, dass die Reichsten der Reichen vielfach im *Handel* tätig sind, dass auch in den zusammengebrochenen Staaten des Ostblocks sich gerade durch den Handel (und nicht durch die Produktion) rasch eine reiche, mafiose Schicht bilden konnte. In Schwarzafrika hat sich oft genug entsprechendes vollzogen. Auch dazu könnte ich nur das Defizit an Erkenntnis und Verständnis benennen, das in unserem öffentlichen Diskurs und erst recht in der Theologie besteht.

Vielleicht ist es nützlich, noch zu sagen, dass ich mit all diesen Hinweisen nicht eine Katastrophe drohend an die Wand malen will. Eine Katastrophenerwartung hält nicht lange und schlägt dann eher in ihr Gegenteil um, wie an der Geschichte der sog. Friedensbewegung zu sehen ist. Wenn man das Buch von Ziegler liest, weiß man, dass die Katastrophe jetzt da ist. Aber man weiß auch, dass es lange so weitergehen kann. Die Welt ist groß genug für viel Ungleichheit. Für riesige Ungleichheit. Und für viel Indolenz und abgehobene Sprüche. Mir geht es um das Zeugnis der christlichen Kirche darin. Und deshalb möchte ich (etwas abrupt) mit einem Zeitungsbericht schließen, der uns auf das kirchliche Gebiet zurückbringt und eine kirchliche Problemanzeige enthält – ohne uns eine Lösung abzunehmen. Von einer theologischen Tagung wird referiert:

»José Comblin aus Bayeux in Brasilien beschrieb, wie die katholische Kirche mit der Globalisierung umgeht. Leider, so berichtete er, stehe in Lateinamerika die gesamte Kirchenführung auf der Seite der Mächtigen, die vom neoliberalen Wirtschaftsgeist profitierten und die Armen in der Bevölkerung immer weiter unterdrückten. Mit aller Macht versuche die Kirchenführung von Rom aus, die Bemühungen um soziale Gerechtigkeit in Lateinamerika zu unterbinden, so Comblin. Eine Antwort auf den moralischen Verfall der Gesellschaft böten allerdings die Pfingstkirchen und charismatischen Freikirchen. Sie schafften es, die Menschen von Alkohol und anderen Drogen, von

---

13 *J. Ziegler*, Wie kommt der Hunger in die Welt. Ein Gespräch mit meinem Sohn, 1999, deutsch München 2000.

Spielsucht und sexuellen Ausschweifungen abzuhalten. Dadurch bleibe den Familien oft doppelt so viel vom Einkommen für die wirklich
wichtigen Dinge wie Kleidung, Ernährung und Hygiene. Allerdings
machten diese evangelischen Freikirchen die Menschen nicht auf die
gesellschaftlichen Ursachen ihrer Armut aufmerksam, fügte Comblin
an.«[14]

14 Münstersche Zeitung vom 18. 11. 2000.

Michael Weinrich

Halb voll oder halb leer?
Aspekte der subtilen Macht von Stimmungen

Es heißt, alle Dinge hätten zwei Seiten. Es komme ganz darauf an, von welcher Seite sie betrachtet werden. Doch damit ist es nicht getan. Vielmehr bestätigt sich diese Weisheit sogleich einmal mehr, denn es können einerseits die Dinge selbst sein, die sich von verschiedenen Seiten zeigen, es können aber auch die unterschiedlichen Standpunkte sein, von denen aus die Dinge in den Blick genommen werden. Ein Gegenstand kann eine ansprechende und eine hässliche Seite haben. Es kann aber auch der Blick auf den Gegenstand sein, der ihn das eine Mal brillieren lässt und das andere Mal als langweilig oder gar als abstoßend empfindet. Umgangssprachlich würden wir sagen, dass es sehr auf die Stimmung ankomme, in der sich etwas präsentiert und in der etwas wahrgenommen wird. Genau genommen kann damit eine weitere Dimension mit ins Spiel kommen, die weder einfach dem Gegenstand noch einfach den BetrachterInnen zugerechnet werden kann, wohl aber beide betrifft. So wie die Sonne die Weite eines sich öffnenden Tales erstrahlen lässt, so mag das gleiche Tal in nebliger Dämmerung geheimnisvoll und eng, ja bedrückend oder gar bedrohlich erscheinen. Es scheint sich beinahe um zwei ganz verschiedene Wirklichkeiten zu handeln, auch wenn das gleiche Tal und die gleichen BetrachterInnen zur Debatte stehen.

Auch in den Wahrnehmungen unserer gesellschaftlichen Wirklichkeit finden sich all diese Ambivalenzen. Das Bild von der gesellschaftlichen Wirklichkeit ist entscheidend von der Stimmung abhängig, die um sie verbreitet wird und die ihr zur Artikulation verhilft. Es gibt nicht einfach diese Wirklichkeit, sondern sie ist immer auch ein Konstrukt, in dem die tatsächlichen Fakten längst nicht die entscheidende Rolle spielen. Wie sehr es auf die jeweilige Einschätzung ankommt, wissen wir von den berühmten Dilemmageschichten aus der Verhaltens- und Lernpsychologie, wo die jeweilige Deutung einer offenkundig ambivalenten Situation über das ganze weitere Geschick entscheidet. Weniger dramatisch, aber durchaus vergleichbar folgenreich stellt sich das Beispiel mit dem Wasserglas dar, das bis zur Hälfte Wasser enthält: Ist dies Glas halb voll oder ist es halb leer? Haben wir Grund zum Optimismus oder geht es abwärts? Das Wasserglas wird keine Aussage dazu machen. Es kommt auf den Betrachter und die Stimmung an, in der es nun darum geht, über dies geduldige Wasserglas eine Aussage zu machen. Beim Wasserglas mag es schließlich gleichgültig sein, was da gesagt werden mag, aber wenn es um die Deutung unserer gesellschaftlichen Wirklichkeit geht, kann es von überaus weitreichender Bedeutung sein, ob wir sagen ›halb voll‹ oder ›halb leer‹. Auf den nachhaltigen Einfluss von gesellschaftlich kolportierten und inszenierten Stimmungen möchte ich mit diesem kleinen Beitrag aufmerksam machen.

I. Wendezeit?

Es ist modern geworden, von der Zeit nach der Wende zu sprechen. Bereits 1982 verkündigte die soeben Regierungsverantwortung übernehmende CDU eine geistig-moralische Wende. Etwa gleichzeitig propagierte Fritjof Capra seine Variante von ›New Age‹ als ›Wendezeit‹ (München ⁶1983). Es blieb aber dem Fall der Mauer überlassen, dem Bewusstsein von einer Wende zu weithin verbreiteter Geltung zu verhelfen. Der Fall der Mauer steht inzwischen weltweit als Symbol für eine umfassende Veränderung der Lebensbedingungen und Entwicklungsperspektiven der Menschheit. Wenn jedoch genau gesagt werden sollte, was diese Wende tatsächlich ausmacht, würde es wohl zu einer ziemlichen Verlegenheit kommen. – Ist nun endlich eingetreten, was Erhard Eppler bereits in den 70er Jahren zur Abwendung der vor allem ökologisch verstandenen Katastrophe eingefordert hatte mit seinem Buch ›Ende oder Wende‹? (Stuttgart 1975) Sind wir noch einmal davon gekommen, weil wir noch rechtzeitig das Ruder herumgeworfen und die ›Wege aus der Gefahr‹ (ebenfalls E. Eppler, Reinbek 1981) betreten haben? In dem verbreiteten Gebrauch des Wortes Wende schwingt kaum überhörbar ein Ton von Rettung und neuer Hoffnung mit. Eben deshalb wird sie so gern ins Argument gehoben: Sie habe akute Gefahr abgewendet und völlig neue Entwicklungsbedingungen geschaffen, ja einen brachliegenden Raum geöffnet, dessen Fruchtbarkeit nun in gedeihlicher Weise zum Wohl aller mitgenutzt werden könne. Und so verbreitet die Rede von der Wende durchaus auch eine Aufbruchsstimmung, die den Anschein erweckt, als ginge es nun in eine neue und bessere Welt.

Was aber ist tatsächlich geschehen, dass in dieser mutmachenden Weise von einer Wende gesprochen wird? – Zunächst ist da ein politisches und wirtschaftliches System zusammengebrochen, mit dem ein anderes System in Konkurrenz gestanden hat. Es ist der als gefährlich eingeschätzte Gegenpol zum sogenannten Westen weggefallen – das ist zu konstatieren, ohne gleich von Sieg und Niederlage oder gar von ›Recht bekommen‹ und ›historischer Widerlegung‹ sprechen zu müssen. Auf dem Hintergrund der psychologisch präparierten Hochspannung, in der das Verhältnis zwischen Ost und West gehalten wurde, ist es überaus verständlich, wenn der Wegfall des bisherigen Gegners als Entspannung erlebt wird. Aber das bedeutet noch lange keine Wende, sondern zunächst nur, dass man nun endlich das ungestört sein kann, was man vorher mit dem mehr oder weniger offenkundigen Widerspruch des Ostens auch schon war. Der Wegfall der Alternative ist zunächst der Wegfall einer Hemmung, die gewisse Einschränkungen und Vorsichtsmaßnahmen mit sich gebracht hat. Und so geht es schließlich gerade nicht um eine Wende, sondern mehr um eine Beschleunigung in die beibehaltene Richtung. Alle aus Vorsicht installierten Bremsen können jetzt gelöst werden, weil nun widerspruchslos und eben ungehemmt das möglich geworden ist, was vorher nur in Überwindung des Widerspruchs und unter Beachtung des realen Widerstandes möglich war.

Bei genauerem Hinsehen handelt es sich bei der Rede von der Wende vor allem um eine Stimmung, mit der die zweifellos veränderte Situation nun in einer bestimmten Weise interpretiert wird. Die mit dem Wort ›Wende‹ verknüpften Verheißungen haben kaum einen Anhalt an den Ereignissen, von denen wir als der Wende sprechen. An keiner Stelle hat es – aus westlicher Perspektive – einen nennenswerten Umschwung, einen Richtungswechsel von als gefährlich eingeschätzten Entwicklungen gegeben – im Gegenteil hat der Wegfall der Alternative den eigenen Legitimationsdruck so reduziert, dass die weltbeherrschende kapitalistische Wirtschaft kaum noch mit dem Problem konfrontiert wird, dass sie doch endlich ihre immer wieder behauptete humane und soziale Nützlichkeit etwa in ökologischen oder humanitären Projekten unter Beweis stellen möge. Es lassen sich kaum Anzeichen für ein Ausweichen aus den verschiedenen Gefahren erkennen – eher wäre von einem Aufweichen der kritischen Potentiale zu sprechen. Die Selbstbezogenheit des Systems hat mit seiner Beschleunigung in einem Ausmaß zugenommen, dass seine aggressiven Auswirkungen heute nicht nur dort härter zu spüren sind, wo es sich

weiter ausdehnt, sondern längst auch im Inneren in einer bisher bei-
spiellosen Hemmungslosigkeit erlebt werden, die sich mit der immer
wieder behaupteten Alternativlosigkeit den Rücken freihält.

Auch im Osten hat es in dem Sinne keine Wende in die Richtung
einer hoffnungsvollen Entwicklung gegeben, sondern seine propagan-
distisch hochgehaltene Vision ist in seinem selbstzerstörerischen und
menschenfeindlichen Bürokratismus und Dirigismus so zum Erliegen
gekommen, dass er mit dem Eingeständnis seines tatsächlichen Bank-
rotts keine andere Wahl mehr hatte, als eben sein eingezäuntes Gehe-
ge zu öffnen, um es dann mehr oder weniger einflusslos den Kräften
zu überlassen, die es lange genug von außen bedrängt haben. Die im
Umbruch installierten Demokratien haben sämtlich gegenüber der
Dynamik der alle Lücken aufspürenden Wirtschaft einen überaus wak-
keligen Stand, so dass es noch keineswegs als ausgemacht gelten kann,
in welche Richtung die Entwicklung tatsächlich ihren Lauf nehmen
wird.

Immerhin mag im Osten in der Rede von der Wende etwas Mut-
machendes stecken, das mit dem unvermeidlichen Neuanfang verbunden ist. Im Westen aber scheint mir die Rede von der Wende ein
subtiles Element einer zu Optimismus verpflichtenden Stimmung zu
sein. Sie erweckt den Anschein, als hätten wir heute eine grundsätzlich
neue Situation, als seien die Befürchtungen von gestern nun gegenstandslos, weil ja alles anders geworden sei. Nicht alle lesen ihre Zeitung so genau, um sich klar zu machen, dass im Grunde keines der
Probleme, die unsere Gesellschaft vorher beschäftigt haben, tatsächlich gelöst worden ist. Es wäre überaus leichtsinnig, aus der Tatsache,
dass etwa militärische Fragen in der gesellschaftlichen Diskussion
kaum noch eine Rolle spielen, schließen zu wollen, hier seien nun alle
Gefahren bereinigt. Über die nach wie vor bestehenden mannigfalti-
gen ökologischen Probleme wird weithin still geschwiegen, zumal die
Diskussion um die Ökosteuer und den Benzinpreis einmal mehr den
populistischen Zorn der Biertischpolitiker in seiner entwaffnenden
Plattheit fürchten gelehrt hat. Weder die wahrgenommenen grenz-
überschreitenden ökologischen Gefährdungen oder die entwicklungs-
politischen Eckdaten noch der sich ausbreitende Hunger in der Welt
sind tatsächlich wirkungsvoll in Angriff genommen worden. Ebenso
wenig zeigen die Jahresberichte von Amnesty International und anderer international arbeitender Hilfsorganisationen (man denke nur an
die explosionsartige Ausbreitung von Aids vor allem in Afrika) ein
verändertes Bild. Und auch die neue Unbefangenheit in den USA im

Blick auf die Exekution der Todesstrafe (die man sich offenkundig
nicht scheut, im Wahlkampf als Indiz für die eigene Stärke zu benutzen) spricht keineswegs dafür, dass wir einen soliden Grund hätten,
von einer Veränderung zu sprechen, die den Namen Wende verdiente.
Wenn dennoch dieser Begriff eine solche Konjunktur hat, während
es um all die hier nur angedeuteten brennenden Fragen ziemlich still
geworden ist, dann sehe ich hier einen Zusammenhang, der nicht auf
der Ebene der Fakten, sondern auf der einer Stimmung zu suchen ist.
Gewiss war es immer schon schwer, all diesen angedeuteten Nöten
und Problemen das Gehör zu verschaffen, das ihnen gebührte, aber
nun scheint man nicht mehr gewillt zu sein, sich von diesen Fragen
weiterhin belästigen zu lassen. Und damit wir nicht allein auf den
ebenso nachvollziehbaren wie irrationalen Überdruss verweisen müssen, ist es überaus willkommen, wenn sich die Rede von der ›Wende‹
dazu anbietet, die Lebensmaximen neu zu akzentuieren. Es wird der
Anschein erweckt, als seien nicht wir es, die sich nun mit anderen Fragen beschäftigen wollen, sondern als sei es die ›Wende‹, die uns zu einer Neuorientierung nötige. Die verbreitete Stimmung von einer
Wende kann eine durchaus legitimatorische Funktion dafür übernehmen, nun ›unverschämt‹ und offen das tun zu dürfen, was man verschämt und insgeheim immer schon tun wollte. Und dass es dabei im
wesentlichen um die mehr oder weniger besinnungslose und eben
deshalb auch immer risikoreichere Maximierung von im Grunde abstrakt bleibenden Geldsummen geht, wird kaum jemand für eine Er-
findung der 90-er Jahre halten können. Konnte es vor 15 Jahren noch
heißen: »Über Geld spricht man nicht, Geld hat man.«, so ist längst
dieses verschämte Schweigen aus der Mode gekommen, denn es
scheint geradezu zu einer von den Medien ebenso gern aufgenommenen wie ihrerseits von ihnen inszenierten öffentlichen Lust geworden
zu sein, permanent die Frage ins Bewusstsein zurückzurufen, ob man
nicht gerade im Begriff sei, leichtfertig eine überaus günstige, wenn
nicht gar spektakuläre Gelegenheit der Wertsteigerung ungenutzt ver-
streichen zu lassen.
Lediglich die nun unvermeidlich gewordene Diskussion um den
Rechtsradikalismus erinnert uns daran, dass wir die alten Geister nicht
einfach los werden und weit unter dem von der Wirklichkeit geforderten Niveau bleiben, wenn die berechtigte Aufregung über die von
Kampfhunden ausgehende Gefahr mehr und länger die Öffentlichkeit
mobilisiert als der Skandal des sich flächenbrandmäßig ausbreitenden
Rechtsradikalismus. Sie sollte uns auch darauf aufmerksam machen,

dass es in Deutschland seit 1990 insgesamt eher einen Verlust an Demokratie als ihr weiteres Wachsen zu vermelden gibt. – Und dennoch wird das Glas immer offensiver vollgeredet, ohne dass dabei ernsthaft darauf geachtet würde, ob es mit dem Inhalt zwischenzeitlich nicht sogar noch weiter zur Neige gegangen ist.

II. Die Versuchungen der propagierten Unübersichtlichkeit

Ich beginne mit einem rhetorischen Szenario, das ich nun schon mehrfach erlebt habe: Da tritt jemand auf, der sich etwa zu seinem früheren Engagement in der Friedensbewegung bekennt. Fest sei er davon überzeugt gewesen, dass Krieg grundsätzlich kein Mittel zur Durchsetzung irgendwelcher Ziele sein dürfe, und dafür sei er auch öffentlich eingetreten, was nicht nur seine Freunde bezeugen könnten. Doch dann – spätestens nach der Wende – sei die Situation so kompliziert geworden, dass die alten Kriterien nicht mehr recht passten. Die Verhältnisse seien insgesamt so unübersichtlich geworden, dass es überhaupt keine allgemeinen Orientierungen mehr gebe. Er jedenfalls könne deshalb die Maxime, dass der Krieg grundsätzlich zu ächten sei, so nicht mehr mitsprechen. Und nicht selten wird dann – gleichsam um den hohen zivilisatorischen Rang der nun erworbenen Reife zu dokumentieren – der Dogmatismus der bisherigen Position, der ja in verschiedenen – offenkundig unverbesserlichen – Betonköpfen immer noch zu finden sei, verständnisvoll und gleichsam selbstredend abgewiesen, denn wer will sich schon zu dogmatistischen Betonköpfen zählen lassen. Deshalb könne man die Militäraktion (etwa) im Kosovo zumindest nicht verurteilen – schließlich könne es von der Völkergemeinschaft nicht einfach hingenommen werden, wenn irgendwo die Menschenrechte systematisch mit Füßen getreten würden.

Mir geht es im Moment weniger um die Frage des Pazifismus. Als Beispiel hätte sich ebenso die Einschätzung der wirtschaftlichen Entwicklung oder das Problem der Anpassung der Kirche an die Regeln des Marktes geeignet. Es geht mir um die Argumentationskonstruktion, die dann immer relativ ähnlich aussieht. Der Ausgangspunkt ist eine Vergangenheit, die von einem überzeugten ›Nein!‹ geprägt war – das Glas ist bereits halb leer, deshalb Vorsicht! –, das war einmal – und es gibt keinen Grund, diese einst engagiert vertretene Position zu leugnen, denn es ist ja nicht so, dass da einfach von einer Position zu einer anderen gewechselt wird, sondern die Dinge seien dann derartig ins Schwimmen geraten, dass alles neu zu überdenken sei. Als Qualifikation für die da wirksam werdende Veränderung wird auf die eingetretene Unübersichtlichkeit aufgrund der immensen Verkomplizierung der Lebensverhältnisse verwiesen. Die bisherige Klarheit sei dahin, die alten Einsichten seien nicht mehr tragfähig.

Das Merkwürdige ist nur, dass im Nebel der so hoch bewerteten Unübersichtlichkeit dann in der Regel all die Dinge auftauchen, denen vorher die ganze Skepsis galt. Und offenkundig scheint auch die Unübersichtlichkeit nicht so grundsätzlich zu sein, dass trotz manch eines gebliebenen Zweifels in der neuen Situation nicht schon einmal ein vorsichtiges ›Ja‹ zu eben dem gesprochen werden kann, dem gestern noch das entschiedene ›Nein‹ galt. Tendenziell ist die ganze Figur weniger auf den sich vom Wortlaut her nahelegenden Zweifel angelegt, sondern sie zielt auf die Legitimation des vollzogenen Positionswechsels, der sich offenkundig nicht von den erörterten Sachverhalten und Problemstellungen her ergibt. Da wird eine substantiell nicht weiter evident zu machende Wende und zudem eine alle bisherigen ›Klarheiten‹ verunsichernde Wahrnehmung der Gesamtsituation als Grund dafür benutzt, begründete Positionen, die gegen den Mainstream formuliert waren, zurückzunehmen und sich mit allen Liturgien skrupelöser Zögerlichkeit eben diesen allgemein angesagten Mehrheitsmeinungen (es sind ja wirklich nur ›Meinungen‹) anzubieten, keineswegs nur in schamhafter Zurückhaltung, sondern in einer von demonstrativer Bescheidenheit geprägten Entschiedenheit, die sich durchaus gern dazu bereit hält, von den Medien möglichst effektiv verbreitet zu werden. (Oswald Metzger)

Es liegt mir fern, den produktiven Sinn des Zweifels in Frage zu stellen, aber auf die Idee wäre ich nicht gekommen, dass dem Zweifel plötzlich die Ehre erwiesen werden könne, ohne tatsächliche Gründe nun das ins Recht zu setzen, was vorher im Licht des Unrechts stand. Die bisherigen Warnungen und Gegengründe werden einfach fallen gelassen, um sich auf dem eingestandenermaßen vollkommen ungesicherten Gelände den offiziell propagierten Positionen anzuschließen. Im Schatten der Unübersichtlichkeit vollzieht sich mehr als nur die Verunsicherung der in der Tat immer wieder neu zu bedenkenden Einsichten über die Prämissen unserer Verantwortlichkeit. Man lässt sich von ihr ins Unrecht setzen, ohne dass gleichzeitig darauf bestanden wird, dass auch sonst den überkommenen Mehrheitsansichten kein Vertrauen mehr geschenkt werden kann. Es ist ja durchaus vorstellbar, dass es Zeiten geben kann, in denen man in der Tat nicht recht weiß, was zu sagen ist und wie dieses oder jenes zu beurteilen ist. Es wäre ein Zeichen des Ernstnehmens der immer wieder im Munde geführten Unübersichtlichkeit, wenn darauf gedrängt würde, zunächst einmal die Bedingungen zur Diskussion zu stellen, unter denen nun noch oder eben wieder Entscheidungen gefällt werden können. Statt dessen scheint die Unübersichtlichkeit bereits Argument genug zu sein, um sich von der Richtigkeit des Gegenteils bisheriger Einsicht überzeugen zu lassen. (Es mag sein, dass dieser Gesinnungswandel von den Nutznießern recht gern gesehen wird – aber niemand sollte darauf hoffen, auf diesem Weg tatsächlich seine öffentliche Reputation oder gar die gesellschaftliche Bedeutung der Kirche irgendwie verbessern zu können.)

Woher kommt dieses »Im Zweifel 'Ja'«? Was ist der Anlass, die gut begründete Vorsicht Schritt für Schritt fallen zu lassen? Wäre es in den komplexen Situationen und in dem Wissen um die Irreversibilität zahlreicher Entscheidungen, mit denen wir heute leben müssen, nicht eher umgekehrt geboten zu sagen: »Im Zweifel 'Nein'«? Worauf lässt sich die Verabschiedung von Argumenten zugunsten von diffusen Vertrauenswerbungen zurückführen? Warum sind aus vielen überzeugten Neinsagern nun zweifelnde Jasager geworden, aus notorischen Gesinnungskritikern verlegen die Hände windende und Haare raufende Verantwortungskollaborateure? Waren die Argumente etwa in der Friedensdebatte nur von der eigenen Betroffenheit getragen, so dass nachträglich den Kritikern Recht zu geben ist, welche die Friedensbewegung eine Angstbewegung nannten? Und damit nicht genug: Auch die sich ausbreitende neue Diffamierung der überkommenen kritischen Positionen gerade von denjenigen, die seinerzeit zu den Protagonisten dieser Positionen zählten, kommt überaus merkwürdig daher, zumindest kann sie wohl kaum als Ausweis der besonderen Evidenz der wundersam gewonnenen neuen Positionalität gewertet werden – eher gerät sie in den zweifelhaften Verdacht von Konvertitenpolemik.

III. Die Flucht vor der Ohnmacht?

Was ist es, das uns immer wieder drängt, möglichst überall zu sagen, dass das Glas halb voll sei? Warum wird heute ebenso gern wie kontrafaktisch Optimismus verbreitet? Warum wird eine Wende erfunden und angesichts von Entwicklungszusammenhängen, die selten so klar waren wie heute (sie werden ja auch öffentlich benannt), eine Unübersichtlichkeit diagnostiziert? Und warum wird schließlich diese diagnostizierte Unübersichtlichkeit vor allem für Entscheidungen fruchtbar gemacht, die den ohnehin in Gang befindlichen Entwicklungen noch zusätzlichen Auftrieb verleihen?

Durch das Ausbleiben einer tatsächlich auf Reformen drängenden Wende und durch die platte Klarheit des rücksichtslosen ›Globalisierungsprozesses‹ – um einmal dieses erklärungsbedürftige Schlagwort zu benutzen – sind die ohnehin fragilen Hoffnungen, die dem Engagement hin zu einer Wende sein Stehvermögen gaben, so sehr zusammengeschmolzen, dass nur noch das Gefühl der Ohnmacht zurückbleibt. Die verschiedenen Bürgerbewegungen waren m.E. weniger ein Aufschrei aus der Ohnmacht als vielmehr das Resultat der Erkenntnis, dass sie durchaus über Macht verfügten, wenn sie sich klug und strategisch gezielt inszenierten. Doch nun sind auf allen Ebenen die Entwicklungen anders verlaufen, so dass dieses Bewusstsein der Macht dem Gefühl der Ohnmacht gewichen ist. Faktisch müssen sich die Machtverhältnisse gar nicht geändert haben, aber die Stimmung der Ohnmacht lähmt nun alle Kräfte, die notwendig sind, um diesen Oppositionsbewegungen das nötige Selbstvertrauen zu bewahren. Verbreitet sich erst einmal das Gefühl, ja doch nichts ausrichten zu können – und so ganz unbegründet ist ein solches Gefühl nicht –, dann schwindet zunächst das Engagement und möglicherweise schon bald die Motivation überhaupt, bis schließlich auch das Motiv aus den Augen gerät, von dem das Engagement einst ausgegangen war. Die Ohnmacht lähmt nicht nur die Kräfte, sondern schleicht sich dann auch schnell in Wahrnehmungen und schließlich in das Bewusstsein ein. – Wenn man sich dann schließlich daran beteiligt, von einer Wende zu sprechen, dann scheint mir das ein Zeichen für eine Flucht aus der Ohnmacht zu sein. Das in den Bürgerbewegungen realisierte Machtpotential scheint erschöpft, und nun – wenn es nicht mehr möglich zu sein scheint, ein eigenes Machtpotential einzubringen – geht es darum, sich wenigstens in vorgängig wirkenden Mächten beteiligt wissen zu dürfen, um nicht zu denjenigen zu gehören, die draußen stehen. Das Klima ist rauher geworden, und für diejenigen, die überhaupt noch einen Spielraum haben, hat sich der Druck entschieden verstärkt. Das Mitmachen wird zu einer Überlebensentscheidung stilisiert.

Diese Diagnose soll zum Schluss noch kurz auf einige Entwicklungen besonders in den protestantischen Kirchen angewandt werden. Auch die Kirchen stoßen jetzt gern in die von allen Seiten hingehaltenen Hörner des Optimismus. Man hat das Genörgel um die Krise gründlich satt. Und in der Tat haben die über das Versagen zustande kommenden Solidarisierungen etwas Groteskes. Die Verliebtheit in die permanente Kritik bleibt auch theologisch zutiefst ärgerlich. Und so wird dem allgemeinen Einreihungsbedürfnis des Menschen auch von den Kirchen der Weg auf die Seite der Hoffnung gewiesen, wobei der Eindruck verbreitet wird, als sei die Unbestimmbarkeit bereits ein erster Schritt in die Richtung der erhofften Erneuerung. Auf der anderen Seite lohnt der Blick auf die Kirchen, weil hier die Veränderungen bereits konkrete Gestalt anzunehmen beginnen, so dass wir gleichsam auf ein fortgeschrittenes Stadium der Entwicklung blicken können. Im Unterschied zur Gesamtgesellschaft befinden sich die Kirchen tatsächlich in einem Umbruch, nicht zuletzt deshalb, weil sie sich in den letzten zwanzig Jahren mehr und mehr die Inhalte verschiedener Bürgerbewegungen zu eigen gemacht haben und somit mit dem Klientel dieser Bürgerbewegungen eng verbunden waren, so dass sie von deren Krise unmittelbarer betroffen waren als die Gesamtgesellschaft. Längst haben sie Strategien zur Flucht aus der Ohnmacht entwickelt und schreiten nun mehr oder weniger selbstbewusst an der Gestaltungsfront des Zweckoptimismus voran. Auf diesem Weg müssen sie sich der faktischen Ohnmacht weder theologisch noch praktisch stellen. Vielmehr folgen sie dem allgemeinen Einreihungsbedürfnis und versuchen dabei, ihre verlorengegangene Übersichtlichkeit auf möglichst effektive Weise zu reorganisieren, ohne die neu aufgetretene Unübersichtlichkeit einfach zu übergehen. Die durch die Umstände auferlegte Bescheidenheit wird gleichsam unbescheiden genutzt. Das sehe ich etwa in den Versuchen, sich die Unbestimmbarkeit der Unübersichtlichkeit apologetisch zunutze zu machen, indem es nun gerade die Unbestimmbarkeiten sind, die gern als Lösung, zumindest aber als Hoffnungsperspektive in Anspruch genommen werden. Rein menschlich ist diese Flucht auch überaus verständlich, nicht zuletzt bei Menschen, die sich in besonderer Weise für die Kirche mitverantwortlich fühlen. Damit ist aber noch nichts über die theologische Qualität dieser Selbstermutigungen gesagt.

Als Inbegriff für die moderne Selbstpräsentation protestantischer Kirchen erscheint mir die allgegenwärtige und ebenso suggestive Rede vom ›Heiligen‹, die mehr und mehr an die Stelle des Redens von Gott und Jesus Christus rückt. Meine Beobachtungen und Einschätzungen weichen hier deutlich von den Überlegungen ab, die Hans-Martin Gutmann am Anfang seines Beitrages vorträgt (Hans-Martin Gut-

mann und ich haben vereinbart, in einem der nächsten Bände von
›Jabboq‹ über diese Frage miteinander in ein Gespräch zu treten –
deshalb belasse ich es hier bei einigen Zuspitzungen). Dem zivilgesell-
schaftlich orientierten Interesse an möglichst multivalent nutzbaren
Reorganisationsperspektiven kommt diese Sprachregelung entgegen,
weil sie in die eine Richtung Bestimmtheit verspricht und in der anderen Richtung dem Gefühl der Unbestimmtheit entspricht. Nach außen
wird signalisiert, dass die Kirchen bei ihrer Sache sind (die Kirchen
treten offenkundig nicht nur als Sozialarbeiter auf, sondern haben
auch eine eigene Botschaft zu bringen), und nach innen wird signalisiert, dass sich diese ›Sache‹ nicht einfach bestimmen lässt, sondern
jeder möge seinen eigenen Zugang zu ihr finden (damit wird dem
Überdruss an dogmatischer Lehre Rechnung getragen).

Die entscheidende Funktion des meist großräumig in Anspruch ge-
nommenen Heiligen sehe ich aber in der mit ihm verbundenen und
somit auf den Plan gerufenen Macht. Es ist diese Macht, die dann
auch diejenigen ermächtigt, die mit ihr umgehen, so dass man sich
nicht mehr scheut, von den Pfarrerinnen und Pfarrern als religiösen
Führern zu sprechen, welche die Menschen mit der Macht des Heiligen in Kontakt bringen (in diesem Zusammenhang verdienen auch die
theologischen Verbrämungen der gegenwärtigen Leitungsdebatten in
den Kirchen eine kritische Betrachtung). Die festgehaltene, ja bewusst
installierte Unbestimmbarkeit wird durch den Begriff des Heiligen
scheinbar der Ohnmacht entzogen und mit transzendenzhaltiger
Macht angefüllt, jedenfalls deklamatorisch, was in einer Zeit, die
leichtsinnig genug ist, deklamatorischen Vertrauenswerbungen verbreitet Glauben zu schenken, nicht als Anmaßung empfunden wird.
Die Subtilität dieser Lösung sehe ich darin, dass sie schließlich auch
die Ohnmacht machtvoll begehbar erscheinen lässt; zumindest wird
der Eindruck verbreitet, dass in den Unbestimmtheiten keine bösen
Überraschungen auf uns warten müssen. Wieder einmal scheint sich
der Protestantismus an den Irrationalismus der Religion zu verlieren,
anstatt sich von der prinzipiellen Vorläufigkeit der Religion beunruhigen zu lassen.

Der Protestantismus, der sich einst von einer konsequent verstandenen Theologie des Kreuzes zu einem eigenen Weg ermutigt wusste,
sucht sich nun einen Weg zu bahnen, auf dem er sich auf die Konkurrenz mit anderen Kirchen begibt, die für die Inszenierungen des Heiligen grundsätzlich bessere Voraussetzungen mit sich bringen. M.E.
kann er in dieser Konkurrenz aus benennbaren Gründen nur den

Kürzeren ziehen, oder er muss sich vollkommen selbst aufgeben. Je mehr er sich an den Bemühungen beteiligt, möglichst alle Gläser halb voll zu reden, um so zuverlässiger wird sich sein eigenes Glas schließlich leeren. Je mehr sich der Protestantismus nun auch wieder den Priesterrock umhängt, um das, worum es geht, möglichst eindrucksvoll zu inszenieren, um so mehr gerät er in einen Widerspruch zu all den Einsichten, die ihn auf den Weg gebracht haben, nach denen die theologische Existenz doch eher einer Bettlerschaft, die ja als solche auch nicht ungestaltet ist, gleichen sollte. Aber wem kann man das heute tatsächlich noch sagen? Wenn die Zeitgenossenschaft im Zeitgemäßen aufgeht, verliert sich nicht nur ihr spezifischer Beitrag, sondern sie beteiligt sich zugleich an den Selbstverklärungen eines sich selbst beschleunigenden Systems, das im Begriff ist, die Kontrolle über sich selbst zu verlieren.

Damit sind wir im Grunde wieder beim Thema der Macht von Stimmungen. Es ist ja keineswegs nur die Börse, die vor allem von psychologischen Faktoren abhängig ist. Vielmehr scheint unsere argumentationsmüde Gesellschaft sich insgesamt immer mehr von psychologischen Bestimmungen leiten zu lassen. Die irrationalen Sensibilitäten der Börse sind inzwischen vielleicht ein Indikator für ein Lebensgefühl, das sich insgesamt mehr von den klimatischen Rahmenbedingungen als den tatsächlich zu erhärtenden Fakten und rational begründbaren Entscheidungsalternativen bestimmen lässt. Das ergäbe zumindest eine Erklärung für die auch von den Kirchen offenkundig bewusst betriebene Stimmungsmache um sich selbst und die von ihr zu vertretende Botschaft. Japanische und amerikanische Konzerne haben es vorgemacht, wie man sich mit dem eigenen Betrieb identifizieren lernt. Das hat inzwischen weite Kreise gezogen. Sogar bei den Auskünften der Ärzte über den Gesundheitszustand ist man durchaus gut beraten, höchste Skepsis walten zu lassen, denn auch diese haben sich von den Psychologen beibringen lassen, wie man auch schlechte Nachrichten ›kundenfreundlich‹ formulieren kann, so dass in einem auf Dauer gestellten Optimismus der Patient bisweilen kaum noch die Chance hat, nüchtern über seinen tatsächlichen Zustand Aufklärung zu erhalten. So wird die Welt von synthetisch hergestellten Stimmungen ›designed‹, und wir erklären uns weithin mit der Schminke einverstanden. Und nun beginnen auch die Kirchen, sich in dieser stets mit freundlichem Lächeln daher kommenden Angebotsmentalität zu präsentieren, und sie setzen darauf, dass die Austauschbarkeit der Form die Unverwechselbarkeit ihres Inhalts nicht tangiert. Doch da scheint

mir durchaus ein Zweifel angebracht zu sein. Dass es sich hier in jedem Fall nur um ein halb volles und nicht um ein volles Glas handeln
kann, dürfte klar sein, aber mein Eindruck ist in der Tat, dass es mindestens halb leer ist.